普通高等教育旅游专业“十二五”创新型规划教材

生态旅游学

吴章文　文首文　编著

中国林业出版社

内容简介

生态旅游学旨在为我国高等院校在校师生讲解生态旅游的相关知识概念，对其认识生态旅游，学习生态旅游，应用生态旅游理论知识提供较为全面的科学解读。本书共由 14 章构成，第 1 章阐述了生态系统及其功能；第 2 章介绍了生态学、林学、环境学、旅游学等学科的相关概念和理论基础；第 3 章阐述了生态旅游的基本概念；第 4 章介绍了生态旅游者以及生态旅游行为；第 5、6 章分别对生态旅游景观资源和环境资源进行讲解；第 7 章专门阐述了生态旅游区的类型及其等级划分；第 8 章对生态旅游及其市场的开发建设进行论述；第 9、10 章分别介绍了生态旅游的规划以及生态旅游的管理；第 11 ~ 14 章分别例举了生态旅游规划中的森林公园规划、森林旅游区规划、自然保护区规划和生态旅游专项规划实例。

本教材既是生态旅游、森林保护与游憩、旅游规划、旅游管理等专业本科生、研究生的专业课教材，又是旅游规划人员、旅游管理人员和林业工作者的重要参考书。

图书在版编目（CIP）数据

生态旅游学 / 吴章文，文首文编著． －北京：中国林业出版社，2013. 12（2020. 8 重印）
ISBN 978-7-5038-7348-5

Ⅰ. ①生…　Ⅱ. ①吴…　②文　Ⅲ. ①生态旅游－高等学校－教材　Ⅳ. ①F590. 7

中国版本图书馆 CIP 数据核字（2013）第 315953 号

中国林业出版社教育分社

策划、责任编辑：许　玮

电　　话：（010）83143555　　　　传　　真：（010）83143516

出版发行 中国林业出版社（100009　北京市西城区德内大街刘海胡同 7 号）
E-mail：jiaocaipublic@163. com　电话：（010）83143500
http：//www. forestry. gov. cn/lycb. html

经　销 新华书店
印　刷 中农印务有限公司
版　次 2014 年 7 月第 1 版
印　次 2020 年 8 月第 4 次印刷
开　本 787mm × 1092mm　1/16
印　张 19
字　数 488 千字
定　价 49. 00 元

序

生态旅游是人类为重新亲近自然而进行的一种游憩行为。这种游憩行为因其摒弃了单纯掠夺和破坏自然的恶劣倾向，平衡了保护自然和利用自然之间的关系，而在现代社会备受关注，甚至推崇。随着人类生产力水平和生活水平的不断提高，生态旅游在生态文明建设主导意识的指引下，应该成为游憩活动的主流，这是我们的期待。在我们的共同努力下，也将成为不争的事实。

生态旅游既然具有如此广阔的前景，我们就更需对它进行深入的探讨和研究，使它符合生态文明的规范，让人们从生态旅游活动中得到更丰富的精神享受，而同时又达到自然保护和可持续发展的功效。这并不是自然而然就可以做到的。生态旅游是一把双刃剑，如果处置不当，也可能使人们在“生态”的名义下做出“反生态”的结果。现实生活中已经出现的一些事例向我们敲响了警钟。我们必须更加努力来提高广大群众的生态意识，也要提高生态旅游工作者的专业水准。生态旅游学的建立与发展应当为此作出贡献。

生态旅游是一项新兴事业，它的发展促成了生态旅游学的形成。像一切新兴学科一样，生态旅游学既具有新生的朝气，也在一定程度上具有初生的稚气，需要人们的呵护和支持。本书的主要作者吴章文教授，是我在20世纪60年代教过的优秀学生之一。她在不断坚持的努力下，博彩众长，调研实践，深思凝练，成为这一新兴学科的创始人之一，今又编撰出专著，作为教材即将付梓。我欣然为之作序，以志庆贺。

中国工程院院士 沈国舫*

2013年3月2日

---

* 沈国舫 Shen Guofang 林学及生态学专家，北京林业大学教授。1956年毕业于苏联列宁格勒林学院，1995年当选为中国工程院院士，曾任北京林业大学校长、中国林学会理事长、中国工程院副院长，为第八届至第十届全国政协委员。

前　言

很长一段时间，旅游业被人们誉为“无烟工业”而备受推崇。当旅游地生态环境出现恶化、特色文化逐渐被同化时，人们才意识到旅游活动会对环境产生冲击，如不及时加以妥善的调控和管理，这些冲击带来的破坏将会不可逆转。因此，进入21世纪以来，随着人们对旅游活动的重新认识和对资源环境的重视，提倡保护环境、回归自然的生态旅游活动得到广泛推广，成为了当今世界旅游发展的前进方向和必然趋势。

党的十八大作出了“大力推进生态文明建设”的战略决策。把旅游开发建立在生态系统的可承载范围之内，实现旅游业的可持续发展，其目的在于为旅游者提供高质量的感受和体验，促进旅游目的地居民生活质量的不断提高，维护旅游者和旅游地人民共同赖以生存的环境质量。因此，对生态旅游相关理论的学习显得尤为必要。培养一批高素质人才对于我国生态旅游的发展、社会生态文明的建设至关重要。

《生态旅游》一书由吴章文教授和文首文博士合作完成，需要特别指出的是：本书在编写过程中几经修改，最终成稿，旨在为我国高等院校师生讲解生态旅游的相关知识、概念，对其认识生态旅游、学习生态旅游、应用生态旅游理论知识提供较为全面的科学解读。本书稿在编写过程中参考了国内外大量相关文献，借鉴和吸收了学术界广大同仁的研究成果，是在总结生态旅游发展实践的基础上完成的，力求在内容上为读者介绍国内外学术界在生态旅游领域最系统最权威的研究成果。在观点表达过程中本教材力求语言简洁、完整，并具有一定的独创性，为培养生态旅游相关产业的高级人才，进一步推动生态旅游学科研究，实现生态旅游的可持续发展贡献力量。同时，由于生态旅游研究所涉及学科众多，本书的介绍重点从旅游学角度出发，难免存在不足与疏漏。在此，敬请广大同仁指正，以便日后书稿的进一步修改和完善。

作　者

2013年8月

目　　录

中篇　生态旅游管理方法

下篇　生态旅游规划实例

绪　论

一、生态学的定义、研究对象和研究意义

（一）生态学的定义

“生态学”一词，在当今社会已经是众人皆知的一个科学术语。随着人们关注生存条件、环境质量的意识逐渐加强，生态学及其衍生的相关词语，已经成为各个领域讨论环境相关问题的常用词语。关于“生态学”的定义，普遍认为，“生态学”一词来源于希腊文“oekologie”，由词根“oikos”（“住所”或“栖息地”）和词尾“logos”（“研究”）构成，即：“关于栖息地的研究。”牛津生态学词典《Oxford Dictionary of Ecology》对于“生态学”的解释为：“生态学是关于生物与生物之间、生物与其所有的生命或非生命环境因素之间相互关系的科学研究。”

1866 年，德国生物学家赫克尔（Ernst Haeckel）首次给出了生态学（ecology）的定义。他认为，生态学是研究生物体与其周围环境（包括生物环境和非生物环境）相互关系的科学。初期的生态学研究，主要是以动物、植物与环境作为研究对象，属于自然科学范畴。随着人类社会经济的发展，学界对生态学的研究对象进行了新的拓展，包括生物、人类、社会、经济、环境。研究对象的关系也发生了变化，不单是研究生物、人类、社会、经济与环境之间的关系，同时也研究生物、人类、社会、经济之间的关系，包括生物与生物之间、人与生物之间、人与人之间、人与社会之间、人与经济系统之间、社会系统与经济系统之间相互关系。生态学由自然科学延伸到社会科学，成为搭起两大学科——自然科学与社会科学研究的桥梁。

随着生态学的发展，国外的生态学家们对生态学的概念给予了详细的描述。例如，原苏联生态学家克什卡洛夫（Кашкаров，1945）认为：生态学研究生物的形态、生理和行为上的适应性。也有一些学者则强调生态学主要是研究种群动态的科学。例如，澳大利亚的安德列沃斯（Andrenathes，1954）给生态学下的定义是：研究有机体的分布和多度的科学，其中心是强调种群的动态。这反映了生态学的重心由研究生物的形态、生理和行为上的适应性转向研究种群动态的种群生态学。1971 年，美国著名生态学家奥德姆（Odum E. P.）认为，由于生态学特别注意到生物群体的生物学以及在陆地、海洋和淡水中的功能过程，应该把生态学定义为研究生态系统的构造与功能的科学。由此可见，不同学者对生态学下的定义不同，反映了生态学发展史中不同阶段的研究重点的差异。同时，国内的一些生态学家也提出自己的看法，例如，尚玉昌认为“生态学是生物在其生活过程中与环境的关系。”马世俊提出“生态学是研究生命系统与环境系统之间相互作用规律及其机理的科学。”方萍和曹凑贵认为现代的“生态学”可以直观地理解为“关于生物生存态势的科学研究”，即生态学是一门研究一定环境条件下的生物生存现状及发展趋势的科学。

不过，迄今为止，“生态学是研究生物与其环境之间关系的科学”这一简短的定义一直被各种教科书广泛采用。

(二)生态学的研究对象和研究意义

生态学是一组学科，即学科体系，可以分为理论生态学和应用生态学两部分。应用生态学包括农业生态学、渔业生态学、野生动物管理学等。随着区域和全球性生态破坏的加剧，生态学正越来越广泛地应用到有关领域，出现了许多新的应用分支。旅游生态学就是其一。旅游生态学在国外早有人研究，近年来发展较快，其内容涉及旅游造成的生态破坏分析、旅游景观对旅游者行为和心理的影响、旅游生态负荷、旅游生态区划与规划以及从生态学角度开发旅游管理等方面。近年来，我国旅游业的发展速度越来越快，旅游引起的生态问题也越来越明显地显露出来。比如，有调查表明，目前我国有22%的自然保护区因开展旅游活动而造成环境破坏，11%的旅游资源出现了退化。一些以旅游业作为经济支柱的地区，旅游景观的破坏使其经济发展受到影响，因此探索生态学在旅游业的应用就显得非常紧迫。

同时，根据生态学的分类，其研究对象也有差异。

(1)个体生态学　个体生态学以生物个体为研究对象，探讨生物与环境之间的关系，特别是生物体对环境的适应性。它可以通过控制一定条件下的试验研究，检验生物体对各种环境因子的要求、耐受和适应范围。个体生态学是生理学和生态学交叉的边缘学科，在现代生态学领域中仍占有重要位置。例如，很多海洋经济动物的人工育苗和养殖首先要进行个体生态学研究。

(2)种群生态学　种群生态学研究栖息于同一地区同种生物集合体所具有的特性，包括种群的年龄组成、性别比例、数量变动与调节等及其与环境因子的关系。研究种群生态学对合理利用生物资源和防治有害生物具有特别重要的意义。

(3)群落生态学　群落生态学研究栖息于同一地域中所有种群集合体的组合特点、它们之间及其与环境之间的相互关系、群落形成与发展等等。20世纪70年代以后群落生态学有明显的发展，表现为由描述群落结构进而探讨群落结构形成及变化的机理。

(4)生态系统生态学　生态系统是生物群落与其栖息环境相互作用所构成的自然整体。生态系统包括生产者、消费者和分解者以及它们周围的非生物环境，是生态学研究的基本单位。生态系统生态学主要研究系统内能量流动、物质循环和信息流及其稳态调节机制，这是现代生态学的主流。

随着世界人口的增长和人类改变环境能力的增强，特别是近半个世纪以来，由于工业技术的飞速发展和农业现代化进程的加快，环境、资源、人口等重大社会问题日益突出。在研究解决这些危及人类生存和可持续发展问题的过程中。生态学得到了很大的发展，成为生物科学中众人瞩目的前沿学科。在许多国家和地区，生态学知识得到广泛普及。“生态观点”、“生态危机”、“生态工程”等名词已成为社会日常生活用语；生态学基本原理在社会科学和自然科学的各个领域都得到广泛的应用。当前，生态学理论的发展与完善，生态教育的普及与深入，对生态环境的建设与保护、对提高维护地球生命支撑体系的指导能力，都具有十分重要的意义。

二、旅游学的定义、研究对象和研究意义

旅游学是对旅游基本问题的概括与论述。作为旅游专业入门的基础，旅游学在整个专业中的地位非同一般。因此，在专业学习之前，很有必要了解旅游学的基本内容。从全世界范围来看，旅游学是随着近代旅游的出现而产生的。旅游学在一个世纪的发展中，不论是对其研究对象的界定、研究方法的选择与应用，还是在研究内容的组合或理论体系的架构方面，都遵守着从简单到复杂的一般规律。直至今天，旅游学仍属于年轻的学科，虽然对其学科性质、学科体系、研究对象、研究方法等基本问题的争议还很多，但旅游学是一门具有广泛社会应用性的新兴学科，已成为不争的事实。

(一)旅游学的定义

旅游业自从诞生以来，特别是进入20世纪40年代以后，逐渐成为而且已经成为世界上的第一大产业，远远超过了钢铁、军火及石油工业，被称为“无形的贸易”、“无烟工业”等。世界各国政府以及各国地方政府在制定自己的经济发展战略时，都会把旅游业的发展纳入规划之中。

在不同的语境下，“旅游”的含义是不同的，内涵复杂多义。“旅游学”一词一般只存在于旅游学概论类的教科书中，但从目前收集到的国内“旅游学概论”类教材的比较分析可以看出，对于旅游学的内涵和外延，旅游学的学科性质、分类和归属等，各家看法都还很不一致，国外学者对此也无明确的一致意见。借鉴国外现有的研究成果，结合我国旅游实践的发展以及我国旅游学研究的现状，旅游学所研究的主要内容包括两大方面：一是旅游活动；二是与旅游活动有关的一切有特殊规律的现象。比如，旅游的本质与起源、旅游活动的基本要求及其相互关系、旅游产业结构调整与旅游企业经营管理、旅游发展所带来的影响、旅游的组织结构和旅游政策法规等等。

由于旅游学是一门年轻的学科，其学科体系尚不成熟，理论研究也并不完善。迄今为止，人们对旅游学的认识，一般较普遍地理解为一门“综合性的社会学科”。即认为：旅游学是将旅游作为一种综合的社会现象，以其所涉及的各项要素的有机整体为依托，以旅游者活动和旅游产业活动在旅游运作过程中的内在矛盾为核心对象，全面研究旅游的本质属性、运行关系、内外条件、社会影响和发生发展规律的新兴学科。

(二)旅游学的研究对象和研究意义

一般而言，对于研究对象即研究的客体，只要是和旅游有关的个体、活动或现象都可以拿来研究。但是被研究对象的范围和分类就很难定义，各个专家学者的意见也未能达成一致。然而，旅游学研究在历时不到一个世纪的发展历史中，也取得了许多可喜的成果，无论在研究内容的认定和研究方法的运用，还是在研究内容的组合或理论与概念的构架上，都逐渐从单纯发展到丰富，浅薄发展到深刻，从旅游现象的描述到旅游内涵的探索。

从不同的角度看，旅游学的研究对象都可以分为3个部分：①旅游主体，即旅游者；②旅游客体，即旅游消费对象，主要是指由旅游资源和相关设施服务构成的各类旅游产品；③旅游媒介，即旅游企业或旅游经营者。而从辩证唯物主义哲学的角度，我们也可以说旅游学研究的是各种各样的矛盾，这些矛盾产生于旅游活动的各个环节各个方面。旅游者的活动和旅游产业的活动是最基本的一对矛盾，具体表现为旅游需求与供给、旅游期望

与感受、旅游动机与旅游体验，以及游客容量和旅游地环境容量之间的矛盾运动。我们也可以说成是旅游者与目的地居民、旅游者与经营商、旅游者与生态环境、旅游目的地政府与旅游经营商之间的矛盾。因此，旅游学正是研究这些矛盾，最终揭示这些矛盾的运动规律的一门科学。

三、生态旅游学的定义、研究对象和研究意义

很长一段时间，旅游业被人们誉为“无烟工业”而备受推崇。随着经济的发展和社会生活水平的提高，游客数量不断增长，旅游地的生态环境逐渐退化，人们才意识到，旅游活动会对环境（自然环境、社会环境和经济环境）产生一定的冲击，如不及时加以妥善的调控和管理，这些冲击带来的破坏将会不可逆转。为了解决这些问题，仅仅依靠生态学或旅游学本身的相关理论与实践，其针对性是不够的。生态旅游学因此应运而生，它从生态学的角度对旅游活动进行了有针对性的研究与探索。

（一）生态旅游学的定义

生态旅游学是当人类面临生存环境危机而在全球范围内兴起了为维持旅游业可持续发展，保护人类生存环境的绿色浪潮背景下产生的一门新兴学科。

现阶段，业界、学者在为生态旅游学定义时在对其作为一门交叉学科的观点上达成普遍共识。例如，认为生态旅游学（Ecological Tourism）是旅游学科中的一个分支，是一门旅游学和生态学相互结合渗透的交叉学科，主要研究的内容是生态旅游活动规律和生态环境伦理。旅游生态学，有人也称之为游憩生态学，它是运用生态学的基本原理和方法，研究人类旅游过程与其环境相互作用、相互影响的过程及其内在规律的一门生态学分支学科。生态旅游学是一门研究生态旅游活动规律及生态旅游伦理的综合性地缘学科。

因此，从传统旅游学发展和生态旅游的形成的角度来看，生态旅游学是在充分吸收传统旅游学积极成果的基础上，进一步运用生态学、环境学等现代自然科学的理论和办法，研究生态旅游的产生、发展及内涵特点，生态旅游系统的构成及各构成要素之间的关系，生态旅游产品开发、特征、类型、功能及其运行机制，生态旅游组织和生态旅游政策法规，生态旅游与社会、经济、环境的关系等的学科。

生态旅游学始终坚持以可持续发展思想为指导，其主旨是为旅游业的可持续发展寻找一条通道。生态旅游学的建立，不是对传统旅游学理论的否定，而是在其基础上的更高层次的发展；不是对生态旅游的教条化、抽象化，而是对生态旅游理论与实践的系统化、完整化。它的重点任务在于指导可持续发展在旅游发展中的具体实践，以持续满足人类的旅游需求。

（二）研究对象及其主要内容

生态旅游活动涉及自然界、人类社会的方方面面，而且相互交叉、重叠，因此生态旅游研究的内容与类型也多种多样。概括起来，主要是围绕生态旅游者、生态旅游资源、生态旅游媒介这三大要素及与三要素相关的有特殊规律的现象等四大方面内容展开探索。

1. 生态旅游者的研究

30年以来，学界经历了如何认识生态旅游者、如何吸引生态旅游者、如何管理生态旅游者、如何评价生态旅游者四大研究过程。最初，邓金阳、黄艺、李世东等从森林公园

游客量的预测开始研究森林生态旅游者(邓金阳等，1991)。后来，一些学者如杜忠潮、车自力、黄秀娟、罗明春、钟永德、罗艳菊、余勇等，引入市场学和心理学理论，开始深入研究森林生态旅游者的动机、行为(杜忠潮，2003)，以及对游憩利用影响的感知和满意度的测试途径(罗明春等，2001)，探究森林旅游活动产生的原因、开拓森林旅游客源市场的途径。同时，延伸到开展森林旅游活动的社会基础、经济基础，森林生态旅游活动与其他旅游活动的联系和区别，森林生态旅游活动演进和发展中的各种因素间的基本矛盾及其关系等领域(文首文，2008)。

2. 生态旅游资源的研究

从学术研究的历史时期来看，生态旅游资源研究的繁荣阶段应从1994年12月中国森林风景资源评价委员会的成立开始。1987—1990年，吴楚材、李世东、邓金阳最早对张家界国家森林公园的风景资源质量进行评价，对游憩冲击和游憩效益进行科学分析。1984—1991年，吴章文重点研究了张家界国家森林公园的旅游气候资源及森林保健效益，把森林生态环境作为重要旅游资源来开发利用。进入1995年，关于生态旅游资源的研究明显增多，研究范围逐渐扩大。概括起来，30年来，学界主要在生态旅游资源的概念、特性及组成要素，生态旅游资源的质量评价与综合评估，生态旅游资源的资产评估，生态环境因子及其相互关系、生态旅游资源与健康的关系，生态旅游资源的调查与开发，生态旅游资源的保护，生态旅游活动对生态环境因子的影响机理，生态旅游资源的可持续利用等九大方面开展研究。

3. 生态旅游参与者的研究

除研究生态旅游者以外，由生态旅游资源的供给者或管理者组成的资源供应者，由旅行社、旅游网站等从事游客招徕与服务的经营者组成的生态旅游销售者、由交通经营者、酒店餐饮经营者、旅游商品生产商及其批发或零售商等组成的相关产品供应者，由中央政府、当地政府组成的政府机构，由直接在生态旅游业就业的人、不直接在生态旅游业就业的人、当地企业的人员组成的生态旅游地社区居民，由环境、野生动物、人权、工人权利等非政府组织，信托和环境慈善机构，学术人员，媒体等组成的特殊利益群也成为学界研究的重点。这个研究领域与生态旅游产业的发展密切相关，横跨林业、农业、工业、交通、电信、金融、商品流通、教育、建筑、环境等多个学科，也涉及国家与地方社会、经济、政治等。

4. 其他与生态旅游活动有关的现象的研究

主要研究如生态旅游经济活动、生态旅游市场规律、生态旅游地的管理、生态旅游规划设计、生态旅游交通、生态旅游投资、生态文化、生态美学、生态旅游活动与人类健康及与和谐社会建设的关系，基于环保、防虫、防潮、防火等要求的生态建筑技术等。

四、中国生态旅游研究特征

(一)研究机构及其类型特征

国内生态旅游研究机构主要有5种类型：

1. 具有行政色彩的机关单位

我国从国家林业局到地方各级林业厅、局，一般都设有森林旅游部门实施生态旅游政策研究和行业管理研究。例如，国家林业局森林公园管理办公室主要负责研究拟定森林公园和森林旅游的方针、政策、规章和标准；组织编制全国森林公园建设和森林旅游发展规划，指导森林公园总体规划设计和经营方案的编制与实施，研究森林公园建设资金的安排；研究森林公园和森林旅游的信息化建设，指导森林公园管理机构面向社会宣传的有关工作等。2011 年 5 月，国家旅游局与国家林业局在北京举行《关于推进森林旅游发展的合作框架协议》签字仪式，共同设立"全国森林旅游工作领导小组"及其办公室，共同推动森林旅游发展。

2. 肩负教育职责的高等院校

一些高等院校特别是农林院校、农林类高职高专，一般都设立有与生态旅游相关的院系或学科、专业，结合教学开展生态旅游研究。据统计，全国农业类高等院校 48 所，其中设立森林旅游或相关专业的共 27 所，未开设森林旅游或相关专业的 21 所。而 16 所林业类高等院校中，设立森林旅游或相关专业的有 15 所，只有 1 所未开设森林旅游或相关专业。一些综合性大学下属的农林学院如贵州大学林学院、广西大学林学院等，以及一些非农林院校如桂林工学院等，也开设了森林旅游或相关专业。高等院校在生态旅游研究方面的主要特征是研究领域广泛、研究人员多、技术力量雄厚。他们对生态旅游研究最重要的贡献在于基础理论研究和学科建设。

3. 以科研为主业的科研院所

一般以农林类的科研院所为主，一些建筑设计研究院所、城市规划研究院所也从事生态旅游研究，但大多以规划设计研究为主，很少从事生态旅游基础理论研究。中国科学院植物、动物、生态等研究院所在早期的生态旅游基础研究中作出了非常大的贡献。一批知名院士、研究员一直是生态旅游研究的热心支持者和参与者。

4. 具有经营色彩的旅游单位

一些以资源保护为主并提供旅游服务，具备事业单位或国有企业性质的单位如森林公园、城市公园、植物园、自然保护区设立有专门的科研部门开展生态旅游研究。其研究特征主要在于为保护和经营两个目的服务。一些以营利为目标的企业如生态旅行社等，也安排有专门人员从事生态旅游研究，其特征在于以生态旅游市场为主要研究内容。

5. 以交流为宗旨的学术社团

这类民间团体或半官方背景的学术团体对生态旅游研究的贡献主要在于，联络、团结各种研究机构和个人，为生态旅游研究者提供一个沟通交流的平台。也有一些学术团体直接组织生态旅游课题研究，如中国林学会森林旅游和森林公园分会就出版了《中国森林旅游学》《森林公园和森林旅游发展定位研究》《森林旅游发展战略及资源评价研究》等高水平的学术著作。

（二）中国生态旅游研究的总体特征

总结起来，中国改革开放 30 年来生态旅游研究的总体特点表现在 3 个方面。

1. 注重理论研究

早期的生态旅游研究人员大部分具有自然科学背景，强调以客观的科学实践活动为基础，凭科学事实立论并以科学试验和实践作为检验理论正确与否的唯一标准，多数借助自然科学的方法，以严谨的、记录可靠的试验为基础来研究生态旅游。一些生态旅游研究机构在承担森林公园规划设计任务时，往往投入数月的时间开展环境资源的综合科考；强调研究认识对象的条件控制，不断提出多种假设，力图认清各种变量之间的相互关系，以实现对生态旅游资源等物质现象与运动的有效调控；强调运用注重定量分析，数量化成了生态旅游研究工作者的重要追求目标。

2. 注重知识创新

生态旅游研究人员通过艰苦的基础研究和应用研究，在创新中找出路，在创新中谋发展，不断追求新发现、探索新规律、创立新学说，30 年来已经在创造生态旅游新产品、新技术上取得了许多有价值的成果，涌现出空气清洁机、室内森林浴、森林精油的挥发装置、森林大气离子测量仪等十余项国家专利，成为生态旅游产业创新的基础和源泉，为生态旅游经济增长提供了不竭动力。

3. 注重资源保护

30 年来，我国的生态旅游研究工作者怀着高度的责任感，开展了大量的环境保护与资源可持续利用研究。在中国期刊全文数据库中以“生态旅游”、“森林公园”、“森林游憩”3 个词进行主题检索到的 9 573 篇文章中(1979—2008 年)，以“保护”为主题的文章有 1 905 篇，占到 19.9%。比如，1984 年，王资荣和郝小波对张家界国家森林公园的水体、空气及几种树种叶中氟(F)的含量进行了监测，分析了旅游对张家界国家森林公园自然生态环境的影响。但科学家们的研究成果与警告并没有受到社会的重视，在巨大的经济利益刺激下，生态旅游出现过度开发，有些旅游资源遭受毁灭性的破坏。

(三)中国生态旅游研究的地位和作用

1. 促进人类健康

从有利于人类生存与健康的角度讲，生态环境是从事旅游活动的最佳环境，因此，生态旅游自一开始就受到人们的青睐。生态旅游研究者致力于探寻生态环境和空间满足人们的健康和怡情(精神和心理满足)需求的理论依据，从生态环境中的环境要素(空气、水、负离子、植物精气、土壤等)构成及质量、视觉景观、声音环境、物种分布等各个层面研究其对旅游活动的舒适度、对人体健康的促进度以及对旅游者精神享受的贡献度。生态游憩理论奠定了生态旅游研究在整个旅游体系中的生态位，不仅成为旅游发展与规划、旅游经济与管理、生态经营管理与保护的基础理论之一，还成为改善城市生存环境、促进城市居民健康，治疗“文明病”、“忙人病”和“高楼综合症”等现代疾病的重要依据。在生态旅游健康理论的传播下，现代人们纷纷涌向自然，回归自然，开展生态保健活动。

2. 保护自然环境

在旅游产业发展之初，学界相当一部分有着强烈责任意识的专家，倾力开展游憩冲击研究。后来，一批学者意识到生态环境保护技术的更新远远跟不上蜂拥而至的旅游者对环境进行破坏的速度，因此开始探索使用教育这种手段，从源头上管理或引导旅游者对生态的认知与行为。吴楚材、吴章文在主持流溪河、桃源洞、三爪仑等国家森林公园总体规划时，专门提出开展生态旅游者教育的具体举措(吴楚材等，1992；1993；1994)。2004 年，李洪光、蔡君对北京云蒙山国家森林公园的游客活动进行分析与评价之后，对游客乱扔垃圾行为实施了教育干预实验(李洪光，2005)。2008 年，文首文等在全面总结分析国内外游客教育经验的基础上，使用 KAP 干预技术来测量和评价游客教育干预的成效(文首文等，2009)。这些卓有成效的研究为保护旅游地生态环境、促进资源持续利用作出了毋庸置疑的贡献。

3. 促进经济发展

我国兴办森林公园、经营生态旅游业，有一个从生疏到了解、由了解到熟悉、由熟悉到精通的过程，这是一种质的转变。科学研究是尽快实现这个质变的关键。30 年来，生态旅游学界为各级政府提供生态旅游发展的决策咨询，为生态旅游企业经营管理提供诊断、竞争力策划，为生态旅游资源的可持续利用提供理论支持，促进了社会经济的发展。例如，1990—1993 年，鼎湖山游客人数年均 72 万人次，而到 1994—1998 年，连续 4 年跌至年均 54 万人次。1998 年 10 月肇庆市委托中南林业科技大学吴楚材教授研究开发森林生态环境产品，激活和复苏鼎湖山旅游市场。吴楚材教授带领课题组对鼎湖山森林空气中与人体健康有密切关联的负离子含量、细菌含量和植物精气进行科学取样和测试。1998 年 12 月 10 日，广东省旅游局在鼎湖山召开了有 65 家媒体参加的新闻发布会。1998 年 12 月 13 日的《人民日报》和 1998 年 12 月 19 日的《广州日报》分别公布了鼎湖山生态环境（空气）质量测定结果。随后出现了“到肇庆去，到鼎湖山去，到最佳空气负离子呼吸区去”的旅游热潮。1999 年和 2000 年，到鼎湖山旅游的人数年均皆在 70 万人次以上，鼎湖山门票价格由 30 元升至 50 元，门票收入每年递增 1 000 万元以上。从此，鼎湖山旅游市场被全面激活，全国性大众化生态旅游市场开始启动（吕健，1998）。

上篇　生态旅游学理论

“生态旅游是指城市和集中居住区的居民为了解除城市恶劣环境的困扰，为了健康长寿，追求人类理想的生存环境，到郊外良好的生态环境中去保健疗养、度假、休憩、娱乐，达到认识自然、了解自然、享受自然、保护自然的目的的旅游行为。”

——吴楚材

第一章
生态系统及其功能概论

第一节　生态系统的组成结构与功能

一、生态系统的定义

(一)生态系统的定义

生态系统(ecosystem)是生物群落与其生存环境之间，以及生物种群相互之间密切联系、相互作用，通过物质交换、能量转换和信息传递，而组成的占据一定空间、具有一定结构、执行一定功能的动态平衡整体。可分为水体生态系统(海洋、滩涂、江河、湖泊、沼泽)、陆地生态系统(森林、草原、荒漠、高山、冻原等)。有学者把生态系统概括为一个简单明了的公式：

生态系统＝生物群落＋环境条件

所以，任何生物群体与其生存环境组成的系统都可以叫做生态系统。它可小到含有藻类的一滴水或一块草地、一片林地，也可大到地球整个生物圈。生态系统可以是天然的也可以是人工的。

生态系统的基本特征主要有：①生态系统具有时空性；②生态系统有明确功能和公益服务性能；③生态系统具有一定的负荷力；④生态系统有自我调控的功能；⑤生态系统有动态的、生命的特征；⑥生态系统具有健康、可持续发展的特性。

(二)生态系统的功能

地球上生命的存在完全依赖于生态系统的能量流动和物质循环，二者不可分割，紧密结合为一个整体，成为生态系统的动力核心。能量是生态系统的动力，是一切生命活动的基础。在生态系统中，生物与环境之间的密切联系也是通过能量的转化和传递来实现的。能量单向流动和物质周而复始循环是一切生命活动的齿轮，也是生态系统的基本功能。

二、生态系统的基本组成成分

生态系统包括生物和非生物环境两大部分。生物部分则由生产者、消费者、分解者所组成。非生物环境主要指光、热、水、土、大气、岩石及非生命的有机物质等，即由物质和能量两部分构成。其中物质分为无机物质和有机物质，它们为生物的生存提供了必须的空间、物质等条件。非生物环境是生态系统能够正常运转的物质、能量基础。

(一)生产者

生产者(producter)主要是绿色植物，也包括一些光合细菌，它们是能用简单的无机物合成为复杂有机物的自养生物，在生态系统中进行初级生产，即光合作用。太阳光只有通过生产者才能输入生态系统，成为消费者和分解者的能源。此外，还有一类化学能合成细菌也能把无机物合成有机物。但是它们在合成有机物时，不是利用太阳能，而是利用某些物质在化学变化过程中产生的能量。生产者的主要作用包括改造环境（如缩小温差、蒸发水分、增加土壤肥力等）和促进物质循环（如促进生命所需的碳、氧、氮、钙等元素在环境与生物间的循环）。

（二）消费者

消费者（consumer）不能用无机物直接制造有机物，它们是直接或间接地依赖生产者所制造的有机物存活的生物，称为异养生物（heterotrophy）。消费者按照取食地位和食性的不同可分为植食动物、肉食动物和杂食动物三大类。同时，生态系统中还有一类特殊的消费者，它们就是寄生生物，它们寄生于动植物体表或体内，靠吸收寄主养分为生，如虱子、蛔虫、线虫和菌类等。消费者在生态系统中不仅对初级生产者起着加工与再生产的作用，同时许多消费者对其他生物种群数量起着重要的调控作用。

（三）分解者

分解者（decomposer）是异养生物，故又称之为小型消费者，主要是细菌、真菌、放线菌和某些原生动物。它们把复杂的生物残体分解为简单化合物，最终成为无机物质，归还到环境中，被生产者再利用。其作用与生产者相反，所以也可称其为还原者。它们在物质循环和能量流动中有重要意义。

二、生态系统的营养结构和空间结构

生态系统的结构包括两个方面：一是组成成分及其营养关系；二是各种生物的空间配置（分布）状态。

（一）生态系统的营养结构

生态系统的营养结构是以营养为纽带，把生物、非生物结合起来，使生产者、消费者、还原者和环境之间构成一定的密切关系。营养结构可分为以物质循环为基础的营养结构和以能量流动为基础的营养结构。生产者主要是绿色植物，能利用简单的无机物质制造复杂的有机物；消费者主要是动物，以植物或其他动物为食，又分为一级消费者（植食动物）、二级消费者（肉食动物）、三级消费者（顶级肉食动物）；分解者主要是微生物，将动植物死体及排遗物中的复杂的有机物分解还原为简单的无机物，供生产者重新利用，它们又称为还原者。从消费食物的角度看，它们也属于广义的消费者。

在营养结构中，生产者是系统中其他生物的营养来源，属第一营养级；作为一级消费者的植食动物属第二营养级，依此类推。但实际上对具体物种进行营养分级只能是相对的。例如，一个杂食动物可能同时占若干营养级，微生物可能分解生产者和各级消费者的死体和排遗物，所以通常也只笼统称为“次级”消费者而不再细分。

（二）生态系统的空间结构

生态系统的空间结构实际上是生物群落的空间格局状况，包括群落的垂直结构和水平结构。草原、森林、湖泊、海洋等自然生态系统在空间上可区分出两个营养层次：上面的吸收阳光进行光合作用的自养层和下面的异养层。自养层，其中生产者的生产过程占优

势，在水域中就是日光能透入的光亮层，在陆地上就是植被的株冠。异养层，以动植物死体及排遗物的分解过程为主，在水域中就是无光带和水底的沉积带，在陆地上就是落叶层和土壤的上部。

自然生态系统还有另一种垂直分层，往往是以植物生活型为标准划分的。森林生态系统尤其是热带雨林，具有复杂的垂直分层结构，如乔木层、灌木层、草被层、地被层等。而草原和荒漠生态系统的分层结构就比较简单。

四、生态系统的能量流动和物质循环

(一)生态系统的能量流动和贮存

地球上一切生命都离不开能量的利用。生物要活下去或者生长与繁殖，均需要有能量的补充。没有能量的不断供应，生物的生命就会停止。生物所利用的能源，基本上都来自太阳辐射，其途径是绿色植物通过光合作用将太阳能转化成化学能，动物再把植物体内的化学能转化为机械能和热能。这种能量转化、储存和联系的依赖性是生态系统能量流动的基本概念和基础。

能量是生态系统的驱动力，生态系统中各种生物的生理状况、生长发育行为、分布和生态作用，主要由能量需求状况的满足程度所决定。生态系统中的能量关系主要表现在3个方面：第一，有机物质的合成过程，即生产者(绿色植物)吸收太阳能合成初级生产量；第二，活的有机物质被各级消费者消费的过程；第三，死的有机物质腐烂和被生物分解的过程。

能量在上述3个过程的转化称作能量流。能量输入生态系统而得以储存。通过消费者的消耗和腐生生物分解等一系列能量转化的代谢活动，能量不断消耗并转化为热能输出系统。所以，生态系统必须不断地有能量的补充，否则就会瓦解。

(二)生态系统的物质循环

生态系统中生物的生存和繁衍除需要能量外，还必须从环境中得到生命活动所需要的各种营养物质。没有外界物质的输入，生命就会停止，生态系统也将随之解体。物质还是能量的载体，没有物质，能量就会自由散失，也就不可能沿着食物链传递。所以，物质既是维持生命活动的结构基础，也是贮存化学能的运载工具。生态系统的能量流和物质流紧密联系，共同进行，维持着生态系统的生长发育和进化演替。能量流进入并通过生态系统，最终从生态系统中消失，属于单向流动；但物质不同，它们一旦从与能量的结合中解脱，就会返回生态系统的非生物环境，重新被植物吸收利用。此外，物质还可以迁入别的生态系统或长期贮存。

生态系统中的物质主要指维持生命活动正常进行所必需的各种营养元素。生态系统从大气、水体和土壤等环境中获得营养物质，通过绿色植物吸收，进入生命系统，被其他生物重复利用，最后归还于环境中，这个过程称为物质循环。在生态系统中能量不断流动，而物质不断循环。能量流动和物质循环是生态系统的两个基本过程。正是这两个过程，使得生态系统各个营养级之间和各种成分之间组成了一个完整的功能单位。

生态系统营养成分的循环有3个主要类型：地球化学循环、生物地球化学循环和生物化学循环。生态系统功能的整体还包括在系统中各生命成分之间存在着信息传递，即信息流。信息传递是生态系统的基本功能之一，在传递过程中伴随着一定的物质和能量消耗。但信息传递不像物质流那样是循环的，也不像能量流那样是单向的，而往往是双向的。有从输入到输出的信息传递；也有从输出到输入的信息反馈。正是这种信息流使生态系统产生了自动调节机制。生态系统的信息，主要分为物理信息、化学信息两大类。

五、生态平衡

生态系统平衡是指在一定时间内生态系统中的生物和环境之间，生物各个种群之间，通过能量流动、物质循环和信息传递，使它们相互间达到高度适应、协调和统一的状态。这时，生态系统中的生物个体数目、生物量和生产力都维持稳定，这种生态系统内部的动态平衡状态是长期生态适宜的结果。生态系统在一定时期内结构和功能处在相对稳定状态时，即使受到外来的干扰也能够通过自身调节恢复到原来的稳定状态。值得注意的是，这里的生态系统平衡是一个动态的概念。

各类生态系统，在外界施加的压力(自然的或人为的)超过了生态系统自身调节能力或补偿功能后，将造成其结构破坏，功能受阻，正常的生态关系被打乱以及反馈自控能力下降等，这种状态称之为生态平衡失调。自然环境是生态存在和发展的前提条件，生物体通过与周围环境不断地进行物质和能量的交换来维持自身的生长、发育和繁衍。因此，保护自然、恢复生态系统的平衡，保持人类与自然的协调发展，是当今人类面临的重要任务之一。

生物圈结构和功能的失衡容易导致生态危机，从而威胁到人类生存。生态平衡失调的初期往往不容易被人们觉察，如果一旦发展到出现生态危机就很难在短期内恢复平衡。因此，人类的活动除了要讲究经济效益和社会效益外，还必须特别注意生态效益和生态后果，以便在改造自然的同时能基本保持生物圈的稳定与平衡。

第二节　生物圈的形成与进化

一、生物圈的概念

生物圈的概念是由奥地利地质学家休斯(E. Suess)在1375年首次提出的，是指地球上有生命活动的领域及其居住环境的整体。它在地面以上达到大致23 km的高度，在地面以下延伸至12 km的深处，其中包括流层的下层、整个对流层以及沉积岩圈和水圈。但绝大多数生物通常生存于地球陆地之上和海洋表面之下各约100 m厚的范围内。

生物圈主要由生命物质、生物生成性物质和生物惰性物质3部分组成。生命物质又称活质，是生物有机体的总和；生物生成性物质是由生命物质所组成的有机矿物质相互作用的生成物，如煤、石油、泥炭和土壤腐殖质等；生物惰性物质是指大气低层的气体、沉积岩、黏土、矿物和水。由此可见，生物圈是一个复杂的、全球性的开放系统，是一个生命物质与非生命物质的自我调节系统。作为地球外套的生物圈，其特殊之处在于：第一，它是有大量液态水的区域。第二，它从一个外界来源(最终是来自太阳)，得到充足的能量。第三，它里面有介于物质的液态、固态和气态之间的界面。

二、生物圈的形成与进化

我们现在所面对的生物圈，并非是从来如此。它也和其他一切自然客体一样，有其形成和演化的历史。了解生物圈的演化史有很重要的意义，它能体现出生物圈发展的某些规律，也有助于加深我们对它当前状况和运动机制的理解。

（一）生命的产生

生命起源问题曾经是人类长期探索而争论不休的一个宇宙性奥秘。比较有影响的两种观点是："自生说"与"生生说"。自生说认为，生命是从无机物自然产生的；生生说则认为生命只能由生命产生。

地球的形成已经有46亿年的历史。由于地球物质在天文演化时期不断吸积，质量增加，重力收缩使势能转化为热能，又由于放射性元素衰变释放能量，地球内部不断增温，以致物质发生融熔，从而发生物质的重力分异，形成圈层结构。生物是非常复杂的物质系统，它不可能突然出现，而必然经历一系列从简单到复杂的演化过程。这个过程经历了由无机小分子到有机小分子，由有机小分子到有机大分子，由有机大分子到原始生命这样一些阶段，也就是要由长期的化学演化过程为生命的出现做好准备。

法国生理学家K·贝尔纳说："只有同时存在合成和分解有机物的地方才能有生命"。有生命就有死亡，最初的生命是异养的，必须依靠由生物体外的光化学过程合成的有机物作为构筑个体和取得能量的来源。原始生命体死亡分解，又为新的光化学合成过程提供简单分子材料。合成与分解的相互转化通过原始生命而延长其回路，便形成了生物圈最初的物质循环。

（二）生物物种复杂化、多样化

原始生命产生以后，就开始了生物进化的历史。生物个体的进化与生态系统的进化以及整个生物圈的进化是紧密相关的。生物进化的主要趋势是生物机体结构越来越复杂，生物物种越来越多样。进化的机制主要是在基因层次上DNA大分子的随机突变和重组，以及在个体和种群层次上的遗传变异、隔离和自然环境的选择作用。生物与环境的复杂关系及生物之间的复杂关系，生态系统的制约关系，都作为信息贮存在生物物种的基因之中，其信息量越来越大，展现出生物进化复杂化多样化的进程。这个进程中一些重大的飞跃：从原始生命到原核细胞的产生、真核细胞的产生、单细胞生物发展为多细胞生物等进化基本可以代表生物进化的阶段。

（三）生物圈的变迁和发展

生命产生以后，越来越复杂的物种成为生物圈的基因库，增进了生物进化以适应环境变迁的潜能。基因随机变异，受到环境条件选择，形成新的物种，从而更有效地利用环境资源。反过来生物又以其生物化学活动改变着环境，创造更有利于生存的条件。这样就形成生物圈不断的自组织，发生生物圈结构的进化。

与此同时，生物圈的演化并不是一帆风顺的。它受到经常变动的外在物理条件的干扰，经受过多次灾变的考验，度过几次冰期……但它基本上保持了稳定的结构和功能，没有遭到瓦解，没有走向退化，这是经受环境选择的复杂系统自组织的结果。这一自组织过程表现为优化的良性循环的发展方向：能够实现自我保障，能够为后续生物的生存和发展创造越来越好的条件，能够不断增强自己保持稳定抗拒干扰的能力，使得生物圈的结构信息量不断增加，自由能不断积累，最终形成屏蔽保护机制。

这种优化的发展方向是生物圈复杂系统自组织的结果。这种自组织过程不是单值决定论的关系，它会有多种结构出现，或者说会做出多种尝试。只有其中最成功的结构才能被选择保留下来。而宇宙－地球环境条件则是起选择作用的主要因素。

第三节　生态系统的服务功能

一、生态系统服务的概念及其基本特征

(一)生态系统服务的概念

生态系统服务指人类从生态系统获得的所有惠益，包括供给服务(如提供食物和水)、调节服务(如控制洪水和疾病)、文化服务(如精神、娱乐和文化收益)以及支持服务(如维持地球生命生存环境的养分循环)。生态系统产品和服务是生态系统服务功能的同义词。

生态系统服务功能的概念是随着生态系统结构、功能及其生态过程深入研究而逐渐提出、并不断发展的。生态系统服务(ecosystem services)指人类生存与发展所需要的资源归根结底都来源于自然生态系统。自然生态系统不仅可以为我们的生存直接提供各种原料或产品(食品、水、氧气、木材、纤维等)，而且在大尺度上具有调节气候、净化污染、涵养水源、保持水土、防风固沙、减轻灾害、保护生物多样性等功能，进而为人类的生存与发展提供良好的生态环境。对人类生存与生活质量有贡献的所有生态系统产品和服务统称为生态系统服务。

(二)生态系统服务的基本特征

生态系统是由非生命环境和生物群落在演化进程中形成的复杂而开放的系统，其服务功能有它自己的服务方式和规律。生态系统服务的基本特征主要有以下 4 点：

第一，生态系统服务的客观性。各类生态系统由一定的生物物种组成，具有一定的结构和功能，因而其服务功能并不依赖于评价的主体而存在，不是随着人们对它的评价而表现其价值。相反，它们并不需要人类，而人类却需要它们。

第二，生态系统服务与生态系统过程密不可分。生态系统服务与生态过程两者都是生态系统的固有属性。生态系统中植物群落(即初级生产者)和动物群落(即次级消费者)、自养生物和异养生物的协同关系，以水为核心的物质循环，地球上各种生态系统的共同进化和发展等，都充满了生态过程，也就产生了生态系统的功能和服务。

第三，大自然作为进化的整体是产生生态系统服务功能的源泉。众所周知，地球上的生命是在漫长的地质演化历史长河中不断进化和发展的，遵循从简单到复杂，从低级到高级的演化途径，在此过程中产生更加完善的物种、演化出更加完善的生态系统。这样的生态系统能产生许许多多的功能和效益。生态系统在进化过程中维护着它产生出来的服务性能，并不断促进这些性能的进一步完善。一个健康、完善的生态系统，其服务效益潜力非常巨大，并趋向向更高、更复杂、更多功能和效益的方向发展。

第四，自然生态系统是多种功能的转换器。在自然进化的过程中，生态系统产生着越

来越丰富的内在功能。个性和种群的服务效益是有限的，只有它们与生物群落和生态系统相联系时，使它们自身的性能转变为集合性能，才能发挥更大的服务效益。绿色植物通过光合作用将太阳能转化为化学能以及从土壤中吸收各种营养物质贮存起来。当绿色植物被植食动物取食，植食动物又被肉食动物所食，动植物死亡后其尸体又被分解者分解，最后进入土壤中，这些个体生命虽然不存在了。但其能量和物质转变成别的动物或者在土壤中贮存起来。经过自然网络转换器的这种作用就不断地在全球的部分或整体中运动。

二、生态系统服务的主要内容

(一)生态系统服务的分类

目前，得到国际广泛承认的生态系统服务功能分类系统是由千年生态系统评估工作组(MA)提出的分类方法。MA的生态服务功能分类系统将主要服务功能类型归纳为提供产品、调节、文化和支持4个大的功能组。

产品提供功能是指生态系统生产或提供的产品；调节功能是指调节人类生态环境的生态系统服务功能；文化功能是指人们通过精神感受、知识获取、主观映象、消遣娱乐和美学体验从生态系统中获得的非物质利益；支持功能是保证其他所有生态系统服务功能提供所必需的基础功能。区别于产品提供功能、调节功能和文化服务功能，支持功能对人类的影响是间接的或者通过较长时间才能发生，而其他类型的服务则是相对直接的和短期影响于人类。一些服务，如侵蚀控制，根据其时间尺度和影响的直接程度，可以分别归类于支持功能和调节功能。由此可见，生态系统服务功能是人类文明和可持续发展的基础。

(二)生态系统服务的主要内容

生态系统服务是可以描述、测度和估价的。一般来讲，生态系统服务与生态系统功能有对应的关系。生态系统服务主要包括3个方面：①向经济社会系统输入有用的能量和物质，如通过生态系统初级生产和次级生产为人类提供食物、木材、燃料、工业原料、药品等人类所必需产品；②接受和转化来自经济社会系统的废物；③直接向人类社会提供广泛的服务，如人们普遍享用的清洁空气、水等舒性资源等(中国科学院可持续发展战略研究组，2003)。

传统的经济学意义上的服务，实际上是一个购买和消费同时进行的商品性服务。而生态系统服务只有一部分能够进入市场买卖，如木材、果品、乳肉、燃料等，而绝大部分生态系统服务是公共品或准公共品，无法进入市场，甚至在市场交易中很难发现对应的补偿措施。生态系统服务以长期服务流的形式出现，能够带来这些服务流的生态系统是自然资本。

第二章
生态旅游学涉及的相关概念

生态旅游学是一门研究生态旅游系统的科学，内容涉及生态学、林学、环境学、旅游学等众多学科，主要是在生态学的背景下，研究生态旅游的产生和发展规律，生态旅游者行为，生态旅游资源的分类、评价、开发、规划和保护，生态旅游产品的构成、特征、类型、功能、运行机制以及生态旅游市场的管理等。

第一节　林学的基本概念

林学是研究森林的形成、发展、管理以及资源再生和保护利用的理论与技术的科学。我国大部分旅游区，特别是生态旅游区多位于山区、林区、水边，这些区域大多归林业部门管理，包括林场、森林公园、自然保护区、湿地、郊野公园等，这些都是发展森林旅游和生态旅游最理想的场所。从旅游资源的占有量来说，林业部门的占有量最多，占到旅游资源总量的50%左右；从低碳节能的角度来说，森林是陆地生态系统的主体，是陆地最大的碳贮库和最经济的吸碳器。林业部门发展旅游具有得天独厚的资源优势，这是其他行业所不可比拟的。要实现我国旅游业的持续、健康发展，林业责无旁贷。

一、林学与林业

林学是以森林为主要研究对象，使森林及与森林相关的自然资源得到永续利用的一门综合性科学；而林业是培养和保护森林以取得木材和其他林产品、利用林木的自然特性以发挥森林作用的社会部门。

林业是指保护生态环境保持生态平衡，培育和保护森林以取得木材和其他林产品、利用林木的自然特性以发挥防护作用的生产部门，是国民经济的重要组成部分之一。林业在人和生物圈中，通过先进的科学技术和管理手段，从事培育、保护、利用森林资源，发挥森林的多种效益，且能持续经营森林资源，促进人口、经济、社会、环境和资源协调发展的基础性产业和社会公益事业。

二、森林

（一）森林的概念

沈国舫院士认为，森林是以乔木树种为主的具有一定面积和密度的木本植物群落，受环境的制约又影响（改造）环境，形成独特的（有区别的）生态系统整体。森林必须以乔木为主，这可以看作是人们的习惯标准，它不应是严格的本质的因素，因为不少灌木树种在不同地区条件下可以生长得比某些乔木树种还高。我们可以理解为，乔木无疑组成森林，而灌木往往构不成森林。这里要看它们对环境的影响程度。如果面积小、林木数量少，群落产生不了对环境的明显影响，也是不能称为森林的。同时，一定密度和一定面积紧密相关。一般认为，面积再大的果园不能称为森林，其原因就是稀疏的树木不能形成群体环境而明显地影响周围地区。但密度的更重要的意义在于形成森林内部的结构和塑造林木的良好作用。此外，幼苗或幼树影响环境能力很弱，只有郁闭成林，对环境的作用才明显起来。此时，森林更加稳定，生物量逐渐增加，食物链(网)更加完整，生态系统的功能加强，形成有区别的、有独特特征的森林生态系统。国家林业局编写的《中国林业工作手册》则对森林的各项指标做了具体规定，即土地面积≥0.066 7hm^2(1 亩)，郁闭度≥0.2，就地生长高度达到2m以上(含2m)的以树木为主体的生物群落，包括天然与人工幼林，符合这一标准的竹林，以及特别规定的灌木林，行数在2行以上(含2行)且行距小于等于4m或冠幅投影宽度在10m以上的林带才能称为森林。

(二)森林环境

森林所生存地点(包括林木地上和地下两部分)周围空间的一切因素，就是森林的环境。对林木来说，它们彼此之间也互为环境。环境影响着森林，反过来森林也影响着环境的变化。环境中的每个因素称为环境因子。环境因子对森林(或植物)有作用的，称为生态因子，这些因子综合在一起构成森林的生态环境或简称生境，林学上称为立地条件或立地。自然界没有孤立存在的生态因子，或者单一因子的生态环境，光、热、水、气、矿质营养总是共同存在，相互影响，起着综合性的生态作用。自然界也没有不变的生态因子或静止的生态空间，因子间的相互配合，产生了千差万别的生态环境。各种生态因子有如下类别：气候因子，又可分为光、温度、湿度、空气、雷电等；土壤因子，又可分为土壤物理、化学性质，以及土壤微生物等；生物因子，包括动物、植物和微生物因子；地形因子，包括坡向、坡度、海拔高度、地理位置等。森林环境因子既是开展森林旅游活动的必要条件，其本身也是重要的森林旅游资源。

(三)森林生态系统与生物多样性

森林生态系统是以林木为主体的生物群落(包括森林中的所有植物成分和动物、微生物等)与其生存的非生物环境(包括气候、土壤、水文等因素)相互作用的综合体。也就是以林木为主体的生态系统。森林生态系统可根据其所处温度带的不同分为热带林、亚热带林、温带林和寒温带林等生态系统。生物多样性是指一定范围内生物的差异、变化和复杂程度，包括遗传多样性、物种多样性、生态系统多样性。森林旅游产业的可持续发展与森林生态系统的稳定性相关，森林生态系统越复杂，抵抗干扰与自我调控能力越强，森林旅游的可持续发展能力就越强。

(四)林分、林木、树木、乔木、灌木

林分是内部结构特征(如树种组成、林冠层次、年龄、郁闭度、起源、地位级或地位指数等)基本相同，而与周围森林有明显区别的一片具体森林。林分常作为森林旅游功能分区规划和景观设计的依据。林木是森林中全部乔木的总称，它是森林的主体，为森林旅游资源的主要组成部分。林木分主林木和次要林木。在森林旅游中，主林木是指森林旅游价值较高的主要树种。次要林木是指森林旅游价值较低的次要树种。林木有时也泛指生长在森林中的乔木。树木是木本植物的总称，有乔木、灌木和木质藤本之分。树木主要是种

子植物，蕨类植物中只有树蕨为树木。我国有 8 000 余种树木。乔木是高 3m 以上，具有明显直立的主干和广阔树冠的木本植物。按其大小又可分为大乔木(高 20m 以上)、中乔木(高 10 ~ 20m)、小乔木(高 3 ~ 10m)。灌木是指高 3m 以下，通常丛生无明显主干的木本植物(但有时也有明显主干如麻叶绣球、牡丹)。茎高 0.5m 以下者为小灌木，如胡枝子。茎在草质与木质之间，上部为草质，下部为木质者称半灌木或亚灌木。

(五)造林、原始林、天然林、次生林、人工林

造林是在林业用地上采用植苗、扦插或播种等方法营造或更新森林的生产活动。种植面积较大，而且以后能形成森林和森林环境的，一般称为造林；面积小，不能形成森林或森林环境的，一般称为植树或栽树，而不称为造林。原始林又称原生林天然林，是由原生裸地发生的植物群落，经过一系列原生演替阶段而形成的森林。亦即从未进行经营活动或破坏的森林。原始林通常是顶极群落，是最稳定的森林。次生林是指植物群落从次生裸地发生，经过一系列次生演替阶段所形成的森林，亦即森林经过采伐或其他自然因素破坏后，自然恢复的森林，因而有时又称天然次生林。又称原始林、原生林，我国的原始天然林有 11 576 万 hm^2，主要分布在东北、内蒙古和西南等地。人工林是指用人工种植的方法营造和培育而成的森林。

(六)森林面积、森林覆盖率、活立木蓄积量、林业用地、郁闭度

森林面积是指郁闭度在 0.2 以上的乔木林地面积和竹林、国家特别规定的灌木林地、农田林网以及村旁、路旁、水旁、宅旁林木的覆盖面积。森林覆盖率是指一定区域森林面积与土地面积的百分比，是反映一个国家或地区森林资源丰富程度的重要指标。森林蓄积量是指森林中所有活立木材积的总和，这是反映森林数量和质量的重要指标。活立木蓄积量包括森林蓄积量、疏林蓄积量、散生木蓄积量、四旁树蓄积量。林业用地也称林地，包括郁闭度 0.2 以上的乔木林地以及竹林地、灌木林地、疏林地、采伐迹地、火烧迹地、未成林造林地、苗圃地和县级以上人民政府规划的宜林地。郁闭度是指树冠覆盖面积与林地总面积的比率。

第二节　环境学的基本概念

环境学是现代社会经济和科学发展过程中形成的一门综合性很强的科学。它是研究人类社会发展与环境(结构和状态)演化规律之间相互作用关系，寻求人类社会与环境协同演化、持续发展途径与方法的科学。环境科学的研究对象是“人类与环境”这对矛盾。通过研究它们之间对立统一的关系，充分认识两者之间的作用与反作用，掌握其发展规律，以便调整人类的社会行为，保护、发展和建设环境，从而使环境永远为人类社会持续、协调、稳定发展提供良好的支持和保证，促使环境朝着有利于人类的方向演化。

一、环境

(一)环境的含义

环境(environment)是一个广泛的概念。环境是客体，其类型是由主体决定的。环境与中心事物相互呼应，又相互制约，既相互依存，又互相转化。简单地讲，与某一中心事物有关的周围事物就是该中心事物的环境。人类的生存环境，是以人为中心的环境。这一环境指围绕着人群的空间及其可以直接或间接影响人类生活、生产和发展的各种物质与社会因素、自然因素及其能量的总体。它包括自然环境和社会环境两方面：自然环境主要包括空气、水、野生动物、野生植物、土地、矿物、岩石、太阳辐射等，这些都是人类赖以生存的物质基础；社会环境是指人们生活的社会经济制度和上层建筑的环境条件，是人类在物质资料生产过程中共同进行生产而结合起来的生产关系的总体，它是人类精神文明和物质文明发展的重要标志，随着人类文明的进步而不断丰富和发展。

(二)环境的基本类型

环境是一个非常复杂的系统，可按不同的原则进行分类。按环境的形式分类，可把环境分为自然环境和人工环境；按环境的功能分类，可把环境分为生活环境和生态环境；按环境范围的大小分类，可把环境分为居室环境、庭院环境、街区环境、城市环境、区域环境(如流域环境、行政区环境等)、全球环境等；按环境要素分类，可把环境分为大气环境、水环境(包括海洋环境、湖泊环境)、土壤环境、生物环境(如森林环境、草原环境)、地质环境等。在环境科学中，最常用的分类法是第一种，即把环境分为自然环境和人工环境。

二、环境问题

广义而论，环境问题是指由自然的或人为的原因引起的直接或间接影响人类生存和发展的一切现实的或潜在的问题。从狭义上讲，环境问题是指由于人类的生产和生活方式所导致的各种环境污染、资源破坏和生态系统失调。

(一)环境问题的产生

人类从自然环境中获得生活资源，然后又将使用过的自然物质及废弃物质还给自然环境，从而参与了自然界的物质循环和能量流动，不断影响着自然环境。过去几千年，人类在生产活动中向自然界排出废物数量较少，大自然尚有足够的时间和容量将其分解、稀释、净化，因而造成的危害不大。可是，自从工业革命以来，特别是20世纪40年代以来的几十年间，由于人口的迅速增长、科学技术的飞跃进步、工农业生产的迅猛发展、人类征服自然能力的空前提高，造成对环境索取的增加，许多资源日益减少，甚至面临耗竭。每年还有数以亿吨的各种废物排入环境，日积月累，终于超出了环境的净化能力，大自然再也无法消化吸收，于是加速了环境污染及其对生态的破坏，直接或间接影响了人类的生存和发展。这些就是环境问题。当前，环境问题已成为人类面临的重大问题之一。

人类环境问题按成因不同分为两大类：原生环境问题和次生环境问题。

1. 原生环境问题

由种种自然因素所引起的环境问题为第一类环境问题，也叫原生环境问题，它是指环境中原来就存在的有害于人类和生物活动与生存的因素，如洪水、地震、火山爆发、台风、海啸、旱灾、虫灾、流行病等带来的环境问题。由于这类环境问题在短时间内就会给人类造成巨大的危害，所以容易引起人们的认识和重视。人们对这类环境问题的预测、防范、治理，有赖于科学技术水平的提高。

2. 次生环境问题

第二类环境问题叫次生环境问题，它是由种种人为因素引起的环境问题，是人们在经济再生产过程中引起的。具体表现为两方面：一是由于不合理地开发和利用资源所引起的环境衰退、资源耗竭，破坏了生态平衡；二是由于工业发展，排出的废水、废气、废渣和噪声给环境带来的污染。环境问题所造成的危害多是潜在的、累积的，慢慢产生影响，所以在短时期内不大容易引起人们的足够重视。因此，必须加强对人们环境意识的教育。我国把保护环境作为三大基本国策之一，就是为了引起人们对环境的普遍重视。

（二）城市面临的主要环境问题

如今，高度的城市化给人们的身心健康带来诸多的负面影响，尤其是城市化水平日益提高所带来的一系列环境问题，城市面临的环境问题主要表现在如下几个方面：

1. 城市水体污染

水体因接受过多的污染物而导致水体的物理、化学和生物等特性的改变和水质的恶化，破坏了水中固有的生态系统及水体的功能，从而影响了水的有效利用，危害人体健康，这种现象称为“水体污染”。随着工业化和城市化的加速推进，生态环境问题日益突出，水污染亦日趋严重，成了世界性的头号环境治理难题。据世界卫生组织2008年6月发表的一份报告说，目前全世界每天有超过4 000人死于由不洁水源传播的各种疾病。

城市和城郊是生活用水、工业用水最集中、最多的地方，也是地表水和地下水污染最严重的地方。城市是污染源的发源地，也是水环境被破坏最严重的地段，是居民的身心健康受害最严重的地域。中国环境监测总站于2007年1至4月对全国地表水水质监测结果表明，流经城市的水质多数为重度污染。目前我国主要大城市只有23%的居民饮用水符合卫生标准，小城镇饮用水合格率更低。

2. 城市大气污染

城市大规模工业生产活动和繁忙拥挤的交通所排放的污物废气严重污染了大气，使城市空气质量不断恶化，严重危害人类的健康。所谓大气污染，是指进入大气层的污染物的浓度超过环境所能允许的极限，改变正常大气的组成，破坏其物理、化学和生态平衡体系，使大气质量恶化，从而危害人类生活、生产、健康，损害自然资源，给正常的工农业带来不良后果的大气状况。

3. 城市垃圾污染

城市垃圾污染主要是城市固体废弃物造成的污染。根据《中华人民共和国固体废物污染环境防治法附则》的规定，“固体废物，是指在生产建设、日常生活和其他活动中产生的污染环境的固态、半固态废弃物质。”城市固体废弃物包括瓜果皮核、菜叶、剩菜剩饭、弃土、废弃的纸张、纸盒、塑料、玻璃、一次性餐盒、易拉罐、罐头盒和牙膏皮等生活垃圾。城市固体废弃物对环境的影响是长久而深远的。据统计，我们生活中一些废弃物在自然界降解的时间如下：烟头1～5年；尼龙织物30～40年；易拉罐80～100年；羊毛织物1～5年；橘子皮2年；皮革50年；塑料100～200年；玻璃1 000年。这些城市垃圾绝大部分露天堆放，不仅影响城市景观，同时污染了大气、水和土壤，对城市居民的健康构成威胁。

4. 城市噪声污染

《中华人民共和国环境噪声污染防治法》中把超过国家规定的环境噪声排放标准，并干扰他人正常生活、工作和学习的现象称为环境噪声污染。噪声的来源，一般可分为工业和施工噪声、交通噪声和生活噪声等。一般来说，声级在30～40dB是比较安静的环境，超过50dB就会影响睡眠与休息，70dB以上干扰人们的谈话，使人心烦意乱，精力不集中。长期工作与生活在90dB以上的噪声环境，会严重影响听力和导致其他疾病发生。噪声像毒雾一样，弥漫在人们周围，尤其在城市与工业区里，噪声已被认为是一大公害。

5. 光污染

光污染泛指影响自然环境，对人类正常生活、工作、休息和娱乐带来不利影响，损害人们观察物体的能力，引起人体不舒适感和损害人体健康的各种光。

城市是光污染集中区。城市里建筑物的玻璃幕墙、釉面砖墙、磨光大理石和各种涂料等装饰，在太阳光照射强烈时，都会反射光线，明晃白亮、眩眼夺目。城市里的灯光、玻璃、油漆等五颜六色，特别是红色和黄色的光对人的视神经、交感神经刺激很大，直接影响中枢神经，使人感到烦躁不安和困倦。街道上五光十色的霓虹灯、舞厅里闪烁的彩色光，都给视觉神经很大的不良刺激。这些彩光污染，不仅有损人的生理功能，使人感到头晕目眩，出现恶心呕吐、失眠等症状，还会影响心理健康。尤其是舞厅、夜总会安装的黑光灯，据测定，其所产生的紫外线强度大大高于太阳光中的紫外线，且对人体有害影响持续时间长，人如果长期接受这种照射，可诱发流鼻血、脱牙、白内障，甚至导致白血病和其他癌变。

6. 热辐射污染

城市热辐射污染，是指“城市热岛效应”给城市居民的生产和生活所造成的危害。“城市热岛效应”是指城市化的发展，导致城市中的气温高于外围郊区的这种现象。在气象学近地面大气等温线图上，郊外的广阔地区气温变化很小，如同一个平静的海面，而城区则是一个明显的高温区，如同突出海面的岛屿，由于这种岛屿代表着高温的城市区域，所以就被形象地称为城市热岛。医学研究表明，环境温度与人体的生理活动密切相关，环境温度高于28℃时，人们就会有不舒适感；温度再高就易导致烦躁、中暑、精神紊乱；气温高于34℃，并且频繁的热浪冲击，还可引发一系列疾病，特别是使心脏、脑血管和呼吸系统疾病的发病率上升，死亡率明显增加。此外，高温还加快光化学反应速率，从而使大气中O_3浓度上升，加剧大气污染，进一步伤害人体健康。

7. 电离辐射污染

电离辐射是一切能引起物质电离的辐射总称，其种类很多，高速带电粒子有α粒子、β粒子、质子，不带电粒子有中子以及X射线、γ射线。电离辐射对机体的损伤可分为急性放射损伤和慢性放射性损伤。短时间内接受一定剂量的照射，可引起机体的急性损伤，平时见于核事故和放射治疗病人。而较长时间内分散接受一定剂量的照射，可引起慢性放射性损伤，如皮肤损伤、造血障碍，白细胞减少、生育力受损等。另外，辐射还可以致癌和引起胎儿的死亡和畸形。

8. 电磁辐射污染

以电磁波形式向空间环境传递能量的过程或现象称为电磁波辐射，简称电磁辐射。当电磁辐射强度超过人体所能承受的或仪器设备所允许的限度时就构成电磁辐射污染简称电磁污染。

1982—1983年的16个月中，美国阿尔玛城电话总公司32位怀孕计算机操作员中，12位流产，3位早产，2位死胎。

1998年世界卫生组织(WHO)最新调查显示，电磁辐射对人体有五大影响：①电磁辐射是心血管疾病、糖尿病、癌突变的主要诱因；②电磁辐射对人体生殖系统，神经系统和免疫系统造成直接伤害；③电磁辐射是造成孕妇流产、不育、畸胎等病变的诱发因素；④过量的电磁辐射直接影响儿童组织发育、骨骼发育、视力下降；肝脏造血功能下降，严重者可导致视网膜脱落；⑤电磁辐射可使男性性功能下降，女性内分泌紊乱，月经失调。

9. 放射性污染

世界上一切物质都是由一种叫原子的微小粒子构成的，每个原子的中心有一个原子核。大多数物质的原子核是稳定不变的，但有些物质的原子核不稳定，会自发地发生某些变化，这些不稳定原子核在发生变化的同时会发射各种各样的射线，这种现象就是“放射性”。放射性是自然界存在的一种自然现象。在自然条件下，大气和水体中都含有极微量的放射性物质，辐射剂量很低。但随着原子能工业的发展及其在医学、军事、科研、民用等各项领域的广泛应用，使大气和水体中的放射性物质不断增加，使环境的放射性水平高于天然本底值或超过规定标准，构成放射性污染。

城市经常性的放射性污染主要来源于各种建材、天然石材和瓷砖等家庭装修材料以及彩色电视机和燃煤其他含有天然或人工放射性核素的一般居民消费用品。城市建设把大量的砖、瓦、石、砂、水泥等建筑材料运入城市；城市居民生活、工业生产把大量的煤、矿石运入城市，带入高剂量的放射性物质，使放射性剂量水平超标，危害居民健康。

10. 微生物污染

常见的微生物污染是空气的微生物污染和水的微生物污染。室内空气微生物污染是传播呼吸道疾病的主要原因。微生物可附着于尘埃、飞沫上，并以它们作为介质进入人体而引起疾病。易感者只要与传染源有短时间的接触即可能发病。病原微生物通过空气传播的疾病有肺结核、肺炎、流行性脑脊髓膜炎、白喉、百日咳、流行性感冒、流行性腮腺炎、麻疹、天花、水痘等。水是微生物生存的天然环境，无论地面水、地下水甚至雨水或雪水都含有多种微生物。水中的微生物大部分来自土壤，小部分是和尘埃一起由空气中沉降下来的。此外尚有一少部分是随垃圾、人畜粪便以及某些工业废弃物进入水体的。水体中的病原体主要来自人畜粪便。某些病原微生物污染水体后可引起传染病的流行，对人类健康造成极大的危害。

随着旅游的广泛开展，人们开始更加重视生态环境的保护、环境的治理以及对世界文化遗产和各种文物古迹的保护，以谋求旅游发展与自然、文化和人类生存环境融为一个和谐的整体，促进世界各国社会经济文化的可持续发展。丰富的自然旅游资源、人文旅游资源及良好的生态环境条件是旅游发展的前提条件。重视对旅游资源的保护，就要在充分考虑旅游活动与自然资源、社会文化和生态环境相互作用和相互影响的前提下，把旅游开发建立在生态系统的负荷力范围之内，努力谋求旅游发展与自然、文化和人类生存环境协调发展，实现旅游的可持续发展。开展生态旅游，其目的在于为旅游者提供高质量的感受和体验，促进旅游目的地居民生活质量的不断提高，维护旅游者和旅游地居民共同赖以生存的环境。

第三节　旅游学的基本概念

一、旅游的概念与属性

(一)“旅”“游”与“旅游”的词源含义考释

在我国古代，“旅”和“游”是各具概念的词汇。名词的“旅”有“客”的意思，《说文》中解释：“旅者，客也。”动词的“旅”，则是“客处”、“客居”的意思。《周易正文》中有：“旅者，客居之名，羁旅之称；失去本居，而寄他方，谓之旅。”可见在古代“旅”就是指旅行。“游”字的本义是“饰于旗帜上下垂的飘带”，后引申为“行走”。例如先秦时期的帝王出游也叫“游夕”，《管子戒篇》中有“先王有游夕之业，宝发也。”后来，随着帝王的出游逐渐向“游玩享乐”转化，“游”也就具有了“游览玩乐”的含义，如《论语集注》中“游，玩物适情之谓”。

“旅游”一词将“旅”和“游”连用最早是在南朝沈约的《悲哉行》一诗：“旅游媚年春，年春媚游人。”诗中的“旅游”已含有旅行游览的意思，类似于我们今天所讲的旅游。

(二)旅游的定义与属性

如今国内外学者对旅游的定义非常多，但在以下方面已达成共识。首先，旅游是人们离开常住环境到其他环境进行的活动；其次，旅游是人们前往旅游目的地做短暂停留，而非移民性质的永久居住；再次，旅游是人们有目的的外出活动；最后，旅游是旅游者常住地与旅游地之间的人员流动。通过上述共识可以总结出旅游的几点基本属性：旅游具有外出性；旅游具有暂时性；旅游具有目的性；旅游具有流动性。世界上公认的旅游定义是“艾斯特定义”，即“旅游是非定居者的旅行和暂时居留而引起的现象和各种关系的总和。这些人不会长期定居，并且不从事任何赚钱的活动。”

二、旅游的本质

旅游是人类社会生活的一项重要活动。在有文字记载的历史上，各个时代的人们都向往旅游，但旅游活动的大规模兴起则是在近代社会的产业革命之后，特别是第二次世界大战以后的时间里，随着社会生产力的巨大发展，科学技术的发明创造及其在生产中的广泛应用，旅游已逐渐成为一种全民性的现象，成为人类物质生活和精神生活的重要组成部分。随着旅游活动的演变、发展及其不断现代化，旅游作为一种大规模的社会文化现象，其本质内涵和社会意义日益凸现和鲜明，旅游活动与其他社会活动的本质差异更加明显。我们可从 3 个方面来理解旅游的本质。

(一)旅游是人类一种高层次的消费活动

旅游是人类一种高层次的消费活动，并正在发展成为人们生活中的一种基本需要。人在与客观环境的相互作用过程中，在积极的生产活动和社会活动中，会产生多种多样的需要，按照马斯洛的需要层次理论的解释，人的需要可分为：生理需要、安全需要、社交需要、受尊重需要和自我实现的需要 5 个层次。上述 5 个需要层次是逐级上升的，当低一级的需要获得相对满足以后，追求高一级的需要就成为继续奋进的动力。而旅游需要是人的总体需要的一个组成部分。当人们在满足日常的衣、食、住、行等基本物质需要之后，便自然而然地产生追求更高层次享受的需要，即产生旅游的需要。因为在旅游中，人们的社交、受尊重和自我实现的需要均可以得到体现和满足。因而，旅游是人们生活需要层次提高的表现，是一种高层次的消费活动。

（二）旅游是人类一种以审美为特征的休闲活动

旅游最基本的形式是游览观光，因此，旅游从本质上说还是一种审美活动。追求美是人类文明的主要特征。人们之所以喜欢旅游，就是因为在旅游活动中，通过美的感受游览名山大川、欣赏文物古迹、体验风土人情等，可以达到陶冶情操，愉悦身心，增长见识的目的。而旅游这种审美活动作为人们物质生活水平与文化生活追求提高的表现，必须以闲暇时间为前提，所以说，旅游是人类一种以审美为特征的休闲活动。

（三）旅游是人类一种文明的交往活动

人具有自然属性和社会属性。人与人的交往是人类历史发展的固有现象，是人类社会生活中的一种最基本的社会活动。而在人类多种多样的交往方式中，旅游是一种较为理想的开放式的交往形式。在旅游活动中，每个人都是主动和自由的，可以不受地域、种族、性别、年龄等的限制。并且旅游的场景和气氛也易于人们沟通与交往，产生其他交往形式所达不到的良好效果。因此，旅游是人类一种积极而文明的交往方式。

三、旅游的分类

（一）按旅游区域划分

按旅游区域划分，可分为国际旅游和国内旅游。世界旅游发展史表明，旅游活动是按照由近及远、先国内后国外的规律发展。国内旅游是国际旅游的先导，而国际旅游是国内旅游发展的必然。

1. 国内旅游

国内旅游是指人们在居住国境内开展的旅游活动，通常是指一个国家的居民离开自己的长住地到本国境内其他地方进行的旅游活动。根据世界旅游组织的解释，非本国居民的长住外国人在所在国国境内进行的旅游活动亦属于国内旅游。国内旅游可以根据在目的地停留时间，划分为过夜旅游和不过夜一日游。国内旅游又可以根据旅游活动范围的大小，划分为地方性旅游、区域性旅游、全国性旅游 3 种形式。

2. 国际旅游

国际旅游是指一个国家的居民跨越国界到另一个或多个国家去访问的旅游活动。根据旅游者的流向，又可分为入境旅游和出境旅游。根据国际旅游的范围大小，又可分为跨国旅游、洲际旅游和环球旅游 3 种具体形式。

（二）按旅游目的划分

按旅游者旅游的主要目的来划分，旅游可以分为以下几种形式：

1. 观光旅游

观光旅游是人类早期的旅游形式，也是目前最普遍和最主要的旅游活动类型。所谓观光旅游，主要指旅游者到异国他乡游览自然山水、鉴赏文物古迹、领略风土民情，从中获得自然美、艺术美、社会美的审美情趣，以达到消遣娱乐、积极休息和愉悦身心效果的旅游活动类型。随着旅游市场竞争的日趋激烈，世界各国为适应旅游市场的需求竞相开发出了许多新的观光旅游产品。如微缩景观、外国村、旅游村(或时代村)、国家公园、主题公园、野生动物园、海底世界等。

2. 度假旅游

度假旅游是指利用假期参加一些消遣娱乐活动。以调节生活节奏、消除疲劳、减少疾病、增进健康的旅游。其具体形式主要包括医疗旅游、保健旅游、避暑旅游、避寒旅游、温泉旅游、森林旅游、海滨旅游、登山旅游、狩猎旅游、野营旅游、滑雪旅游、乡村旅游等等。空气清新、风景秀丽的山川、海滨、温矿泉地、森林地是度假保健旅游的好去处。

3. 文化旅游

文化旅游是指以精神文化和物质文化为主要考察对象的旅游。文化旅游具体包括历史旅游、民俗旅游、艺术旅游、博物馆旅游、工业旅游、农业旅游、修学考察旅游等形式。文化旅游是一种古老而又不断被赋予新内容的旅游形式，满足了人们深层次的文化需求。它是一种高层次的旅游，具有深厚的文化内涵和鲜明的文化特色。

4. 公务旅游

公务旅游是指以某种公务为主要目的的旅游。它是在旅行过程中产生的旅游行为。这种以某些具体功利性目的和旅游相结合的旅游形式，是旅游内涵的一种延伸。主要有商务旅游和会议旅游等形式。

(1)商务旅游　商务旅游虽然在近几年发展较快、但仍属于传统的旅游形式之一。商人在经商过程中有意识地开展一些旅游观赏活动自古至今并不少见。商务旅游之所以日渐盛行，关键在于当今商务活功内容和范围的不断拓展。随着世界经济一体化的加快，跨国技术合作、企业开拓市场等活动日渐增多，当今的商务活动天地十分广阔，也为商务旅行者在公务之余提供更多的旅游机会和更广阔的游览空间，从而促进了商务旅游的快速发展，并成为旅游业赖以生存的一个主要市场。

(2)会议旅游　会议旅游是第二次世界大战后兴起并迅速发展的一种重要旅游形式，也是使旅游业界瞩目和竞相发展的经营项目。会议旅游的内涵旨在强调会议之余或在会议进程中截取一段时间所开展的旅游活动，其实质就是开会与旅游相结合的一种社会活动。在国际上有各种专业会议、政务会议、协会会议、集团公司会议，以及各种展销会，商务洽谈会等等。由于国际性会议出席规格高，而且必须提前筹备，因而具有消费大、时间长和计划性强等特点。比一般的旅游接待能获得较高的经济效益。需要指出的是，会议旅游不仅指国际性会议旅游，随着各国旅游业的普遍发展，国内会议旅游也成为国内旅游的一种形式，并成为各省市尤其是风景旅游城市旅游业重点开发的旅游项目之一。

(3)修学旅游　修学旅游是指专业人员以某个专题为目标，或考察当地的环境资源、或调查当地的风俗文化，从而学习研究相关学科知识所进行的旅游活动。随着人类科学教育事业的发展，科学考察与交流活动越来越频繁，且涉及的范围也越来越广泛，注重亲身体验的学科往往要求研究者前往科研目的地，如森林、海洋、沙漠等不同地域进行相应的科研考察活动，虽然科考旅游在当今社会还不甚广泛，但日益发展的科学教育事业促进着科研旅游的形成与发展。

5. 宗教旅游

宗教旅游是以朝圣、拜佛、求法、取经或宗教考察等为主要目的的旅游活动。宗教旅游是世界上最古老的旅游形式之一，现在仍然有大量热衷参与者。具体形式有宗教人士的云游、朝圣，非宗教人士到宗教圣地朝拜、对宗教建筑和宗教仪式的观光、欣赏宗教音乐的娱乐活动等。

6. 购物旅游

购物旅游是以到异地购物为主要目的并附带进行都市观光的旅游形式。这类旅游的吸引物是丰富多彩和价廉物美的商品。随着社会经济的发展，人民收入增长，购物消费水平提高。从而促进购物旅游的增多，城市是主要的购物旅游目的地。

（三）按组织形式划分

按旅游活动的组织形式划分，可分为团体旅游和散客旅游。

1. 团体旅游

团体旅游是将一定数量的人组织起来，以团体活动方式进行的旅游。一般由旅行社、政府部门、企事业单位和社团组织，按照国际旅游行业惯例，团体旅游的同行人数应不少于 15 人。团体旅游的特点是：旅游活动按事先计划进行；安全舒适；价格相对便宜。

2. 散客旅游

散客旅游是指旅游者依个人兴趣自己选择旅游项目和线路，以个人、家庭或友人结伴进行的旅游活动。他们虽然不经旅行社组织，但有时也通过旅行社办理单项委托代办服务。散客旅游灵活自由，游客的自主性和选择性强。自 20 世纪 80 年代以来，散客旅游形式越来越受到旅游者的青睐。

（四）其他划分方法

除了以上常见的划分方法外。对旅游的划分形式还有：①按费用来源划分，旅游可分为：自费旅游、公费旅游、奖励旅游等；②按消费水平划分，旅游可分为：豪华旅游、标准旅游、经济旅游等；③按旅行方式划分，旅游可分为：航空旅游、铁路旅游、汽车旅游、游船旅游、自行车旅游、骑马旅游、徒步旅游等；④按旅游资源的特征划分，旅游可分为：海岸带旅游、山地旅游、温泉旅游、森林旅游、城市旅游、乡村旅游、工业旅游、农业旅游、博物馆旅游、民族风情游、美食旅游等。

旅游的分类方法很多，随着旅游的发展，旅游的形式越来越多样化，使得分类方法不断增多。掌握常见的分类方法是必要的，学习旅游学还应该自己找出标准进行类型划分。我们划分旅游类型，主要目的是为了认识各种旅游的特点和活动规律，为深入研究旅游及为做好旅游工作进行准备。

四、未来旅游的发展方向

随着旅游的广泛开展，人们开始更加重视生态环境的保护、环境的治理以及对世界文化遗产和各种文物古迹的保护，以谋求旅游发展与自然、文化和人类生态环境融为一个和谐的整体，促进世界各国社会经济文化的可持续发展。丰富的自然旅游资源、人文旅游资源及良好的生态环境条件是旅游发展的前提条件，重视对旅游资源的保护，就要在充分考虑旅游活动与自然资源、社会文化和生态环境相互作用和相互影响的前提下，把旅游开发建立在生态系统的负荷范围之内，努力谋求旅游发展与自然、文化和人类生存环境协调发展，实现旅游的可持续发展。其目的在于为旅游者提供高质量的感受和体验，促进旅游目的地居民生活质量的不断提高，维护旅游者和旅游地居民共同赖以生存的环境质量。

21 世纪以来，随着人们对资源与环境的重视，提倡保护环境、回归自然的旅游活动得到广泛开展。生态旅游强调旅游活动与环境相协调，可以促进旅游业的可持续发展。作为保护环境、维护生态平衡的最好旅游方式，生态旅游已逐渐被越来越多的人们所接受，成为了当今世界旅游发展的前进方向和必然趋势。

第三章

生态旅游的基本概念

第一节 生态旅游的概念与内涵

一、生态旅游定义辨析

生态旅游的定义从1983年提出至今已有30年，但其内涵界定依然模糊。据不完全统计，国际上与生态旅游相关的概念有140多种；国内学者提出的概念也有近100种。但至今还没有令大多数人信服的统一的定义，这些概念的表述或层次不同，或出发点不同，或范围不同，或陈述的角度不同，或要达到的目标不同。

目前生态旅游定义中存在的主要问题是，各定义所着眼的角度和层次不同，生态旅游的概念与其他概念含糊交叉。其原因是由于在过去的30年中，众多不同的组织和机构为了不同的目的，在不同的区域实践着各自认为"最佳的"生态旅游模式。由于其重视生态旅游的原因和目的不同，于是对生态旅游的理解也大相径庭。另外，大部分概念存在着将目的和手段混而论之的情况。例如，在强调可持续发展的同时，指出要实现环境与文化负面影响的最小化与正面经济影响的最大化，实际上后者正是可持续发展的具体表现。再如环境教育，不管是为了满足旅游者的需求还是为了降低对环境的负面影响，实际上也都是实现可持续发展目的的手段。此外，与生态旅游几乎同一时期出现的相关概念和词汇也很多，如自然旅游（nature tourism）、荒野旅游（wilderness tourism）、探险旅游（adventure tourism）、可持续旅游（sustainable tourism）、绿色旅游（green tourism）、替代性旅游（alternative tourism）、与环境资源相适应的旅游（appropriate tourism）、科考旅游（scientific tourism）、文化旅游（cultural tourism）、无负面影响的旅游（low-impact tourism）、农业旅游（agro tourism）、乡村旅游（rural tourism）、软旅游（soft tourism）等，由于这些概念本身不完善，因而造成概念的混淆。正如奥朗姆斯（Orams）所说"生态旅游的概念就像是画在沙滩上的一条线，其边界是模糊的，而且被不断地冲刷、修改"。目前关于生态旅游的概念归纳起来，主要有以下几种类型。

（一）保护中心说

这类概念认为"生态旅游＝观光旅游＋保护"，其核心内容是强调对旅游资源的保护。认为生态旅游应强调保护，要求旅游者在旅游过程中保护自然、保护资源、保护文化。

其代表定义有：Peter Valberio（1992）：生态旅游是一次轻松愉快的自然旅行经历，有利于生态系统的保护，尊重接待地的整体性。

生态是生物与环境之间关系的总和，旅游是"人－地"之间的关系总和。这类概念是完全保护主义者的观点。旅游是有动机、有目的、有行为的，这类概念没有考虑旅游者的旅游动机，而认为生态旅游的目的是为了保护，这与旅游者为了愉悦、享受、求知、体验等的出游动机背道而驰。这类概念提醒旅游者在旅游过程中要保护旅游环境、保护旅游资源，但旅游资源涉及天空、山川、海洋、水域、生物、城市、文物等非常广泛的部门和范围，旅游部门、旅游者提出保护根本起不了作用，更何况目前对各类资源和环境的保护有众多的法律法规，保护的实现必须通过执法，而不是通过旅游者，如果旅游时强调保护，生态旅游就成了一种理念，是无法在实践中操作的。

(二)居民利益中心说

这类概念认为“生态旅游 = 观光旅游 + 保护 + 居民收益”，其核心内容是增加当地居民收入。认为生态旅游应在保护的基础上开展，而且旅游组织者和旅游者有义务为增加当地居民收入而做出应有的贡献。

代表定义有国际生态旅游学会做的界定：生态旅游是为了解当地环境的文化与自然历史知识，有目的地到自然区域所做的旅游，这种旅游活动的开展在尽量不改变生态系统完整的同时，创造经济发展机会，让自然资源的保护在财政上使当地居民受益。郭岱宜认为生态旅游除了是一种提供自然游憩体验的环境责任型旅游之外，也负有繁荣地方经济、提升当地居民生活品质，同时尊重与维护当地原住民传统文化之完整性的重要功能。

旅游是一个劳动密集型和资金密集型的产业，能提供大量的工作岗位，增加当地的就业机会。从旅游业的经济本质来分析，所有旅游活动都能产生经济效益，旅游者从客源地来到目的地，均能带来巨大的物流、能流和资金流，均能为当地的经济繁荣产生一定的影响，直接或间接为当地居民带来收益。如果因此而界定当地居民有收益的旅游就是生态旅游，那么生态旅游与大众旅游没有本质区别，也就没有任何意义了。

(三)回归自然说

这类概念认为“生态旅游 = 大自然旅游”，其核心内容是回归大自然，认为生态旅游就是回归大自然，只要旅游者走进大自然的怀抱就属于生态旅游范畴。

代表定义有库台(Kutay)做的界定：生态旅游就是直接或间接促进保护并支持经济可持续发展的自然旅游。世界旅游组织做的界定：生态旅游是以生态为基础的旅游，是专项自然旅游的一种形式。强调组织小规模旅游团(者)参观自然保护区，或者具有传统文化吸引力的地方。澳大利亚国家生态旅游战略中做的界定：生态旅游就是涉及对自然环境的解释和教育的自然旅游，该旅游按照生态可持续的方式经营。也有国内学者认为：生态旅游是人们开始追求一种回归自然、自我参与式的旅游活动，渴望与大自然融为一体，体验“天人合一”的高雅享受。

这类定义将生态旅游的范围扩大到所有户外旅游，包括探险旅游、登山旅游、科考旅游、度假旅游、休闲旅游等多种类型，扰乱了人们习惯了的旅游类型体系，给旅游者造成认知和识别上的混乱，让机会主义者将生态旅游的标签随处粘贴。这也正是前些年生态旅游泛用、泛化、泛滥的主要根源。例如，登山应属于专项旅游范围，但在这类定义中，将登山也归为生态旅游，这就造成了认识和市场的混乱。从内涵来看，这类概念的内涵是空洞的，不但没有促进旅游发展，反而是生态旅游研究的一种倒退，给旅游组织者造成混乱。

(四)负责任说

这类概念认为“生态旅游 = 负责任旅游”，其核心内容是旅游者应对环境承担维护责任。

代表定义有布诺斯做的界定：生态旅游是一种“负责任的旅游，旅游者认识并考虑自身行为对当地文化和环境的影响”。国际生态旅游学会在其后对生态旅游定义简化时也强调了负责任，认为“生态旅游就是在自然区域里进行的保护环境同时维护当地人福利的负责任的旅游”。也有国内学者认为：“生态旅游是在自然环境中，对生态和文化有着特别的感受并负有责任感的一种旅游活动”；“生态旅游是一种对自然环境负责的旅游形式，它有助于旅游区域自然环境的保护”。

作为社会的一员，全体有能力的公民均应承担法律法规、规章制度、道德、民俗的限制、约束的责任和义务，均应对自己的行为及其产生的后果负责任。从这个意义来看，负责任不应作为旅游当中特殊的部分进行强调和放大，因而“负责任旅游”对生态旅游的开展并不具备可操作性，这类定义与生态旅游毫无关联性。

(五)原始荒野说

这类概念认为“生态旅游 = 原始荒野旅游”，其核心内容是开展生态旅游的区域，是在人迹罕至的原始荒野区域。

代表定义有世界自然基金会(WWF)的研究人员伊丽莎白·布(Elizabeth Boo)做的界定：生态旅游必须以“自然为基础”，它必须涉及“为学习、研究、欣赏、享受风景和那里的野生动植物等特定目的而到受干扰比较少或没有受到污染的自然区域所进行的旅游活动。”也有国内学者认为：生态旅游是人们带着某一特定的目的，到受干扰较轻微的地区或未受污染的自然地区旅游。

人迹罕至的区域包括大森林、大沙漠、大戈壁、大雪原和孤岛等，这些区域有些气候环境十分恶劣，有些不适合人类生存(沙漠、戈壁、雪原)；有的地段辐射强(戈壁、沙漠)，有害于人体健康；甚至在森林中也有些植物对人体健康有害。

这类定义涉及的范围太宽泛，目标不明确，无法真正在实践中落到实处。提出这一观点的大多为欧洲学者，由于欧洲整体环境较好，其研究的环境没有普遍性，例如在沙漠、戈壁环境中，放射性辐射强、小气候环境恶劣，基本不适合人类的生存，更不用说理想的生存环境了，旅游者根本无法达到舒适的休闲、度假享受目的。一般情况下，人迹罕至的地方生态环境好，对城市居民有吸引力；但生态环境虽好而不能旅游的地域也很多。因此这类定义不科学、不全面，缺乏普遍性。

由于缺乏权威的生态旅游概念，以至于社会上“伪生态旅游”招摇过市，大行其道。一些组织和机构泛用、滥用“生态旅游”，几乎任何一种与自然资源有关的旅游活动均被贴上了“生态旅游”的标签，不少地区的生态旅游并不“生态”，从规划、开发、管理到经营，很大一部分沿用大众旅游的模式，且鲜有顾及开发对资源的负面效应。

生态旅游的泛化主要表现在景区开发和旅游经营过程中，把生态旅游泛化成自然旅游。自然旅游是以满足旅游者需求，获得最大经济利益为主要目标，而生态旅游是以生态、社会和经济综合效益最大化为主要目标。因此，相对于自然旅游，生态旅游需要强调生态环境的重要性和环境资源的特殊性。是否在旅游开发过程中充分地利用环境资源为生态旅游服务，同时又通过生态旅游活动的开展改善了环境，提高了环境的抗压力，应作为衡量生态旅游成功与否的标尺。然而在中国，有人对环境资源知之甚少，却打着“生态旅游”的旗帜，干着破坏生态的行为。生态旅游被演化为一种市场营销的手段，很多旅游企业通过“刷一层绿漆(greenwashing)”来迎合市场的需求，获得竞争优势。部分开发商狡猾地利用“生态旅游”这个时髦词，其目的是为了中饱私囊。他们以利润最大化和自利为主导思想，投其所好地讨得客户的欢心，吸引旅游者，却并没有将环境资源深入地开发出来为游客服务，更没有在旅游开发中维护环境的功能。甚至一些景区管理部门唯利是图，往往打着“生态旅游”的招牌，大肆在景区内开发游乐项目，这是完全背离生态旅游的初衷的。曾经有权威调查显示，国内有22%的自然保护区的环境因开展“生态旅游”而受到破坏，11%的生态旅游资源出现退化，44%的自然保护区存在垃圾公害，12%出现水污染，11%有噪声污染，3%有空气污染。这些问题的出现很大程度上与缺乏统一规划、盲目开发、游客严重超载、人造景观和设施泛滥等因素有关。这样的生态旅游名不副实，使人们对生态旅游本身产生质疑。

其实，在欧美等发达地区，人们并没有像国内这么热衷于追逐生态旅游，生态旅游也并不是高于一切的旅游形式，而是普通旅游的一种形式，也是一种旅游类型。但由于全世界至今还没有统一的生态旅游定义，加上“生态旅游”一词在我国范围内滥用，使大家感到生态旅游是一个很虚的东西，难于落到实处，大多数人对生态旅游无所适从。总体而言，目前生态旅游还只是一种理念，一种空中楼阁，难于在实践中操作，所以有必要对生态旅游的内涵进行明确的界定。

二、生态旅游的内涵

要界定生态旅游的内涵，首先就要理解什么是环境？什么是生态？什么是旅游？应了解生态旅游产生的大背景，从旅游市场、旅游动机、旅游产品、旅游目的出发，着眼于实践操作来界定其含义，使生态旅游在理论上和实践中均具有可操作性。

(一)环境、生态、旅游的内涵

从理论研究与实践分析来看，生态旅游的内涵与环境、生态、旅游等概念是紧密联系、息息相关的。通过本书第一章对生态、环境、旅游等基本概念的分析，可以总结出：

环境是一个广泛的概念，环境是客体，其类型是由主体决定的。通常我们所说的环境是以人类为中心，对人类与周围一切事物和因素之间的关系进行的描述。人周围的事物统称为环境。

所谓生态是指生物与环境之间相互关系的总和。生态是以生物为中心而言的。

旅游是一项经济性很强的文化活动；也是一项文化性很强的经济活动。旅游的定义也很多，世界上公认的旅游的定义是“艾斯特定义”，即“旅游是非定居者的旅行和暂时居留而引起的现象和各种关系的总和。这些人不会长期定居，并且不从事任何赚钱的活动。”总体而言，旅游的概念是描述“人—地”之间的关系。

生态旅游，从字面上来理解就是“生态”+“旅游”，而“生态”和“旅游”均有特定的含义，都有规范的概念。从其含义来理解，生态旅游定义的核心应该是描述“旅游者与旅游目的地环境之间”的关系。

（二）生态旅游产生的大背景

生态旅游的提出是在20世纪60年代初，生态学家认识到人类对自然的破坏会遭到报应，是一个时代“生态觉醒”的产物。环境学者、生态学者、林学家、生物学家、医学家等纷纷进行深入研究，认识到城市的热、光、电、放射性、化学污染、尘埃、细菌等环境因子已严重影响了人们的健康和生存。人们意识到“城市不是人类最佳的生存环境”，并提出了相关的理论，其中最具代表性的有：

①城市水泥沙漠理论（如热辐射、光辐射、放射性辐射等）；

②人寿命的长短、健康的好坏与居住地物种数量的多少成正相关的理论；

③“人体血液中缺乏氧气是万病之源”理论；

④城市环境污染，危害人体健康理论等。

这些理论的提出为生态旅游的产生和发展奠定了基础，人们渴望“回归自然，返璞归真”，此时生态旅游应运而生。

（三）生态旅游的动机

人们为了解除城市恶劣环境的困扰，寻求人类最佳生存环境，而到某地去度假休憩、保健疗养娱乐。吴楚材教授将生态旅游的目的归纳为“健康长寿，舒适快乐，优雅安全”12个字。

（四）生态旅游的主要客源

生态旅游的主要客源是城市和集中居住区的居民。

（五）生态旅游开发的最佳地域

开发生态旅游的最佳地域，可以划分为3个生态旅游圈：第一生态旅游圈，以城市为中心，30～50km为半径。这一圈基本离开城市，摆脱了城市困扰。第二生态旅游圈是以城市为中心，50～100km为半径。这一圈污染少，生态环境受破坏少，一般距城市1小时左右车程，是较理想的生态旅游地域。第三生态旅游圈是以城市为中心，100～160km为半径，这一圈生态环境好，在交通方便的地区驱车2小时即可以到达，宜开发为二日游的休闲度假地。

（六）生态旅游资源

优越的生态环境是人们追求的目标，环境良好的生态旅游区是人类生存的理想空间。生态旅游的卖点是各种优越的环境资源，这些资源主要包括清新的空气、清洁的水体、高浓度的空气负离子、有益人体健康的植物精气含量高的森林、舒适的小气候环境、空气中细菌含量少、声环境好、放射性辐射剂量水平低等。

经过以上分析，我们认为生态旅游的定义应该是：生态旅游是城市和集中居住区的居民，为了摆脱城市恶劣环境的困扰，为了健康长寿，追求人类理想的生存环境，到郊外良好的生态环境中去保健疗养、度假休憩、娱乐，达到认识自然、了解自然、享受自然、保护自然的目的的一种旅游方式。

综合国内外对生态旅游定义的研究，绝大多数都是将生态旅游作为一种理念进行研究，其内涵特别不能适合我国现阶段的国情。只有将环境作为生态旅游的研究对象，将环境资源作为生态旅游开发的主要内容，从旅游动机、旅游目的、旅游市场出发进行研究，才能将生态旅游落到实处，才能在市场上具有可操作性，也才能使生态旅游真正实现可持续的目标。

第二节 生态旅游的基本特征及要求

一、生态旅游的基本特征

生态旅游与传统旅游中的其他旅游形式有所区别，它作为一种特殊旅游形式，既有其自身的特点，又有与之类似的自然旅游形式的某些共性。国内外许多旅游学专家通过对旅游实践的总结，各自阐发了对生态旅游基本特征的认识。笔者认为：虽然关于生态旅游的概念有多种不同的定义，但大都认为生态旅游具有如下一些基本特征。

1. 旅游资源的综合性特征

生态旅游资源的综合性包括两个方面的含义：一是指生态旅游资源既包括自然生态旅游资源，也包括文化生态旅游资源；二是指“生态”一词本身所包含的综合性，即生态旅游目的地的旅游吸引力是建立在良好的生态环境基础上的，良好的生态环境是对旅游目的地环境的综合性评价。

2. 活动方式的质朴性特征

“返璞归真”是生态旅游活动方式的重要特征。生态旅游是人们生态环境意识提高的结果。生态旅游游客追求的是对天然的生态环境和古朴的民情(俗)民风的感受和品味。因此，生态旅游要求其活动的方式贴近真实的“原汁原味”，反对在旅游区大兴土木，更反对将自然生态旅游区城市化。

3. 旅游管理的生态化特征

旅游管理的生态化要求生态旅游项目的营造要以生态学思想作为设计、建设和管理的指导思想。一个地区生态平衡的建立是大自然千万年进化的结果，具有相对稳定的物流和能流。但其对外界干扰的修复能力是有限的；不同类型生态系统的抗扰能力是不同的。因此，生态旅游区要遵循功能分区管理和旅游容量限制原则。旅游管理的生态化还要求游客的行为符合生态规范。

4. 旅游内涵的科学性特征

生态旅游游客带着对大自然奥秘和人类社会发展历程的了解、探索等动机出发。而大自然奥妙无穷，为游客的学习和探究提供了广阔的空间及领域。生态旅游内涵的科学性对生态旅游经营者和导游提出了更高的要求，要求他们能对生态旅游游客的学习和探索起引导作用。

5. 旅游过程的高度参与性特征

旅游过程的高度参与性是指旅游开发和经营过程中有当地人的积极参与，旅游活动开展过程中有游客的主动参与。当地人积极参与旅游开发和经营能够从中受益，可以使生态旅游受到当地人的欢迎和支持，促进和提高他们的生态环境保护意识，从而有利于生态环境保护，也有利于当地社会的发展。游客是旅游活动开展的主体，他们的积极参与是提高旅游活动质量和效果的关键，生态旅游内涵的科学性也通过他们的高水平参与而得到更好的体现。

6. 资源利用的可持续性特征

生态旅游的发展以生态旅游资源的保护为前提，贯彻保护优先原则。生态旅游不仅要求旅游业从业人员和旅游者善待生态资源，还要提供帮助促使旅游地居民以可持续的方式利用资源。生态旅游的发展不仅要满足当代人的旅游需求，也要给子孙后代保留足够的旅游空间和良好的生态环境，使之永续利用。

二、生态旅游的要求

生态旅游是一种新的先进的旅游思想和旅游方式，对旅游的主体、客体和旅游本身都提出了更高的要求，具体包括以下 3 个方面。

1. 对旅游开发活动的要求

生态旅游的核心内容是要协调好旅游开发与生态环境保护之间的关系，其开发活动必须贯彻保护优先、科学管理、生态经营和法制监控等原则。

2. 对经营者的要求

首先，要求旅游活动组织者有高度的环境责任心，在旅游活动的安排和旅游线路的设计上，要尽量使旅游活动对环境的影响最小；旅游设施尽量采用环保产品；在出游前要对游客、导游以及其他工作人员进行环境认知教育。其次，要求导游有较高的文化素养和强烈的责任心；导游人员必须在经过专门培训后，对自己负责的旅游线路上的各种自然现象和社会现象做出较科学的分析，能诱导、启发游客探索生态环境奥秘的兴趣，激发游客热爱自然、保护自然的热情；另外，导游要敢于及时劝阻游客对环境的不良行为。

3. 对旅游者的要求

首先，要求旅游者的出游动机带有明确的生态环保意识和强烈的自我教育意识，具有高度自觉的自我约束力，成为一个高尚的旅游者。其次，要求游客在整个旅游中的行为符合环保规范，自始至终自觉地听从导游人员的指挥，信守生态旅游的基本原则，不得有破坏环境的行为。

三、生态旅游的原则

本书从旅游活动的主体、客体、以及它们之间的内在联系出发，将生态旅游的基本原则归纳为以下 3 条。

1. 旅游者行为约束原则

生态旅游的起源与大众旅游对环境的破坏直接相关，因此生态旅游要得到长远而健康的发展，必须严格规范旅游者的行为。这涉及到两方面的问题，一方面是要积极地从旅游者角度着想，为其提供第一手的、参与性的、启迪性的经历，并且培养各方对资源内在心理价值的认知，加强各主体间的理解和合作；另一方面是要寓教育于地方社区、政府、非政府组织、旅游者的相关活动中，激励各方面尤其是旅游者的道德伦理责任，开展理性而又健康的旅游活动。

2. 旅游地生态保护原则

生态旅游的开发不能使资源退化。发展生态旅游应当使游客认识到资源赋存及其有限性、环境条件及其脆弱性，切实将旅游地整体性作为保护的对象，使生态旅游的开发成为积极主动的建设性保护方式，用旅游开发的外部效应带动生态保护的进展。

3. 旅游业经济发展原则

生态旅游发展离不开经济的繁荣，而生态旅游区经济的发展不仅会给生态保护带来强劲的支持动力，也会帮助落后地区获得更好的社会环境。因此对资源、当地社区、产业提供长期利益必然是生态旅游的基本原则，经济活动是旅游与客体之间的连接，这条纽带的强弱最终会影响整个旅游业的可持续发展。

四、生态旅游的功能

关于生态旅游的功能问题，有学者认为生态旅游为人类提供了亲近自然、满足人们较高层次需要的功能；是促进旅游地经济发展，实现生态环境资源转化为社会经济价值的重要手段；同时还能促使人们重视生态环境建设，达到生态环境保护的目的；增强人们的生态意识，是进行生态教育的重要途径。与此同时，还有学者认为生态旅游的最主要目的或责任就是在旅游活动中维护生态平衡，而维护当地居民生活、游憩娱乐、教育启智等只是派生或者从属目的。

现如今，大多数学者对于生态旅游基本功能的认识基本趋于一致：即生态旅游具有旅游功能、保育功能、环境教育功能、扶贫功能等。

（一）旅游功能

生态旅游与其他旅游形式一样，具备满足旅游者食、住、行、游、购、娱等基本需求功能的共性，所不同的是，它不是一味地满足旅游者的需求。生态旅游以特殊设计的产品满足那些对生活习性环境有特殊兴趣的旅游者的需要，让旅游者获得高层次审美享受的同时不会损害旅游者从中获得美感的生活习性旅游环境和资源，强调了解天然、欣赏天然、研究天然，并为保护生活习性做出贡献。生态旅游的旅游功能依托其独特的生态系统，具体体现在两个方面：生态系统以自然美、生态美、艺术美为形式元素组合为协调的旅游审美对象，具有复合性多元化的审美属性；生态系统体现了自然生态与人类社会的平衡协调、进化演变的客观规律，反映了人类对自身生存环境的态度。

（二）保育功能

国家旅游局、环保部权威人士在“全国生态旅游现场会”上强调，中国在发展生态旅游过程中将始终坚持“保护第一”原则，开发服从保护，开发促进保护。环保部副部长吴晓青说，良好的生态环境是生态旅游发展的基础和前提，发展生态旅游必须依赖一定的生态环境，保护好生态环境就能促进生态旅游的发展。如福建武夷山国家级自然保护区通过严格保护和管理，使森林覆盖率达到96.3%，生态环境保持优良，由此促进了生态旅游快速有序发展，当地居民旅游收入不断增加，生活条件不断改善，生态环境保护意识不断提高；同时，生态旅游让旅游者亲近自然，体验自然之美，感受自然神奇，能够激发人们热爱自然和环境的意识，使环境保护成为一种有效的自觉自愿的行动。不难看出，只有充分发挥生态环境的保护功能，有效保护和持续利用生态环境资源，生态旅游才可以真正成为继续发展的旅游模式。生态旅游的保护功能具体体现在保护公众遗产，保护生物多样性和保护生态系统的平衡发展等方面。

（三）环境教育功能

生态旅游是增强人们生态意识，进行生态环境教育的重要途径。生态意识是21世纪人类个体的基本特征，是人类赖以生存的第一意识。而目前人们的生态意识匮乏，杀害野生动物，对自然界毁灭性开发，环境污染现象仍然屡见不鲜，在人口众多的中国提出生态意识尤为重要。发展生态旅游，客观上起到对参与生态旅游的人增强生态意识和生态教育的作用。通过生态旅游使地球村的人们增强生态保护的责任感和使命感，摈弃“人类中心主义”的理念，树立“天人和谐”的观念。通过生态旅游激发不同肤色、不同国籍、不同层次的地球村民共同努力爱护人类濒临毁灭的家园的热情。

（四）扶贫功能

客观上，生态旅游目的地是地球上存在的自然风光较好、生态环境保护较好的地方，同时也多是经济相对落后的地区。发展生态旅游业是把生态环境作为一种资源来利用和保护，为当地带来直接的经济效益。用时以发展生态旅游为契机，充分利用开发旅游带来的各方面资源，如通过旅游活动带来的人流、物流、信息流、资金流等重要资源来促进地方经济和社会发展。所以说，发展生态旅游会带动旅游地社会经济发展，许多山水名胜区的社会经济速度发展明显快于周边邻近地区就是一个例证。通过发展生态旅游让人类改变传统的“资源观”、“消费观”，认识到生态环境不仅是一项资源，而且它的价值比其他资源价值更高，更宝贵。

第三节　生态旅游与其他旅游形式的关系

一、生态旅游与可持续旅游

可持续旅游（sustainable tourism）是从可持续发展的概念中引申而来的关于旅游业发展的原则理念，是可持续发展战略思维与旅游业相结合的产物，适用于所有能够在长期发展过程中与自然、社会、经济、文化环境和谐共存与协调发展的旅游形式。

生态旅游与可持续旅游既有联系又有区别。生态旅游是可持续旅游的具体表现形式，是旅游业实现可持续发展的有效方法与途径，生态旅游奉行可持续原则，作为可持续旅游的实践手段之一，是可持续旅游重要的组成部分。所以，二者相比，可持续旅游的内涵更加广泛，可以贯彻到旅游的各个方面、各个部分，不仅仅局限于生态旅游。

二、生态旅游与自然旅游

自然旅游（nature tourism）是利用自然资源的以经历和享受大自然为目的的一种旅游方式。关于生态旅游与自然旅游的关系，各国学者分别有“从属说”、“并列说”、“等同说”3种说法。魏湘岳（1995），杨开忠（2001）把生态旅游看作一种特殊的自然旅游；王献溥（1995）按照旅游对象划分，将生态旅游与自然旅游看作众多旅游种类之一；怀特（Wight，1993）、罗伯塞姆（Robotham，1994）、卢泽（Luzar，1998）和黄羊山（1997）都认为生态旅游就是自然旅游。

生态旅游是在自然旅游的基础之上发展起来的，但是并不等同于自然旅游。自然旅游强调旅游目的地的自然性，不注重旅游发展的方式与途径，容易造成经营者为追逐短期利益最大化，损害自然资源与环境。生态旅游的核心是满足旅游者的生态体验，强调旅游发展与当地自然、经济、社会的协调统一。

三、生态旅游与大众旅游

生态旅游是对大众旅游进行全新思考的结果，是在对大众旅游进行修正和调整的基础上提出的崭新的旅游形式。生态旅游与大众旅游在追求目标、受益者、管理方式和影响方式等方面都有不同的特征，如表 3-1。如今，生态旅游的发展正在日益趋于大众化。

表 3-1 生态旅游与大众旅游的比较

	大众旅游	生态旅游
目标	利润最大化 价格导向 享乐为基础 文化与景观资源的展览	适宜的利润与持续维护环境资源的价值 价值导向 以自然为基础的享受 环境资源和文化完整性的展示与保护
受益者	开发商和游客为净受益者 当地社区和居民的收益与环境代价相抵或所剩无几	开发商，游客，当地社区和居民分享利益
管理方式	游客第一，有求必应 渲染性的广告 无计划地空间拓展 分片分散的项目 交通方式不加限制	自然景观第一，有选择性地满足游客需要 温和适中的宣传 有计划的空间安排 功能导向的景观生态调控 有选择的交通方式
正面影响	创造就业机会 刺激区域经济增长但注重短期利益 获取外汇收入 促进交通、娱乐和基础设施的改善 经济效益	创造持续就业机会 促进经济发展 获取长期外汇收入 交通、娱乐和基础设施的改善与资源环境的保护相协调 经济、社会和生态效益的融合
负面影响	高密度的基础设施和土地利用问题产生污染问题 旅游活动扰乱居民和生物的生活规律	短期内游客较少，但趋于增长 交通受到管制，游客行为受到约束 游客的活动必须以不打扰当地居民的生活和保护生态环境为前提

（资源来源：据张建萍，生态旅游理论与实践，中国旅游出版社，2001 年整理）

四、生态旅游与探险旅游

探险旅游(adventure tourism)通常是指人们怀着探新猎奇的目的，为了寻求某种有益的刺激而进行的旅游活动，探险旅游绝不都是风险性极大的旅游活动，而是在登山旅游、徒步旅游及其他旅游形式基础上的进一步发展。探险旅游寻求的是对刺激的满足感，而生态旅游强调的是对自然的学习、认识和保护的过程，具有教育和生态伦理陶冶的意义。尽管探险旅游也可能成为生态旅游的一个组成部分，但两者不是相同的，区别二者的关键就在于游客的出游动机不同。

第四节 生态旅游的理论基础

一、生态旅游的理论基础

(一)可持续发展理论

1. 可持续发展理论的内涵

“可持续发展”的概念源于生态学中林业和渔业的一种可再生资源管理战略，即如何将全部林业或渔业资源中的一部分收获，另一部分留下进一步繁殖生长，使其新增加的部分足以弥补所收获的数量。可持续发展的概念很快被应用于经济、社会等各个领域，目前世界比较公认的可持续发展的定义是1987年布伦兰特夫人向第42届联大“环境与发展会议”提交的《我们共同的未来》报告中的定义，即可持续发展是指“既满足当代人的需要，又不构成危及后代人满足需求能力的发展”。可持续发展理念逐渐被全球各国学者所接受，形成了指导各国经济发展与社会、资源、环境相协调的可持续发展观，可持续发展理论的内涵包括了生态的可持续性、经济的可持续性与社会的可持续性3个层次的内容，并进一步表现为世界各国制定发展方针中所强调的可持续发展战略。

2. 可持续发展理论与生态旅游

可持续发展战略思维与旅游业相结合产生的可持续旅游理念，进一步强调在旅游的发展过程中要注重旅游与自然、社会、经济、资源、文化环境和谐共存与协调发展。生态旅游是实现旅游可持续发展的具体途径。生态旅游的目标是旅游的可持续发展，生态旅游者持有可持续发展观点，生态旅游从业人员以可持续发展作为工作准则。可持续发展旅游是生态旅游的指导思想，为生态旅游的发展指明了方向。

(二)生态伦理学理论

自从人类出现以来，人与自然的关系就一直是我们不断思考的话题，随着环境问题的日益严重，正确对待人与自然的关系，做到人与自然的和谐共处对我们已显得越发重要。生态伦理学的产生旨在系统地阐释有关人类和自然环境间的道德关系。

1. 生态伦理学说

(1)人类中心主义和生物中心主义　人类中心主义者认为人类是大自然的主宰者、人类可以征服、改造和控制自然。主要表现为：集团利己主义、人类主宰论、粗鄙的物质主义和庸俗的消费主义、科学万能论与盲目的乐观主义等。很明显人类中心主义在对待人与自然的关系时将人的利益作为出发点，随之带来的就是地球生态环境遭受到前所未有的污染与破坏。

生物中心主义者认为，生态系统的每一构成者都具有内在价值，所有的存在物都拥有生存、免遭人类干扰及追求其幸福的权利，它们的这些权利是内在的、天赋的、与生俱来的。生物中心主义者开始重视生态环境，强调生物的权利与限制人类的行为，为生态旅游的产生与发展提供了最早的理论基础。

(2)消极的自然观和积极的生态观　消极的自然观认为人类现在面临的生存危机是因为人类过分地掠夺自然来发展经济，解决危机的办法只有把经济退回去，放弃工业，退回到农耕时代，甚至退回到采集狩猎时代。持这一观点的人往往是一些消极的自然保护主义者。

积极的生态人文观认为人类现在面临的生存危机是因为人类没有遵循生态规律，解决危机的办法是用生态伦理学理论来指导社会经济的发展。持这一观点的人认为人是生物圈中的一员，人与自然有着共同的命运。人作为生物圈中的特殊一员体现在人是智能动物，能够超越自身的局限性，代表所有物种的利益，承担起管理地球环境的重担，建立工业文明之后的新型文明——生态文明。

2. 生态伦理学与生态旅游

生态旅游建立在重视生态环境、鼓励人类建立生态文明等正确的生态伦理学理论基础上，要求人们树立正确的生态价值观与强烈的环境责任感，强调无论是生态旅游者、生态旅游从业者还是生态旅游管理者都要正确的认识自然、了解自然、保护自然。

（三）生态美学理论

1. 生态美学理论

生态美学是生态学和美学相交叉而形成的一门新型科学，生态美学建立在生态人文观基础之上，具有崭新的生态哲学意义。多数学者认为：生态美是自然美，是和谐美，是生态文化创造的美。生态美学把生态学理论和生态价值观引入美学领域，深化了人们对人与环境互相依存、和谐共生关系的认识，形成了生态美、生态审美、生态艺术等新概念。

2. 生态美学理论与生态旅游

生态美学研究对生态旅游开展具有十分重要的意义。对旅游者进行生态美学知识的培养，有助于帮助人们形成正确的生态审美观，从而促使人们形成正确的生态价值观；从生态美学角度出发指导生态旅游从业者与管理者进行生态旅游区的服务与建设，有助于提高人们的生态道德素质，保证生态旅游区的环境质量，保护生态旅游区的生态系统不被破坏。

二、生态旅游的研究方法

生态旅游学是生态学和旅游学之间的边缘学科。生态学属自然科学范畴，旅游学属社会科学范畴，二者在研究方法上各有其特殊之处，各自体现了自然科学和社会科学两种研究范畴，所以我们在论述生态旅游学的研究方法时，需要分别探讨生态学与旅游学的研究方法在生态旅游学中的应用特性。

（一）生态学的研究方法

生态学的主要研究对象是生态系统，而生态系统是生物要素和环境要素在特定空间的和谐组合。前者包括植物、动物和微生物；后者包括阳光、土壤、水、空气和一切营养元素。生态系统的运动是自然界本身的运动，其中绿色植物吸收和利用各种环境要素，进行光合作用，并且通过利用生态系统的“食物链”，不断进行着物质循环和能量转换，保持着系统的生态平衡，从而不断提供各种动植物和生态环境供人类开发和利用。研究生态系统的生态学，要实现上述生态资源和环境的供给功能，就要采用生态实验和分析的方法，给人们提供各种生态指标值和本底值。这种用实验和分析法提取和诊断各种生态指标的方法就是生态学特有的研究手段。

研究生态旅游学，必须在方法体系上与生态学接轨，采用生态学研究所得的大量实验资料，把它用于生态旅游活动中；对于不能满足生态旅游学需求的生态指标值，应采取上述方法加以调查和监测。

（二）旅游学的研究方法

旅游学是研究旅游这种特殊社会行为产生、发展的规律及其类型、功能、结构、市场需求、市场供给等一系列内容的学科。从其研究内容可以看出，它是一门综合性的社会学科，研究这门学科的许多基础资料都要通过人工调研或仪器进行测定，特别是对旅游流量、方向、特性的测量，必须采用特殊的技术和方法。

生态旅游学虽然是专门研究生态旅游这种特殊旅游行为的学科，但是它也是旅游学科的一个组成部分，对它的研究也需要建立在对旅游市场、游客流量等资料分析的基础上，因此，旅游学科的研究方法，如旅游资料统计法、游客流量测量法、游客调查抽样法、旅游图表法等，在生态旅游学上都有不同程度的应用价值。

（三）现代技术手段在生态旅游学中的应用

同其他任何学科一样，对生态旅游学的研究也有定性和定量两种形式。我国生态旅游学的研究，在定性描述的基础上，应注意运用数学、统计手段和计算机技术，建立各种模型，以提高生态旅游的研究水平。如运用引力模式、计算机系统模拟方法、航空摄影判读、数据图像分析、地理信息系统等技术手段，来研究生态旅游学中的众多问题。目前国外已在时间系列模型（趋势分析）、要因分析模型（相关分析）、引力模型、潜能模型等方面，进行了富有成效的研究尝试。

第四章

生态旅游者与生态旅游行为

第一节　生态旅游者及其标准要求

一、生态旅游者

（一）旅游者

1963 年“罗马会议”统一将纳入旅游统计中的来访人员称之为“游客”（visitor）。这里的“游客”实际上就是中文中人们泛称的“旅游者”。旅游者分两类：一类是在目的地停留过夜的游客，称“旅游者”；另一类是在目的地不过夜停留当日往返的游客，称为“短程游览者”（excursionist）。由于旅游科学研究起步较晚，大多数关于旅游者的定义都是从不同学科角度，为了适应各自的工作或研究目的而提出来的，因此很难统一，但是简单的讲旅游者就是离家外出到异国他乡旅行和访问的人。作者对游客（visitor）的定义采用世界旅游组织和联合国统计委员会的定义。即“任何一个到惯常环境之外的地方去旅行，连续不超过 12 个月，并且其旅行的主要目的不是通过所从事的活动从访问地获取报酬的人。”如图 4-1 所示。

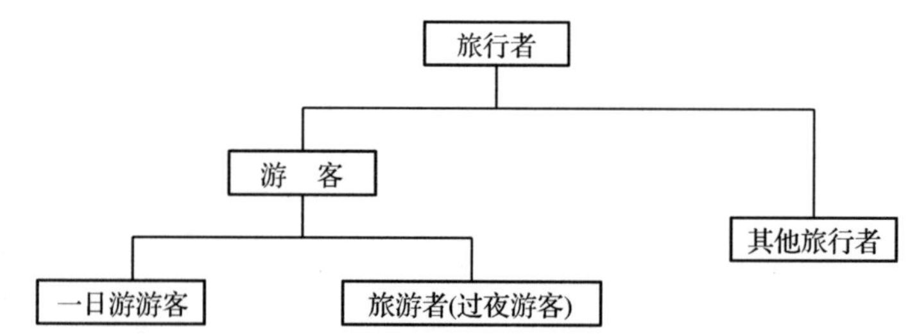

图 4-1　世界旅游组织和联合国统计委员会关于游客的分类示意

当前，理论界对生态旅游者有着严格的界定。随机干预实验中，干预人员在旅游地现场很难将生态旅游者与非生态旅游者区别开来。并且，我国大众旅游者的主体目前尚处于不成熟阶段，游客也很难适应生态旅游对旅游者的“苛刻”要求（刘德谦）。

（二）生态旅游者的概念

生态旅游者是指生态意识不断提高的旅游者，是生态旅游活动的主体，是生态旅游形成和发展的关键性因素。然而理论界对生态旅游者的定义至今没有形成统一的说法。目前，对生态旅游者的概念的理解可以从以下几个方面进行解读：

1. 心理学角度

生态旅游者是指那些具有一定生态和环保知识并能在旅游活动中随时体现出生态和环保的旅游者。该定义强调生态旅游者具有生态和环保知识，能指出生态旅游者在旅游活动中表现生态和环保的行动。但是，该定义在旅游景区的选择上没有体现出明确的生态要求，一味被动地接受旅游市场安排的游客，虽然其自身具有旅游的生态性，也只能是大众旅游活动中的生态者，而非生态旅游者。

2. 市场范围的角度

(1)广义的生态旅游者　这是指到生态旅游区，消费生态旅游产品的所有旅游者。这种定义方便统计生态旅游者的人数及其相关指标，有利于旅游企业和学者对生态旅游市场进行研究，为其市场分析和生产经营提供有利的数据。但是，该定义只从旅游活动出发，不能确保旅游者是否具有生态意识及环保知识和相应的行为。这类定义的代表性论述有：怀特(C. Wild)认为“生态旅游者的范围既包括有特殊兴趣的专家组，如鸟类观察者、摄影师和科学家，又包括对自然区域与不同文化感兴趣的普通人”(1994 年)；澳大利亚学者林达贝格(Kreg Lindberg)与莱皮斯康波(Neil Lipscomble)认为“生态旅游者是指那些作为娱乐者或旅游者来参观自然保护区的人”(1996 年)。

这里的生态旅游区是指国家公园、国家森林公园、世界自然与文化遗产，以及已开发旅游产品的各级自然保护区和生态保护区。生态旅游产品是指在生态旅游区所拥有资源和生态环境基础上开发出来的能满足旅游者认识自然、享受自然、保护自然等需求的设施、商品和服务的总和。

(2)狭义的生态旅游者　这是指来到生态旅游区，并对旅游区的环保与经济发展负有一定责任的那部分游客。这类定义认为生态旅游者要进入生态旅游区进行相关的旅游活动，同时必须具有生态和环保意识。这类定义的代表论述有：中国社会科学院旅游研究中心主任张广瑞认为：生态旅游者的旅游目的地是“自然区域”或“某些特定的文化区域”，而从事这种旅游活动的目的是“了解当地环境的文化和自然历史知识”，“欣赏和研究自然景观、野生生物及相关文化特征等”。从事该项旅游活动的原则是“不破坏生态系统的完整，保护自然资源，使当地居民经济上受益”。总而言之，生态旅游者必须保证保持促进生态之间的协调发展，至少不破坏生态平衡。

本书作者认为：到生态旅游区进行旅游的目的是为了回归自然、保护自然、享受自然，其行为不破坏生态平衡的旅游者均可称为生态旅游者。

(三)生态旅游者的分类

如同旅游者一样，对于生态旅游者的分类，目前学术界尚无统一的划分标准，处于不同的研究角度与目的，有不同类型的划分，随着学者对生态旅游研究的发展，生态旅游者的分类也越来越多。

1. 根据旅游市场划分

(1)严格的生态旅游者　对自然环境的责任感强，在生态旅游活动中处于主动地位，愿意参加富有挑战性的体验活动，对生态旅游地进行近距离接触。严格的生态旅游者对大自然充满了尊重、敬畏与关爱，认为人与自然是一种平等的朋友关系。生态旅游者一般喜欢自己进行旅游安排，或是小团队旅行及专业化旅行。具有强烈的生态意识和深刻的环境责任感是严格的生态旅游者的普遍特点。

(2)一般的生态旅游者　这是相对于严格的生态旅游者而言，是对自然环境的责任感不够强、对接触自然的意愿相对较低、对旅游设施的要求相对较高的生态旅游者，其旅游行为类似于大众旅游者。

2. 其他划分方法

①根据旅游者人数及旅游体验，将生态旅游者分为：自助的生态旅游者、团队生态旅游者、学校团体或科研团体。

②以国境国界为标准将生态旅游者分为：国际生态旅游者和国内生态旅游者。

③以组织形式为标准将生态旅游者分为：团体生态旅游者和散客生态旅游者。

④根据生态旅游者参与旅游体验的不同类型可以将生态旅游者分为：观光型生态旅游者、参与型生态旅游者、专门型生态旅游者、综合型生态旅游者。

(四)生态旅游者的特征

可以从人口学角度出发，从以下几个方面分析生态旅游者所具有的特征：

1. 年龄

旅游者的年龄本身并不会对旅游造成促进或阻碍的作用，对森林旅游有影响的是伴随着年龄而来的体能状况、生活阅历、消费水平、旅游兴趣。这其中最为明显的就是不同年龄的生态旅游者对旅游活动有不同的偏好。根据作者以往的研究得出：20～30岁的生态旅游者中参加登山、野营、探险等活动的分别占6.0%、13.5%和14.2%；中年人多采取考察式的森林旅游；老年人偏好漫步、垂钓等能量消耗少的活动。

2. 性别

男性和女性因在家庭、社会中扮演的角色不同而可能使其对生态旅游感兴趣的程度不一，但性别本身也并不构成旅游的障碍或促进因素。性别不同对旅游活动的偏好也会有所不同，女性生态旅游者对野营、探险等活动兴趣不大，而对登山、漫步等活动却甚为推崇。在团队构成中，女性则多以家庭为单位或随旅游团活动，而男性则多与好友出游或单独出游。在旅游消费方面，女性的购物消费居多，男性的生活消费居多。这些细微的区别对旅游目的地的资源开发，创造新的消费机会都具有指导意义。

3. 文化程度

许多人认为生态旅游者受教育的程度比一般旅游者高。但是我国生态旅游者的文化程度较欧美国家森林旅游者的文化程度低，是由我国文化教育事业的历史和现状决定的，特别是中老年人中受过高等教育的比例较少。同时又可看出：生态旅游者正由高文化层次旅游群体向中低文化层次旅游群体辐射。生态旅游有逐渐由专项旅游变为大众旅游的发展趋势。然而在今后相当长的时期内，真正成熟的生态旅游者仍是高文化层次群体。

4. 职业构成

作者将生态旅游者的职业大致归为3类，第一类是公务员和管理人员，他们外出旅游时注重满足感和成就感，选住高级宾馆，乘坐豪华交通工具；第二类是教师、医务文体工作者、个体经营者、离退休人员、学生，他们外出旅游时自信、开朗、讲究体面，同时能够忍受不适，积极参与旅游活动，与当地居民交流；第三类是工人、农民、军人，他们外出旅游时常表现出一种立即获得感和立即满足感的行为，注重安全、保险、讲求实际，对远距离的旅游不感兴趣，甚至认为不必要。

二、生态旅游者的标准

成为一名生态旅游者，除了需要满足一定的客观要求，比如收入水平和闲暇时间等条件之外，还受到个人的生态意识、心理需求及旅游动机等主观因素的制约。

(一)生态旅游者的生态意识

随着环境保护的观念日益深入人心，现代旅游者尤其是生态旅游者对于人与自然和谐共处、保护环境与生物多样性等观念已形成普遍共识。在此基础之上，旅游活动的开展也日益走向探索大自然、回归大自然的生态旅游发展道路，生态旅游强调旅游的可持续发展，生态旅游者跟大众旅游者最本质的区别也就在他们是否具有生态意识。

所谓旅游生态意识，即旅游者从居住地到目的地、在目的地活动及返程的过程中，在满足自身游览娱乐，亲近目的地自然环境，了解及体察目的地社会文化传统等需要的同时对目的地自然及文化系统维护的自觉性。

生态意识可分为表层的生态意识和潜在的生态意识，表层的生态意识可以表明旅游者对一些最基本的环境问题(如维持景区的卫生条件，不采摘花草等)的认识程度；潜在的生态意识可以表明旅游者对生态旅游区生态状况(如生态旅游区的保护情况等)的认知程度，能够反映他们是否真正具备生态理念与生态道德。一个旅游者的生态意识会具体表现为他的生态价值观和环境责任感，生态意识将影响旅游者是否会产生保护环境的实践行动，同时，具有较高生态意识的旅游者除了要约束自己的行为之外，还要对其他人破坏环境的行为做出反应。在此需要指出，通过国内学者肖朝霞、杨桂华，陈福亮、候佩旭，李明辉、谢辉，仲明明、吴郭泉的调查研究，结论表明我国生态旅游者的生态意识较为淡薄，环境责任感欠缺。

所以，作为一名合格的生态旅游者必须具备较高的生态意识，正确的生态价值观和较强的环境责任感，有保护环境的思维并在需要的情况下会付诸于行动。

(二)生态旅游者的心理需求

一个人必须具备足够的可随意支配的收入和足够的闲暇时间并排除了其他社会和家庭制约因素才有可能成为旅游者。旅游者必须具有一定的心理需求之后才可能成为一名生态旅游者。一般而言，旅游需求可分为个人需求和市场需求两个层面，这里主要探讨的是个人旅游需求。

人本主义心理学家亚伯拉罕·马斯洛提出人有5个层次的需要，即生理需要、安全需要、社交需要、受尊重的需要、自我实现的需要，其需要层次是由低到高。人们外出旅游同马斯洛的需要层次理论中的两个较高层次的需要，即受尊重的需要和自我实现的需要有联系。在欧美社会中，某些形式的旅游，特别是到外国名胜地区的经历常为人们所羡慕和崇敬，因而有助于满足个人受人尊重的需要。在现代社会中，人们比较喜欢适时短期改换一下自己的生活环境，并且对不同于自己乡土的事物、风光、习俗和文化感兴趣，喜欢探索和探新求异，在这种心理因素驱使下，人们需要亲自去看一看和亲自去体验一下他山他乡的新异之处，这是生态旅游者的心理需求之一；在现代社会中，竞争日趋激烈，在紧张工作之余，短期摆脱嘈杂恶劣环境的困扰，回归自然、放松身心、返璞归真、净化自我、消除疲劳、增进健康，是现代人的心理需求，生态旅游者的这种需求更为迫切。

由此得知，作为一名生态旅游者必须具备探新求异、放松身心、返璞归真、回归自然、净化心灵的心理需求，且这种心理需求较一般旅游者显得更加强烈。

(三)生态旅游者的旅游动机

人的各种活动都是由动机所引起，它支配着人的行为。所谓旅游动机是指能够促发一个人有意于旅游以及到何处去、作何种旅游的内在驱动力。人本主义心理学认为，动机是需要的表现形式。按照日本学者田中・喜一的分类法可以将生态旅游者的旅游动机分为四类。

(1)心情动机　包括思乡、郊游、信仰；

(2)身体动机　包括治疗、保养、运动；

(3)精神动机　包括知识、见闻、娱乐；

(4)经济动机　包括购物、商务、欣赏。

研究表明，大部分生态旅游者出游的动机是精神动机，这充分体现了生态旅游者要求接触大自然的强烈愿望，显示了生态旅游以大自然为取向的显著特征。这也是生态旅游者区别于一般旅游者的主要特点。在旅游六要素中，“购”的消费约占旅游消费的一半，特别是在一些购物旅游中购物的动机就更明显了。但在生态旅游中，旅游的主要对象是大自然、历史、文化知识，因而经济动机就显得薄弱。身体动机主要产生于产业工人和大都市的白领阶层。心情动机大部分是年长者、身居异地者、宗教信仰者的旅游动机。他们是一个比较特殊的群体，其相同之处在于为生态目的地建立了一个明确崇高的目标，提高了在个人生活中从事旅游的重要性，能展示和加强其旅游成功的愿望。

由此得知，对大自然的向往，渴望能够回归大自然、享受大自然、了解大自然往往是一名生态旅游者出游的动机所在。

第二节　生态旅游者的形成

一、生态旅游者的形成

(一)生态旅游者形成的条件

生态旅游者的产生和形成，既需要一定的客观条件，也取决于他们所具备的主观条件，因此，对生态旅游者进行培养教育也至关重要。生态旅游者形成的客观条件涉及社会生活的多个方面，其中包括经济收入、闲暇时间、身体状况、社会环境等一系列促进生态旅游事业发展的客观基础。同时，较高的生态意识，正确的生态价值观和较强的环境责任感；探新求异、放松身心、返璞归真、回归自然、净化心灵的心理需求与渴望能够回归大自然、享受大自然、了解大自然的旅游动机是生态旅游者形成所必不可少的主观条件。

(二)生态意识的发展阶段

具有生态意识是生态旅游者最主要的特征之一，生态意识的发展阶段从根源上解释了生态旅游者的形成过程。生态意识的发展具体可分为以下 4 个阶段：原始生态意识阶段、生态意识淡漠阶段、生态意识觉醒阶段、生态意识高涨阶段。

1. 原始生态意识阶段

从人类文明之初到18世纪末，这一时期的特点是生产力水平低下，人对自然的影响较小而对自然环境的依赖较大。这个阶段人们本能地意识到保护生态环境的重要性。西汉时期的淮南王刘安在《淮南子·主术训》中有一段关于保护山林的论述，译为现代文为：打猎的不能把野兽全部打尽。不要猎取幼小的动物；不要为了捕鱼而把水排干；更不能烧林捕猎。这种朴素的生态保护意识反映了当时对社会成员在生态环境上的道德要求。这一时期的旅游活动也因社会经济水平和交通工具的限制对生态环境没有产生多大的威胁，这是人类原始生态意识阶段。

2. 生态意识淡漠阶段

从18世纪后期到20世纪中期，以欧美国家为代表的人类文明开始了以工业革命为序幕的现代化进程。各种新机械、新能源、新材料的相继出现使人们发现自己对自然的依赖性越来越小，而征服自然的能力越来越大。人们开始随心所欲地从自然界索取经济发展所需要的各种原材料。在物欲膨胀、盲目自大的人类意识中已没有生态环保的意识。19世纪中叶，世界上第一个旅游代理商——托马斯库克公司的出现，标志着传统的、少数人的自发旅游开始向现代的、有组织的大规模旅游形式转变。同时，高速公路的修建与各类交通工具的发展使得旅游者的足迹遍布全球。在这一时期，旅游活动及相关的旅游开发对自然生态的威胁和破坏达到了前所未有的程度，称之为人类生态意识淡漠阶段。

3. 生态意识觉醒阶段

20世纪60年代后期到70年代，面临着森林面积大幅度萎缩，资源枯竭、环境污染、物种灭绝、自然灾害频发的沉痛代价，人们开始从经济繁荣的喜悦中逐渐醒悟过来。随着公众生态环保意识的觉醒，具有生态环保意识的旅游者开始出现。他们开始在旅游活动中显示出关注生态、保护环境的意识。这一阶段称之为生态意识觉醒阶段。

4. 生态意识高涨阶段

20世纪80年代以来，生态环保问题由部分环保倡导者关心的问题演变为国际组织以及各国政府乃至全体公民共同关心的问题。1980年，世界野生动物基金会、国际自然与自然资源保护联盟以及联合国环境规划署共同主持制定了世界自然保护大纲，并首次提出了“持续发展”的口号，标志着人类生态意识高涨阶段的到来。在此阶段，生态环保意识也逐渐融入旅游资源的开发和旅游企业的经营管理之中，生态旅游产品开始进入市场，真正具有统计意义的生态旅游者也随之出现。

二、生态旅游者的培养

作为生态旅游者需具备生态意识，满足了生态旅游者形成的主客观条件，就可能产生生态旅游的行为。但是旅游者的生态意识不是与生俱来的，而需要教育和培养。

(一) 生态旅游者的培养意义

生态旅游者在自身的要求上，具有强烈的生态意识和掌握生态环保知识，在生态旅游活动中实践环境保护。在一定程度上引起更多的人对生态旅游的关注，宣传生态环保知识，从另一方面对更大的人群进行生态环保教育。所以对生态旅游者进行培养就显得至关重要。

1. 有利于保护旅游地生态环境，促进资源持续利用

在人类面临生存环境危机的今天，能够拯救人类的只有人类自己。可持续发展的内涵就是人类需求和环境条件限制这两大要素的对立统一和最佳组合。生态旅游地拥有良好的自然环境，对生态旅游者进行培养教育活动，可以使人们通过参观游览、聆听专家讲解、亲自参与实践等多种形式，了解动物、植物、环境、地理、生态、自然保护等各方面的相关知识，充分认识自然的价值，唤醒游客的生态意识，因此，成功的生态旅游者教育会减缓游憩冲击，提供信息和环保服务，为生态旅游资源的可持续利用提供一个理想模式。

2. 有利于保护旅游地人文环境，共同建设和谐社会

构建社会主义和谐社会，教育发挥着基础性、先导性、全局性的作用。生态旅游者的教育意义以各种形态表现在不同的文化当中。在中国，旅游作为获得知识的途径，早已成为与“读万卷书”相提并论的人生哲理。在日本，旅游最基本的功能被称为“体验情理”，他们把旅游比作人生的转折点。这个比喻象征着旅游作为教育手段的历史渊源。生态旅游者教育强调人与自然和谐发展的理念，十分强调对资源和生态环境的有效保护和持续利用，十分强调利益相关者的发展诉求和经济、社会、环境的统筹发展，并从根本上涉及到游客个体内部价值体系的发展。游客教育的终极追求不是生态危机的暂时缓解，不是人类“征服者”、“主宰者”姿态的重整，更不是西方式的个人主体性的极度张扬，而是建设以可持续发展观、生态价值观、生态伦理观等为其精神特征的生态文明，营造自然生态、社会生态、精神生态三者互生共存、和谐发展的“大生态”。因此，开展游客教育是贯彻落实科学发展观的重要载体。这在我国经济发展与资源环境约束矛盾不断突出的现阶段，有着复杂的社会和文化意义及功能。

3. 有利于提高生态旅游资源的产能，力行实现循环发展

旅游者通过参加生态旅游，在大自然的环境中接受生态知识教育和环境保护教育，逐步建立正确的生态理念和价值观，其意义非常深远。

一是旅游资源也有生命周期。游客在教育的感召力下，尽量约束自己的行为，减小旅游活动的负面影响，使旅游活动对自然旅游资源的损耗率、人文旅游资源的威胁力降到最低程度，达到延长旅游资源的生命周期、促进旅游资源可持续利用，最终提高旅游资源产能的目的。二是生态旅游者的教育经历会潜在性地改变游客的旅游后行为(post-tour behaviour)，可能会使游客对生态保护产生很大的兴趣，从而改变他们个人的工作方式、生活方式和消费方式。这种改变产生的积极影响是连环的、持久的。如会在工作单位节约纸张、节约用电，会在餐桌上不再对野生动物感兴趣，会在淋浴时控制水量等，而这些环节是政府倡导的循环经济政策不易控制的。三是对生态旅游者的教育效果是不断累加的。“游到老，学到老”。随着旅游次数的增加，游客每次接受的知识教育、行为教育构成一个连续教育过程。实际上，这是一个终身教育(lifelong education)和终身学习(lifelong learning)的过程。四是生态旅游者的生态价值观能在代际“遗传”。父母或者准父母会将接受的生态知识、价值观通过言传身教传递给子女，这种效果在教育领域已有许多研究予以证明。

因此，生态旅游者的培养教育是生态旅游持续发展的根本途径、是生态旅游产品应有的基本内涵、是生态旅游产业应有的基本责任。

（二）生态旅游者的培养内容

1. 生态旅游理论知识培养

生态旅游理论知识是生态旅游发展的基础，生态旅游者要想更好的体验生态旅游需要学习了解一些关于生态旅游的基本知识与理念。对旅游者进行生态旅游理论知识的培养与教育，是培养生态旅游者的有效途径之一。生态旅游理论知识主要包括生态哲学、生态旅游价值、生态旅游伦理、生态旅游环境、生态旅游经济文化、生态旅游健康、生态旅游安全、生态旅游标识、生态旅游美学、生态旅游文明等方面的内容。对生态旅游者进行理论知识的培养主要可以通过以下几种渠道：

（1）旅游者的自身教育　旅游者可以通过图书、杂志、报刊学习与生态旅游相关的介绍与报道，提高自身的生态旅游理论水平；或者直接参加生态旅游实践活动，切身体验生态旅游过程，丰富自身的生态旅游知识；也可以参与相关的生态环保组织，如"湿地保护组织"等，通过各种环保活动，如义务植树、纪念"世界环境日"等方式来提高自身关于生态旅游的认识。其中，通过实践活动对生态旅游的学习效果尤其明显，研究表明，有经验的生态旅游者比例越来越大，且他们之中有1/3的人是重复消费者，主要原因在于他们通过第一次或多次的生态旅游活动，更加深刻地理解了自然与生态的内涵，愿意回归自然、体验生态。

（2）加强学校生态旅游理论的教育　如今，生态环境的破坏已经成为一个全球性问题，学校作为教育部门有责任开设关于生态旅游的相关课程，制定教学大纲，将生态教育纳入国家义务教育的范畴，促进人们去了解、认识、关心环境及生态问题，培养更多的人成为潜在的生态旅游者。学校进行生态教育的目的是通过系统教学、教育的有机渗透，使学生从小就树立起人与自然和谐相处的生态价值观与环境保护意识，培养学生尊重自然、爱护自然的生态正义感、义务感、良知感、善恶感和生态危机意识。

（3）发挥社会传媒的积极作用　随着科技的发展和人们生活方式的改变，当今社会已经进入信息时代，而各种传媒是传播信息的主要途径之一，充分利用传媒造成的社会舆论，通过广播、图书、报纸、杂志、电影、电视等手段宣传生态旅游理论知识，同时对破坏生态环境的行为进行揭露和批判。将与环境及生态保护有关的政府政策、法律条文、科研成果等信息传播给大众，把生态意识上升为整个社会的全民意识。传媒通过正确的舆论让人们自觉摆正人与自然的关系，用生态价值观指导旅游活动，有效地促进人们生态旅游意识价值体系的培养。

（4）发挥法律的约束作用　近年来，全国人大相继通过了野生动物保护法、森林法、环境保护法、海洋环境保护法、大气污染防治法、固体废物污染环境防治法、环境噪声污染防治法、海洋环境保护法、水污染防治法、环境影响评价法、放射性污染防治法等法律，同时在《刑法》中增加了惩处破坏环境的内容，这些法律已经成为了构建社会生态道德约束体系的主要部件，有助于促进人们学习与了解生态旅游的理论知识。

2. 生态道德的培养

生态道德是生态旅游区精神文明的重要组成部分之一，是评价现代人素质高低的一个重要标志，同时，它是当代人类实现人与环境、资源共存、互动的一种深层次文明要求。生态旅游区生态道德的主体包括与生态旅游地有关的3类人群：生态旅游者、生态旅游从业人员和生态旅游地居民。

(1) 生态旅游者　这是生态旅游地各种资源的使用者，生态旅游者的生态道德素质直接关系到生态旅游地旅游资源的可持续发展。市场经济条件下，生态旅游地提供的各项服务项目都是根据生态旅游者的需求而定的。当游客蜂拥而至的时候，如果他们的道德素质不高，会给旅游地原本平稳的社会带来很大的负面影响，引起社会结构的变化和旅游资源的过度开发。

(2) 生态旅游从业人员　包括生态旅游开发者、从事生态旅游业的经营者、生态旅游行政主管部门人员，以及生态旅游科研教学人员等所有从事生态旅游职业的人员。生态旅游从业人员的生态道德意识也影响着旅游地的可持续发展。因为生态旅游从业人员是决定向旅游者提供哪些旅游项目的人。如果生态旅游从业人员的生态道德素质不高，为生态旅游者提供一些破坏生态平衡的服务项目以取悦旅游者，从而达到经济利益的最大化，如为生态旅游者提供野味、在生态旅游区内建设没有任何环保措施的餐厅、开辟阻碍动物、植物生存的游道等等，都会极大地损伤旅游地脆弱的生态系统。另外，旅游规划者、投资者以及旅游行政主管部门的生态道德素质问题更为重要，生态旅游地为旅游者能提供一些什么、不能提供一些什么，规划者、投资者以及旅游行政主管部门必须首先自己清楚，然后引导其他从业人员树立生态思想。中国各大旅游地的生态问题都与投资者的理念、行政部门领导的决策与监督有很大的关系，很多环境问题实际上属于人祸责任。

(3) 生态旅游地居民　其生态道德素质也很重要。他们中间一部分从事旅游行业工作，也有一部分没有从事旅游工作。他们使用生态旅游地资源的各种行为习惯直接影响到生态旅游地的自然平衡与社会平衡。生态旅游行业中需要中等文化程度人员占绝大多数，而且他们的收入高于社会上其他行业，特别是在发展中国家尤其明显，这样必然会诱使部分本地青年为追逐经济利益放弃继续接受高等教育的机会而从事旅游行业，致使当地居民的文化素质得不到提高，因此当地居民的生态道德意识也不可能得到提高。另外，旅游的接待服务中，对女性的需求量大，原来从事农业生产、主持家务的妇女走上工作岗位，从而引起家庭结构的变化，破坏家庭原有的生活方式，进而有可能导致家庭的破裂。

总之，生态旅游者、生态旅游从业人员、生态旅游地居民组建成了生态旅游地社会结构的主体，生态旅游地社会结构也如同生态系统一样，存在着动态平衡问题。随着生态旅游业的发展，生态旅游地逐渐产生了代表不同利益的社会群体，如旅游地政府、当地居民、生态旅游企业等。当各种社会群体在某些利益上发生冲突的时候，或者当受到外来因素的冲击与干扰的时候，当地社会群体也可以如同生态系统一样会发生变化，而生态道德是将这种变化调节到原来稳定状态的主要途径之一。

3. 生态旅游行为的培养

生态旅游行为的培养主要是在旅游者从事生态旅游的过程中，由旅游活动的组织方以及生态旅游地的管理单位进行。旅游组织方在旅游者出游前通过发放宣传手册或短期培训的形式，让旅游者了解目的地的自然状况和当地的文化传统，树立生态环保的旅游动机，加强对游人员的管理和培训，在旅游解说过程中强调对旅游地自然环境和文化氛围环境的保护，同时指导并约束旅游者行为。旅游地管理者应合理布置景观化的垃圾箱与卫生间等必要的旅游设备设施；完善旅游地的解译系统，制作具有环保意识的标语，提醒旅游者尽量减少旅游活动对旅游地生态环境的影响和破坏；安排一些具有环保性质的活动项目，使旅游者在旅游活动中获得潜移默化的环境教育，培养旅游者树立生态旅游行为。

第三节　生态旅游者的行为

旅游行为是指旅游者对旅游目的地、旅游季节、旅游目的和旅游方式的选择特征，以及与之紧密相关的旅游意识、旅游效应和旅游需求特征(周世强，1998)。旅游研究中，旅游者作为旅游和旅游学研究的主体，一直受到各国学者的重视。各国对旅游者行为的研究，主要是从经济学、社会学、人类学以及心理学的角度进行(戴斌，1999；王德刚，1999)。

一、生态旅游者的行为规范

由于生态旅游是对环境保护负有责任的旅游形式之一，生态旅游者的行为应该时刻体现出环保意识，这就要求我们制定生态旅游者的行为规范或行为指南，加强对生态旅游者行为的管理。例如，美国旅行代理商协会制定了关于生态旅游的十条戒律；澳大利亚生态旅游协会对生态旅游者在出发之前、之中和之后等旅行的不同阶段的行为有一个具体的指南；在南非，观看野生动物的旅游者必须遵守当地的规范，其中之一就是人车不能分离。

在我国人与生物圈国家委员会制定的《中国生物圈保护区》中规定：出发前学习关于该地的自然和文化知识；了解并尊重旅游目的地的文化习俗，这样可以使旅程更有意义，倾听当地人谈话，鼓励当地居民参加环保活动；走设计的路线，不采集被保护的生物物种，不干扰野生生物的正常活动，如见到野生动物后就追赶，大叫等；不购买被保护生物及其制品(象牙、动物皮毛)；尽量徒步或使用对环境无害的交通工具，鼓励司机停车时关闭发动机；支持节约能源、环保的企业(如饭店，床单可以不用每天洗，因为洗衣粉中含磷，对环境污染大)。台湾生态旅游协会不仅制定生态旅游游客守则，还就具体的生态旅游活动制定守则或游客须知等等。如赏鸟守则、赏蝶守则、赏萤守则、赏鲸规范等。

所以，制定相应的生态旅游者行为规范是确保旅游者从事健康的生态旅游活动、生态旅游区环境不被破坏以及当地旅游业可持续发展的重要保证。

二、生态旅游者行为的影响因素

生态旅游者的行为受其自身生态意识的支配，即需要有生态旅游者的心理需求与旅游动机，同时也受到以下三方面外部条件的影响。

(一)旅游管理部门

旅游管理部门对发展生态旅游业的态度，以及制定怎样的政策引导当地生态旅游的发展是影响生态旅游者行为的外部因素。例如，澳大利亚重视本国的生态旅游发展，制定生态旅游发展战略，对生态旅游者出版了《生态旅游教育》等书籍与文献，各生态旅游区管理部门指导并规范相关服务部门提供真正意义上的生态旅游产品，推出与生态旅游相关的课程以及培训项目来引导、规范生态旅游者进行健康的生态旅游活动。

(二)旅游地居民与旅游从业人员

生态旅游地居民与旅游从业人员的素质和服务技能直接影响生态旅游者的行为。生态旅游地的居民与旅游从业人员需要掌握丰富的生态学和资源保护知识，在生态意识的指导下，并通过自己的言行举止将保护资源与环境的理念传递给到访的旅游者，所以说，生态旅游导游的知识水平、环境道德素质的高低将直接影响生态旅游者的行为倾向。

（三）社会文化环境

社会文化影响个人的社会行为，人们在不同的社会环境中成长，接受不同的社会文化并形成不同的价值观念、思维方法及行为偏向。同样，旅游者在生态价值观念的社会文化影响下才可能做出生态旅游行为。所以，社会文化是影响生态旅游者行为的外部因素。

三、生态旅游者的行为特征

生态旅游者的行为特征主要是指生态旅游者在生态旅游目的地旅游时的一些行为偏好。本书将从以下几个方面论述生态旅游者在进行旅游活动过程中的一些行为特征。

（一）活动项目

生态旅游是以认识自然、欣赏自然、保护自然，不破坏生态平衡为基础的。它具有观光、度假、休养、科学考察、探险和科普教育等多重功能。生态旅游者在生态旅游区进行登山、野营、探险、漫步、垂钓等一系列生态体验活动，都是为了置身于自然、真实、完美的情景中，陶冶性情，净化心灵。作者通过调查发现：多数生态旅游者，尤其是有经验的生态旅游者更加偏爱能量消耗大的活动项目，从而更好的体会自然，达到回归自然的旅游目的。

（二）团队构成

一般认为生态旅游者希望无牵无挂地出游，以最佳的状态融入大自然。所以生态旅游者趋向于单独出游，来寻求大自然的刺激性，如在美国 1987 年的一项调查中发现有 68% 的生态旅游者是单独出游的。学者 Wight(1996) 对北美生态旅游市场调查显示：大部分生态旅游者喜欢两人结伴出游(分别占一般生态旅游者和有经验生态旅游者总数的 59% 和 61%)；有经验的生态旅游者单独出游的比例较高，占 13%，而带小孩的家庭出游和参加旅行团队出游的比例则比较低，分别占 15% 和 2%。

作者认为，与 1 ~ 2 个好友出游是一般生态旅游者最佳的出游方式。它既排除了旅行的孤独感，又享有适度的自由。有经验的生态旅游者则可以选择独自出游，犹如闲云野鹤般，自由自在地完全融入自然。带小孩的家庭与家人一起出游最为理想，对旅途中的矛盾容易达成协议，又有利于孩子的教育。对于缺乏生态旅游经验的旅游者或参与专题旅游的生态旅游者最好是随旅游团活动。

（三）旅游花费

生态旅游者的收入较高，旅游花费也较大。Reingold(1993) 的研究显示：有 700 万的美国旅游者愿意花费 2 000 ~ 3 000 美元参加生态旅游，另外也有调查表明生态旅游者愿意多出 8.5% 的支出以促进环境保护(Cook S. d. et al. 1992)。总体来说，生态旅游者比传统旅游者愿意支付更多的费用。学者调查结果显示，大多数生态旅游者的花费在 500 ~ 2 000 美元之间。

（四）旅游时间

旅游者旅行时间的长短一般受到旅游目的地、旅游活动性质的影响较大。1993 年的调查发现：在美国，生态旅游者在目的地平均停留 5 个晚上；而在阿拉斯加保护区，则平均停留 12 天。在印度尼西亚，70% 的国际旅游者在自然风景区的停留时间是 2 ~4 天，超过 4 天的占 18%。调查结果显示绝大多数生态旅游者希望旅行时间在一周以上，约有 40% 的一般生态旅游者偏向于 2 周以上的旅行时间。这其中，旅游者希望最好是 4 ~7 天的生态旅游；而 50% 的有经验的生态旅游者认为 8 ~14 天比较合适。本书作者在武夷山等地的调查结果显示，国内生态旅游者在旅游目的地平均停留时间为 4. 24 天。

（五）旅游季节

生态旅游者的旅游季节选择与旅游目的地的地理因素有密切的关系，特别是气候条件。气候的季节性变化往往造成景观的季节性，形成旅游的季节性特征。而多数生态旅游者愿意在夏季出游，有 40% 的一般旅游者选择在 7 月和 8 月，而大约 1/2 的有经验生态旅游者选择在 6 ~9 月，但不容忽视的是冬季旅游正在不断受生态旅游者的青睐，尤其受到有经验生态旅游者的欢迎。

生态旅游已不是少数旅游者特有的专项旅游活动，而是一种逐渐被主流市场接受并受欢迎的大众旅游形式，普通工人、农民、职员、学生都有可能成为生态旅游者，生态旅游者的队伍在不断地壮大。

由于生活观念的不同，个人经济条件的差异，闲暇时间的长短，旅游地对个人的重要程度不尽相同等因素，造成生态旅游者具有以下行为特征：偏爱能量消耗大的活动项目、团队构成以与 1 ~2 个好友结伴出游为主、在旅游地的消费高、停留时间长、旅游季节多选在春秋两季。切实把握生态旅游者的心理行为特征，才能正确地引导旅游者的生态旅游观念，开发适销对路的生态旅游新产品，完善生态旅游管理理念，从而实现我国生态旅游的健康、快速、可持续发展。

第五章

生态旅游景观资源

本书将生态旅游资源分为生态旅游景观资源与生态旅游环境资源两大部分，在第五章与第六章分别进行介绍。

第一节　生态旅游景观资源概述

一、生态旅游景观

生态旅游资源中的旅游景观部分就是生态旅游景观资源，生态旅游景观资源具有旅游景观的属性，同时也有旅游资源的属性。

(一)景观

景观(landscape)一词最早来源于绘画用语，表示作画者眼中的各种自然景色，美国学者 S. C. Bowrassa 将景观认为是知觉的景象。在近代，地理学家们将景观作为一般概念泛指地表的自然景色；作为类型概念，认为景观是类型单位的通称，指相互隔离的地段按其外部特征的相似性，归为同一类型单位，如荒漠景观、森林景观等等。19 世纪末一些德国地理学家甚至把地理学定义为景观科学。随着工业化对自然界的改变，自然景观的人文化程度不断加深，景观实际上成为地表自然和人文因素的综合体。

随着人类社会的发展，景观的研究与建筑、规划、城市、园林、文化、生态、美学、社会学的研究发生交叉，使景观的概念在不同的领域蔓延开来。这一方面使景观的研究得以深化，拓宽了实际运用的领域。同时由于对景观审视角度的多元化，导致对“景观”一词解释的混乱。从目前所见的景观概念而言，去除附加的前置描述和限定，景观本体的概念仍与传统景观本质上是地理综合体的观点一脉相承。

(二)旅游景观

随着景观一词在旅游学领域的应用，就出现了旅游景观的概念。本书认为旅游的本质是一种高层次的消费活动、一种以审美为特征的休闲活动、一种人类文明的交往活动，因此，从旅游的本质出发，旅游景观可以理解为旅游者在旅游活动过程中的审美对象，旅游景观必须具备一定的审美价值或审美潜能。综上所述，在旅游过程中供旅游者进行审美活动的对象就是旅游景观，作为旅游者审美对象的旅游景观不一定都是实体景观，也可以是旅游地的历史氛围、文化、宗教信仰等非实体景观。

旅游景观和旅游资源含义不同，旅游资源不仅包括了供旅游者进行审美活动的旅游景观资源，还包括供旅游者进行体验参与的旅游环境资源以及旅游接待区的基础设施和优质的服务等。它们都属于旅游资源的范畴。

二、生态旅游资源

(一)资源与旅游资源

资源一词最早应用于经济学领域，中国自然资源研究会在1983年最早提出资源的概念是：作为生产实践的自然条件和物质基础。而一般意义上的资源指的是对人具有使用价值的事物，包括自然资源、经济资源、人力资源等。随着世界旅游业的发展，旅游资源的概念也随之出现。

许多学者从不同的立场和角度分别阐述了旅游资源的概念。陈传康、刘振礼：旅游资源是在现实条件下，能够吸引人们产生旅游动机并进行旅游活动的各种因素的总和；保继刚、楚义芳、彭华：旅游资源是指对旅游者具有吸引力的自然存在的历史文化遗产以及直接用于旅游目的的人工创造物；辛建荣：凡能对旅游者产生美感和吸引力，并具有一定旅游功能和价值的自然与人文因素的事与物的综合；李天元：凡是能够造就对旅游者具有吸引力环境的自然因素、社会因素或其他任何因素，都可构成旅游资源；孙文昌：自然界和人类社会凡能对旅游者产生吸引力，可以为旅游业开发利用，并可产生经济效益、社会效益、环境效益的各种事物和因素都可视为旅游资源。

2003年，国家颁布实施的《旅游资源分类、调查与评价标准》(GB/T 18972—2003)将旅游资源定义为："自然界和人类社会凡能对旅游者产生吸引力，可以为旅游业开发利用，并可产生经济效益、社会效益和环境效益的各种事物和因素。"统一了旅游产业对旅游资源这一概念的使用。

(二)生态旅游资源的内涵

1. 生态旅游资源的概念

根据旅游资源的概念，并结合生态旅游的特性，我们将生态旅游资源定义为：以生态旅游环境为基础、生态旅游景观为主体，能够对旅游者产生吸引力，为旅游业所利用并产生效益的各种物质和因素的总和。生态旅游资源是生态旅游发展所必不可少的基础与前提条件，是生态旅游理论范畴的重要组成部分。

2. 生态旅游资源的特征

(1)可持续性　生态旅游最显著的特征是其可持续性。经营者或所有者遵循一个基本原则，即在生态旅游活动过程中，不损害景观资源和环境资源，并从中学习各种知识，获得身心舒畅和享受。因而在科学管理的前提下发展生态旅游，能对生态保护产生积极作用，真正做到保护环境与发展经济相结合。

(2)景观的综合性　天下名山僧占多，佛教道教等的宗教活动场所多在山上，而山上又正是森林植被、森林资源丰富的地方，两者紧密结合，自然景观和人文景观互相烘托，提高了旅游资源质量，如黄山、庐山、武夷山、雁荡山被称为"四大风景名山"，泰山、华山、嵩山、衡山、恒山被称为"五岳"，峨眉山、五台山、普陀山、九华山被称为"四大佛教胜地"，青城山、武当山、龙虎山、崂山被称为"四大道教名山"，它们均是人文古迹与自然山林地貌紧密结合的代表。另外，一些少数民族与大森林和谐共处，其村寨建筑、生活习惯、民俗节庆，创造出独具特色的生态旅游文化，极大地丰富了生态旅游资源内容，提高了旅游价值和社会经济效益。

(3)广泛的适应性　生态旅游资源优越的地方，往往集雄、奇、险、秀等自然风光、灿烂的历史文化、纯朴的民俗风情及得天独厚的生物气候资源于一体，因此生态旅游的形式多种多样，融合休闲、猎奇、求知、求新、健身、陶冶情操和激发艺术灵感等诸多内容，在很大程度上满足现代旅游者多样化的心理要求。

(4)功能的多重性　对于面积较大的生态旅游资源，并不强求每一块土地都用于旅游，而是强调生态旅游资源的合理利用，在不干扰生态环境的条件下，有调整地灵活开发。可进行专门保护或者多种经营，如张家界国家森林公园就针对公园的具体情况，专门编制了公园内森林经营的具体方案。

(5)物种多样性丰富　在生态旅游资源集中的森林公园和自然保护区内，一般森林覆盖率达85% ~98%，由于保护好，受破坏干扰的程度小，环境适宜，保存的珍稀野生动植物种类比较多。如湖南桃源洞国家森林公园就有种子植物1 518种，陆生脊椎动物211种；广东象头山国家自然保护区内现有维管束植物1 627种，珍稀保护植物56种，野生动物305种，其中属国家保护的有益的或者有重要经济、科学研究价值的陆生野生动物达210种。

(6)非城市性　生态旅游目的地多处于大自然或保留原始生态文化的集中地，这些地区一般都远离现代城市，与城市文化和现代工业文明形成很大的差异，其根本原因就是生态旅游资源所呈现出明显的非城市性。

第二节　生态旅游景观资源的分类

一、生态旅游景观资源的分类原则

1. 科学性原则

分类方法要紧密结合实际，能正确地反映生态旅游资源客观存在的本质和差异，真实反映资源的价值。要严格区分各种资源的内涵，不能张冠李戴，把甲资源归到乙资源类型下。

2. 规范化原则

生态旅游资源的分类涉及生态学、林学、美学、地理学、历史学、社会学等多学科领域，在对各种现象、物质和因素进行分析、概括时，一定要尽量使用规范化的相关学科的专业术语。

3. 全面性原则

分类方法要争取覆盖当前经济、科技、社会发展能涉及到的生态旅游资源，尽量少遗漏，避免使某些旅游资源无类可归。

4. 实用性原则

分类方法要具有可操作性，能满足森林旅游资源开发、建设以及资源资产评估等旅游生产实践的实际需要，能被一般旅游工作者和大众旅游者所能利用、认识和理解。

5. 对应性原则

此处的对应性原则是指生态旅游资源的分类首先应遵循国家标准、行业标准，与国家标准相对应。形态特征、内涵、功能与国标中的旅游资源一致的生态旅游资源，尽量采用国标的分类方法和表述方式。

二、生态旅游景观资源的分类

(一) 宏观分类

依据景观资源的属性及形态特征，在宏观上，我们将生态旅游景观资源分为自然景观资源和人文景观资源两大类。

1. 自然景观资源

生态旅游自然景观资源是由自然要素所构成的生态旅游区的景观资源，这里的自然要素主要包括：地质、地貌、水域、气象、生物等，自然景观的构成要素相互影响又相互制约，构成了有内在联系的自然综合体。

2. 人文景观资源

生态旅游人文景观资源范围广泛，是整个人类历史与现代相结合以及各地区民族民俗文化特色的集中反映，主要包括历史遗产旅游景观资源、现代人文旅游景观资源、社会风情旅游景观资源等多种类型。

(1) 历史遗产旅游景观资源　历史遗产旅游景观资源是一定社会历史条件下的产物，它记录和反映了历史上各时代的政治、经济、文化、艺术、建筑、科技、风俗等方方面面的水平和特点。因此，包含的内容非常丰富、历史意义深远，涵盖了古人类文化遗址、宫殿、庙坛、陵墓、古代水利工程与交通工程、古民居、古典园林、宗教文化、历史文化名城和古镇、古村等众多的内容。

(2) 现代人文旅游景观资源　现代人文旅游景观资源是现代人类物质文明和精神文明高度发展的结晶，反映了现代社会的经济、文化、科技水平，同样涉及广泛的领域和知识，由现代都市风光、休闲度假场所、现代大型建筑设施等多方面景观类型构成，并且随着科学技术的不断发展和人们旅游需求的不断扩大与多样化，被进一步地拓展和挖掘。

(3) 社会风情旅游景观资源　社会风情旅游景观资源是各地人们在特定的自然、社会、文化环境中，形成的独特的社会文化活动和现象。它作为一种文化现象，包括各地的风俗民情、风情特产、文化艺术等多方面的内容。

(二) 具体分类

根据以上生态旅游景观资源的分类原则，同时结合国家《旅游资源分类、调查与评价》(GB/T 18972—2003) 中将旅游资源分为 8 主类 31 亚类 155 基本类型的分类标准，我们将生态旅游景观资源具体分为 7 个“主类”与 101 种“基本类型”，每个层次的景观资源类型都有相应的数字代号，见表 5-1。

表 5-1　景观资源分类

主类	基 本 类 型
生物景观	101 植被类型　102 林地面积　103 森林覆盖率　104 野生动植物种类　105 名古大树　106 草原　107 奇花异草　108 珍稀动物种类　109 珍稀植物种类　110 野生动物栖息地　111 其他生物景观
水域风光	201 风景河段　202 漂流河段　203 湖库　204 瀑布　205 潭池　206 泉　207 井　208 溪流　209 现代冰川　210 观光游憩海域　211 湿地　212 其他水域风光

（续）

主类	基 本 类 型
气象景观	301 日出日落　302 日蚀月蚀　303 星象　304 虹霞蜃景　305 风雨奇景　306 冰雪霜露　307 云雾景观　308 雾凇雨凇　309 自然声象　310 其他气象景观
地文景观	401 典型地质构造　402 标准地层剖面　403 生物化石　404 自然灾变遗迹　405 名山　406 火山熔岩景观　407 蚀余景观　408 奇特与象形山石　409 海岸景观　410 洞穴　411 小型岛屿　412 沙（砾）滩　413 沙（砾石）地风景　414 其他地文景观
文物古迹与建筑	501 人类文化遗址　502 社会经济文化遗址　503 军事遗址　504 古城和古城遗址　505 宫廷建筑　506 宗教建筑与礼制建筑　507 殿（厅）堂　508 楼阁　509 水榭亭廊　510 塔　511 牌坊　512 碑碣　513 建筑小品　514 园林　515 雕塑　516 桥　517 陵寝陵园　518 墓　519 石窟　520 摩崖字画　521 水工建筑　522 厂矿　523 农林渔牧场　524 特色城镇与村落　525 港口　526 广场　527 乡土建筑　528 民俗街区　529 纪念地　530 观景地　531 文物　532 其他文物古迹与建筑
民俗风情城乡风貌	601 节事庆典　602 民风民俗　603 宗教礼仪　604 饮食起居　605 婚丧嫁娶　606 神话传说　607 民间艺术　608 地方人物　609 田园风光　610 农林牧渔景观　611 庙会与民间集会　612 其他民俗风情城乡风貌
求知娱乐购物	701 科学教育文化设施　702 休疗养和社会福利设施　703 动物园　704 植物园　705 风味美食　706 度假区　707 地方特产　708 运动场馆　709 游乐场所　710 文艺团体　711 市场与购物中心　713 著名店铺　714 其他求知休闲娱乐保健类

第三节　生态旅游景观资源开发

生态旅游资源，包括景观资源和环境资源。由于它的宁静、壮观、雄奇、幽远，人们前去探险、猎奇、寻幽、访问等，旅游目的地居民和政府、投资者在进行旅游资源开发与规划的过程中往往首先看重的是经济利益。一旦对生态旅游资源进行旅游开发，随着旅游者鱼贯而入，旅游地的自然性和宁静就要受到或多或少的损害。所以，解决这一问题的最好办法就是将旅游开发对生态旅游资源的破坏限制在最小程度内。

开发生态旅游资源要注意综合和系统地评价旅游地的容量、旅游服务设施与生态旅游地的和谐度之间的关系，其出发点应该是注重对生态旅游资源的保护，正确处理开发、利用与保护的关系，使生态旅游资源不至于枯竭，以达到永续利用的目的。

一、生态旅游景观资源开发的原则

我国众多学者都对生态旅游资源开发的原则进行过探讨与分析。杨文凤，张格杰等认为藏东南地区生态旅游资源的开发原则应为：保护第一原则、参与性原则、适度开发与和谐原则；陈志认为九宫山自然保护区生态旅游区开发原则为：功能分区原则、强化主体原则、容量控制原则、协调统一原则、非城市化原则；孟铁鑫认为绍兴市文化生态旅游资源的开发原则为：突出地方性原则、遵循文化生态系统内在规律原则、控制旅游环境承载力原则、深入挖掘文化内涵原则、增强游客参与性原则；艾琳，卢欣石认为中国草原生态旅游资源开发原则为：生态安全可持续发展原则、社区参与共同受益原则、旅游产品多样化原则、生态旅游区建设指导原则、广开筹资渠道原则、适度开发与合理经营原则。

根据上述观点再结合编者的经验，我们认为对生态旅游资源开发必须遵循以下原则：

1. 保护优先原则

生态旅游资源开发必须以生态环境与资源的保护为前提。生态旅游区开发地往往是生态旅游资源相对完好但也容易受到破坏的地区，若没有保护优先的原则，在经济利益驱动下，难免会造成生态环境的破坏。也只有在保护的前提下，才有可能实现生态旅游所要求的旅游开发与环境保护相协调。

2. 适度开发与生态管理原则

旅游资源开发首先要对生态旅游资源进行科学的调查分类与评价，结合当前的技术条件进行适度开发，优先开发生态价值与旅游价值大且对当地生态环境影响小，易于保护的生态旅游资源，并在此基础上进行生态管理，遵循生态系统的内在规律，将旅游资源开发对生态环境影响的影响降到最低。

3. 参与性原则

生态旅游资源的开发是为了满足旅游者对生态环境的需求，旅游者参与性原则就是要求我们在生态旅游资源开发过程中，为旅游者创造和提供更多生态而便捷的旅游服务与设施，有利于旅游者置身于生态旅游资源所处的大自然中，使旅游者在整个旅游活动过程中有广阔的自主活动空间、主动接触大自然的机会及充分展示自我意识的环境，从而提高旅游者对自然的了解，做到真正的回归自然、享受自然。

4. 特色性原则

以不同地区生态旅游资源所独有的特征作为生态旅游资源开发的出发点，通过资源开发进一步强化各地生态旅游资源的特色优势，使其形成强大的吸引力，树立健康而别具特色的旅游形象，发挥资源特色的不可替代性。尤其是在民族特色鲜明的生态旅游目的地，突出当地民族特色，渲染民族风情、民族习俗、民族文化，突出民族建筑风格、艺术品位、审美风格等要素的特色，从而形成鲜明的个性和浓厚的吸引力。

5. 产品效益原则

生态旅游的发展重视旅游活动与旅游目的地经济、社会、文化、环境的协调发展，生态旅游资源的开发要遵循旅游活动实现经济效益、社会效益、环境效益相统一。具体而言，生态旅游资源开发遵循经济、社会、环境效益统一必须满足以下条件：

(1) 经济贡献　旅游资源开发能带来经济价值并增加就业机会。

(2) 环境效益　旅游资源开发在环境保护法律和法规允许的范围内。

(3) 社会文化效益　旅游资源开发没有降低当地居民的素质和干扰当地的社会生活。

(4) 竞争影响　旅游资源的开发对现有的旅游业形成互补的优势，而不是形成同类旅游资源开发恶性竞争的局面。

(5) 可行性　旅游资源开发的具体项目必须在经济上可行。

(6) 遵守当地财政政策和发展战略　旅游资源开发必须遵守旅游目的地的政策、法规及规划的要求。

(7) 旅游影响　旅游资源开发增加旅游目的地的旅游吸引力，改善旅游容量及其他有益于旅游发展的条件，增加旅游业发展的潜力。

(8) 开发者和经营者的能力　旅游资源的开发者和经营者必须具备一定的实力。

总之，旅游资源的开发要在关注生态和谐和追求社会公平的同时，积极谋求经济、环境、社会三者之间的最佳综合效益。最终实现“生态—社会—经济”三维复合系统整体的良性互动及可持续发展。

二、生态旅游景观资源开发的要求

（一）从系统的角度出发实施生态旅游景观资源开发

人、资源和环境相互影响，共同作用，构成庞大的生态系统。生态旅游资源开发应从系统的观点、整体的观点出发来考虑问题，把生态旅游资源开发与旅游资源及环境的保护提到系统的高度来认识。

（二）生态旅游景观资源开发必须从生态学角度出发

生态旅游资源是存在于自然和社会生态系统中的，只有与环境协调的生态旅游景观资源才具有吸引游客的魅力，故生态旅游景观资源的开发必须遵循生态学原则。首先，在生态旅游景观资源开发中要注意适度开发，开发那些不影响或少影响生态环境的旅游项目，如自然保护区和森林公园的开发应以生态旅游开发为主，以保护自然系统的平衡，尤其是在脆弱生态带的生态旅游景观资源开发更应把生态系统平衡和环境保护放到首位来考虑。其次，要注意旅游资源的开发与其周围社会生态环境相协调，以保持其原汁原味的气氛环境，保护吸引游客的魅力。否则，生态旅游景观资源开发的过程便是旅游资源的破坏过程。

（三）重视生态保护的专业知识和相关人才

各地生态旅游资源开发中重开发轻保护而造成旅游资源及环境破坏的重要原因之一，就是在具体规划和开发中缺乏环境保护的专业知识和人才，即使有了保护意识，也因缺乏保护专业知识而“好心做坏事”，造成对旅游资源及环境的无意破坏。这就需要在生态旅游资源规划开发中，有专业人才来计划和实施旅游资源及环境保护的具体细节，真正把生态旅游资源保护落到实处。

第四节　生态旅游景观资源的保护

旅游环境和资源保护最初源于人们对游客游憩冲击的发现。很长一段时间，旅游业被人们誉为“无烟工业”而备受推崇。随着经济的发展和社会生活水平的提高，游客数量不断增长，旅游区的生态环境逐渐退化，特色文化逐步消失，人们才意识到旅游活动会对旅游资源（自然旅游资源、社会旅游资源和旅游经济环境）产生一定的冲击，如不及时加以妥善调控和管理，这些冲击带来的破坏将会不可逆转。

一、生态旅游景观资源的破坏

随着旅游业的发展，旅游者的人数日益增多，旅游活动为生态旅游区带来一定的经济、生态和社会效益的同时，也对当地的生态旅游资源产生一定的冲击，造成了生态旅游景观资源的破坏，虽然生态旅游强调旅游活动与旅游资源环境相协调，但出于各种原因其旅游活动还是不可避免的会对旅游区产生游憩干扰。生态旅游景观资源的破坏可分为自然原因的破坏与人为原因的破坏。

（一）自然原因造成的破坏

无论是自然景观资源还是人文景观资源都存在于大自然中，大自然的变化发展都可能对景观资源产生影响，根据影响的速度，可以分为灾变性破坏和缓慢性风化。一些突发的自然灾害可能破坏当地的景观资源，如地震、海啸、火山喷发等都可能对生态旅游景观资源造成破坏；自然界中长年累月的风蚀、风化、水蚀等现象是形成自然景观的原因之一，同时这些现象也可能使当地已经成型的生态旅游景观资源发生改变。

（二）人为原因造成的破坏

人为原因对生态旅游景观资源造成破坏的主要途径有：①旅游地开发建设活动；②旅游企业经营活动；③旅游者的游憩活动。

1. 旅游区开发建设的破坏

旅游地的基础设施建设，如旅游道路、宾馆、饭店、停车场、通信、水电等建设，难免要清挖和平整土地、移动和损伤植物。同时，开发建设带来的建筑废弃物，如泥土、石块、混凝土块、碎块、废木材、废管道及电器废料等，如果没有及时进行处理，就会对生态环境产生不良影响，破坏当地的生态旅游景观资源。

2. 旅游企业经营活动的破坏

住宿餐饮业、娱乐业等产生的污染主要有固体废弃物、污水和废气等，若处理不当，会对生态旅游景观资源产生破坏。常见的废弃物主要有食物废渣、普通废弃物（如塑料袋、饮料瓶、易拉罐等）、危险废弃物（如电池等）等。污水包括饭店生产服务性污水（如洗涤用水等）以及人类生理排泄物；废气主要来源于煤气灶、锅炉燃烧及交通工具尾气排放等。

3. 旅游者游憩活动的破坏

由旅游而引起的对旅游区的影响后果称为游憩干扰。无论是何种旅游活动都会对旅游环境产生影响，影响的不同后果主要由游憩活动的流动性以及游憩者文化素质的差异性造成。常见的生态旅游活动包括登山、野营、烧烤、徒步旅行、野生动物观察、森林浴、捕鱼、采花、摘果、垂钓等，这些旅游活动对生态环境的冲击主要体现在对动植物的破坏和干扰，方式为践踏、车辆噪声干扰、采摘、用火等，都有可能破坏当地的生态旅游景观资源。

二、生态旅游景观资源保护的意义

（一）保护自然生态系统

保护生态旅游景观资源，加强旅游地森林植物和野生动物的保护，拯救濒临灭绝的野生动植物，加强对生态旅游区环境质量的监管可以保护人类赖以生存的自然环境，维护生态系统的平衡，进一步改善人类的生存与居住条件。

（二）促进区域经济的发展

保护生态旅游景观资源，可以提高生态旅游地的知名度，树立良好的旅游形象，促进当地旅游经济的发展，有利于当地引进资金，扩大旅游产业规模，为人们提供更多的就业岗位，增加居民收入。此外，旅游业的发展有利于当地调整产业结构与经济结构，实现旅游业的可持续发展。

（三）有助于社会的进步

保护生态旅游景观资源，在促进旅游地生态保护与经济发展的同时，还可以提高当地居民与旅游者的生态意识，有利于当地居民视野的扩大与素质的提高；旅游业的发展在一定程度上还能完善当地的基础设施建设；在民族文化地域明显的生态旅游区，保护生态旅游景观资源有利于保存当地别具特色的民族建筑与民族风俗，有利于各民族的团结与民族文化的传承与发展。

（四）保护旅游资源可实现旅游业的可持续发展

生态旅游资源的保护对于生态旅游的发展以及旅游业的可持续发展有着十分重要的意义。在环境污染和破坏日益严重的今天，人类的生存正面临着严峻的挑战，环境问题已成为全球性问题，受到全世界的关注。生态旅游环境的保护、生态旅游资源的永续利用和旅游产业的可持续发展已成为建设资源节约型、环境友好型社会的核心问题。

三、生态旅游景观资源保护

（一）潜在生态旅游景观资源的保护

潜在生态旅游资源，是生态旅游业进一步发展的后备军，对这类生态旅游资源来说，保护是首位的，为避免潜在生态旅游资源未用先衰，具体的保护对策有：一是进行生态旅游资源研究，发现未来有旅游价值的生态旅游景观资源，以明确保护对象，使资源保护工作尽早开展；二是进行对生态旅游景观资源的价值进行评价，根据旅游市场需求及开发经济技术条件确定其开发顺序，明确保护范畴。

（二）开发利用中生态旅游景观资源的保护

随着社会经济的发展与人民生活水平的提高，旅游业发展的潜力巨大，越来越多的生态旅游景观资源被开发利用，发展生态旅游事业，因此对开发利用中的生态旅游景观资源进行保护显得尤为重要。

首先，规范生态旅游资源开发的原则与程序，明确生态旅游资源开发的第一要旨是保护，开发的旅游产品要坚持经济效益、社会效益与环境效益的协调统一。其次，对投入使用的生态旅游景区进行生态化管理，提高生态旅游管理者与从业者的生态意识，开展生态旅游教育，使旅游地居民认识到生态旅游景观资源的重要性，从而自觉地保护生态旅游景观资源，对生态旅游区的旅游活动进行合理设计，保证旅游活动在当地生态旅游环境容量的承载范围内。第三，制定旅游者在旅游活动中的行为规范，保证旅游活动在开展过程中不会对生态旅游景观造成破坏，形成完善的监督体制，对生态旅游景观资源实施保护。

（三）恢复已破坏的生态旅游景观资源

绝大多数生态旅游资源，一旦破坏，就难以恢复，是不可逆的。但有的古建筑，具有较高的文化景观价值和旅游价值，虽然已衰败和破坏，甚至不复存在，仍可以采用培修和重建的方法恢复其风采；有的旅游景区植被遭破坏，则应积极采取植树造林等生态建设的对策；而对于珍贵文物旅游资源，则应设法尽量减少其自然风化的衰减速度。具体做法如下。

1. 培修复原，整修如故

历史建筑因经历了上百年甚至上千年的自然风化和人为破坏，出现了影响原有特色的破损、变色。可以采用复原培修的办法，采取原材料、原构件，或在必要时用现代构件进行加固，但要以保持原貌为准则，即整旧如故，切忌因“翻新”而失去“古”的特色。

2. 仿古重建

历史上一些著名的建筑物，由于自然或人为原因在地面上已经消失，但具有很高的文化和旅游价值，在旅游业迅速发展的今天，为了满足人们旅游的需要，需进行重修，重现古建筑的风貌。

第六章
生态旅游环境资源

国外学者对旅游环境的研究最早始于20世纪30年代，当时一些学者在美国加利福利亚红杉林国家公园(California Redwood State Parks)研究了旅游活动对植被及土壤等因子的影响效应。随后美国许多公园都开展了此项研究，如Lutz研究了connecticut野餐地土壤的改变。而在欧洲，这一时期的研究重点则放在一些具体的旅游活动类型(如践踏)的影响效应方面。此外，学者们还对旅游生态影响的测度与研究方法进行了探讨。进入20世纪80年代后期及90年代，学者们在管理技术与监测系统的评估上进行了较为全面的研究，出版了多本专著。如Hunter与Green合著的《旅游与环境：一种可持续的关系吗?》(*Tourism and the Environment: a Sustainable Relationship*?)等，这些专著较为详尽地综述了北美、欧洲及大洋洲各国有关旅游的环境影响方面的文献。我国由于受旅游业起步晚的影响，相关科研工作也滞后于西方国家。只是到了20世纪80年代初，由于旅游环境问题日渐突出，这才引起部分学者的注意。

第一节　生态旅游环境概述

一、生态旅游环境资源的相关概念

(一)自然资源与环境资源

自然资源是指自然界天然赋存、未经人类加工的资源，如土地、水、生物、能量和矿物质等可供人类利用的一切物质和能量的总称。自然资源具有两重性：既有作为环境要素的性质，又具有作为人类生存和发展基础的社会要素性质。总之，自然资源是自然界一切天然存在的为人类有用的自然物，反映自然资源的天然性和有用性，并强调有用性即经济性。

环境资源又称地理环境资源，是围绕人类的空气、陆地、水、能量和生命系统等资源的总和。与自然资源相比较，环境资源没有自然资源作为人类生存和发展基础的社会要素的限制，因而其范畴更广，范围更宽。而人类通常意义上的环境是以人类自身为中心，把围绕在人类周围世界称为环境。1972年联合国人类环境会议提出，人类环境是以人类为中心、为主体的外部世界，是人类赖以生存和发展的天然和人工改造的各种自然因素的总和。所以，人们所称的环境资源又主要指的是自然资源。

(二)旅游环境与生态旅游环境

旅游环境是以旅游活动为中心，是围绕旅游活动而言的外部因素，而生态旅游环境作为旅游环境的重要组成部分，主要针对生态旅游这一中心事物，是生态旅游发展的基础。根据生态旅游的特点，生态旅游环境可以定义为：生态旅游活动得以生存、进行和发展的一切外部条件的总和。生态旅游环境既是旅游的一部分，同时又与旅游环境有所区别，其内涵包括以下几个方面：

(1)生态旅游环境是在符合生态学和环境学基本原理、方法和手段下运行的旅游环境，可以维护和建立良好的景观生态、旅游生态，可以促进生态旅游学和旅游生态学的发展。

(2)生态旅游环境是以系统良性运行为目的、统筹规划和运行，使旅游环境与旅游开发相适应、相协调，使其自然资源和自然环境继续繁衍生息，使人文环境能延续和得到保护，创造一种文明的、对后代负责的旅游环境。

(3)生态旅游环境是以某一旅游地域的旅游容量为限度而建立的旅游环境，在该旅游容量的阈值范围内，可使生态旅游不破坏当地的生态系统，使旅游地域的生态系统在被开发利用的同时得到休养生息，从而实现旅游开发、经济发展、资源保护利用、环境改良相互协调发展。

(4)生态旅游环境还是运用生态美学原理与方法建立起来的旅游环境。生态旅游是集自然生态学和人文生态学为一体的一项综合性的审美活动，生态旅游更是人类追求美的高级文化生活、广度和深度都较高的审美活动。生态旅游环境就是培养生态美的场所，也是人们欣赏、享受生态美的场所。

(5)生态旅游环境还是一种考虑旅游者心理感知的一种旅游环境。生态旅游者的旅游动机主要以大自然为舞台，尤其是去那些野生的、受人类干扰较小的原生自然区域参观体验，兼有学习、研究的动机。因而，生态旅游环境的建立要以生态旅游者回归大自然、享受大自然、了解大自然的旅游动机为取向，从而建设能让旅游者感知自然的旅游环境。

二、生态旅游环境资源分类

生态旅游环境与旅游环境既有共同之处，又有不同之处。旅游环境的内涵和外延较生态旅游环境要广。生态旅游环境的构成与旅游环境也有所差异。通常，我们将环境资源分为自然环境资源和社会环境资源。所以，生态旅游环境资源也可以分为生态旅游自然环境资源和生态旅游社会环境资源。

(一)生态旅游自然环境资源

生态旅游自然环境资源是指由自然界的一些自然要素，如地质、地貌、气候、水体、大气、动植物等所组成的自然环境综合体。它是由天然环境、自然空间环境以及自然资源环境所组成的。

1. 天然环境

生态旅游天然环境是指由自然界的力量所形成的，受人类活动干扰少的生态旅游环境。主要包括自然保护区、森林公园、风景名胜区、植物园、动物园、国有林场及散布的古树名木等，其中又以自然保护区为主体。根据生态旅游天然环境的主体之不同，可以划分为如下几种类型。

(1)森林生态旅游环境　包括森林植被及其生态环境所组成的森林生态系统，如热带雨林、亚热带常绿阔叶林、暖温带落叶阔叶林、寒温带针叶林等等，是组织生态旅游者野营、徒步穿越、登山、狩猎、森林浴及专题的观叶、观花、观果、观树形、色彩等旅游活动的场所。

(2)草原生态旅游环境　包括草原植被及其生态环境所形成的草原生态系统，如典型草原、草甸草原等，是组织骑马、狩猎、野营、观鸟、欣赏草原动物，参观草原自然放牧等旅游项目的场所。

(3)荒漠生态旅游环境　包括高寒荒漠和戈壁等生态系统，是考察荒漠景观、荒漠生物、锻炼意志力的良好场所。

(4)内陆湿地水域生态旅游环境　包括水生和陆栖生物及其生态系统，如沼泽、湖泊、河流等，是泛舟、赏荷、垂钓、观水禽、狩猎、开展水上运动、考察水生生物等的理想场所。

(5)海洋生态旅游环境　包括海岸、海岸生物与其生境共同形成的海洋和海岸生态系统，如海域、海岸、海岛、河口、珊瑚礁、港湾、红树林等，是开展赶海、冲浪、垂钓、观海鸟、参观水族馆、参观海洋水产养殖、观察潮间带海洋生物生态习惯等旅游项目的场所。

(6)自然遗迹生态旅游环境　包括奇特的地质景观、地质灾害遗迹、古人类及古生物化石产地和自然遗址等所在地的生态环境。

2. 自然空间环境

生态旅游空间环境主要指能开展生态旅游的旅游景点、景区、旅游地、旅游区域的自然空间范围的大小。主要作用是生态旅游资源贮存地、生态旅游者的活动范围，包括生态旅游者对旅游资源欣赏、享受时对空间和时间上的占有。

3. 自然资源环境

自然资源环境主要指水资源、土地资源、自然能源等自然资源对生态旅游业生存和发展的影响与作用，也包括自然资源对生态旅游活动的敏感程度，其作用主要体现在这些自然资源对生态旅游业生存和发展的支持或限制作用，也影响到旅游地域能够容纳生态旅游者的数量。

(二)生态旅游社会环境资源

生态旅游社会环境是指政府或有关组织对生态旅游的支持程度以及人们在人与自然和谐发展思想指导下的文化环境氛围。据此，可以说，社会生态旅游环境包括生态旅游政治环境和生态旅游文化环境。

1. 生态旅游政治环境

生态旅游政治环境是指政府或相关组织在区域旅游政策、旅游管理技能、政治局势等方面影响(支持或限制)生态旅游发展的软环境。主要作用是对生态旅游发展起到一种促进或阻碍作用。区域旅游政策环境不仅影响到生态旅游业产业结构的资源配置，而且对生态旅游业快速健康稳妥发展起着宏观调控作用，政策支持与否，对生态旅游业发展起着至关重要的作用。生态旅游管理技能水平往往关系到旅游地域能接待生态旅游者的数量和生态旅游活动强度，即影响到生态旅游环境容量的大小。生态旅游规划和管理技能水平高，能接纳的生态旅游者数量就会有所增加，能承受生态旅游活动量大，对生态旅游环境系统的良性循环起到促进作用。此外，政治局势稳定与否、社会治安状况如何，关系到生态旅游者安全感的大小。在同样条件下，一国或一地政治局势、社会治安状况往往影响生态旅游业的发展程度，甚至影响生态旅游业的兴衰。

2. 生态旅游文化环境

生态旅游文化环境是指在认识到人类与自然界互利、共生关系的思想指导下，在进行旅游开发，特别是生态旅游开发过程中，树立的经济、社会与自然和谐发展的观念。生态旅游的文化思想在我国道教等宗教或古代思想中能找到其萌芽，我国人民早已在实际生活中加以运用。我们的祖先与自然共同创造了灿烂的“天人合一”的文化环境，历史上一系列名胜古迹，特别是一些宗教名山就是祖先与自然共同创造“天人合一”文化旅游环境的典范。在建寺建观之时，采取一系列建筑技艺处理，不但不破坏自然，还使原有景观更加突出，创造出优于纯自然的“天人合一”环境。生态旅游之所以蓬勃发展，就是因其旅游活动时对生态和文化有着特别强的需求，可以促进人类与自然界协调、共同发展。

三、生态旅游自然环境资源的构成

根据中南林业科技大学森林旅游研究中心多年的调查研究，对生态旅游区有较大影响的环境资源主要包括空气环境质量、水环境质量、植被或森林植被、空气负离子浓度、空气中细菌含量、植物精气、声环境质量、旅游气候舒适度、土壤环境等。

(一)大气环境

大气是指包围在地球周围的气体，其厚度大约在1 000km以上。随着工业的高速发展，城市化进程的加快，大气环境的污染日趋严重，许多城里人很难呼吸到一口清洁的空气。污染的大气可以严重影响人们的健康。在低浓度空气污染物的长期作用下，可引起上呼吸道炎症、慢性支气管炎、支气管哮喘及肺气肿、冠心病、动脉硬化、高血压、癌症(尤其是肺癌)等多种疾病。另外，空气污染还会降低人体的免疫功能，使人的抵抗力下降，从而诱发或加重多种其他疾病的发生。生态旅游区由于远离污染源，加上森林净化空气的作用，保持着良好的大气环境质量。优质的大气环境质量是生态旅游区重要的环境资源之一。

空气是人生存不可缺少的3种物质之一。空气资源无处不在。氧是空气中的主要成分，占正常空气的20.95%，是动植物赖以生存的物质。氧参与人体内各种代谢过程，是生命活动中时刻不可缺少的极活泼元素之一。正常人每分钟需消耗氧250~400mL，一天需要360~500L。人体内的氧几乎是“现吸现用”，贮存量极少，人可以停吃三餐饭，却不可以3分钟不吸氧，体内氧全部利用起来也只够人体组织消耗维持1~4分钟，所以必须从空气中不断吸入氧才能维持正常生命。人每天呼吸28 000~31 000次，呼吸的空气是16~20m^3，约20~30kg，是人们每天所消费食物和水的质量的10倍，一个人三五天不进食，5天不喝水尚能生存，5分钟不呼吸就会死亡，可见空气的重要。我们生活在钢筋混泥土的环境里，就等于生活在玻璃罩下一样，常常会使居室内氧含量降低，使人感到疲劳困倦、烦躁、注意力减退、思维紊乱、反应迟钝。空气也是各种有毒物质和飘尘的载体，会对人的身心健康带来极大的危害。因此，清新的空气资源是重要的环境旅游资源，空气质量也成为衡量旅游地档次的重要评价因子。

(二)水环境

所谓水环境，是指围绕人群空间及可直接或间接影响人类生活和发展的水体及其正常功能的各种自然因素和有关的社会因素的总体。1977年联合国教科文组织认为，“水资源主要是指可资利用或有可能利用的水源，这个水源应具足够的数量和可用的质量，并能在某一地点满足某种用途而可被利用。”生态旅游区水质纯净，水资源在生态旅游中应用非常广泛，如漂流、划船、垂钓、潜水、滑雪、游泳等都是利用水资源开展的旅游活动。

水是生命的源泉，也是重要的旅游资源。但在常规的旅游资源中，水仅是作为一种景观资源，而对于水的质量没有过多的要求。其实水是重要的环境旅游资源，旅游区地表水的质量将直接或间接影响到土壤、植被、人们及动物的健康，污染的水体还会传播疾病，影响居民和旅游者的身心健康。在旅游度假区，人们需要饮水、用水，还会与水亲密接触，如游泳、漂流、水上游乐等，水的质量将直接影响旅游者的选择取向。但在有些山区，山溪的水看起来清洁，但可能汞、镉等重金属含量超标。如华南××森林公园，由于溪水都引去发电了，溪水流动性少，枯枝落叶落入溪水中，腐败后在水中形成了致癌物质。

(三)植被或森林植被

植被是覆盖在地球表面的植物的总称。森林是由乔木、灌木、幼树、草本、苔藓、地衣等植物成分组成的植物群落。森林是覆盖在地球表面的一种植被，是地球上最大的陆地生态系统，是全球生物圈中重要的一环。它是地球上的基因库、碳贮库、蓄水库和能源库，对维系整个地球的生态平衡起着至关重要的作用，是人类赖以生存和发展的资源和环境，也是生态旅游区重要的环境资源之一。

(四)空气负离子

空气负离子(aero anion)是大气中带负电荷的单个气体分子及离子团的总称，空气负离子被称为“空气维生素和生长素”。研究表明，空气负离子对人体健康非常有益。来自美国得克萨斯州立大学的研究报告指出空气负离子能够治疗或改善人体呼吸系统、血液和心血管系统、神经系统、内分泌系统、免疫系统、消化系统等33种疾病。近年来发展起来的空气负离子疗法(negative air irons treatment，简称NAIT)在世界各国进行了广泛的研究和使用。生态旅游区中的各种林分、瀑布、跌水、溪流等都是产生负离子的有利条件，因而生态旅游区的空气负离子浓度较城市要高得多。因此，空气负离子作为生态旅游区环境资源的重要组成部分受到越来越多人的关注。空气负离子浓度已成为评价空气清洁度的重要指标。

自英国学者威尔逊与法国学者埃尔斯特和格特尔证实空气负离子的存在开始，人们对空气负离子的研究经历了近百年的发展、应用阶段。空气离子包括正离子和负离子，一般情况下空气离子是空气分子受雷电、紫外线、宇宙射线、地壳放射性元素辐射后发生电离而产生的。此外，瀑布、喷泉、海浪由于喷射、冲击时发生雷纳德(lenard)效应(又称喷筒电效应)，跌落、分裂的水分子带正电，周围潮湿空气带负电，形成空气负离子；植物光合作用也在一定程度上形成空气离子。自然情况下，在产生空气离子的同时，正负离子又相互中和，故大气中离子在不断产生，也在不断消失。但在不同的环境空气中，空气正离子与空气负离子的含量不尽相同。在一些特殊的环境中，空气负离子含量大大高于正离子含量，就形成了高负离子区，这种环境对开展生态旅游具有巨大的价值。

空气负离子对生命必不可少，于人体健康十分有益，其浓度高低已成为评价一个地方空气清洁程度的指标。高浓度的空气负离子还广泛应用于保健康体和医学治疗等领域中。根据对医学资料进行的研究证明，人体对空气负离子浓度的生理要求为：不少于700个/

cm^3。浓度达到10 000个/cm^3以上时，可以防治疾病。空气负离子浓度与健康关系程度见表6-1所示。

表6-1　负离子浓度与健康关系程度

负离子含量(个/cm^3)	与健康的关系程度
<50	诱发生理障碍
1 000~2 000	维护健康基本需求水平，有益健康
5 000~50 000	增加人体免疫力及抵抗力
50 000~100 000	杀菌，减少疾病感染
100 000~500 000	具有自然痊愈力

此外，大量的临床试验还表明，空气负离子在一些疾病的治疗上疗效明显。国内外医学研究证明，空气负离子有给人体细胞补氧、补电、降尘、灭菌、强身健体、延年益寿、防病治病等多种功能。

(五)空气细菌含量

空气中绝大多数细菌对人体健康有害，所以，空气细菌含量多少是评价空气质量好坏的重要标志之一。根据作者以往的研究，所监测的湖南张家界国家森林公园、株洲大京风景区、金洞森林公园、永州林科所、大熊山国家森林公园、资兴市生态旅游区、长沙千龙湖、广东惠州象头山、南昆山、罗浮山、肇庆鼎湖山11处南方有代表性的生态旅游游憩区的460多个点的数据表明，生态旅游区空气中细菌含量基本在320个/m^3以下，极个别生态旅游区会达到500个/m^3；而城市空气中细菌的含量一般为2 700~28 600个/m^3，大部分城市为16 000~28 600个/m^3，大大超过标限值3 700个/m^3。所以，生态旅游区中的空气微生物含量少，是生态旅游环境资源的重要特征之一。

(六)辐射剂量水平

在自然条件下，环境中(如大气、水体)都有极微量的放射性物质，辐射剂量低，在一般情况下，并不会影响人体健康。但是当放射性污染物种类或数量多时，在达到一定的程度后，人会出现头晕、头痛、呕吐、毛发脱落、厌食、失眠、白细胞和血小板减少等现象，严重时可能发生肿瘤、白血病或遗传障碍，甚至造成死亡。超标的天然辐射剂量水平对生态旅游度假村的建设是致命的，将直接威胁游客和接待人员的身心健康。例如，有的花岗岩山区局部地区放射性物质严重超标，不能作为开发的重点，更不能在超标的区域建设生态旅游度假区。

(七)声环境

城市中车辆不断增多，城市建设永不停止，工厂的生产夜以继日，各种噪声对人们健康的危害、对通讯的干扰日益严重，已被认为是一种环境公害。由于噪声引起的听觉损伤、心率加快、血压升高等疾病统称为噪声病。城市里的人在快速、忙碌之后，需要宁静优雅的环境休息、调整身心，因而宁静的环境便成为城市人假日追求的奢侈品。在生态旅游度假区和生态旅游区，应该充分考虑游客的这种需求，调查生态旅游接待区的噪声情况，避免造成建设浪费。

一般生态旅游区噪声标准参照《声环境质量标准》(GB 3096—2008)执行，必须达到0

类标准，特大型的生态旅游区执行1类标准。

（八）气候

良好的气候能满足人们出游的基本生理需求，宜人的气候有利于人的健康。追求舒适宜人的气候是人们外出旅游的重要动机之一，舒适的气候成为旅游度假地的必要条件。因此，气候是重要的生态旅游环境资源，是开展旅游活动的必要条件，生态旅游区应当保护和改善当地的小气候环境，也是安排旅游项目的重要依据。

气候是指一定地区较长时段中大气的统计状态，是各种天气的综合表现，包括平均状况和极端状况。小气候是在具有相同大气候特征的范围内，由于下垫面构造和特性不同，使热量和水分收支不一样而形成的近地层局部环境的特殊气候。大气候和小气候都受太阳辐射、大气环流、下垫面性质、人为活动等因素影响。气候环境不容易改变，小气候环境较容易调控。因此，生态旅游度假区规划建设时，除了选择适宜的气候环境，还应改善和创造更加宜人的小气候环境。例如，在森林覆盖率80%左右、郁闭度0.5～0.8的森林公园内，与邻近城镇相比，日照时数减少30%～70%，光照强度减弱31%～92%，夏季晴天日平均气温低3.7℃～9.1℃，日平均空气相对湿度大6%左右，日平均风速小，多静风。森林小气候环境舒适宜人。

（九）土壤环境

土壤是指地球表面具有肥力、能生长植物的疏松表层，它处在岩石圈最外面，具有支持植物和微生物生长繁殖的能力，是岩石圈最重要的组成部分。土壤具有不断供应、协调植物生长发育所必需的水分、养分、空气和热量的能力，称为土壤肥力。土壤具有肥力，是土壤区别于其他自然体的本质特征。土壤在整个地球环境系统中占据着特殊的空间地位，是联系无机界和有机界的纽带，它介于生物界和非生物界之间，是地球上一切生物生存的基础。土壤的上界面直接与大气圈和生物圈相接，下界面主要与岩石圈和地下水相连，生物圈的主要组成部分——植物则植根于土壤之中。土壤环境质量是生态旅游中所有物质、能量和信息交换及存在的基础，因此也是生态旅游的一项重要条件或资源。

土壤是由固体、液体和气体三相组成的疏松多孔体系，固相物质包括土壤矿物质、土壤有机质和土壤生物。典型可耕性土壤的固相中有机质约占5%，无机质约占95%。土壤液相是指土壤中的水分和水溶物。土壤气相是指土壤空隙中存在的多种气体的混合物。土壤是生物气候、母岩、地形、时间和人类生产活动等成土因素的综合作用下的产物。由于成土因素的综合作用不同，产生出多种类型的土壤，其三相物质的比率也不相同，并且会经常发生变化。三相物质相互联系、相互制约，并且又与大气、地下水相连接，构成一个完整的多介质多界面的复杂体系。

土壤具有培育植物、推动物质循环、保存水资源、防止灾害和自净能力等几个方面的基本环境机能。生态旅游地土壤要求具有上述5项良好的功能。也即，生态旅游区土壤应没有被污染，且生态环境较好，山清水秀，对人体健康有益，根据生态旅游区土壤的应用功能和保护目标及国家《土壤环境质量标准》（GB 15618—1995）要求，自然保护区、旅游区、旅游度假区、集中式生活饮用水源地、茶园、牧场和其他保护地区属于一类区，土壤环境质量必须达到国家一级标准，土壤质量基本上保持自然背景水平，维持自然背景的土壤质量的限制值。

（十）植物精气

植物精气是植物的器官和组织分泌的挥发性有机物，主要是萜烯类有机物，如单萜烯、倍半萜烯、双萜烯、三萜烯等。植物精气具有镇痛、驱虫、抗菌、抗组胺、抗炎、抗风湿、抗肿瘤、促进胆汁分泌、利尿、祛痰、降血压、解毒、镇静、止泻等作用，中南林业科技大学吴楚材等已经测定出157个树种的叶片、木材、花朵所含的442种精气的化学成分及各种化学成分的相对含量；研究了各种化学成分的生理功能。结果表明：我国森林植物精气资源丰富，生理功能显著，保健功能强，开发利用前景广阔。因此是生态旅游和度假疗养旅游的重要环境资源，特别是对森林生态旅游区尤为重要。

第二节　生态旅游环境资源的评价

一、生态环境因子的专项评价

专项评价是对需要监测的主要自然生态因子和社会生态因子，如森林植物资源、动物资源、大气资源、水资源、空气负离子资源、植物精气资源、地形地貌资源、传统文化保护状况、经济水平发展状况、社会结构发展状况、旅游发展期望等等，逐个进行评价。每项评价都有各自的评价标准。如大气质量一项，国家《环境空气质量标准》（GB 3095—1996）将环境空气质量分成三类功能区，一类区为自然保护区、风景名胜区和其他需要特殊保护的地区；二类区为城镇规划中确定的居住区、商业交通居民混合区、文化区、一般工业区和农村地区；三类区为特定工业区。同时，将环境空气质量标准分为三级，一类区执行一级标准，二类区执行二级标准，三类区执行三级标准。并且，对各项污染物的浓度有一个限值，如表6-2。

表6-2　各项污染物的浓度限值

污染物名称	取值时间	浓度限值			
		一级标准	二级标准	三级标准	浓度单位
二氧化硫（SO_2）	年平均	0.02	0.06	0.10	mg/m^3（标准状态）
	日平均	0.05	0.15	0.25	
	1小时平均	0.15	0.50	0.70	
总悬浮颗粒物（TSP）	年平均	0.08	0.20	0.30	
	日平均	0.12	0.30	0.50	
可吸入颗粒物（PM_{10}）	年平均	0.04	0.10	0.15	
	日平均	0.05	0.15	0.25	
氮氧化物（NOx）	年平均	0.05	0.05	0.10	
	日平均	0.10	0.10	0.15	
	1小时平均	0.15	0.15	0.30	
二氧化氮（NO_2）	年平均	0.04	0.04	0.08	
	日平均	0.08	0.08	0.12	
	1小时平均	0.12	0.12	0.24	
一氧化碳（CO）	日平均	4.00	4.00	6.00	
	1小时平均	10.00	10.00	20.00	
臭氧（O_3）	1小时平均	0.12	0.16	0.20	

（续）

污染物名称	取值时间	浓度限值			
		一级标准	二级标准	三级标准	浓度单位
铅(Pb)	季平均 年平均		1.50 1.00		$\mu g/m^3$ （标准状态）
苯并[a]芘 (B[a]P)	日平均		0.01		
氟化物	日平均 1 小时平均		7① 20①		
(F)	月平均 植物生长季平均		1.8② 1.2②	3.0③ 2.0③	$\mu g/(dm^2 \cdot d)$

注：一级标准适用于城市地区；二级标准适用于牧业区和以牧业为主的半农半牧区，蚕桑区；三级标准适用于农业和林业区。

环境空气监测中的采样点、采样环境、采样高度及采样频率的要求，按《环境监测技术规范》(大气部分)执行。其监测标准见表6-3。

表6-3　各项污染物分析方法

污染物名称	分析方法	来源
二氧化硫 (SO_2)	(1)甲醛吸收副玫瑰苯胺分光光度法 (2)四氯汞盐副玫瑰苯胺分光光度法 (3)紫外荧光法①	GB/T 15262—1994 GB 8970—1988
总悬浮颗粒物(TSP)	重量法	GB/T 15432—1995
可吸入颗粒物(PM_{10})	重量法	GB 6921—1986
氮氧化物 (以 NO_2 计)	(1)saltzman 法 (2)化学发光法②	GB/T 15436—1995
二氧化氮 (NO_2)	(1)saltzman 法 (2)化学发光法②	GB/T 15435—1995
臭氧 (O_3)	(1)靛蓝二磺酸钠分光光度法 (2)紫外光度法 (3)化学发光法③	GB/T 15437—1995 GB/T 15438—1995
一氧化碳(CO)	非分散红外法	GB 9801—1988
苯并[a]芘 (B[a]P)	(1)乙酰化滤纸层析——荧光分光光度法 (2)高效液相色谱法	GB 9871—1988 GB/T 15439—1995
铅(Pb)	火焰原子吸收分光光度法	GB/T 15264—1994
氟化物 (以 F 计)	(1)滤膜氟离子选择电极法④ (2)石灰滤纸氟离子选择电极法⑤	GB/T 15434—1995 GB/T 15433—1995

注：①②③分别暂用国际标准 ISO/CD10498、ISO7996，ISO10313，待国家标准发布后，执行国家标准；④用于日平均和1小时平均标准；⑤用于月平均和植物生长季平均标准。

我们只要根据国家对应的环境标准进行监测就可以测出旅游地的各种环境因子的现状。如果旅游地能找到在开发旅游前的各种环境因子本底资料更好，这样就能有所对比。

而在生态旅游环境需要考虑的因子中，很多因子没有现成的国家标准，如负离子浓度、动植物的保护程度等。这就需要监测者采取其他参照途径来评价了。负离子浓度的评价可以参照日本的评价标准。如表6-4。

表6-4　日本国家空气清洁度CI评价标准

空气清洁程度	A最清洁	B清洁	C中等	D允许	E临界值
空气离子评价指数(CI)	>1.0	1.0～0.7	0.67～0.50	0.49～0.30	<0.29

注：CI为空气评价指数，CI=负离子数/1 000q，*q为单极系数，q=正离子数/负离子数。

我们可以用中南林业科技大学森林旅游研究中心研制的DLY系列空气负离子测量仪对旅游区进行测量，然后将长期的监测结果进行比较，从而可以得出该旅游区的空气清洁浓度的变化情况。

又如动植物资源的保护程度评价，可以通过物种种类的清查来比较，或者进行生物多样性分析也可以来说明问题。生物多样性经济价值是指生物多样性所包括的生态复合体以及与此相关的各种生态过程所提供的具有经济意义的价值；Mcneely将生物多样性经济价值分为可利用价值(use value，UV)和非利用价值(non-use values，NUV)，可利用价值可以被进一步划分为直接利用价值(direct use values，DUV)、间接利用价值(indirect use values，IUV)和可选择价值(option values，OV)，即可能的利用价值。非利用价值主要是存在价值(existence values，EV)。联合国环境规划署(UNEP)于1993年编写的《生物多样性国情研究指南》中将生物多样性价值分为：显著实物形式的直接价值、无显著实物形式的直接价值、间接价值、选择价值、消极价值(passive uses)。对生物多样性经济价值分类国外还提出有其他系统，但与前二者在实质上差异不是很大。

根据生物多样性各方面内容的不同价值体现形式，通常采用不同的计算方法对其进行评价：

(1)基于市场的经济评价——市场定价与替代消费(有市场存在的物品和服务)，包括直接市场价值法、替代花费法和生产成本法；

(2)基于替代品市场的经济评价——环境偏好显示(观察人们的市场行为而推测其显示的偏好)，包括旅行费用法、享乐价值法(HPM)、规避行为和防护费用法(DE)等；

(3)基于无市场公共物品的评价方法——条件价值评估法(CVM)，包括支付意愿(willingness to pay，WTP)法、条件价值法等。

中国在1998年2月由国家环保局出版的《中国生物多样性国情研究报告》中将生物多样性总经济价值分为3个方面：

(1)使用价值　即被人类作为资源使用的价值，又分直接使用价值和间接使用价值；直接使用价值可分为消费性的价值(生物为人类提供了食物、纤维、建筑和家具材料、药物及其他工业原料)和非消费性的价值(提供人类欣赏的对象)；间接使用价值，即生态功能，指间接地支持和保护经济活动和财产的环境调节功能，表现为涵养水源、净化水质、巩固堤岸、防止土壤侵蚀、降低洪峰、改善地方气候、吸收污染物，通过碳汇功能调节全球气候变化中的作用等等。

(2)选择价值　即潜在价值，即为后人提供选择机会的价值。

(3)存在价值　即伦理或道德价值，自然界多种多样，极其繁杂的物种及其系统的存在，有利于地球生命支持系统功能的保持及其结构的稳定，无论发生什么灾害，总会有许多种会保存下来，继续功能运作，使自然界的动态平衡不致遭到瓦解。

生物多样性状况是衡量退化生态系统的最重要的指标。在应用多样性指标确定生态系统退化程度和恢复途径时，必须全面考虑组成、结构和功能水平。比如一个生态系统虽然物种多样性减少了，但整个分类系统多样性和生态过程多样性仍然很高的话，就要采取适当的保护措施。反之，如果不但物种多样性减少，而且分类系统和生态过程都发生了严重的退化，就要采取重建的措施，具体方法详见表6-5。

表6-5　生物多样性的等级规模及退化后应采取的恢复途径

遗传方面的多样性	分类方面的多样性	生态方面的多样性
群落(A)	界(A)	生物圈(P)
种群(R)	门(A)	生物群落(P)
亚种群(R)	纲(A)	景观(P)
混生群(C)	目(A)	生态系统(A)
种群的种群(C)	科(A)	斑块(R)
局域种群(C)	属(A)	生境(R)
生物个体(C)	种(A)	生态位(C)
细胞(C)	亚种(R)	生活型(C)
基因位点(C)	变种(R)	生态型(C)
等位基因(C)	小种(R)	食物网(C)
分子(C)	变型(R)	食物链(C)

注：C：保护；R：恢复；A：重建；P：维持。（资料来源：Di Castri F. & Younès）

二、生态环境因子的综合评价

生态环境因子的综合评价是一个将影响旅游地生态环境的各种因子运用数学统计方法进行综合分析的过程。

例如如果从生态环境的特性角度来评价某旅游区，我们可以从多样性、代表性、稀有性、自然性、面积适宜性、生存威胁等多角度综合评价。我们可以采用的步骤是：

首先，对照表6-6的标准赋分值，根据被评旅游地的生态情况，进行评分。

表6-6　自然生态评价

评价指标	标准赋分值	实得分值	评价指标	标准赋分值	实得分值
A　多样性	25		E　面积适宜性	15	
A_1　物种多样性	15		F　生存威胁	10	
$A_{1.1}$　物种多度	8		F_1　脆弱性	6	
$A_{1.2}$　物种相对丰度	7		$F_{1.1}$　物种生活力	2	
A_2　生境类型多样性	10		$F_{1.2}$　生物种群稳定性	2	
B　代表性	15		$F_{1.3}$　生态系统稳定性	2	
C　稀有性	20		F_2　人类威胁	4	
C_1　物种濒危程度	8		$F_{2.1}$　直接威胁（区内资源开发利用状况）	2	
C_2　物种地区分布	6				
C_3　生境稀有性	6		$F_{2.2}$　间接威胁（周边地区开发状况）	2	
D　自然性	15				

（资料来源：国家自然保护区自然生态评价方法）

然后，依据下面公式计算：

$$R_{总分} = \sum_{i=1}^{2} Ai + \sum B + \sum_{i=1}^{2} Ci + D + E + \sum_{i=1}^{2} Fi$$

最后计算出来的 R，就是该地生态质量评价结果。

三、生态旅游环境评价报告书的编制

生态旅游环境评价报告的编制可以参照环境影响评价报告书的编制方法来进行。

(一)编制生态旅游环境评价报告书的基本要求

环境影响报告书的编写要满足以下的基本要求：

(1)编排结构应符合《建设项目环境影响报告书内容提要》的要求　内容应全面，重点突出，实用性强。

(2)基础数据可靠　基础数据是评价的基础。基础数据有错误，特别是污染源排放量有错误，不管选用的计算模式多正确，计算得多么精确，其计算结果都是错误的。因此，基础数据必须可靠。对不同来源的同一参数数据出现不同时应进行核实。

(3)预测模式及参数选择合理　旅游环境影响评价预测模式都有一定的适用条件。参数也因污染物和环境条件的不同而不同。因此，预测模式和参数选择应因地制宜。应选择模式的推导(总结)条件和评价环境条件相近(相同)的模式。选择总结参数时的环境条件和评价环境条件相近(相同)的参数。

(4)结论观点明确，客观可信　结论中必须对建设项目的可行性、选址的合理性作出明确回答，不能模棱两可。结论必须以报告书中客观的论证为依据，不能带感情色彩。

(5)语句通顺、条理清楚、文字简练、篇幅不宜过长　凡带有综合性、结论性的图表应放到报告书的正文中，对有参考价值的图表应放到报告书的附件中，以减少篇幅。

(6)署名　生态旅游环境评价报告书中应有评价资格证书，报告书的署名，报告书编制人员按行政总负责人、技术总负责人、技术审核人、项目总负责人，依次署名盖章，报告编写人署名。

(二)生态旅游环境评价报告书编制要点

生态旅游环境评价报告书编写的基本格式有两种：一种以生态环境现状(背景)调查、污染源调查、影响预测及评价分章编排的。另一种是以生态旅游环境要素(含现状评价及影响评价)分章编排的。下面对两种编排的要点分别加以叙述。

1. 按现状调查及影响评价分章的编排要点

(1)总论

①生态旅游环境评价项目的由来；

②编制生态旅游环境评价报告书的目的；

③编制依据；

④评价标准；

⑤评价范围；

⑥控制及保护目标。

(2)旅游区概况　应介绍旅游区规模、游客容量、接待设施装备情况、用水量、污染物排放情况、环保措施等。

①旅游区规模；

②游客容量；

③接待设施装备情况；

④污染物的排放量清单；

⑤建设项目采取的环保措施；

⑥旅游工程影响环境因素分析。

(3)环境现状(背景)调查

①自然环境调查；

②社会环境调查；

③评价区大气环境质量现状(背景)调查；

④地面水环境质量现状调查；

⑤地下水质现状(背景)调查；

⑥土壤及地质地貌现状现状调查；

⑦环境噪声现状(背景)调查；

⑧空气负离子资源调查；

⑨植物精气资源；

⑩评价区内人体健康及地方病调查；

⑪其他社会、经济活动污染环境现状调查。

(4)污染源调查与评价

污染源向旅游区环境中排放污物是造成环境污染的根本原因。污染排放污染物的种类、数量、方式、途径及污染源的类型和位置，直接关系到它危害的对象、范围和程度。因此，污染源调查与评价是环境影响评价的基础工作。

①建设项目污染源预估；

②评价区内污染源调查与评价。

(5)环境影响预测与评价

①大气环境影响预测与评价；

②水环境影响预测与评价；

③噪声环境影响预测及评价；

④土壤及地质地貌现状环境影响分析以及对人群健康影响分析；

⑤天然辐射、振动及电磁波的环境影响分析；

⑥空气负离子资源调查；

⑦植物精气资源；

⑧对周围地区的地质、水文、气象可能产生的影响。

(6)环保措施的可行性分析及建议

①大气污染防治措施的可行性分析及建议；

②旅游生产废水治理措施的可行性分析与建议；

③对废渣处理及处置的可行性分析；

④对噪声、振动等其他污染控制措施的可行性分析；

⑤对绿化措施的评价及建议；

⑥环境监测制度建议。

(7)结论及建议　要简要、明确、客观地阐述评价工作的主要结论，包括下述内容。

①评价区的环境质量现状；

②污染源评价的主要结论，主要污染源及主要污染物；

③建设项目对评价区环境的影响；

④环保措施可行性分析的主要结论及建议；

⑤从3个效益统一的角度，综合提出建设项目的选址，规模、布局等是否可行。建议应包括各节中的主要建议。

(8)附件、附图及参考文献

①附件主要有旅游建设项目建议书及其批复，评价大纲及其批复；

②附图，在图、表特别多报告书中可编附图分册，一般情况下不另编附图分册；

③参考文献应给出作者、文献名称、出版单位、版次、出版日期等。

2. 按环境要素分章的编写要点

(1)总论　内容同前。

(2)建设项目概况　内容同前。

(3)污染源调查与评价　内容同前。

(4)大气环境现状及影响评价　包括上述的大气环境现状(背景)调查及大气环境影响预测与评价两部分内容。

(5)地面水环境现状及影响评价　包括上述的地面上环境现状(背景)调查及地面水环境影响预测与评价两部分内容。

(6)地下水环境现状及影响评价　包括上述的地表水环境现状，背景调查及地下水环境影响预测与评价两部分内容。

(7)环境噪声现状及影响评价　包括上述的环境噪声调查及环境噪声影响预测与评价两部分内容。

(8)土壤及地质地貌现状与影响预测分析　包括上述土壤及地质地貌现状调查和土壤及农作物环境影响分析两部分内容。

(9)人群健康现状及对人群健康影响分析　包括上述评价区内人体健康及地方病调查和人群健康影响分析两部分内容。

(10)生物环境现状及影响预测和评价　包括森林、草原、水产、野生动物、野生植物等现状及建设项目及生物环境的影响预测和评价。

(11)空气负离子资源调查与评价。

(12)植物精气资源调查与评价。

(13)振动、电磁波、放射性的环境现状，建设项目对其环境影响预测及评价。

(14)环保措施的可行性分析及建议　内容同前。

(15)环境影响经济损益简要分析　内容同前。

(16)结论及建议　内容同前。

［专项评价案例］

案例1：生态旅游区大气环境质量监测与评价

中南林业科技大学森林旅游研究中心与永州市环境监测站根据《环境监测技术规范》及有关规定，对湖南阳明山国家森林公园、湖南桃源洞国家森林公园、广东流溪河国家森林公园、江西三爪仑国家森林公园、广西十万大山森林公园、广东象头山国家级自然保护区、湖南新化大熊山国家森林公园、株洲大京风景名胜区、广州增城金坑森林公园、湖南资兴、湖南永州林科所11个森林旅游地进行了大气环境质量监测，这11个森林旅游区共设监测点39个，每个点位采样3～5d，每天3～4次，监测项目是二氧化硫、氮氧化物、总悬浮颗粒物三项，监测分析方法按《环境监测技术规范》执行。

1. 监测目的

大气环境质量现状监测是为了定量掌握现状大气环境质量，分析说明大气环境对新增污染物的接受能力，为大气环境质量预测评价提供背景。

2. 监测方法

（1）污染因子的筛选　在污染源调查中，应根据评价项目的特点和当地大气污染状况对污染因子（即待评价的大气污染物）进行筛选。首先应选择该项目等标排放量 P_i 较大的污染物为主要污染因子，其次，还应考虑在评价区内已造成严重污染的污染物。

（2）监测布点

①监测点设置数量。监测点设置的数量应根据拟建项目的规模和性质，区域大气污染状况和发展趋势，功能布局和敏感受体的分布，结合地形、污染气象等自然因素综合考虑确定。

②监测点位置的设置原则。监测点的位置应具有较好的代表性，设点的测量值能反映一定地区范围内大气环境污染的水平和规律。设点时应考虑自然地理环境、交通和工作条件，使测点尽可能分布比较均匀，同时又便于工作。监测点周围应开阔，采样口水平线与周围建筑物高度的夹角应不大于30°；测点周围应没有局地污染源，并应避开树木和吸附能力较强的建筑物。原则上应在20m以内没有局地污染源，在15～20m以内避开绿色乔、灌木，在建筑物高度的2.5倍距离内避开建筑物。

3. 监测结果统计分析

（1）评价标准　国家《环境空气质量标准》（GB 3095—1996）* 中一级标准，及《山岳型风景资源开发环境影响评价指标体系》（HJ/T6—1994）中规定标准，如表6-7。

表6-7　评价标准值表　　mg/Nm^3

项目	日均值	小时均值	项目	日均值	小时均值	项目	日均值	年均值
SO_2	0.05	0.15	NO_X	0.10	0.15	TSP	0.12	0.08

（2）结果统计　11个森林旅游区的39个监测点的二氧化硫、氮氧化物、总悬浮颗粒物监测结果统计列入表6-8。

* 为案例实施时的国家标准。目前执行的是《环境空气质量标准》（GB3095—2012）

表 6-8　森林旅游区大气环境质量监测值

采样时间	林区名称	测点名称	SO_2				NO_X				TSP			
			小时均值		日均值		小时均值		日均值		小时均值		年均值	
			浓度范围（mg/Nm^3）	超标率（%）	平均值（mg/Nm^3）	超标倍数	浓度范围（mg/Nm^3）	超标率（%）	平均值（mg/Nm^3）	超标倍数	浓度范围（mg/Nm^3）	超标率（%）	平均值（mg/Nm^3）	超标倍数
1993.7.13～7.15	阳明山国家森林公园	万寿寺	0.015～0.028	0	0.022	0	0.005～0.021	0	0.011	0	0.027～0.092	0	0.051	0
		陈家	0.019～0.026	0	0.022	0	0.005～0.023	0	0.012	0	0.04～0.122	0	0.082	0.03
		双江口	0.009～0.026	0	0.022	0	0.005～0.022	0	0.014	0	0.022～0.075	0	0.045	0
1993.7.15～7.17	桃源洞国家森林公园	桃源洞宾馆	<0.006	0	0.003	0	<0.004	0	0.002		0.048～0.082	0	0.069	0
		焦石	<0.006	0	0.003	0	<0.004	0	0.002		0.058～0.084	0	0.066	0
		石板滩	<0.006	0	0.003	0	<0.004	0	0.002		0.056～0.099	0	0.077	0
1994.3.29～4.1	流溪河国家森林公园	谷星	0.002～0.007	0	0.004	0	0.003～0.006	0	0.004	0	0.022～0.044	0	0.033	0
		三桠塘	0.002～0.010	0	0.004	0	0.002～0.011	0	0.005	0	0.016～0.04	0	0.026	0
		南山湾	0.003～0.007	0	0.005	0	0～0.009	0	0.004	0	0.011～0.044	0	0.026	0
		虎爪岗	0.002～0.007	0	0.004	0	0～0.009	0	0.004	0	0.025～0.048	0	0.035	0
1994.8.30～9.2	三爪仑国家森林公园	茗冈	0.019～0.027	0	0.017	0	0.01～0.025	0	0.016	0	0.02～0.06	0	0.036	0
		骆家坪	0.007～0.015	0	0.011	0	0.003～0.005	0	0.004	0	—	—	—	—
		洪屏	0.01～0.02	0	0.015	0	0.003～0.007	0	0.005	0	0.015～0.052	0	0.04	0
1995.6.11～6.14	十万大山森林公园	八角寨	0.003～0.005	0	0.004	0	0.005～0.007	0	0.006	0	0.006～0.008	0	0.007	0
		宾馆	0.003～0.007	0	0.005	0	0.004～0.006	0	0.005	0	0.007～0.061	0	0.031	0
		场部	0.003～0.007	0	0.006	0	0.005～0.008	0	0.007	0	0.05～0.097	0	0.075	0
		学校	0.003～0.007	0	0.005	0	0.004～0.01	0	0.006	0	0.004～0.057	0	0.019	0
1999.5.5～5.9	象头山国家级自然保护区	范家田	0.004～0.020	0	0.008	0	0.003～0.01	0	0.007	0	0.0121～0.059	0	0.0243	0
		济公田	0.003～0.025	0	0.01	0	0.003～0.009	0	0.006	0	0.0121～0.0509	0	0.0293	0
		四级站	0.004～0.020	0	0.008	0	0.006～0.011	0	0.008	0	0.0148～0.078	0	0.0364	0
		范家田	0.005～0.015	0	0.008	0	0.005～0.02	0	0.01	0	0.0142～0.077	0	0.0375	0

（续）

采样时间	林区名称	测点名称	SO_2				NO_X				TSP			
			小时均值		日均值		小时均值		日均值		小时均值		年均值	
			浓度范围（mg/Nm^3）	超标率（%）	平均值（mg/Nm^3）	超标倍数	浓度范围（mg/Nm^3）	超标率（%）	平均值（mg/Nm^3）	超标倍数	浓度范围（mg/Nm^3）	超标率（%）	平均值（mg/Nm^3）	超标倍数
1999.11.30～12.4	大熊山国家森林公园	西泉寺	0～0.023	0	0.014	0	0.002～0.012	0	0.025	0	0.01～0.017	0	0.014	0
		长基坪	0～0.019	0	0.009	0	0.002～0.009	0	0.004	0	0.012～0.016	0	0.013	0
		田池坪	0～0.05	0	0.01	0	0.003～0.012	0	0.006	0	0.01～0.017	0	0.013	0
		平山坑	0～0.023	0	0.01	0	0.002～0.008	0	0.004	0	0.009～0.017	0	0.013	0
2000.11.25～12.2	大京风景名胜区	梦磜山庄	0.013～0.018	0	0.015	0	0.011～0.035	0	0.021	0	0.08～0.118	15	0.099	0.24
		烟竹村	0.013～0.015	0	0.014	0	0.013～0.032	0	0.021	0	0.04～0.185	30	0.119	0.48
		金轮寺	0.018～0.023	0	0.021	0	0.018～0.03	0	0.026	0	0.054～0.11	15	0.083	0.04
1998.4.29～4.31	广州增城金坑森林公园	成功坑	—	—	0.014	0	—	—	0.028	0	—	—	0.011	0
		水库码头	—	—	0.020	0	—	—	0.043	0	—	—	0.011	0
		美食广场	—	—	0.031	0	—	—	0.100	0	—	—	0.020	0
		大佛庙	—	—	0.018	0	—	—	0.040	0	—	—	0.020	0
2000.11.16～11.22	湖南资兴森林公园	王家庄	0.009～0.036	0	0.024	0	0.001～0.009	0	0.003	0	0.012～0.198	0	0.075	0
		小东江	0.005～0.028	0	0.014	0	0.001～0.007	0	0.002	0	0.011～0.085	0	0.053	0
		兜率岛	0.009～0.036	0	0.018	0	0.001～0.024	0	0.006	0	0.011～0.083	0	0.039	0
		坪石	0.005～0.028	0	0.015	0	0.001～0.011	0	0.005	0	0.016～0.167	0	0.045	0
		汤市	0.003～0.026	0	0.014	0	0.001～0.009	0	0.004	0	0.019～0.102	0	0.043	0
2001.10.11～15	永州市林科所	工区	0.007～0.017	0	0.012	0	0.010～0.022	0	0.016	0	0.026～0.086	0	0.049	0
		苗圃	0.007～0.015	0	0.012	0	0.004～0.019	0	0.015	0	0.024～0.066	0	0.049	0
39个测点平均			0～0.05	0	0.013	0	0～0.035	0	0.016	0	0.004～0.198	1.5	0.04	0.02

注：TSP以3～5日平均值代表年平均值进行统计。

(3)空气现状

由表6-8可知：湖南阳明山国家森林公园、湖南桃源洞国家森林公园、广东流溪河国家森林公园、江西三爪仑国家森林公园、广西十万大山森林公园、广东象头山国家级自然保护区、湖南新化大熊山国家森林公园、株洲大京风景名胜区、广州增城金坑森林公园、湖南资兴、湖南永州林科所11个森林旅游地39个监测点的SO_2小时浓度范围是0.000～0.050mg/Nm^3，日平均值为0.013 mg/Nm^3，NO_X浓度范围是0.000～0.035 mg/Nm^3，日平均值为0.016 mg/Nm^3，TSP日均浓度范围是0.004～0.0198mg/Nm^3，年平均值为0.04mg/Nm^3。SO_2、NO_X的超标率均为0，超标倍数亦为0。TSP的超标率为1.5%，超标倍数为0.02。39个测点的SO_2、NO_X均优于大气环境质量标准一级标准值，湖南株洲大京风景名胜区TSP超过一级标准值，但未超过二级，其他10个森林旅游区，湖南阳明山国家森林公园、湖南桃源洞国家森林公园、广东流溪河国家森林公园、江西三爪仑国家森林公园、广西十万大山森林公园、广东象头山国家级自然保护区、湖南新化大熊山国家森林公园、广州增城金坑森林公园、湖南资兴、湖南永州林科所，空气质量均为一级。

4. 大气环境质量综合评价

(1)大气环境质量评价模式　大气环境质量评价采用空气的污染综合指数法，其数学表达式为：

$$P = \sum_{i=1}^{n} P_i$$

式中：$P_i = C_i/S_i$

污染负荷公式：

$$F_i = P_i/P$$

式中：P——空气污染综合指数；

P_i——污染物i的分指数；

C_i——第i项污染物的日(月)均值，季或年日(月)均值；

S_i——第i项污染物的标准浓度值。

(2)评测实例　对湖南阳明山国家森林公园、湖南桃源洞国家森林公园、广东流溪河国家森林公园、江西三爪仑国家森林公园、广西十万大山森林公园、广东象头山国家级自然保护区、湖南新化大熊山国家森林公园、株洲大京风景名胜区、广州增城金坑森林公园、湖南资兴、湖南永州11个森林旅游区39个监测点按上述公式进行综合指数评价，评价因子为：SO_2、NO_X、TSP，结果如表6-9所示。

表6-9　景区空气因子综合指数评价

林区名称	测点名称	SO_2		NO_X		TSP		P值	F_i大小排列
		P_i	F_i	P_i	F_i	P_i	F_i		
阳明山国家森林公园	万寿寺	0.440	0.451	0.110	0.113	0.425	0.436	0.975	SO_2 > TSP > NO_X
	陈　村	0.440	0.354	0.120	0.097	0.683	0.549	1.243	TSP > SO_2 > NO_X
	双江口	0.440	0.461	0.140	0.147	0.375	0.393	0.955	SO_2 > TSP > NO_X
桃源洞国家森林公园	桃源洞宾馆	0.120	0.163	0.040	0.054	0.575	0.782	0.735	TSP > SO_2 > NO_X
	焦　石	0.120	0.169	0.040	0.056	0.550	0.775	0.710	TSP > SO_2 > NO_X
	石板滩	0.120	0.150	0.040	0.050	0.642	0.800	0.802	TSP > SO_2 > NO_X

（续）

林区名称	测点名称	SO_2		NO_X		TSP		P 值	F_i 大小排列
		P_i	F_i	P_i	F_i	P_i	F_i		
流溪河国家森林公园	谷 星	0.080	0.203	0.040	0.101	0.275	0.696	0.395	TSP > SO_2 > NO_X
	三椏塘	0.100	0.272	0.050	0.136	0.217	0.591	0.367	TSP > SO_2 > NO_X
	南山湾	0.100	0.280	0.040	0.112	0.217	0.608	0.357	TSP > SO_2 > NO_X
	虎爪岗	0.080	0.194	0.040	0.097	0.292	0.709	0.412	TSP > SO_2 > NO_X
三爪仑国家森林公园	茗 冈	0.340	0.425	0.160	0.200	0.300	0.375	0.800	SO_2 > TSP > NO_X
	骆家坪	0.220	0.846	0.040	0.154	—	—	0.260	SO_2 > NO_X > TSP
	洪 屏	0.300	0.439	0.050	0.073	0.333	0.448	0.683	TSP > SO_2 > NO_X
十万大山森林公园	八角寨	0.080	0.404	0.060	0.303	0.058	0.293	0.198	SO_2 > NO_X > TSP
	宾 馆	0.100	0.245	0.050	0.123	0.258	0.632	0.408	TSP > SO_2 > NO_X
	场 部	0.120	0.147	0.070	0.086	0.625	0.767	0.815	TSP > SO_2 > NO_X
	学 校	0.100	0.314	0.060	0.189	0.158	0.497	0.318	TSP > SO_2 > NO_X
象头山国家级自然保护区	范家田	0.160	0.370	0.070	0.162	0.203	0.469	0.433	TSP > SO_2 > NO_X
	济公田	0.200	0.400	0.060	0.119	0.244	0.484	0.504	TSP > SO_2 > NO_X
	四级站	0.160	0.295	0.080	0.147	0.303	0.558	0.543	TSP > SO_2 > NO_X
	范家田	0.160	0.279	0.100	0.175	0.313	0.546	0.573	TSP > SO_2 > NO_X
大熊山国家森林公园	西泉寺	0.280	0.554	0.050	0.099	0.175	0.347	0.505	SO_2 > TSP > NO_X
	长基坪	0.180	0.471	0.040	0.105	0.162	0.424	0.382	SO_2 > TSP > NO_X
	田池坪	0.200	0.474	0.060	0.142	0.162	0.384	0.422	SO_2 > TSP > NO_X
	平山坑	0.215	0.500	0.040	0.100	0.162	0.400	0.402	SO_2 > TSP > NO_X
大京风景名胜区	梦磔山庄	0.300	0.228	0.210	0.157	0.825	0.618	1.335	TSP > SO_2 > NO_X
	烟竹村	0.140	0.104	0.210	0.156	0.992	0.739	1.342	TSP > NO_X > SO_2
	金轮寺	0.420	0.306	0.260	0.190	0.692	0.504	1.372	TSP > SO_2 > NO_X
金坑森林公园	成功坑	0.280	0.430	0.280	0.430	0.090	0.140	0.650	NO_X = SO_2 > TSP
	水库码头	0.4	0.434	0.430	0.467	0.090	0.099	0.92	NO_X > SO_2 > TSP
	美食广场	0.62	0.35	1	0.56	0.167	0.09	1.787	NO_X > SO_2 > TSP
	大佛庙	0.36	0.38	0.4	0.43	0.167	0.19	0.927	NO_X > SO_2 > TSP
湖南资兴	王家庄	0.480	0.423	0.030	0.026	0.625	0.551	1.135	TSP > SO_2 > NO_X
	东石浪	0.280	0.377	0.020	0.027	0.442	0.596	0.742	TSP > SO_2 > NO_X
	兜率岛	0.360	0.483	0.060	0.081	0.325	0.436	0.745	SO_2 > TSP > NO_X
	坪 石	0.300	0.414	0.050	0.069	0.375	0.517	0.725	TSP > SO_2 > NO_X
	汤 市	0.280	0.413	0.040	0.059	0.358	0.528	0.678	TSP > SO_2 > NO_X
永州林科所	工 区	0.240	0.275	0.200	0.228	0.430	0.494	0.870	TSP > SO_2 > NO_X
	苗 圃	0.240	0.229	0.195	0.187	0.610	0.584	1.045	TSP > SO_2 > NO_X
39 个测点平均		0.276	0.360	0.151	0.181	0.349	0.457	0.785	TSP > SO_2 > NO_X

(3)大气环境质量评价

由表6-9知，湖南阳明山国家森林公园、湖南桃源洞国家森林公园、广东流溪河国家森林公园、江西三爪仑国家森林公园、广西十万大山森林公园、广东象头山国家级自然保护区、湖南新化大熊山国家森林公园、株洲大京风景名胜区、广州增城金坑森林公园、湖南资兴、湖南永州林科所这 11 个森林旅游地综合指数范围是 0. 198 ~ 1. 372，平均值为 0. 652。若以综合指数 3 为界线(即三项因子的分指数分别达到其环境标准时)，则 39 个监测点区域大气环境质量均较优。

湖南阳明山国家森林公园、湖南桃源洞国家森林公园、广东流溪河国家森林公园、江西三爪仑国家森林公园、广西十万大山森林公园、广东象头山国家级自然保护区、湖南新化大熊山国家森林公园、株洲大京风景名胜区、广州增城金坑森林公园、湖南资兴、湖南永州林科所 11 个森林旅游地的环境空气中二氧化硫、总悬浮颗粒物、氮氧化物的污染分指数平均值分别为 0. 276、0. 349、0. 151。综合指数平均值为 0. 785，3 项因子的分指数占总指数的百分比分别是 35. 2%、45. 5%、19. 3%。总悬浮颗粒物对这 11 个森林旅游区环境空气污染的影响最大，二氧化硫次之，氮氧化物最小。

5. 结论

综上所述，湖南阳明山国家森林公园、湖南桃源洞国家森林公园、广东流溪河国家森林公园、江西三爪仑国家森林公园、广西十万大山森林公园、广东象头山国家级自然保护区、湖南新化大熊山国家森林公园、株洲大京风景名胜区、广州增城金坑森林公园、湖南资兴、湖南永州林科所 11 个森林旅游地空气质量为优，对人体健康有益，适于开展自然保护和生态旅游。

案例2：森林环境中空气负离子浓度分级标准

1. 数据来源

研究所用数据来源于中南林业科技大学森林旅游研究中心近年来采用 F－3 型森林大气负离子测定仪在湖南省的桃源洞、张家界、阳明山，江西省的三爪仑，广东省的金坑，广西的姑婆山等森林公园和湖南省衡山风景名胜区，广东省鼎湖山自然保护区，广西大瑶山自然保护区以及北京青少年绿色度假中心 10 个森林风景区所测得的空气负离子值。测点所覆盖的地域范围广阔，森林植被类型多样，具有较强的代表性。

2. 数据处理

环境因子分级评价标准的制定常常基于对大量具有正态分布特性的实测数据的统计分析。若实测数据不具有正态分布特性，则必须通过一定的数学方法将其变换成正态性数据后方可进行分级。在使用标准对数正态变换后，再进行 Box－Cox 变换来处理偏正态分布数据，可取得较好的分级效果。作者采用此法来处理森林大气负离子浓度数据，结合空气负离子的人体生物学效应，提出了森林环境中空气负离子的分级评价标准。

分别从上述 10 个森林风景区空气负离子浓度测值中筛选出 610 个样本值(为了不影响分析和计算，个别异常数据未纳入计算；瀑布旁边因负离子浓度太大，应另立评价标准，故所选数据不含瀑布生境的负离子数据)。将这些样本值记为 Y_{ij}($i=1$，2…，610；$j=1$，2 为指标序号)，然后采用 SPSS 软件中检验精度较高的柯尔莫哥洛夫-斯米诺夫标准对数正态检验程序进行检验(K－S Normal Test)，检验结果 $Z_{0.05}=0.061$，表明样本数据不服从正态分布，因此必须对原数据进行正态变换。

设样本值为 y_1，$\cdots y_n$

$$令\ \tilde{y}_k = (y_k - \bar{y})/S \quad k = 1,2,\cdots,n \tag{1}$$

其中

$$\bar{y} = 1/n\sum_{i=1}^{n} y_i \qquad S = [1/(n-1)\cdot\sum_{i=1}^{n}(y_i - \bar{y})^2]^{1/2}$$

对(1)式进行正态变换处理

$$设\quad a = \min_k\{\tilde{y}_k\} \tag{2}$$

令 $C = -\mathrm{INT}(a)$，

$$X_k = \tilde{y}_k + C, k = 1,2,\cdots,n$$

C 为正态变换常数。用式(1)，式(2)将样本值$\{y_k\}$变换为数值。再对数组$\{X_k\}$进行变换。

$$Z_k = \begin{cases}(X_k^{\lambda} - 1)/\lambda & \lambda \neq 0 \\ \ln X_k & \lambda = 0\end{cases} \tag{3}$$

$k=1$，2，…，n，得数组$\{Z_k\}$，对 y_k作变换

$$Z_k = \begin{cases}(y_k^{\lambda} - 1)/\lambda & \lambda \neq 0 \\ \ln y_k & \lambda = 0\end{cases} \tag{4}$$

得随机变量 Z_k，式(4)为 Box-Cox 变换。其中 λ 为变换参数，可用逐步逼近法求得。

经式(4)变换后的数组，一律能通过柯尔莫洛夫－斯米诺夫正态性检验，因而是服从正态分布的。过去人们常在“均值 ±3x 标准差”的范围内采取均分的办法来取代表点。该法虽然简单方便，但可能遗失较多信息。为了使取点更加科学合理，方开泰等人通过建立损失函数，以信息损失量最小作为选取代表点的标准，给出了不同分级水平代表点的取值。作者用此法选取五级代表点的值为：－1.724 2，－0.764 6，0，0.764 6，1.724 2

进一步计算数组{Z_k}的均值与标准差

$$\mu = 1/n\sum_{i=1}^{n} Z_i$$

$$\delta^2 = \frac{1}{n-1}\sum_{i=1}^{n}(Z_i-\mu)^2 \tag{5}$$

得数组{ Z_k^* }：

$$Z_k^* = (Z_k - \mu)/\sigma$$

从{ Z_k^* }到{y_k}的关系为：

$$y_k = \begin{cases} S\{[\lambda_0(\sigma Z_k^* + \mu) + 1]^{1/\lambda_0} - C\} + \bar{y} & \lambda_0 \neq 0 \\ S\{\exp(\sigma Z_k^n + \mu) - C\} + \bar{y} & \lambda_0 = 0 \end{cases}$$

式中：λ_0、C、μ、σ——可测定的系数。

利用代表点的值和式(6)即可求得样本值的分级标准。

3. 空气负离子浓度分级标准的建立

通过式(6)计算得到森林环境中空气负离子浓度分级标准为：Ⅰ级 >2 862 个/cm³；Ⅱ级 2 036～2 862 个/cm³；Ⅲ级 1 494～2 035 个/cm³；Ⅳ级 954～1 493 个/cm³；Ⅴ级 393～953 个/cm³；Ⅵ级 <393 个/cm³。

在制定标准时，不同对象间的特性差异较大，因而对其标准精度的要求也常不相同。对于微观领域及稳定性强的对象，其精度可高一些；而对宏观领域及变化较大的对象而言，其精度则要求低一些，便于在实践中应用。上述森林环境中空气负离子浓度分级标准值是通过数学方法得出的，其精确度较高。但由于空气负离子浓度本身变化较快、变化幅度也较大，且空气负离子测定仪的精度亦为 10 个/cm³。显然，将分级标准的精度精确到个位是不切实际的。为此，将上述标准值修订为：Ⅰ级 >3 000 个/cm³；Ⅱ级 2 000～3 000 个/cm³；Ⅲ级 1 500～2 000 个/cm³；Ⅳ级 1 000～1 500 个/cm³；Ⅴ级 400～1 000 个/cm³；Ⅵ级 <400 个/cm³。

一般情况下，森林环境中的空气负离子浓度都要高于城市居民区，人们开展森林生态旅游的一个重要目的就是到森林中去进行以呼吸空气负离子为主要内容的“森林浴”。因此，将森林风景区的最低负离子浓度(临界浓度)定为 400 个/cm³，高于徐业林建议的我国城镇居民区 250 个/cm³的最低浓度标准，应是合理的。事实上，当森林环境中空气负离子浓度低于 400 个/cm³(Ⅵ级)时，空气已受到一定程度的污染，对游客的健康不利。上述标准的第Ⅳ、Ⅴ级的分界浓度为 1 000 个/cm³，与空气负离子人体生物学效应最低浓度标准一致。表明达到Ⅳ级以上负离子浓度水平的空气对人体健康是有益的，属于保健浓度范围。而空气负离子浓度介于 400～1 000 个/cm³之间(Ⅴ级)的空气对人体则既无多大危害，亦无多大益处，因而属于允许浓度范围。

据此，可以在实践中将森林环境中空气负离子浓度值划分为临界浓度(400 个/cm^3)、允许浓度(400～1 000 个/cm^3)及保健浓度(>1 000 个/cm^3) 3 个区域，此种划分有利于增强旅游规划与管理的科学性及可操作性。同时，“空气负离子呼吸区”及“森林医院”等疗养保健场所应建在具有保健浓度以上的景区(景点)，才会取得较好的疗养保健效果。

4. 分级标准的应用

为了检验上述评价标准的可靠性及应用性能，分别在北方(北京门头沟小龙门森林公园)和南方(广州流溪河国家森林公园)各选择一个森林公园，测量了园内部分功能区的空气负离子浓度，然后应用上述评价标准对其进行评价，评价结果见表 6-10。

表 6-10 森林旅游区空气负离子评价

景区名称	测点名称	空气负离子含量(个/cm^3)	评价等级
北京门头沟小龙门森林公园	山鸡岭	750	Ⅴ
	野猪林	1 020	Ⅳ
	杜鹃山	940	Ⅳ
	接待区	360	Ⅴ
广州流溪河国家森林公园	三椏塘	4 500	Ⅰ
	植物园	4 100	Ⅰ
	跌死龟	2 200	Ⅱ
	接待区	1 160	Ⅳ

由表 6-10 可知，应用建立的空气负离子分级标准，很容易对以上两个森林旅游区空气负离子的浓度等级做出判别。同为森林环境，南、北方的空气负离子浓度差异很大，流溪河国家森林公园境内空气负离子浓度基本上为Ⅰ、Ⅱ级，而小龙门森林公园境内空气负离子浓度则为Ⅳ级、Ⅴ级。从表 6-10 还可以看出，接待区的负离子浓度要大大低于游览区，这主要是由于接待区因生活排污及汽车尾气等因素导致空气中的粉尘含量高，这些粉尘的存在使得空气中的负离子更容易相互碰撞，发生电荷中和形成中性分子，从而降低了空气中负离子的浓度，而游览区由于只有游客的活动，没有烟尘排放，对空气的干扰较小，空气污染程度较弱，对负离子浓度影响较小。通过对上述两个森林公园多个景区及接待区空气负离子浓度的比较评价可知，选择在流溪河国家森林公园的三椏塘、植物园、跌死龟建空气负离子保健场所是比较适合的，而小龙门森林公园境内除了野猪林、杜鹃山勉强可以建空气负离子保健区外，其余场所则都不适合。

5. 结语

对于偏正态分布的负离子浓度样本数据，在运用标准对数正态变换及 Box-Cox 变换使其正态化的基础上，采用正态总体五级代表点选取法，制定出了森林环境中空气负离子的分级标准。该标准将森林环境中空气负离子浓度水平分为 6 个等级，即大于 3 000 个/cm^3 为Ⅰ级，2 000～3 000 个/cm^3 为Ⅱ级，1 500～2 000 个/cm^3 为Ⅲ级，1 000～1 500 个/cm^3 为Ⅳ级，400～1 000个/cm^3 为Ⅴ级，400 个/cm^3 以下为Ⅵ级。根据不同负离子浓度对人体的生物学效应，将上述标准分为临界浓度(400 个/cm^3)、允许浓度(400～1 000 个/cm^3)及保健浓度(>1 000 个/cm^3) 3 个区域。利用上述分级标准，对北京门头沟小龙门森林公园及广州流溪河国家森林公园主要景区空气负离子状况进行了评价。结果显示，流溪河国家森林公园境内的空气负离子浓度等级大大高于小龙门森林公园境内的空气负离子浓度等级。

案例3：生态旅游区地面水质量监测与评价

中南林业科技大学森林旅游研究中心与永州环境监测站根据《环境监测技术规范》及有关规定，分别于1993年7月13～15日、1993年7月15～17日、1994年3月29～4月1日、1994年8月30～9月4日、1995年6月11～13日、1998年3月29～31日、1999年5月7～9日、1999年11月30日、2000年11月16～22日、2000年11月25～12月2日、2001年10月11～15日对湖南双牌阳明山国家森林公园、湖南炎陵县桃源洞国家森林公园、广东肇庆流溪河国家森林公园、江西靖安三爪仑国家森林公园、广西十万大山森林公园、广东广州增城金坑森林公园、广东惠州象头山自然保护区、湖南新化大熊山森林公园、湖南省资兴市、湖南株洲大京风景名胜区、湖南省永州市的主要水域进行了水质监测。

1. 工作概况

以上11处监测工作是分别在森林公园、自然保护区和以森林景观为主的风景区内选取两处以上主要水域进行监测分析，每条溪流选取水质充分混合均匀断面，每个断面采取混合样，连续3天为1期。监测项目有25项，参与评价25项。监测结果详见附表1～附表10。监测分析方法按《环境监测技术规范》执行，评价标准采用GB 3838—1988《地面水环境质量标准》*第Ⅰ类标准评价，标准中未列入的项目，采用相关标准并加以特别注明，见表6-11。

表6-11　地面水水质评价标准值　mg/L

项目	评价标准值	特别注明	项目	评价标准值	特别注明
pH	6.5～8.5		COD(Mn)	≤2	
色度	≤15	国家生活饮用水卫生标准	SO_4^{2-}	≤250	
电导率	≤1 000	欧共体饮用水源地面标准	∑P	≤0.02	
DO	≥饱和率90%	≥溶解氧含量8.4	∑F	≤1.00	
BOD_5	≤3		∑Mn	≤0.10	
SS	≤150	技术规定推荐值	Cr^{6+}	≤0.01	
NO_2-N	≤10		As	≤0.05	
NO_3-N	≤0.06		Hg	≤0.000 05	
非离子氨	≤0.02		总硬度	≤160	欧共体饮用水水质标准
酚	≤0.002		Cu	≤0.01	
Cl^-	≤250		Pb	≤0.01	
CN^-	≤0.005		Zn	≤0.05	
S^{2-}	≤0.005		Cd	≤0.001	

注：以Ⅱ类水作为评价标准。Ⅱ类：适用于集中式生活饮用水水源地一级保护区、珍贵鱼类保护区、鱼虾产卵场等。

* 为案例实施时的国家标准。目前执行的是《地表水环境质量标准》(GB3838—2002)

2. 地面水环境质量

(1)检测结果　经检测的所有地面水均符合GB 3838—1988《地面水环境质量标准》第Ⅰ类标准评价的对地面水的基本要求，即所有水体没有出现以下非自然原因所导致的下述物质：

①因沉淀而形成令人厌恶的沉积物；

②漂浮物，诸如碎片、浮渣、油类或其他的一些引起感官不快的物质；

③产生令人厌恶的色、臭、味或浊度的物质；

④对人类、动物或植物有损害、毒性或不良生理反应的物质；

⑤易滋生令人厌恶的水生生物的物质。

(2)比较结果　将监测结果与评价标准值比较，得表6-12～表6-14。

表6-12　阳明山、桃源洞、流溪河、三爪仑地面水质监测结果　mg/L

项目	阳明山		桃源洞		流溪河		三爪仑	
	万寿寺	双江口	石板滩	珠帘瀑布	三桠塘	小漓江	红星山	小湾水库
pH	6.77	7.07	6.80	7.58	6.8	7.57	8.40	7.80
色度	5.0	8.0	10	12	4	5	—	—
电导率	10.8	25.3	9.38	16.66	26.9	70.6	48.5	63.5
DO	8.65	8.81	6.6	9.7	9.3	9.4	8.76	6.24
BOD_5	1.85	1.86	0.62	0.72	0.85	0.76	1.37	1.45
SS	—	—	—	—	7.17	7.94	—	—
NO_2-N	<0.005	<0.005	<0.005	<0.005	0.009	0.013	<0.005	0.012
NO_3-N	未检出	未检出	<0.08	<0.08	0.041	0.074	0.117	0.229
非离子氨	未检出	未检出	0.004	0.034	0.001 5	0.001 9	未检出	未检出
酚	<0.002	<0.002	<0.002	<0.002	0.000	0.000	<0.002	<0.002
Cl^-	0.388	0.901	<0.28	<0.28	2.67	1.02	—	—
CN^-	<0.002	<0.002	<0.002	<0.002	0.000	0.000	<0.002	<0.002
S^{2-}	—	—	—	—	—	—	未检出	未检出
COD(Mn)	<0.01	<0.01	1.24	1.28	2.08	1.71	—	—
SO_4^{2-}	<0.40	<0.40	<0.40	<0.40	0.926	3.50	—	—
$\sum P$	0.013	0.012	0.026	0.018	0.002 4	0.002 5	—	—
$\sum F$	—	—	0.085	0.077	0.249	0.209	0.292	0.342
$\sum Mn$	<0.01	<0.01	<0.01	<0.01	0.007	0.007	—	—
Cr^{6+}	<0.004	<0.004	<0.004	<0.004	0.000	0.000	未检出	未检出
As	<0.007	<0.007	<0.007	<0.007	0.001	0.001	<0.007	<0.007
Hg	<0.000 05	<0.000 05	<0.000 05	<0.000 5	0.000	0.000	<0.000 05	<0.000 05
总硬度	0.22	0.44	0.353	0.353	0.213	0.353	1.1	2.0
Cu	0.000 9	0.000 8	<0.000 03	0.007 58	0.000 8	0.000 6	<0.000 5	<0.000 5
Pb	<0.000 5	<0.000 5	<0.000 5	<0.000 5	0.002 0	0.001 8	0.000 5	<0.000 5
Zn	0.012	0.013	<0.005	<0.005	0.035	0.025	<0.000 5	<0.000 5

表 6-13　十万大山、金坑、象头山、大熊山地面水监测结果　mg/L

项目	十万大山		金坑		象头山		大熊山	
	双江	那林河	相思垅	金坑水库	范家田	三堆池	鸡公嘴	田池坪
pH	4.89	5.80	7.06	7.20	6.16	6.04	6.5	6.9
色度	28	9	5	5	5	5	5	5
电导率	62.0	54.7	16.8	18.0	30	24.7	48	20
DO	90.7	94	8.15	6.55	90.9	92.8	93.3	90.9
BOD_5	0.43	0.43	0.71	1.21	1.90	0.96	0.81	0.86
SS	23.2	22.5	27	32	35	40.3	31	42
NO_2-N	0.007	0.007	0.002	0.008	0.001	0.002	0.003	0.004
NO_3-N	0.045	0.025	1.238	1.385	0.296	0.229	0.764	0.899
非离子氨	0.000	0.000	0.000	0.001	0.000	0.000	0.000	0.000
酚	0.000	0.000	0.003	0.001	0.001 6	0.001	0.000	0.000
Cl^-	1.20	0.80	0.933	2.00	0.366	0.567	0.547	0.553
CN^-	0.000	0.000	0.000	0.000	0.000	0.001 3	0.000	0.000
S^{2-}	—	—	—	—	—	—	—	—
COD(Mn)	5.51	2.68	1.20	2.18	2.96	1.84	1.07	1.38
SO_4^{2-}	8.13	8.12	10.5	12.1	15.793	16.509	10.6	13.7
$\sum P$	0.04	0.06	0.020	0.000	0.000	0.000	0.000	0.000
$\sum F$	0.122	0.128	0.144	0.167	0.62	0.49	0.15	0.11
$\sum Mn$	0.070	0.062	0.012	0.016	0.022	0.057	0.025	0.030
Cr^{6+}	0.000	0.000	0.000	0.000	0.000	0.000	0.000	0.000
As	0.000	0.000	0.008	0.015	0.002	0.001 3	0.001	0.000
Hg	0.000	0.000	未检出	未检出	0.000	0.000	0.000	0.000
总硬度	5.0	4.3	4.00	14.3	2.67	2.67	0.006	0.006
Cu	0.000 7	0.000 7	0.001 5	0.001 8	0.002 1	0.002 5	0.000 7	0.000 7
Pb	0.000 7	0.000 9	0.002 1	0.002 5	0.002 0	0.002 3	0.000 5	0.000 7
Zn	0.014	0.015	0.036	0.045	0.039	0.046	0.021	0.031

表 6-14　资兴、大京、永州地面水检测结果　mg/L

项目	资兴		大京		永州
	温泉	小东江	烟竹高冲	线江村大山冲	渠道水
pH	7.84	6.75	6.87	6.80	7.6
色度	5	5	5	5	5
电导率	213	98	54	55	142
DO	70.9	98.6	91.4	91.6	7.52
BOD_5	0.665	0.342	0.931	0.859	0.71
SS	89	74	72	59	97

（续）

项目	资兴		大京		永州
	温泉	小东江	烟竹高冲	线江村大山冲	渠道水
NO_2-N	0.133	0.578	0.564	1.361	0.000
NO_3-N	0.006	0.005	0.007	0.005	0.375
非离子氨	0.000	0.000	0.000	0.000	0.003
酚	0.000	0.000	0.000	0.000	0.001
Cl^-	3.930	2.930	1.190	2.070	2.646
CN^-	0.000	0.000	0.000	0.000	0.002
S^{2-}	0.005	未检出	—	—	—
COD(Mn)	1.040	1.45	1.390	1.200	1.77
SO_4^{2-}	16.87	3.608	2.272	4.262	4.968
∑P	0.026	0.032	0.015	0.023	0.014
∑F	19.11	0.490	0.147	0.180	0.447
∑Mn	0.051	0.062	0.080	0.091	0.031
Cr^{6+}	0.000	0.000	0.000	0.000	0.006
As	0.000	0.000	0.000	0.000	0.004
Hg	0.000 01	0.00000	0.000	0.000	0.0000
总硬度	1.670	41.7	4.35	14.10	68
Cu	0.000 4	0.007	0.000 8	0.000 9	0.000 8
Pb	0.000 7	0.000 7	0.000 7	0.000 8	0.001 8
Zn	0.006 0	0.011 0	0.015 0	0.015 0	0.020

注：表6-12～表6-14中DO饱和度单位为%，DO含氧量单位为mg/L。

各监测点地面水各监测项目平均值均低于标准值，说明林区的地面水环境质量优良。优于国家地面水一级标准。

3. 综合评价

（1）评价模式　依照评价标准值，对各森林公园和自然保护区的河段、溪流的25个监测项目，采用均值型综合指数法对水体水质进行综合评价。其表达式为：

$$P_j = \frac{1}{n}\sum_{i=1}^{n} P$$

$$P_i = C_i/S_i$$

式中：P_j——j断面（溪流）的综合指数；

n——参加评价的污染物项数；

P_i——i项污染物的分指数；

C_i——i项污染物的平均浓度；

S_i——i项污染物的评价标准。

pH的P_i表达式是：

$$P_i = C_i - 7.5 \qquad （当8.5 > C_i > 6.5时，P_i = 0）$$

DO 的 P_i 表达式是：

$$P_i = (8.4 - C_i)/3.4 \qquad (C_i > 8.4,\ P_i = 0)$$

(2)水体水质综合评价 对地面水进行综合指数评价，评价项目为25项，得出表6-15、表6-16、表6-17。

表 6-15 阳明山、桃源洞、流溪河、三爪仑水质综合评价

项目	阳明山		桃源洞		流溪河		三爪仑	
	万寿寺	双江口	石板滩	珠帘瀑布	三桠塘	小漓江	红星山	小湾水库
pH	0.000	0.000	0.000	0.000	0.000	0.000	0.000	0.000
色度	0.333	0.533	0.666	0.800	0.267	0.333	—	—
电导率	0.010 8	0.025 3	0.009 4	0.016 7	0.026 9	0.070 6	0.048 5	0.063 5
DO	0.000	0.000	0.529	0.000	0.000	0.000	0.000	0.635
BOD_5	0.617	0.620	0.207	0.240	0.283	0.253	0.457	0.483
SS	—	—	—	—	0.048	0.053	—	—
NO_2-N	<0.083	<0.083	<0.083	<0.083	0.15	0.217	<0.083	0.200
NO_3-N	未检出	未检出	<0.008	<0.008	0.004	0.007	0.012	0.023
非离子氨	未检出	未检出	0.200	0.200	0.075	0.095	未检出	未检出
酚	<1	<1	<1	<1	0.000	0.000	<1	<1
Cl^-	0.002	0.004	<0.001	<0.001	0.011	0.004	—	—
CN^-	<0.40	<0.40	<0.400	<0.400	0.000	0.000	<0.4	<0.4
S^{2-}	—	—	—	—	—	—	未检出	未检出
COD(Mn)	<0.005	<0.005	0.62	0.64	1.04	0.855	—	—
SO_4^{2-}	<0.001 6	<0.001 6	<0.002	<0.002	0.004	0.014	—	—
$\sum P$	0.65	0.6	1.3	0.9	0.12	0.125	—	—
$\sum F$	—	—	0.085	0.077	0.249	0.209	0.292	0.342
$\sum Mn$	<0.1	<0.1	<0.1	<0.1	0.07	0.07	—	—
Cr^{6+}	<0.4	<0.4	<0.4	<0.4	0.000	0.000	未检出	未检出
As	<0.14	<0.14	<0.14	<0.14	0.02	0.02	<0.14	<0.14
Hg	<1	<1	<1	<1	0.000	0.000	<1	<1
总硬度	0.001 3	0.002 6	0.002	0.002	0.001	0.002	0.007	0.013
Cu	0.09	0.08	<0.003	0.758	0.06	0.06	<0.05	<0.05
Pb	<0.05	<0.05	<0.05	<0.05	0.2	0.18	0.05	<0.05
Zn	0.24	0.26	<0.1	<0.1	0.7	0.5	<0.05	<0.05
断面平均	<0.233	<0.241	<0.226	<0.299	0.139	0.128	<0.224	<0.244

表 6-16 十万大山、金坑、象头山、大熊山水质综合评价

项目	十万大山		金坑		象头山		大熊山	
	双江	那林河	相思垅	金坑水库	范家田	三堆池	鸡公嘴	田池坪
pH	2.610	1.700	0.000	0.000	1.340	1.460	0.000	0.000
色度	1.867	0.6	0.333	0.333	0.333	0.333	0.333	0.333
电导率	0.062	0.054 7	0.168	0.018	0.003	0.024 7	0.048	0.020
DO	0.000	0.000	0.074	0.544	0.000	0.000	0.037	0.010

（续）

项目	十万大山		金坑		象头山		大熊山	
	双江	那林河	相思垅	金坑水库	范家田	三堆池	鸡公嘴	田池坪
BOD_5	0.143	0.143	0.237	0.403	0.633	0.32	0.270	0.287
SS	0.155	0.15	0.18	0.213	0.233	0.269	0.207	0.280
NO_2-N	0.117	0.117	0.033	0.133	0.017	0.034	0.050	0.067
NO_3-N	0.004 5	0.002 5	0.123 8	0.138 5	0.029 6	0.022 9	0.076	0.090
非离子氨	0.000	0.000	0.000	0.050	0.000	0.000	0.000	0.000
酚	0.000	0.000	1.500	0.500	0.8	0.5	0.000	0.000
Cl^-	0.004 8	0.003 2	0.003 7	0.008	0.000 1	0.002 3	0.002	0.002
CN^-	0.000	0.000	0.000	0.000	0.000	0.26	0.000	0.000
S^{2-}	—	—	—	—	—	—	—	—
COD(Mn)	2.755	1.34	0.60	1.09	1.48	0.92	0.535	0.690
SO_4^{2-}	0.033	0.033	0.042	0.048 4	0.063	0.066	0.042	0.054
∑P	2	3	1.000	0.000	0.000	0.000	0.000	0.000
∑F	0.122	0.128	0.144	0.167	0.62	0.49	0.015 0	0.110
∑Mn	0.7	0.62	0.12	0.16	0.22	0.57	0.250	0.300
Cr^{6+}	0.000	0.000	0.000	0.000	0.000	0.000	0.000	0.000
As	0.000	0.000	0.160	0.300	0.04	0.026	0.020	0.000
Hg	0.000	0.000	未检出	未检出	0.000	0.000	0.000	0.000
总硬度	0.031 2	0.026 9	0.025	0.089 3	0.016 7	0.016 7	0.000	0.000
Cu	0.07	0.07	0.15	0.18	0.21	0.25	0.070	0.070
Pb	0.07	0.09	0.21	0.25	0.2	0.23	0.050	0.070
Zn	0.28	0.3	0.72	0.900	0.78	0.92	0.420	0.600
断面平均	0.484	0.364	0.243	0.248	0.292	0.280	0.093	0.119

表 6-17　资兴、大京、永州水质综合评价

项目	资兴		大京		永州
	温泉	小东江	烟竹高冲	线江村大山冲	渠道水
pH	0.000	0.000	0.000	0.000	0.000
色度	0.333	0.333	0.333	0.333	0.333
电导率	0.213	0.098	0.054	0.055	0.142
DO	0.894	1.100	0.016	0.018	0.259
BOD_5	0.166	0.342	0.322	0.286	0.237
SS	0.593	0.493	0.480	0.393	0.649
NO_2-N	0.300	0.083	0.056	0.136	0.039
NO_3-N	0.007	0.058	0.117	0.083	0.000
非离子氨	0.000	0.000	0.000	0.000	0.150

（续）

项目	资兴		大京		永州
	温泉	小东江	烟竹高冲	线江村大山冲	渠道水
酚	0.000	0.000	0.000	0.000	0.500
Cl^-	0.012	0.012	0.005	0.008	0.011
CN^-	0.000	0.000	0.000	0.000	0.040
S^{2-}	0.023	未检出	—	—	—
COD(Mn)	0.052	0.097	0.685	0.600	0.443
SO_4^{2-}	0.067	0.015	0.009	0.017	0.019
ΣP	0.260	1.60	0.750	1.000	0.313
ΣF	19.11	0.490	0.147	0.180	0.447
ΣMn	0.510	0.620	0.800	0.910	0.313
Cr^{6+}	0.000	0.000	0.000	0.000	0.120
As	0.000	0.000	0.000	0.000	0.004
Hg	0.010	0.000	0.000	0.000	0.000
总硬度	0.004	0.261	0.027	0.088	0.432
Cu	0.000	0.070	0.080	0.090	0.001
Pb	0.014	0.070	0.070	0.080	0.036
Zn	0.001	0.220	0.300	0.300	0.024
断面平均	0.902	0.248	0.172	0.186	0.188

（3）水体水质综合评价　对21处水体进行综合指数评价，评价项目25项，得表6-15、表6-16、表6-17，可看出：

各监测点综合指数高低依次排列为温泉(0.902)、双江(0.484)、那林河(0.364)、珠帘瀑布(0.299)、范家田(0.292)、三堆池(0.280)、小东江(0.248)、金坑水库(0.248)、小湾水库(0.244)、相思垅(0.243)、双江口(0.241)、万寿寺(0.1233)、黑龙潭(0.226)、红星山(0.224)、渠道水(0.188)、线江村大山冲(0.186)、烟竹高冲(0.172)、三椏塘(0.139)、小漓江(0.128)、田池坪(0.119)、鸡公嘴(0.093)。

结果表明21处水体的主要污染物分指数最高分别为：万寿寺ΣP(0.650)、双江口BOD_5(0.620)、石板滩ΣP(1.3)、珠帘瀑布ΣP(0.900)、三椏塘COD(Mn)(1.04)、小漓江COD(Mn)(0.855)、红星山BOD_5(0.457)、小湾水库DO(0.635)、双江pH(2.610)、那林河pH(1.700)、相思垅酚(1.500)、金坑水库COD(Mn)(1.09)、范家田COD(Mn)(1.480)、三堆池pH(1.46)、鸡公嘴COD(Mn)(0.535)、田池坪COD(Mn)(0.690)、温泉ΣF(19.11)、小东江ΣP(1.60)、烟竹高冲ΣP(0.750)、线江村大山冲ΣP(0.100)、渠道水SS(0.649)。各监测项目的分指数超标情况详见表6-18。

表 6-18 各监测项目分指数超标情况一览

检测项目	超标监测点	检测值	分指数	备注
pH	双江(广西十万大山森林公园)	4.89	2.610	pH = 7，水为中性；pH < 7，水为酸性；pH > 7，水为碱性；根据 GB3838—1988《地面水环境质量标准》，6.5 < pH < 8.5，为Ⅰ类水
	那林河(广西十万大山森林公园)	5.80	1.700	
	范家田(广东象头山自然保护区)	6.16	1.340	
	三堆池(广东象头山自然保护区)	6.04	1.460	
COD(Mn)	三椏塘(广东肇庆流溪河国家森林公园)	2.08	1.04	
	双江(广西十万大山森林公园)	5.51	2.755	
	那林河(广西十万大山森林公园)	2.68	1.340	
	范家田(广东象头山自然保护区)	2.96	1.480	
	金坑水库(广东广州增城金坑森林公园)	2.18	1.09	
∑P	双江(广西十万大山森林公园)	0.04	2	
	那林河(广西十万大山森林公园)	0.06	3	
	石板滩(湖南炎陵县桃源洞国家森林公园)	0.026	1.3	
	小东江(湖南省资兴市)	0.032	1.60	
∑F	温泉(湖南省资兴市)	19.11	19.11	
DO	小东江(湖南省资兴市)	98.6	1.100	

注：pH 值超标的主要原因：1. 土壤为酸性，2. 大量的枯枝落叶生成腐殖酸。

综上所述，16 处水体总体水质优良。其主要污染因子依次是 pH、COD(Mn)、∑P，这些因子的分指数偏高主要和当地的地质结构及其洗涤剂、农药、化肥的使用有关。

案例 4：森林旅游区 22 个树种的精气(芬多精)成分、含量及用途的研究报告

1. **目的和意义**

植物精气是植物的花、叶、芽、木材、根等器官的油腺组织在其新陈代谢过程中不断分泌、释放的具有芳香气味的有机物质，这些物质挥发形成的气态物质国外称为芬多精，国内称植物精气。精气具有杀菌和净化作用，当人们沐浴其中时会感到心旷神怡，精神百倍，这是植物精气在起着重要作用的缘故。本案例通过对 22 个树种进行采样分析与测定，得出各树种不同部位释放出来的精气成分及其含量，为深层次开发利用植物资源提供了科学依据；为森林资源开发利用开辟了新的方向；拓宽了保护与改善环境的新途径；提高了林业的社会地位。

2. 研究方法

(1)采样　选择具有广布性或珍稀性且适合森林公园或旅游区的树种，分别从木材、叶片和花三部分采集气体样本。本次共采集了 22 个树种的样本，其中裸子植物 12 种，被子植物 10 种。

采样时要求采样地远离闹市，受人为干扰较小，周围空气无污染；采样时间一般要求选在天气晴朗、稳定的日子；选择生长状况良好的木材、叶片和花，应无虫、无伤痕、没腐烂。采集合格足量的样品后，严格按技术要求进行消毒、抽气。

(2)分析　采用 Pye Unicam GC 304 毛细管气相色谱仪，并配有 SP 4270 微处理机和 Finnigan 4510 型色谱/质谱/计算机联用仪，在特定的技术条件下分析各组分峰的质谱数据；采用美国国家标准局谱库进行检索；应用面积归一法计算各化合物(峰)的百分含量。

3. 研究结果

通过对样品的处理与分析，得出了各树种的不同部位(木材、叶片及花)中所分泌的精气及其他成分的组成及含量，结果如表 6-19 ~ 6-40。

(1)侧柏

表 6-19　侧柏叶片、木材中的精气成分及含量　　%

成分名称		样品	
		叶片	木材
单萜烯	三环烯	0.10	
	α-蒎烯	57.21	31.90
	α-小茴香烯	1.73	2.03
	桧烯	4.00	16.04
	β-蒎烯	1.41	3.13
	蒈烯-3	24.96	9.67
	α-松油烯		0.50
	γ-松油烯		0.75
	枞油烯	0.29	
	异松油烯	1.48	1.73
	β-月桂烯	1.37	0.69
	p-伞花烃		0.45
	小　计	92.55	66.89

（续）

成分名称		样品	
		叶片	木材
倍半萜烯	β-侧柏烯	0.27	
	α-侧柏烯	0.86	7.92
	α-水芹烯	0.22	
	柠檬烯	2.07	2.52
	β-榄香烯	0.15	
	反式-β-雪松烯	0.17	0.85
	β-石竹烯	1.38	0.77
	α-石竹烯	0.69	0.88
	罗汉柏烯		16.64
	γ-依兰油烯	0.30	
	小　计	6.11	29.58
	1,8-桉叶油素		0.47
	反式-桧烯水合物		0.27
	小　计		0.74
总　计		98.66	97.21

（2）落叶松

表 6-20　落叶松叶片、木材中的精气成分及含量　%

成分名称		样品	
		叶片	木材
单萜烯	α-蒎烯	50.50	55.11
	莰烯	0.75	0.63
	桧烯	2.10	2.55
	β-蒎烯	29.83	33.75
	β-月桂烯	0.72	0.88
	蒈烯-3	3.58	
	异松油烯		0.37
	小　计	87.48	93.29
倍半萜烯	β-水芹烯	3.93	4.16
	吉玛烯异构体	1.30	
	肉桂烯	2.46	2.05
	小　计	7.69	6.21
其他	癸烷		0.50
	小　计		0.50
总　计		95.17	100

(3)竹柏

表 6-21　竹柏叶片、木材中的精气成分及含量　%

成分名称		样品	
		叶片	木材
单萜烯	α-蒎烯	92.21	92.96
	莰烯	0.30	0.26
	β-蒎烯	2.75	3.04
	桧烯		0.10
	小　计	95.26	96.36
倍半萜烯	柠檬烯	1.06	0.94
	β-石竹烯	0.43	0.73
	β-古芸烯	0.14	0.16
	吉玛烯 D	0.51	0.33
	二环吉玛烯	1.40	0.10
	β-侧柏烯		0.13
	α-古巴烯		0.10
	α-蛇麻烯		0.26
	小　计	3.54	2.75
总　计		98.80	99.11

(4)湿地松

表 6-22　湿地松叶片、木材中的精气成分及含量　%

成分名称		样品	
		叶片	木材
单萜烯	三环烯	0.08	0.25
	α-蒎烯	17.84	75.80
	莰烯	0.46	0.84
	β-蒎烯	73.51	19.06
	β-月桂烯	0.60	0.51
	p-伞花烃		0.03
	氧化-α-蒎烯		0.12
	反式-松香芹醇		0.06
	异松油烯	0.02	
	乙酸芳樟酯	0.85	
	小　计	93.36	96.67

（续）

成分名称		样品	
		叶片	木材
倍半萜烯	α-侧柏烯	0.03	0.05
	α-水芹烯	0.05	0.03
	β-水芹烯	2.48	2.72
	β-石竹烯	0.67	
	α-蛇麻烯	0.07	
	吉玛烯 D	0.47	
	小　计	3.77	2.80
其他	松香芹酮	0.03	0.08
	爱草脑		0.12
	十四烷		0.11
	十四烷异构体		0.11
	乙酸龙脑酯	0.09	
	小　计	0.12	0.42
总　计		97.25	99.89

（5）火炬松

表 6-23　火炬松叶片、木材中的精气成分及含量 %

成分名称		样品	
		叶片	木材
单萜烯	α-蒎烯	16.17	57.86
	莰烯	0.34	0.66
	β-莰烯	67.12	
	β-月桂烯	3.24	0.97
	枞油烯	6.57	
	三环烯		0.27
	β-蒎烯		37.72
	小　计	93.44	97.48
倍半萜烯	β-石竹烯	1.45	
	α-石竹烯	0.18	
	吉玛烯 D	2.69	
	β-水芹烯 + 柠檬烯		1.71
	小　计	4.32	1.71
总　计		97.76	99.19

（6）黄山松

表 6-24　黄山松叶片、木材和花中的精气成分及含量　%

成分名称		样品		
		叶片	木材	花
单萜烯	α-蒎烯	45.68	87.81	9.78
	莰烯	3.22	1.46	0.25
	β-蒎烯	34.73	6.36	18.31
	β-月桂烯	5.00	0.60	16.28
	蒈烯-2	0.10		
	p-伞花烃	0.10	0.15	0.37
	异松油烯	0.24		0.63
	芳樟醇			0.26
	氧化-α-蒎烯		0.34	
	小　计	89.07	96.72	45.88
倍半萜烯	β-水芹烯	8.12	2.05	47.38
	α-水芹烯	0.10		
	肉桂烯			0.69
	α-侧柏烯	0.11		0.12
	β-侧柏烯	0.64		
	β-石竹烯	0.76		0.11
	α-蛇麻烯	0.10		
	吉玛烯 D	0.15		
	反式-β-雪松烯		0.45	
	小　计	9.98	2.50	48.30
其他	1,3-二氯-2-丙醇			0.71
	桃金娘烯醛			0.16
	麝香草甲基醚			0.15
	罗勒酮			0.17
	小　计			1.19
总　计		99.05	99.22	95.37

（7）马尾松

表 6-25　马尾松叶片、木材和花中的精气成分及含量　%

成分名称		样品		
		叶片	木材	花
单萜烯	α-蒎烯	71.26	85.89	15.38
	β-蒎烯	15.52	5.19	3.06
	莰烯	3.49	1.23	0.40

（续）

成分名称		样品		
		叶片	木材	花
单萜烯	桧烯	0.15	0.15	1.55
	β-月桂烯	0.92	1.08	4.23
	异松油烯	0.38	0.14	1.56
	γ-松油烯			0.21
	三环烯		0.15	
	p-伞花烃			0.18
	小　计	91.72	93.83	26.57
倍半萜烯	β-水芹烯	4.80	3.20	65.28
	α-水芹烯			0.38
	β-侧柏烯	0.29		
	β-石竹烯	0.52	0.96	1.45
	α-蛇麻烯	0.10	0.15	
	吉玛烯 D	0.21		
	肉桂烯			0.74
	小　计	5.92	4.31	67.85
其他	乙酸 4-已烯酯	1.40		
	癸烷			0.18
	反式-β-雪松烯		0.63	
	小　计	1.40	0.63	0.18
总　计		99.04	98.77	94.60

（8）沙松

表 6-26　沙松叶片、木材中的精气成分及含量　%

成分名称		样品	
		叶片	木材
单萜烯	三环烯	0.12	0.80
	α-蒎烯	44.37	27.78
	莰烯	0.55	11.79
	桧烯	1.39	
	β-蒎烯	17.70	
	月桂烯	0.49	9.10
	δ-3-蒈烯	14.88	38.86
	β-蒎烯		4.80
	萜品油烯		0.63
	小　计	79.5	93.76

（续）

成分名称		样品	
		叶片	木材
倍半萜烯	β-水芹烯	19.57	
	γ-萜品烯	0.06	
	萜品油烯	0.21	
	柠檬烯		3.96
	小　计	19.84	3.96
其他	守烯		0.23
	十一烷		0.24
	癸烷		0.73
	α-守烯	0.30	
	小　计	0.30	1.20
总　计		99.64	98.92

（9）红松

表 6-27　红松叶片、木材中的精气成分及含量 %

成分名称		样品	
		叶片	木材
单萜烯	三环烯	2.71	0.56
	α-蒎烯	36.56	53.59
	莰烯	14.28	3.20
	桧烯	0.66	0.37
	β-蒎烯	2.98	31.79
	β-月桂烯	4.88	0.61
	蒈烯-3	9.57	3.93
	β-罗勒烯(E)	0.25	
	枞油烯		1.43
	异松油烯	3.35	0.16
	龙脑	0.59	
	小　计	76.83	95.64
倍半萜烯	柠檬烯	6.48	
	肉桂烯	0.37	0.16
	α-荜澄茄油烯		0.64
	α-古巴烯		0.36
	反式-β-雪松烯		0.10
	α-侧柏烯	0.15	
	β-石竹烯	1.42	0.28

（续）

成分名称		样品	
		叶片	木材
倍半萜烯	顺式-β-金合欢烯	1.10	
	γ-依兰油烯	0.13	
	吉玛烯 D	1.23	
	γ-杜松烯	0.16	
	δ-杜松烯	0.23	
	小　计	11.27	1.54
其他	1,3-二氯-2-丙醇	1.18	0.80
	紫苏烯	0.85	
	乙酸龙脑酯	0.32	0.28
	胡椒醛	6.00	
	十四烷	0.45	
	十一烷		0.18
	壬烷		0.22
	小　计	8.80	1.48
总　计		96.90	98.66

（10）柳杉

表 6-28　柳杉叶片、木材和花中的精气成分及含量　　%

成分名称		样品		
		叶片	木材	花
单萜烯	α-蒎烯	40.80	90.67	34.43
	莰烯	4.02	1.57	2.98
	桧烯	42.34		46.14
	β-蒎烯	1.62	3.77	1.30
	蒈烯-2	2.25	0.68	
	α-松油烯	0.22		0.29
	γ-松油烯	0.41		
	异松油烯	0.25		0.34
	β-月桂烯		0.49	
	三环烯			0.67
	蒈烯-3			3.13
	侧柏酮			0.09
	β-月桂烯	2.18		4.85
	p-伞花烃	0.25		0.35
	小　计	91.91	97.18	94.57

（续）

成分名称		样品		
		叶片	木材	花
倍半萜烯	β-侧柏烯	0.94		
	α-侧柏烯	2.33		2.28
	柠檬烯	1.21	1.66	2.46
	吉玛烯 D	0.15		
	小　计	4.63	1.66	4.74
	反式-桧烯水合物	0.10		
	2-甲基-6-亚甲基-1, 7-辛二烯-3-酮	0.22		
	乙酸龙脑酯	0.10		0.35
	乙酸芳樟酯			0.07
	小　计	2.85		0.42
总　计		99.39	98.84	99.73

（11）柏木

表 6-29　柏木叶片、木材中的精气成分及含量　　%

成分名称		样品	
		叶片	木材
单萜烯	三环烯	0.27	0.42
	α-蒎烯	53.68	45.69
	莰烯	0.55	1.11
	桧烯	30.59	0.24
	β-蒎烯	1.49	1.41
	β-月桂烯	3.83	1.19
	蒈烯-3	0.71	1.97
	α-松油烯	0.15	0.73
	p-伞花烃	0.10	0.10
	β-罗勒烯（E）	0.11	
	γ-松油烯	0.36	
	异松油烯	0.69	
	乙酸芳樟酯	0.10	
	小　计	92.63	52.86
倍半萜烯	α-侧柏烯	1.64	
	β-石竹烯	1.36	
	α-石竹烯	0.19	
	γ-依兰油烯	0.52	

（续）

成分名称		样品	
		叶片	木材
倍半萜烯	α-雪松烯		0.60
	β-雪松烯		2.17
	α-芹子烯		0.39
	罗汉柏烯		24.20
	花柏烯		0.66
	柠檬烯	2.11	
	小　计	5.82	28.02
其他	乙酸龙脑酯	0.09	
	乙酸松油酯	0.10	
	1,8-桉叶油素		5.71
	反式-β-雪松烯		6.94
	α-阿拉斯加烯		0.21
	小　计	0.19	12.86
总　计		98.64	93.74

（12）黑松

表 6-30　黑松叶片、木材和花中的精气成分及含量 %

成分名称		样品		
		叶片	木材	花
单萜烯	三环烯	0.46	0.11	0.19
	α-蒎烯	47.94	79.87	14.52
	莰烯	1.77	2.93	0.79
	β-蒎烯	19.42	11.77	9.39
	β-月桂烯	2.05	0.81	7.14
	p-伞花烃	0.12	0.04	
	γ-松油烯	0.06		0.05
	异松油烯	0.52	0.06	1.85
	氧化-α-蒎烯	0.09	0.07	
	反式-松香芹醇		0.03	
	桧烯			1.80
	蒈烯-3			0.62
	β-罗勒烯(E)			0.23
	芳樟醇			0.27
	小　计	72.43	95.69	36.85

（续）

成分名称		样　品		
		叶片	木材	花
倍半萜烯	β-水芹烯	23.36	2.67	59.98
	肉桂烯	2.29	0.41	
	α-侧柏烯	0.25		0.11
	α-水芹烯	0.13	0.02	0.16
	长叶烯	0.19	0.84	
	β-石竹烯	0.10		0.25
	反式-α-佛手烯	0.05		
	小　计	26.37	3.94	60.50
其他	麝香草甲基醚	0.09		
	乙酸龙脑酯	0.24		
	2,4(10)-金钟柏二烯	0.12		
	松香芹酮		0.04	
	二氢芳樟醇		0.05	
	香芹酚甲醚			0.22
	罗勒酮			0.09
	小　计	0.45	0.09	0.31
总　计		99.25	99.72	97.66

(13)樟树

表 6-31　樟树叶片、木材和花中的精气成分及含量　　%

成分名称		样　品		
		叶片	木材	花
单萜烯	α-蒎烯	53.89	8.69	2.57
	莰烯	4.03	2.01	1.11
	桧烯	1.08	8.90	0.41
	β-蒎烯	12.42	3.52	0.86
	β-罗勒烯(Z)			0.67
	β-罗勒烯(E)	1.62		2.39
	樟脑	13.68	17.94	44.49
	三环烯		0.04	
	γ-松油烯		0.12	
	异松油烯		0.08	
	β-月桂烯	0.64	0.91	1.04
	p-伞花烃			0.16
	小　计	87.36	42.21	53.70

（续）

成分名称		样品		
		叶片	木材	花
倍半萜烯	肉桂烯			4.27
	柠檬烯	2.51		1.49
	β-石竹烯	0.73		0.67
	α-石竹烯			0.13
	雅槛兰树油烯			0.21
	α-芹子烯			0.34
	α-金合欢烯			0.42
	二环吉玛烯	0.28		
	α-侧柏烯		0.47	
	α-檀香烯		0.26	
	表-β-檀香烯		0.05	
	小　计	3.52	0.78	7.53
其他	环十二烷			0.19
	1,3-二氯-2-丙醇			5.01
	乙酸巳烯酯			0.37
	1,8-桉叶油素	3.43	55.96	2.52
	芳樟醇	0.54		12.39
	紫苏烯	3.38		
	龙脑	0.45		0.37
	氧化-顺式-芳樟醇			2.78
	氧化-反式-芳樟醇			3.31
	2-甲基-6-亚甲基-1,7-辛二烯-3-酮			0.48
	乙酸苄酯			0.86
	水杨酸甲酯			1.43
	十二烷			0.40
	十四烷			0.29
	反式-桧烯水合物		0.12	
	顺式-桧烯水合物		0.10	0.18
	2氢-松油醇+龙脑		0.07	
	松油醇-4		0.24	
	α-松油醇		0.40	
	黄樟脑		0.04	
	小　计	7.80	56.93	30.58
总　计		98.68	99.92	91.81

(14)厚壳桂

表6-32 厚壳桂叶片、木材中的精气成分及含量 %

成分名称		样品	
		叶片	木材
单萜烯	α-蒎烯	15.62	94.77
	莰烯	4.97	0.43
	β-蒎烯	3.16	0.69
	β-罗勒烯(Z)	1.25	
	β-罗勒烯(E)	5.53	
	樟脑	0.80	
	γ-松油烯		0.05
	异松油烯		0.11
	氧化-α-蒎		0.06
	β-月桂烯		0.81
	小计	31.33	96.92
倍半萜烯	β-水芹烯	4.05	
	α-依兰油烯	0.82	0.15
	长叶烯	1.19	
	β-石竹烯	1.52	
	γ-依兰油烯	3.00	
	α-金合欢烯	1.40	
	肉桂烯		0.42
	α-水芹烯		0.06
	柠檬烯		1.27
	顺式-α-佛手烯		0.15
	α-檀香烯		0.59
	小计	11.98	2.64
其他	乙酸异丙酯	5.94	
	1,8-桉叶油素	2.47	
	紫苏烯	5.87	
	N,N,2,2-四甲基丙胺氧化物	6.52	
	十二烷	1.29	
	α-荜澄茄油烯	0.87	
	十四烷	1.84	
	小计	24.80	0.07
总计		68.11	99.63

(15)香叶树

表6-33 香叶树叶片、木材中的精气成分及含量 %

成分名称		样品	
		叶片	木材
单萜烯	α-蒎烯	7.56	1.19
	莰烯	3.92	
	桧烯	1.51	0.11
	β-蒎烯	10.40	0.14
	β-罗勒烯(E)	0.76	7.10
	γ-松油烯	0.10	
	β-罗勒烯(Z)		0.47
	樟脑		0.42
	β-月桂烯	1.32	0.12
	p-伞花烃	0.40	0.29
	小 计	25.97	9.84
倍半萜烯	α-水芹烯	1.38	0.38
	柠檬烯	4.36	0.22
	α-古巴烯	0.52	10.43
	β-榄香烯		1.08
	α-雪松烯		0.25
	β-石竹烯	0.62	7.44
	α-佛手烯	2.61	
	罗汉柏烯		0.75
	α-愈创木烯		4.26
	β-金合欢烯	2.12	
	γ-依兰油烯	0.33	2.24
	吉玛烯		3.59
	吉玛烯 D	8.67	0.41
	β-芹子烯	1.00	6.23
	α-芹子烯		10.00
	δ-愈创木烯		5.13
	β-红没药烯	3.47	
	γ-杜松烯		0.25
	δ-杜松烯	0.78	3.42
	α-石竹烯	29.24	4.43
	小 计	55.10	60.51
	乙酸4-已烯酯	7.73	
	1,8-桉叶油素		1.79
	乙酸龙脑酯	0.20	
	α-荜澄茄油烯	0.54	
	小 计	8.47	1.79
总 计		89.54	72.14

(16)山苍子

表 6-34 山苍子叶片、木材和花中的精气成分及含量 %

	成分名称	样品		
		叶片	木材	花
单萜烯	α-蒎烯	10.04	21.46	6.00
	莰烯	4.37	11.15	0.58
	桧烯	7.41	2.29	15.40
	β-蒎烯	5.98	9.57	4.61
	蒈烯-3	0.08	0.27	
	β-罗勒烯(E)	3.48	0.83	0.48
	异松油烯	0.12		
	樟脑	0.04	0.20	
	δ-松油醇	0.07		
	香茅醛	0.05		
	橙花醇	1.21	0.90	
	β-柠檬醛	0.24		
	香叶醇	0.58		
	α-柠檬醛	0.42		
	β-月桂烯	9.14	0.97	0.40
	p-伞花烃		0.56	
	小　计	41.73	48.2	27.47
倍半萜烯	β-侧柏烯	0.07	0.41	
	α-侧柏烯	0.25	0.38	0.77
	α-水芹烯		0.59	1.65
	柠檬烯	48.26	6.26	
	α-古巴烯		3.35	
	氧化-顺式-柠檬烯	0.15		
	氧化-反式-柠檬烯	0.07		
	β-榄香烯	0.07		
	β-石竹烯	2.27	27.30	
	α-佛手烯		0.38	
	香树烯		0.51	
	α-石竹烯	0.15	1.47	
	γ-依兰油烯	0.45	0.34	
	γ-古芸烯		0.52	
	二环吉玛烯	0.19		
	α-金合欢烯	0.05		
	吉玛烯 D	0.07		
	氧化石竹烯	0.18		
	肉桂烯			5.96
	小　计	52.23	43.48	8.38

（续）

成分名称		样 品		
		叶片	木材	花
其他	6-甲基-5-庚烯-2-酮	0.52		
	乙酸4-已烯酯	1.31		
	乙酸已烯酯	0.07		
	反式-桧烯水合物	0.08		
	芳樟醇	1.37	0.28	
	2-甲基-6-亚甲基-1,7-辛二烯-3-酮	0.18	0.28	
	松油醇-4	0.03		
	(-)-α-松油醇	0.14		
	桃金娘烯醛	0.04		
	葛缕酮	0.05		
	香叶酸甲酯	0.07		
	乙酸橙花酯	0.06		
	methyl nernate	0.07		
	1,8-桉叶油素		3.23	64.12
	α-荜澄茄油烯		0.28	
	小 计	3.99	3.79	64.12
总 计		97.95	95.47	99.97

（17）阴香

表6-35 阴香叶片、木材和花中的精气成分及含量 %

成分名称		样 品		
		叶片	木材	花
单萜烯	α-蒎烯	10.79	7.47	7.89
	莰烯	2.84	1.92	0.60
	β-蒎烯	5.99	1.29	6.33
	桧烯	4.31	2.14	26.20
	蒈烯-2	0.97		
	γ-松油烯	0.27		0.92
	异松油烯	0.37		
	樟脑	5.21	5.75	0.66
	β-罗勒烯(Z)			1.00
	β-罗勒烯(E)			15.38
	β-月桂烯	1.38	0.55	1.71
	p-伞花烃	4.08	1.21	0.92
	小 计	36.21	20.33	61.61

（续）

成分名称		样品		
		叶片	木材	花
倍半萜烯	α-侧柏烯	2.25	0.62	1.62
	α-水芹烯	2.58		0.55
	β-石竹烯	2.31	1.64	1.79
	α-蛇麻烯	0.19		
	二环吉玛烯	0.48		
	柠檬烯		1.73	8.62
	δ-榄香烯		13.23	
	α-依兰烯		4.47	
	β-依兰烯		2.70	
	α-古巴烯		11.80	
	β-榄香烯		2.79	
	反式-β-雪松烯		0.47	
	β-古芸烯		0.27	
	α-愈创木烯		0.42	
	香树烯		0.92	
	γ-依兰油烯		7.10	
	β-芹子烯		1.31	
	α-依兰油烯		1.05	
	δ-杜松烯		0.51	
	小　计	7.81	51.03	12.58
其他	1,8-桉叶油素	51.52	3.06	1.75
	龙脑	1.79	0.34	0.66
	松油醇-4	0.28	0.45	
	α-松油醇	0.27	16.68	0.53
	癸烷		0.47	2.23
	韦得醇		0.59	
	苯丙醛		1.16	
	乙酸龙脑酯		0.59	
	乙酸松油酯		0.83	
	氧化-顺式-芳樟醇			5.84
	氧化-反式-芳樟醇			0.61
	芳樟醇			1.06
	2-甲基-6-亚甲基-1,7-辛二烯-3-酮			1.69
	十五烷			2.29
	小　计	53.86	24.17	17.29
总　计		97.88	95.53	91.48

(18)枫香

表 6-36 枫香叶片、木材和花中的精气成分及含量 %

	成分名称	样品		
		叶片	木材	花
单萜烯	α-蒎烯	57.75	74.58	27.78
	莰烯	0.67	4.62	5.75
	桧烯	1.02	1.16	3.12
	β-蒎烯	25.03	11.38	22.84
	β-月桂烯	0.80	0.94	1.36
	β-罗勒烯(Z)	0.45		
	β-罗勒烯(E)	1.17		
	三环烯		0.63	
	p-伞花烃			0.25
	小　计	86.89	93.31	61.10
倍半萜烯	β-石竹烯	0.42		3.17
	α-侧柏烯	0.64	0.51	0.81
	柠檬烯	11.14		6.29
	柠檬烯 +β-水芹烯		1.05	
	肉桂烯			24.80
	β-侧柏烯			0.45
	γ-依兰油烯			0.46
	吉玛烯 D 异构体			1.21
	小　计	12.20	1.56	37.19
其他	癸烷			0.91
	十五烷			0.53
	小　计			1.44
总　计		99.09	94.87	99.73

(19)楠竹

表 6-37 楠竹叶片、木材中的精气成分及含量 %

	成分名称	样品	
		叶片	木材
单萜烯	α-蒎烯	22.00	77.09
	β-蒎烯	2.12	1.41
	β-罗勒烯(E)	12.50	
	α-松油醇	0.72	
	莰烯		1.89
	桧烯		0.40

（续）

成分名称		样品	
		叶片	木材
单萜烯	β-月桂烯		0.93
	p-伞花烃		0.56
	小　计	37.34	83.18
倍半萜烯	顺式-α-佛手烯	1.01	
	柠檬烯	3.17	4.65
	肉桂烯	1.31	
	长叶烯		0.55
	小　计	5.49	5.20
其他	1,8-桉叶油素	2.36	3.18
	3-辛酮	0.89	
	3-p-薄荷烯	1.03	
	巳醇	4.61	
	甲酸乙酯	42.05	
	二甲基巳烯	1.31	
	十二烷		0.77
	十四烷		0.78
	十二烷醇		1.04
	小　计	52.25	5.77
总　计		95.08	94.15

（20）山杨

表 6-38　山杨叶片、木材中的精气成分及含量　　%

成分名称		样品	
		叶片	木材
单萜烯	α-蒎烯	1.87	8.45
	莰烯	0.73	1.50
	β-蒎烯	0.81	4.24
	β-罗勒烯(E)	5.00	
	桧烯		1.00
	蒈烯-3		1.88
	小　计	8.41	17.07
倍半萜烯	柠檬烯	0.65	1.80
	肉桂烯	3.20	10.33
	α-古巴烯	0.35	
	长叶烯	0.34	

（续）

成分名称		样品	
		叶片	木材
倍半萜烯	β-石竹烯	0.41	
	α-依兰油烯	1.03	
	α-金合欢烯	47.48	
	γ-杜松烯	0.50	
	δ-杜松烯	1.09	
	倍半水合桧烯	0.93	
	小　计	55.98	12.13
其他	1,3-二氯-2-丙醇	13.98	47.60
	乙酸已烯酯	1.20	
	1,8-桉叶油素	0.90	2.50
	紫苏烯	10.73	
	十二烷	0.40	0.93
	十三烷	0.45	
	十四烷	0.66	
	喇叭烯	0.47	
	十二烷醇	1.44	
	十五烷	0.38	
	十六烷	1.16	
	小　计	31.77	51.03
总　计		96.16	80.23

（21）八角

表 6-39　八角叶片、木材中的精气成分及含量 %

成分名称		样品	
		叶片	木材
单萜烯	α-蒎烯	24.65	6.32
	莰烯	0.32	
	桧烯	0.98	4.46
	β-蒎烯	1.30	1.34
	β-月桂烯	0.47	0.84
	莰烯-3	0.45	
	p-伞花烃	0.47	0.65
	β-罗勒烯	2.10	0.61
	反式-松香芹醇	0.48	
	莰烯		0.91

（续）

成分名称		样品	
		叶片	木材
单萜烯	蒈烯-2		5.81
	松油醇 - 4		0.50
	α-松油醇		0.86
	小　计	31.22	22.3
倍半萜烯	α-古巴烯	0.30	9.74
	反式-α-佛手烯	0.38	
	柠檬烯	1.46	
	β-荜澄茄油烯		1.12
	β-石竹烯		5.34
	α-蛇麻烯		0.83
	α-雪松烯		2.32
	吉玛烯 D		0.58
	二环吉玛烯		1.52
	γ-杜松烯		2.94
	δ-杜松烯		1.21
	小　计	2.14	25.5
其他	丁酸-3-巳烯酯	4.43	
	乙酸巳酯	1.12	
	1,8-桉叶油素	2.28	32.78
	紫苏烯	5.20	
	丁酸 3-巳烯酯	0.80	
	爱草脑	0.36	
	顺式-爱草脑	1.47	
	p-茴香醛	0.99	
	顺式-大茴香醚	45.44	
	β-红没药烯	2.16	
	顺式-桧烯水合物		1.28
	反式-大茴香醚		6.80
	乙酸-α-松油酯		0.73
	α-古芸烯		0.37
	顺式-二环吉玛烯		0.46
	十三烷醇		0.50
	韦得醇		0.31
	香榧醇		0.84
	小　计	64.25	44.07
总　计		97.61	91.87

(22)光皮桦

表 6-40 光皮桦叶片、木材和花中的精气成分及含量 %

	成分名称	样品		
		叶片	木材	花
单萜烯	p-伞花烃	0.52	0.80	
	α-蒎烯	15.63	28.90	9.11
	莰烯	1.13	2.80	1.29
	桧烯	6.46	13.23	2.79
	β-蒎烯	2.96	4.53	4.74
	β-月桂烯	1.05	1.54	0.60
	β-罗勒烯(E)	3.25		
	小　计	31.00	51.80	18.53
倍半萜烯	α-侧柏烯	0.55	0.70	
	肉桂烯			45.66
	柠檬烯	1.29	1.32	2.66
	反式-β-雪松烯	0.46		
	β-石竹烯	0.84	0.43	
	α-金合欢烯	0.38		
	β-侧柏烯		0.37	
	α-荜澄茄油烯		0.29	
	α-依兰烯		0.22	
	α-古巴烯		0.89	
	β-荜澄茄油烯		0.65	
	顺式-α-佛手烯		0.36	0.32
	β-古芸烯		0.19	
	反式-α-佛手烯		0.33	
	α-蛇麻烯		0.30	
	δ-杜松烯		0.15	
	γ-榄香烯		0.43	
	雪松烯		0.20	
	小　计	3.52	6.83	48.64
其他	癸烷	0.61	0.48	3.20
	乙酸3-已烯酯	17.05		
	乙酸巳酯	1.51		
	1,8-桉叶油素	1.85	14.24	17.89
	十一烷+芳樟醇	0.28		
	紫苏烯	2.44	1.50	
	3-甲基-2-丁醇 + 甲基肉桂烯			0.68

（续）

成分名称		样品		
		叶片	木材	花
其他	十五烷			2.28
	水杨酸甲酯	30.23	15.79	
	二甲基十一烷	1.59	1.33	
	雪松醇	0.53		
	十七烷	0.23		
	香芹酚甲醚		0.27	
	十四烷		0.59	
	γ-依兰油烯+吉玛烯		0.21	
	小　计	56.32	34.41	24.05
总　计		90.84	93.04	91.22

4. 结论

将以上12种裸子植物（表6-19～表6-30）及10种被子植物（表6-31～表6-40）的分析数据作对比，结果如下：

（1）植物精气主要成分大致相同　22种植物含量较高的主要精气成分大致相同，含量排前10位的成分依次是α-蒎烯，β-蒎烯，莰烯，β-石竹烯，桧烯，柠檬烯，β-月桂烯，α-侧柏烯，吉玛烯D，异松油烯。

（2）单萜烯含量裸子植物比被子植物高；非萜烯类含量裸子植物比被子植物低　以叶片为例，如裸子植物中侧柏单萜烯与非萜烯类化合物含量分别为92.55%，0%（表6-19）；落叶松为87.48%，0%（表6-20）；竹柏为95.26%，3.54%（表6-21）；湿地松为93.36%，0.12%（表6-22）；火炬松为93.44%，0%（表6-23）。被子植物中樟树单萜烯与非萜烯类化合物含量分别为87.36%，7.80%（表6-31）；厚壳桂为31.33%，24.8%（表6-32）；香叶树为25.97%，8.47%（表6-33）；山苍子为41.73%，3.99%（表6-34）；阴香为36.21%，53.86%（表6-35）。

（3）植物精气中，单萜烯含量高于倍半萜烯　在以上22种植物中，12种裸子植物的单萜烯含量平均为倍半萜烯含量的15倍；10种被子植物的单萜烯含量平均为倍半萜烯含量的7倍。

（4）不同科植物的精气成分及含量不同　裸子植物柏科侧柏属的侧柏（表6-19）、松科落叶松属的落叶松（表6-20）、罗汉松科罗汉松属的竹柏（表6-21）的叶片样本的分析结果为：侧柏共分析出单萜烯9种，倍半萜烯9种；落叶松共分析出单萜烯6种，倍半萜烯3种；竹柏共分析出单萜烯3种，倍半萜5种。另外，以上3种植物精气的共同成分α-蒎烯的含量，侧柏为57.21%，落叶松为50.50%，竹柏为92.21%。这说明不同科的植物其释放出的精气在成分组成及含量上都有很大的差异。

（5）同科不同属植物的精气成分及含量不同　樟科樟属的樟树（表6-31）、厚壳桂属的厚壳桂（表6-32）、山胡椒属的香叶树（表6-33）和木姜子属的山苍子（表6-34）的叶片样本精气成分不同，樟树共分析出单萜烯7种，倍半萜烯3种；厚壳桂共分析出单萜烯6种，倍半萜烯6种；香叶树共分析出单萜烯8种，倍半萜烯12种；山苍子共分析出单萜烯15种，倍半萜烯13种。另外，以上4种植物精气的共同成分α-蒎烯的含量，樟树为53.89%，厚壳桂为15.62%，香叶树为7.56%，山苍子为10.04%。由此可见，同一科不同属植物，其释放出的精气在成分组成和含量上也有较大的差异。

(6)同属不同种植物的精气成分及含量不同　松科松属的湿地松(表6-22)、火炬松(表6-23)和黄山松(表6-24)的叶片样本精气成分不同，湿地松共分析出单萜烯7种，倍半萜烯6种；火炬松共分析出单萜烯5种，倍半萜烯3种；黄山松共分析出单萜烯7种，倍半萜烯7种。另外，以上3种植物精气的共同成分α-蒎烯的含量，湿地松为17.84%，火炬松为16.17%，黄山松为45.68%。这说明同属不同种的植物，其释放的精气在成分组成和含量上也有一定的差异。

(7)同一株植物不同部位的精气成分及含量不同　以马尾松为例，从其叶片样本中共分析出6种单萜类化合物，5种倍半萜烯类化合物；木材样本中共分析出7种单萜类化合物，3种倍半萜烯类化合物；花的样本中共分析出8种单萜类化合物，4种倍半萜烯类化合物。另外其叶片样本、木材样本和花样本中共同成分α-蒎烯的含量分别为71.26%，85.89%和1.38%。可见，同一株植物其不同部位释放出来的精气在成分组成和含量上也有差异。

综上所述，裸子植物精气比被子植物集中，即精气组成成分少而含量高；不同的植物精气成分差异明显；同一植物，其不同部位释放出的精气的组成和含量也有差异。

另有研究表明，同一树种在不同季节，不同的地域，不同的环境中释放出的精气也是有差异的。

关于植物精气，还有很多值得研究与探讨的地方，如精气与海拔、温度、湿度的关系；精气的日、月、年变化；精气与外界影响的关系(如人为损伤、虫咬伤)；单株植物的精气释放规律；群落间的精气释放规律等等。只有当人类充分掌握了植物精气的发生规律以后，才能使它更加广泛地服务于人类。因此，建议进一步组题进行深入研究。

案例5：与城区比较的森林区微生物类群在空气中的分布状况

1. 材料和方法

(1)材料

培养皿：直径9cm。

培养基：培养基为细菌、放线菌和真菌综合培养基。

其配方为：马铃薯150g，葡萄糖15g，蛋白胨10g，牛肉膏5g，氯化钠5g，硫酸铵2g，可溶性淀粉10g，琼脂20g，水100mL，pH自然。

光学显微镜：1600X。

DLY—3F型森林大气负离子测量仪。

染色剂：石碳酸复红染色液。

镜检用品：香柏油、乙醚乙醇、酒精灯、接种环、载玻片和擦镜纸等。

(2)方法

平板的制作：根据配方，制作PDA培养基在灭菌的培养皿内倒入溶化了的综合培养基15~20mL，平整冷凝后放入灭菌的金属筒内，每筒10皿，封好，作为1个取样点用。

微生物的取样：选择1个具有代表性的森林区点和1个相对应的城市区点，1个森林区点和1个相对应的森林区瀑布点，以及1个森林区负离子较低的点和1个相对应的负离子较高的点在大气状况大致相同(晴天或阴天，温差在3℃以内)的情况下，在1d(最多不超过2d)的上午7：00~7：30，中午12：00~12：30和下午17：00~17：30分别取样。首先，在筒内轻取3皿(即3个重复)，放在1张高约120cm的木凳上，准确的打开皿盖5min，反扣培养皿，贴上标签，放回筒内，早、中、晚各取样3皿，1皿不开盖，作为对照①。

培养：将取了样的培养皿和对照的培养皿连筒一起放在30℃恒温箱中培养3d，培养36h后检查细菌菌落数，培养48~60h后检查霉菌菌落数，培养72h后检查放线菌菌落数。

染色观察：染色一般采用细菌的简单染色法。通过染色以确定菌落中细菌和酵母菌的菌数及相关的比例，以及细菌中的杆菌、芽孢杆菌、球菌的数量及相互的比例。

负离子的测量：按中南林业科技大学森林旅游研究中心研制的DLY—3F型森林大气离子测量仪的说明书进行。

计算：根据各取样点1d 3次，每次3皿记录的各类菌落原始数据，计算出各取样点早、中、晚各3个培养皿中各类菌的菌落平均数。按1991年12月颁布的中华人民共和国国家标准确定的公共场所每立方米空气中微生物总数的计算公式，计算出各取样点早、中、晚每立方米空气中的微生物数。计算公式为：

$$菌数 \cdot m^{-3} = 50\,000N/A \times T$$

式中：N——培养皿中菌落平均数(个)；

A——培养皿的面积(cm^2)；

T——打开培养皿皿盖的时间(min)。

若培养皿的直径为9cm，打开皿盖的时间为5min，则公式可简化为：

---

① 原载《林业科学》第28卷第2期，2002年3月。

$$菌数 \cdot m^{-3} = 157 \times N$$

2. 结果

根据计算得知一些森林区测点与对应的城市市区测点 1d 内 $1m^3$ 空气中所含各类微生物数和总数的比较(表 6-41)。从表 6-41 中可以看出：森林区各取样点空气中的细菌数都比城市内各取样点空气中的细菌数少，最少的只是城市中的 1/90；森林区各取样点的细菌平均数只是城市内的 1/48。森林区各取样点空气中的霉菌数都比城市内各取样点空气中的霉菌高，有的高出城市约 15 倍；森林区各取样点的霉菌平均数高出城市 4 倍多。森林区各取样点空气中微生物总数都比城市内各取样点空气中微生物总数少，个别森林区取样点(如湖南省资兴市大坝龙天峰)只是城市内取样点(如湖南省郴州市)的 1/18；森林区各取样点总菌数的平均数只是城市内各取样点总菌数平均数的 1/7。森林区空气中的放线菌和酵母菌找不出什么有规律性的关系。

表 6-41 森林区与城市内微生物数的比较 个 · m^{-3}

取样地点	细 菌	放线菌	酵母菌	霉 菌	总菌数	取样日期	天 气
湖南长沙东塘广场	9 902	73	695	108	10 778	1993-08-24	晴，34 ~ 38℃
河南炎陵桃源洞焦石	113	52	10	1 577	1 752	1993-08-23	晴，30 ~ 35℃
广西南宁火车站	12 298	135	874	524	13 831	1995-06-14	阴，26 ~ 30℃
广西上思县十万大山三叉江	136	0	0	787	923	1995-06-15	阴，24 ~ 28℃
江西靖安县城	3 497	0	432	556	4 485	1997-09-15	阴，21 ~ 27℃
江西靖安北河林区	172	51	70	2 316	2 609	1997-09-14	阴，20 ~ 25℃
广东广州二沙头	12 853	75	3 202	351	16 445	1998-03-25	阴，20 ~ 27℃
广东增城澳洲山庄九地	346	52	89	2 130	2 617	1998-03-25	阴，19 ~ 25℃
湖南郴州市火车站	12 191	0	390	178	12 759	2000-03-04	阴，14 ~ 20℃
湖南资兴东江大坝九龙峰	293	47	47	314	701	2000-03-04	阴，12 ~ 18℃

森林区各取样点空气中测得的各类微生物和总数以及该森林区瀑布区同日测得的各类微生物数和总数比较(表 6-42)。从表 6-42 可以看出，森林区瀑布区各取样点空气中的细菌数都比森林区非瀑布区各取样点空气中的细菌数少，不少瀑布区竟没有出现细菌；森林区瀑布区各取样点的细菌平均数，只是森林区非瀑布区细菌平均数的 1/16；而且，森林区瀑布区空气中其他微生物数量也都比森林区非瀑布区少。森林区瀑布区空气中微生物总数比森林区非瀑布区少，前者只是后者的 1/8。

表 6-42 森林区瀑布区与森林区非瀑布区微生物数的比较 个 · m^{-3}

取样地点	细 菌	放线菌	酵母菌	霉 菌	总菌数	取样日期	天 气
湖南炎陵桃源洞珠帘瀑布	0	8	24	172	204	1993-08-23	晴，30 ~ 35℃
湖南炎陵桃源洞双江口	218	21	34	343	616	1993-08-23	晴，30 ~ 35℃
广东流溪河南山瀑布	0	0	0	0	0	1995-03-27	阴，15 ~ 21℃
广东流溪河虎爪岗	225	20	42	465	752	1995-03-27	阴，15 ~ 21℃
江西靖安三爪仑洪屏村瀑布	38	5	18	198	259	1997-09-17	阴，20 ~ 25℃
江西靖安三爪仑北河	831	17	21	2 570	3 439	1997-09-17	阴，20 ~ 25℃

（续）

取样地点	细 菌	放线菌	酵母菌	霉 菌	总菌数	取样日期	天 气
广东肇庆鼎湖山飞水潭瀑布	0	0	0	0	0	1998-10-10	阴，22～31℃
广东肇庆鼎湖山青龙潭	68	16	20	1 533	1 637	1998-10-10	阴，22～31℃
湖南资兴东江大坝泻玉瀑	50	0	33	298	381	2000-03-04	阴，12～18℃
湖南资兴东江大坝九龙峰	293	47	47	314	701	2000-03-04	阴，12～18℃
湖南新化大熊山田池坪瀑布	31	16	0	366	413	2000-04-23	阴，15～24℃
湖南新化大熊山贺家冲	290	52	202	2 873	3 417	2000-04-23	阴，15～24℃

在测森林区各取样点空气中微生物数的同时，并进行空气中负离子数的测定（表6-43）。从表6-43可以看出：森林区空气中负离子数不同而其他因子相近的取样点同时取样，空气中负离子数高，细菌数量则少；放线菌和酵母菌似乎也存在同样的关系；但霉菌与负离子则看不到有任何规律性的关系。从染色的细菌菌落结果中，城市空气中的球菌数多于森林区的球菌数；各取样点的球菌明显少于杆菌和芽孢杆菌数；但杆菌和芽孢杆菌在数量上无任何规律。森林区相距较远的取样点，又不同时取样，则看不到细菌数与负离子之间的任何规律性关系。从各取样点的细菌数目中，多数取样点中的杆菌数＞芽孢杆菌数＞球菌数。城市中的球菌数＞森林区的球菌数。

表6-43　森林区空气微生物数与负离子数的关系　　个·m^{-3}

取样地点	细 菌	放线菌	酵母菌	霉 菌	总菌数	负离子数	取样日期
湖南炎陵桃源洞牛角垄	16	—	—	608	624	13 910	1993-08-24
湖南炎陵桃源洞焦石林内	94	—	—	577	671	7 157	1993-08-24
广东流溪河水坝	0	0	0	0	0	6 880	1995-03-27
广东流溪河三棵松	487	16	0	549	1 052	2 700	1995-03-27
江西靖安三爪仑骆家坪	38	0	22	271	331	11 100	1997-08-28
江西靖安三爪仑樟林	83	—	15	521	619	1 500	1997-08-28
广东惠州象头山三堆池	56	0	10	241	307	2 970	1999-04-29
广东惠州象头山范家田	570	16	73	387	1 046	580	1999-04-29
湖南新化大熊山瞭望台	361	16	37	246	657	480	2000-04-23
湖南新化大熊山田池坪	31	6	0	366	403	720	2000-04-23

第三节　生态旅游环境容量的测算

在游客体验与资源保护（visitor experience and resource protection，VERP）中，旅游环境容量被定义为“符合国家公园管理目标的可接受的资源和在社会条件可持续利用下，游客使用公园资源和社会条件的水平和类型。”这里的公园资源不仅包括自然资源，如生物资源，而且包括人文资源，如美学资源、文化资源和其他特色资源等方面的因素。

环境容量可以表示为在一定条件下，一定的空间和时间范围内所能容纳的游客数量，确定环境容量是阐述旅游者数量与环境之间适度的量的关系，它是确定生态旅游区用地规模、接待设施规模、市政设施规模、投资规模等的依据。

一、旅游地环境容量的测量

(一)环境容量调查与表达方法

以景区或游道为单位，测量游道的长度，景点间距离；记录在各景点间游览行走所需的时间及在景点观景和途中所需的时间，以游客数量最多的人群的游览速度和观景时间为标准记录统计。然后将各旅游点的容量加起来，就可得出该旅游区的总环境容量。

环境容量可以用瞬时容量、日游人容量、年游人容量三个层次来表示。

①瞬时容量（有的称一次性游人容量），单位以“人/次”表示；

②日游人容量，单位以“人次/日”表示；

③年游人容量，单位以“人次/年”表示。

(二)环境容量的计算公式

目前普遍采用有三种计算方法，即游道法、面积法和卡口法。

1. 线路法(又叫游道法)

游道法分为完全游道法和不完全游道法两种。完全游道法即进出口不在同一位置；不完全游道法即进出口在同一位置，游客至终点必须按原路返回。

完全游道法计算公式是：

$$C = A \times D \div B$$

式中：C——环境日容量；

A——游道长度；

B——游客占用合理的游道长度；

D——周转率(D = 景区开放时间 ÷ 游完全游道所需时间)。

不完全游道的计算公式是：

$$C = A \times D \div (B + B \times E \div F)$$

式中：F——游完全游道所需时间；

E——沿游道返回所需时间。

2. 面积计算法

$$C = A \times D \div a$$

式中：C—— 环境日容量；

A—— 可游览面积；

a—— 个人应占面积；

D—— 周转率。

关于 a 的计算标准，国内外并无统一的认识。表 6-44 为国外城市公园的人均面积指标。

表 6-44　国外城市公园的人均面积指标　　m^2/人

国家名	城市名	公园人均面积	国家名	城市名	公园人均面积
英国	伦敦	30.4	美国	纽约	19.2
意大利	罗马	11.4	加拿大	渥太华	25.4
法国	巴黎	12.2	波兰	华沙	25.3
瑞士	日内瓦	15.1	瑞典	斯德哥尔摩	80.3
新西兰	奥克兰	49.1	新加坡	新加坡	7.2

《公园设计规范》规定的指标为：市、区级公园游人人均占有公园面积以 $60m^2$ 为宜，居住区公园、带状公园和居住小区游园以 $30m^2$ 为宜；近期公共绿地人均指标低的城市，游人人均占有公园面积可酌情降低，但最低游人人均占有公园的陆地面积不得低于 $15m^2$。风景名胜公园游人人均占有公园面积宜大于 $100m^2$。水面和坡度大于 50% 的陡坡山地面积之和超过总面积的 50% 的公园，游人人均占有公园面积应适当增加，其指标应符合表 6-45 的规定。

表 6-45　水面和坡度面积较大的公园人均占有面积指标

水面和坡度面积占总面积比例(%)	0～50	60	70	80
近期游人占有公园面积(m^2/人)	≥30	≥40	≥50	≥75
远期游人占有公园面积(m^2/人)	≥60	≥75	≥100	≥150

《风景名胜区规划规范》标准为：

(1) 主景景点　50～$100m^2$/人(景点面积)；

(2) 一般景点　100～$120m^2$/人(景点面积)；

(3) 浴场海域　10～$20m^2$/人(海拔 0～－2m 以内水面)；

(4) 浴场沙滩　5～$10m^2$/人(海拔 0～＋2m 以内沙滩)。

3. 卡口法

$$C = D \times 每批人数 \times 景点数$$

式中：C——环境日容量；

D——日游客批数。

其中：

$$D = t_1 \div t_3$$

$$t_1 = H - t_2$$

式中：t_1——每天游览时间；

t_2——游完全园所需时间；

t_3——两批游客相距时间；

H——每天开放时间。

(三) 旅游床位的计算方法

旅游床位是游览设施的调控指标，应严格限定其规模和标准，做到定性、定量、定位、定用地范围。其计算方法为：

$$床位数 = 平均停留天数 \times 年住宿人数/年旅游天数 \times 床位利用率$$

二、旅游地社会承载力的测算

旅游业给旅游地社会结构、道德观念、生活方式、疾病传播、文化发展等造成的强烈冲击，已经威胁到旅游地的可持续发展。当前部分学者已经提出用旅游密度指数法、文化距离与宗教心理距离相关测量法、旅游密度感知容量法、土地利用强度指数法、限制因子法等方法测算旅游地社会承载力，实际上，影响旅游地社会承载力的因素很多，但在定量计算的时候却很难将各种因素整合成为一个综合的数学模型。我们将旅游业给旅游地带来的各种社会方面的负面影响称为社会损失因子，并根据各种社会因子的损失程度来衡量旅游地的社会承载力。

旅游地的社会损失概念体系是由当地居民特征和当地社会整体特征决定的社会特征因子组成的结构系统。所以我们确立的概念体系由“社会稳定指标”与“居民生活质量指数”两大子体系、13 个具体指标组成，如图 6-1 所示。

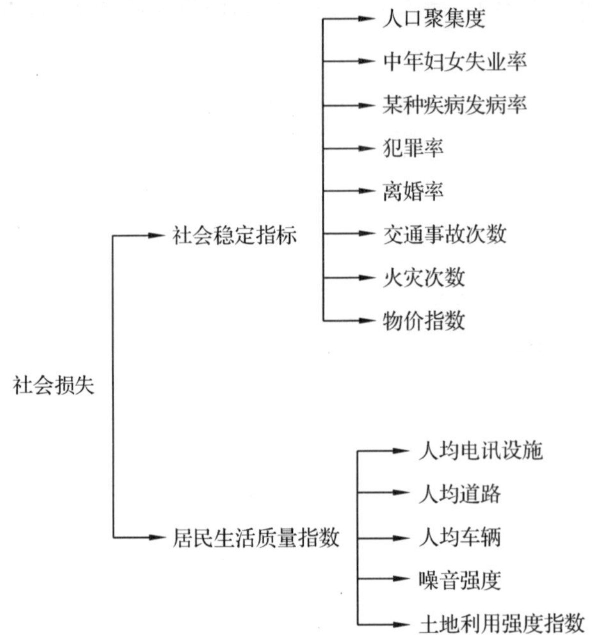

图 6-1　社会损失概念体系

(一) 测算中主要因子的选择

社会损失的因子繁多，包含这么多的自变量的系统在计算上和应用上很不方便，而且其稳定性也变得很差。因此我们采用主成分分析，选择主要因子来代表当地的社会损失。主成分分析通过构造各种社会损失因子的适当的线性组合，以产生一系列互不相关的新变量，从中选出少数几个新变量并使他们含有尽可能多的原有各种社会损失因子的信息。从而使得用这几个新变量代替原有各种社会损失因子分析问题和解决问题成为可能。然而在做主成分分析时，得到的各种统计资料中，各种指标的单位不相同。因而有必要先将数据标准化以消除量纲与量纲之间的影响。假设旅游地的社会损失的因子为

$$X = (X_1, X_2, \cdots, X_p)^T,$$

设 $x_i=(x_{1i},\ x_{2i},\ \cdots,\ x_{pi})^T$，$i=1,\ 2,\ \cdots n$ 为取自 $X=(X_1,\ X_2,\ \cdots,\ X_p)^T$ 的一个容量为 N 的简单随机样本。我们可以用以下公式进行标准化：

$$x_i^* = (x_{1i}^*, x_{2i}^*, \cdots, x_{pi}^*)^T = \left(\frac{x_{1i}-\bar{x}_1}{\sqrt{s_{11}}}, \frac{x_{2i}-\bar{x}_2}{\sqrt{s_{22}}}, \cdots, \frac{x_{pi}-\bar{x}_p}{\sqrt{s_{pp}}}\right)^T, i = 1,2,\cdots,n$$

其中　$\bar{x} = (\bar{x}_1, \bar{x}_2, \cdots, \bar{x}_p)^T, \bar{x}_i = \frac{1}{n}\sum_{j=1}^{n} x_{ij}, i = 1,2,\cdots,p;$

$$s_{ij} = \frac{1}{n-1}\sum_{k=1}^{n}(x_{ik}-\bar{x}_i)(x_{jk}-\bar{x}_j) \quad i,j = 1,2,\cdots,p$$

可以看出，标准化数据的样本协方差矩阵 S^* 即为原数据的样本相关矩阵 R：

$$R \equiv (r_{ij})_{p\times p} = \left[\frac{s_{ij}}{\sqrt{s_{ii}s_{jj}}}\right]$$

设 S^* 的特征值为 $\lambda_1 \geqslant \lambda_2 \geqslant \cdots \geqslant \lambda_p \geqslant 0$，相应的正交单位化特征向量为 $\hat{u}_1$，$\hat{u}_2$，$\cdots$，$\hat{u}_p$，则，第 i 个样本主成分为：

$$y_i^* = \hat{u}_i^T x^* = \hat{u}_{1i}x_1^* + \hat{u}_{2i}x_2^* + \cdots + u_{pi}x_p^*,\ i=1,\ 2,\ \cdots,\ p$$

其中 $x^*=(x_1^*,\ x_2^*,\ \cdots,\ x_p^*)^T$ 为 X 的任意观测值标准化后的数据。

究竟用几个主成分就可代替原有指标体系，需要用到贡献率，也即社会损失对社会损失指标体系的代表度。定义第 1 个样本主成分的贡献率为：

$$\lambda_i / \sum_{j=1}^{p}\lambda_j, i = 1,2,\cdots,p$$

定义前 k 个样本主成分的累计贡献率为：

$$\sum_{i=1}^{k}\lambda_i / \sum_{i=1}^{p}\lambda_i$$

如果前 k 个主成分的累计贡献率大于 85%（这个数字可以据旅游地的特点确定，一般为 85%）则可以认为这些主成分能反映指标体系所具有的信息，这 k 个指标则是我们要找的主成分。

（二）模型的确立与可行性检验

旅游地的社会损失是由游客的影响而引起的。一般来说，旅游地的社会损失应该作为因变量，旅游人数作为自变量。但在建立模型时我们考虑把社会损失因子定为自变量，把游客数量定为因变量。这样便于从整体上讨论旅游人数与社会损失之间的关系，而且社会损失不可能无限制的增长，它受到各种社会条件的制约，是一个能表征出来的量。这样建立的模型较能真实地反映社会承载力。假设旅游人数为 Z，我们可以通过回归分析来建立旅游地的社会承载力模型：

$$Z = f(y)$$

式中：$y=(y_1^*,\ y_2^*,\ \cdots,\ y_k^*)$

在这一过程中，我们还可以检验每一个参数的显著性和模型整体的显著性，从而可以判断模型是否可行。

（三）社会承载力阈值的确定

居民的可承受能力是由旅游地的开放程度、宾主文化差异、当地的社会状况、居民的旅游参与度、旅游开发时间的长短、旅游经济占当地居民收入的比重等因素决定的。因而我们可以采用访问法和问卷调查法来确立当地居民在现今的社会条件下的社会损失的可承受量。在设计问卷时，可按事先确定的主要因子设计调查表，对当地居民进行社会调查。另外，我们还可以对当地政府进行访问，了解他们对当地社会的发展前景的规划。从中我们能知道当地社会在一定时期内保持社会稳定的可接受的社会损失。

三、生态旅游环境容量管理的方法及对策

生态旅游环境容量调控是促进生态旅游健康发展，实现旅游业可持续发展的重要手段之一。旅游环境容量调控与西方国家的环境容量管理理论相比，调控一词是中国式的习惯用法，在管理目标上是一致的，在内容上也基本相同。

(一)生态旅游环境容量的调控

旅游环境承载力是由评价指标中允许游客容量中的最小值确定，因此，要提高旅游环境承载力，首先应针对在确定旅游环境承载力的分析过程中找出的限制因子采取措施。概括起来，提高旅游环境承载力存在如下一些方法：

1. 法律法规系统

旅游环境承载力的大小与旅游活动对环境影响的大小密切相关。单个游客或旅游活动对环境的影响越大，环境所能承载的旅游规模就越小。因此，任何有利于保护环境、减少人类活动对环境影响的法律法规都有利于提高旅游环境承载力。我国已建立了比较完善的环境保护法律体系，旅游开发和经营，以及游客在旅游过程中的行为都应当遵守环境保护法律和法规。此外，还应根据具体的旅游地和旅游活动制订具体的管理条例。

2. 科学引导系统

旅游目的地不同区域的环境脆弱性是不一样的，旅游目的地应实行分区管理。不同的旅游活动对环境的影响也不一样，分区管理有利于对环境影响大的活动集中管制。我国的一些自然保护区(如九寨沟)在开展旅游活动时实行“区内旅游，区外住宿”就是科学引导的体现。

科学引导还包括对旅游开发和旅游活动的科学规划。例如，在超负荷运转的主景旁建新的景点或娱乐设施，有利于分流游客，增加景区的游客容量。将旅游线路由不完全游道改成完全游道，能提高空间压力指标所允许的游客容量等。

3. 行政管理系统

行政管理系统能约束和引导游客和旅游经营者的行为，减少游客和旅游活动对环境的影响，因而能提高旅游环境承载力。科学合理的管理对提高各种安全环境评价指标所允许的游客容量都能起或多或少的作用。

在生态旅游活动中，提高经营者和游客的环保意识，实行先培训后上岗，先培训再出游，是保护旅游区生态环境的重要措施。另外国家旅游局在各风景名胜区开展的旅游环境综合整治，不仅改善了各风景名胜区的环境质量，也提高了各风景区的旅游环境承载力。

4. 经济调控系统

在市场经济体制下，经济调控手段是保护生态环境，提高旅游环境承载力的重要措施。例如，在分区管理的生态旅游地，对脆弱区实行高门票，可以把一部分游客限制在核心区周围地带，以保证整个旅游区维持较好的游客接待量而不致对环境产生很大的影响。

对于淡旺季比较明显的旅游区，可以实行浮动票价，在淡季适当降低门票，而在旺季适当提高门票，以调节客流，缩短淡季，提高旅游环境承载力。但运用经济杠杆调节游客容量是把双刃剑，因涉及民生广受社会关注。

5. 环境治理系统

环境治理为环境保护提供了技术保障。环境的自净化能力是有限的，旅游活动加给旅游目的地环境的额外负担，可以通过人类自身的活动加以消除。我国已在许多旅游风景区建立了环境治理系统。如八达岭长城旅游区，建立了日处理污水480t的污水处理站，并对旅游区内下水管道和厕所进行了改造。庐山风景区修建了大型排污管道2条，污水净化池5座，垃圾处理场1座。

(二)生态旅游环境容量调控内容与措施

1. 生态旅游区拥挤

生态旅游环境容量直接决定着旅游景区的范围与可容纳旅游者人数的多少，环境容量一旦超出景区可承受的范围，最直接的表现就是会造成生态旅游区的拥挤，可运用如下手段进行调控。

(1)控制与分散旅客流量　对生态旅游区进行统筹规划，协调好旅游供求关系，适当分流来缓解环境容量压力。具体措施包括：①限制游客的每日进入量：预测生态旅游区的环境容量，掌握景区的日游客量控制范围，合理制定旅游市场总体目标，具体分析各个景区每日的可容纳限额，进行严格的生态管理。②设计改善景区旅游路线：合理开发、组织旅游区内的景点游览线路，实现旅游区客流时空分布均匀化；利用舆论宣传分散旅游者旅游线路，实现游览线路的多样化；根据景区旅游线路图，改善景区内的交通条件，以便于游客的及时疏导。

(2)新建扩建旅游景区　在分散旅游者游客流量，缓解现有景区压力的基础上，对各个景区每一阶段的游客容量进行严谨论证，对部分旅游景区进行扩建，以扩大景区对旅游者的可容纳数量。另外，合理开发新的生态旅游资源，对现阶段旅游活动集中区域的游客活动进行控制。

2. 旅游环境资源破坏

生态旅游环境容量超载会对旅游区内的生态旅游资源与环境造成破坏，在严重的情况下甚至会带来不可逆转的损失。所以，我们一定要确保环境容量在合理范围内，旅游活动不会影响和破坏旅游区的环境与资源。

(1)修养生息，对景区进行季节性开放　针对生态旅游活动的季节性特征，可以在旅游淡季对旅游区内的环境资源进行封闭保护或者少量开放，以保障生态旅游区的长远健康发展。①淡季的休养生息与环境补给：在旅游旺季，生态旅游环境系统的物质、能量、信息等消耗过多，在旅游淡季时，就不能仅靠环境本身的调节能力去修养生息，而需要人为地补给大量物质、能量和信息等来促使生态旅游环境尽快恢复，保持其环境容纳能力。②轮流开放，分区恢复：为避免饱和或超载的旅游景区生态环境遭受破坏，可以对生态旅游区采取轮流开放，分区恢复的调控措施。将局部生态旅游环境容量饱和的景区关闭一段时间，让受损的生态旅游环境系统进行恢复，以期可持续发展。在轮流开放时，要注意开放的景区类型的搭配，对同一类型、同一功能的景区或景点进行轮流开放，这样既不会影响旅游者的旅游质量也不会影响旅游区的形象，同时保留部分旅游资源可以吸引同一批游客的再次前来。

(2)人工治理受损环境，加快旅游环境恢复　生态旅游环境受损大的地域，单靠短期的环境自净能力和自我恢复能力难以解决其生态环境问题，应采取人工治理措施。对受干扰严重的自然生态环境系统要靠人工干扰恢复其生态平衡；对受污染的水体等要采取相应的措施加以治理，并对造成的生态旅游者与当地居民紧张的关系要多做疏导、宣传教育工作，以使生态旅游环境保持其较佳的容量。

中篇　生态旅游管理方法

生态旅游管理的目标是使自然资源和社区文化所共同依赖的环境得到维护，为生态旅游者提供高质量的体验和享受，并使生态旅游地居民的生活质量得到提高；要坚持保护第一、科学管理、以人为本、“天人合一”原则。

——吴楚材

第七章
生态旅游区的类型及等级划分

当前，生态环境已逐步成为人们度假休闲的重要资源，不同的环境可以满足不同游客的需求。按照生态旅游区的功能及所在地生态环境进行综合分析，可以将生态旅游区划分为避寒型生态旅游区、避暑型生态旅游区、滨海型(含海岛)生态旅游区、江河湖库(内陆滨水型)生态旅游区、森林生态型生态旅游区、保健养生型生态旅游区和草原生态型生态旅游区 7 种类型。不同类型的生态旅游区所要求的环境条件的侧重点不同。不同环境条件状况及其不同的组合，构成了不同类型生态旅游区的不同等级。通过多年的研究和大量调查，为了规范生态旅游区，我们研究制定了各种类型生态旅游区的等级评价指标及其评价标准。

第一节　避寒型生态旅游区的等级评价指标及标准

一、评价指标及赋分值

避寒型生态旅游区是生态旅游区的一种特殊类型。它除了要具备生态旅游区的环境条件和建设内容外，气候条件还必须是长夏无冬、阳光充足、气候温暖。

避寒旅游是指为躲避居住地冬季的严寒而到气候温暖地方的一种旅游方式。其特点主要体现在以下 4 个方面：①旅游流向的稳定性，表现为从高纬度地区流向中、低纬度地区；②旅游时间的周期性，表现为每年冬季是避寒旅游活跃期；③中高纬度地区冬季长达 3 ~6 个月，而且光照时间短，因此避寒时间一般较长；④旅游目的地为阳光充足少雨、气候温暖的阳光带。

避寒旅游的主要价值在于躲避居住地冬季的严寒。因此，避寒型生态旅游区的关键环境资源是气候舒适度。优秀避寒地冬季 3 个月(12 月 ~ 翌年 2 月)的舒适日数应占总日数的 70% 左右，偏热或偏凉日数不大于总日数的 30% 左右，不能出现寒冷或极冷天气。

二、等级划分标准

避寒型生态旅游区的具体等级评价指标及其评价标准可如表 7-1 所示。

表 7-1　避寒型生态旅游区等级评价评分

评价项目		评价依据	赋分值
气候条件（30 分）	气温（20 分）	11 月至次年 3 月，月平均气温 17 ~ 22℃	20
		11 月至次年 3 月，月平均气温 13 ~ 16.9℃	15
	旅游舒适期（10 分）	旅游舒适期 > 180 天/年	10
		160 天/年 < 旅游舒适期≤180 天/年	8
		130 天/年 < 旅游舒适期≤160 天/年	5
		旅游舒适期≤130 天/年	3
大气环境质量（10 分）		达到国家一级标准	10
		达到国家二级标准	7
		未达到国家二级标准	0
地表水环境质量（10 分）		达到国家一类标准	10
		达到国家二类标准	7
		达到国家三类标准	4
空气负离子浓度（10 分）		主要景点平均浓度 700 个/cm^3 以上，局部地段达到 60 000 个/cm^3 以上	10
		主要景点平均浓度 700 个/cm^3 以上，局部地区达到 30 000 个/cm^3 以上	7
		主要景点平均浓度 700 个/cm^3 以上，局部地区达到 10 000 个/cm^3 以上	4
		主要景点平均浓度 700 个/cm^3 以上，局部地区达到 3 000 个/cm^3 以上	2
空气中细菌含量（5 分）		每立方米空气中平均细菌含量小于 200 个/ m^3	5
		每立方米空气中平均细菌含量小于 350 个/ m^3	3
		每立方米空气中平均细菌含量小于 600 个/ m^3	2
声环境质量（5 分）		达到国家 0 类标准	5
		达到国家 1 类标准	3
		达到国家 2 类标准	2
植被或森林植被（10 分）		植被覆盖率在 80% 以上，森林覆盖率在 40% 以上，树高在 6 ~ 10m 或 10m 以上，通风透光良好	10
		植被覆盖率在 70% 以上，森林覆盖率在 30% 以上，树高在 6 ~ 10m	7
		植被覆盖率在 60% 以上，森林覆盖率在 20% 以上，树高在 6 ~ 10m	4
天然本底辐射（个人年有效剂量，5 分）		>10mSv/年	0
		2.3 ~ 10mSv/年	1
		0.1 ~ 2.3mSv/年	2
		0.1 ~ 1mSv/年	3
		0.01 ~ 0.1mSv/年	4
		<0.01mSv/年	5
植物精气（10 分）		有 5 个以上树种叶片中单萜烯和倍半萜烯相对含量之和在 80% 以上，面积在 200hm^2 以上，可开发利用程度高	10
		有 4 个以上树种叶片中单萜烯和倍半萜烯相对含量之和在 80% 以上，面积在 100hm^2 以上，可开发利用程度较高	7
		有 3 个以上树种叶片中单萜烯和倍半萜烯相对含量之和在 70% 以上，面积在 100hm^2 以上	4
		有 2 个以上树种叶片中单萜烯和倍半萜烯相对含量之和在 70% 以上，面积在 100hm^2 以上	2

（续）

<table>
<tr><th>评价项目</th><th>评价依据</th><th>赋分值</th></tr>
<tr><td rowspan="3">土壤环境
（5 分）</td><td>达到国家一级标准</td><td>5</td></tr>
<tr><td>达到国家二级标准</td><td>3</td></tr>
<tr><td>达到国家三级标准</td><td>2</td></tr>
</table>

注：避寒型生态旅游区具备如下两个条件的，可以加分。

条件一：在避寒型生态旅游区有沙滩浴场或可建沙滩浴场，海水质量达到《海水水质标准》(GB 3097—1997)中的二类标准，加 6 分；

条件二：在避寒型生态旅游区森林植被好，森林面积 100hm^2 以上，集中连片，树种叶片中单萜烯和倍半萜烯相对含量之和在 80% 以上的树种有 10 种以上，地势平坦，林下清洁，具备了建立高标准的森林浴场、森林保健中心的条件，加 6 分。

评分达到 90 分以上为一级避寒型生态旅游区；评分达到 80 分以上为二级避寒型生态旅游区；评分达到 70 分以上的为三级避寒型生态旅游区。

第二节　避暑型生态旅游区的等级评价指标及标准

一、评价指标及赋分值

避暑生态旅游是指为躲避居住地夏季的酷暑高温而到气候凉爽的目的地如高海拔、高纬度、大森林以及可以戏水达到降温的海、湖、溪边进行消夏避暑的地域，是一种季节性的特殊旅游度假形式，是生态旅游区的一种特殊类型。

避暑型生态旅游的主要价值在于躲避居住地夏季的酷暑高温。因此，与避寒型生态旅游区一样，气候条件是最主要的条件。

二、等级划分标准

避暑型生态旅游区的具体等级评价指标及其评价标准可如表 7-2 所示。

表 7-2　避暑型生态旅游区等级评价评分

<table>
<tr><th colspan="2">评价项目</th><th>评价依据</th><th>赋分值</th></tr>
<tr><td rowspan="6">气候条件
（30 分）</td><td rowspan="2">气温
（20 分）</td><td>6 ~ 9 月月平均气温 17 ~ 21℃</td><td>20</td></tr>
<tr><td>6 ~ 9 月月平均气温 22 ~ 25℃</td><td>15</td></tr>
<tr><td rowspan="4">旅游舒适期
（10 分）</td><td>旅游舒适期 > 180 天/年</td><td>10</td></tr>
<tr><td>160 天/年 < 旅游舒适期 ≤ 180 天/年</td><td>8</td></tr>
<tr><td>130 天/年 < 旅游舒适期 ≤ 160 天/年</td><td>5</td></tr>
<tr><td>旅游舒适期 ≤ 130 天/年</td><td>3</td></tr>
<tr><td colspan="2" rowspan="3">大气环境质量
（10 分）</td><td>达到国家一级标准</td><td>10</td></tr>
<tr><td>达到国家二级标准</td><td>7</td></tr>
<tr><td>未达到国家二级标准</td><td>0</td></tr>
</table>

（续）

评价项目	评价依据	赋分值
地表水环境质量（10 分）	达到国家一类标准	10
	达到国家二类标准	7
	达到国家三类标准	4
空气负离子浓度（10 分）	主要景点平均浓度 700 个/cm^3 以上，局部地段达到 60 000 个/cm^3 以上	10
	主要景点平均浓度 700 个/cm^3 以上，局部地区达到 30 000 个/cm^3 以上	7
	主要景点平均浓度 700 个/cm^3 以上，局部地区达到 10 000 个/cm^3 以上	4
	主要景点平均浓度 700 个/cm^3 以上，局部地区达到 3 000 个/cm^3 以上	2
空气中细菌含量（5 分）	空气中平均细菌含量小于 200 个/ m^3	5
	空气中平均细菌含量小于 300 个/ m^3	3
	空气中平均细菌含量小于 600 个/ m^3	2
声环境质量（5 分）	达到国家 0 类标准	5
	达到国家 1 类标准	3
	达到国家 2 类标准	2
植被或森林植被（10 分）	植被覆盖率在 80% 以上，森林覆盖率在 40% 以上，树高在 6 ~ 10m 或 10m 以上，通风透光良好	10
	植被覆盖率在 70% 以上，森林覆盖率在 30% 以上，树高在 6 ~ 10m	7
	植被覆盖率在 60% 以上，森林覆盖率在 20% 以上，树高在 6 ~ 10m	4
天然本底辐射（个人年有效剂量，5 分）	$>10mSv \cdot 年^{-1}$	0
	$2.3 \sim 10mSv \cdot 年^{-1}$	1
	$0.1 \sim 2.3mSv \cdot 年^{-1}$	2
	$0.1 \sim 1mSv \cdot 年^{-1}$	3
	$0.01 \sim 0.1mSv \cdot 年^{-1}$	4
	$<0.01mSv \cdot 年^{-1}$	5
植物精气（10 分）	有 5 个以上树种叶片中单萜烯和倍半萜烯相对含量之和在 80% 以上，面积在 $200hm^2$ 以上，可开发利用程度高	10
	有 4 个以上树种叶片中单萜烯和倍半萜烯相对含量之和在 80% 以上，面积在 $100hm^2$ 以上，可开发利用程度较高	7
	有 3 个以上树种叶片中单萜烯和倍半萜烯相对含量之和在 70% 以上，面积在 $100hm^2$ 以上	4
	有 2 个以上树种叶片中单萜烯和倍半萜烯相对含量之和在 70% 以上，面积在 $100hm^2$ 以上	2
土壤环境（5 分）	达到国家一级标准	5
	达到国家二级标准	3
	达到国家三级标准	2

注：避暑型生态旅游区具备如下两个条件的，可以加分。

条件一：在避暑型生态旅游区有沙滩浴场或可建沙滩浴场，海水质量达到《海水水质标准》（GB3097—1997）中的二类标准，加 6 分；

条件二：在避暑型生态旅游区森林植被好，森林面积 $100hm^2$ 以上，集中连片，树种叶片中单萜烯和倍半萜烯相对含量之和在 80% 以上的树种有 10 种以上，地势平坦，林下清洁，具备了建立高标准的森林浴场、森林保健中心的条件，加 6 分。

评分达到 90 分以上为一级避暑型生态旅游区；评分达到 80 分以上为二级避暑型生态

旅游区；评分达到70分以上的为三级避暑型生态旅游区。

第三节　滨海型生态旅游区的等级评价指标及标准

一、评价指标及赋分值

滨海生态旅游是指在海岸、临岸水面上发生的旅游、休闲、娱乐活动，包括在海岸上住宿、餐饮、基础设施支撑的海岸发展和旅游活动，例如休闲游船、依托海岸的生态旅游、豪华游船、游泳、休闲渔业、浮潜和潜水等。

滨海生态旅游的价值主要体现在有益健康、气候宜人、景色优美、运动健身、海鲜美食等方面，海滨地区对久居内地的人来说具有一种神秘幽深的色彩和强大的吸引力，同时，滨海地区多天然良港，经济大多比较发达，交通方便，也为滨海生态旅游区的建设提供了较好的经济基础。

二、等级划分标准

滨海生态型旅游区的具体等级评价指标及其标准见表7-3。

表7-3　滨海（含海岛）型生态旅游区等级评价评分

评价项目	评价依据	赋分值
旅游舒适期（30分）	旅游舒适期＞160天/年	30
	140天/年＜旅游舒适期≤160天/年	20
	120天/年＜旅游舒适期≤140天/年	15
	旅游舒适期≤120天/年	10
海水环境质量（10分）	达到国家一类标准	10
	达到国家二类标准	7
	达到国家三类标准	4
大气环境质量（10分）	达到国家一级标准	10
	达到国家二级标准	7
	未达到国家二级标准	4
地表水环境质量（10分）	达到国家一类标准	10
	达到国家二类标准	7
	达到国家三类标准	4
空气负离子浓度（10分）	主要景点平均浓度700个/cm^3以上，局部地段达到60 000个/cm^3以上	10
	主要景点平均浓度700个/cm^3以上，局部地区达到30 000个/cm^3以上	7
	主要景点平均浓度700个/cm^3以上，局部地区达到10 000个/cm^3以上	4
	主要景点平均浓度700个/cm^3以上，局部地区达到3 000个/cm^3以上	2
空气中细菌含量（5分）	空气中平均细菌含量小于200个/m^3	5
	空气中平均细菌含量小于300个/m^3	3
	空气中平均细菌含量小于600个/m^3	2

（续）

评价项目	评价依据	赋分值
声环境质量（5分）	达到国家0类标准	10
	达到国家1类标准	5
	达到国家2类标准	2
植被或森林植被（5分）	植被覆盖率在70%以上，森林覆盖率在40%以上，树高在6～10m或10m以上，通风透光良好	5
	植被覆盖率在60%以上，森林覆盖率在30%以上，树高在6～10m	4
	植被覆盖率在50%以上，森林覆盖率在20%以上，树高在6～10m	3
天然本底辐射（个人年有效剂量，5分）	$>10mSv \cdot 年^{-1}$	0
	$2.3 \sim 10mSv \cdot 年^{-1}$	1
	$0.1 \sim 2.3mSv \cdot 年^{-1}$	2
	$0.1 \sim 1mSv \cdot 年^{-1}$	3
	$0.01 \sim 0.1mSv \cdot 年^{-1}$	4
	$<0.01mSv \cdot 年^{-1}$	5
植物精气（5分）	有4个以上主要树种叶片中单萜烯和倍半萜烯相对含量之和在80%以上，面积在$200hm^2$以上，可开发利用程度高	5
	有2个以上主要树种叶片中单萜烯和倍半萜烯相对含量之和在80%以上，面积在$100hm^2$以上，可开发利用程度较高	4
	有2个以上主要树种叶片中单萜烯和倍半萜烯相对含量之和在70%以上，面积在$100hm^2$以上	3
	有1个以上主要树种叶片中单萜烯和倍半萜烯相对含量之和在70%以上，面积在$100hm^2$以上	2
土壤环境（5分）	达到国家一级标准	5
	达到国家二级标准	3
	达到国家三级标准	2

注：滨海型生态旅游区具备如下条件的，可以加分。

条件：在海滨型生态旅游区有沙滩浴场或可建沙滩浴场的，长100m以上，宽30m以上，沙粒适中，透水性好，坡度在5°以下，加15分。

评分达到90分以上为一级滨海型生态旅游区；评分达到80分以上为二级滨海型生态旅游区；评分达到70分以上的为三级滨海型生态旅游区。

第四节　内陆滨水型生态旅游区的等级评价指标及标准

一、评价指标及赋分值

内陆滨水（江河湖库）型生态旅游区是指紧邻河流湖库等内陆水体或者区内有相对大的内陆水体，以水环境为休闲环境主体特色的生态旅游区。

按照水体的不同，内陆滨水（江河湖库）型生态旅游区可以分为滨湖型生态旅游区、滨河型生态旅游区、滨库型生态旅游区。这些生态旅游区的景色各有千秋：有的水天一色、视野开阔、使人心旷神怡；有的岸山隐约、岛屿飘渺、景色迷人；有的湖光山色、依山傍水、空气清新，都是人们向往的旅游胜地。

二、等级划分标准

内陆滨水（江河湖库）型生态旅游区的等级评价指标及其标准如表7-4所示。

表7-4 内陆滨水（江河湖库）型生态旅游区等级评价评分

评价项目	评价依据	赋分值
旅游舒适期（30分）	旅游舒适期 > 160天/年	30
	140天/年 < 旅游舒适期 ≤ 160天/年	20
	120天/年 < 旅游舒适期 ≤ 140天/年	10
	旅游舒适期 ≤ 120天/年	5
大气环境质量（10分）	达到国家一级标准	10
	达到国家二级标准	7
	未达到国家二级标准	4
地表水环境质量（10分）	达到国家一类标准	10
	达到国家二类标准	7
	达到国家三类标准	4
空气负离子浓度（10分）	主要景点平均浓度700个/cm^3以上，局部地段达到60 000个/cm^3以上	10
	主要景点平均浓度700个/cm^3以上，局部地区达到30 000个/cm^3以上	7
	主要景点平均浓度700个/cm^3以上，局部地区达到10 000个/cm^3以上	4
	主要景点平均浓度700个/cm^3以上，局部地区达到3 000个/cm^3以上	2
空气中细菌含量（5分）	空气中平均细菌含量小于200个/m^3	5
	空气中平均细菌含量小于300个/m^3	3
	空气中平均细菌含量小于600个/m^3	2
声环境质量（5分）	达到国家0类标准	5
	达到国家1类标准	3
	达到国家2类标准	2
植被或森林植被（10分）	植被覆盖率在70%以上，森林覆盖率在40%以上，树高在6～10m或10m以上，通风透光良好	10
	植被覆盖率在60%以上，森林覆盖率在30%以上，树高在6～10m	7
	植被覆盖率在50%以上，森林覆盖率在20%以上，树高在6～10m	4
天然本底辐射（个人年有效剂量，5分）	>10mSv·年$^{-1}$	0
	2.3～10mSv·年$^{-1}$	1
	0.1～2.3mSv·年$^{-1}$	2
	0.1～1mSv·年$^{-1}$	3
	0.01～0.1mSv·年$^{-1}$	4
	<0.01mSv·年$^{-1}$	5
植物精气（10分）	有4个以上主要树种叶片中单萜烯和倍半萜烯相对含量之和在80%以上，面积在200hm^2以上，可开发利用程度高	10
	有2个以上主要树种叶片中单萜烯和倍半萜烯相对含量之和在80%以上，面积在100hm^2以上，可开发利用程度较高	7
	有2个以上主要树种叶片中单萜烯和倍半萜烯相对含量之和在70%以上，面积在100hm^2以上	4
	有1个以上主要树种叶片中单萜烯和倍半萜烯相对含量之和在70%以上，面积在100hm^2以上	2

（续）

评价项目	评价依据	赋分值
土壤环境（5 分）	达到国家一级标准	5
	达到国家二级标准	3
	达到国家三级标准	2

注：内陆滨水型生态旅游区具备如下两个条件的，可以加分。

条件一：在内陆滨水型生态旅游区中森林植被好，森林面积达 500hm² 以上，集中连片，树形高大，地面杂灌草少，开阔，地势平坦或有大面积的缓坡，森林通气透光良好，树种叶片中单萜烯和倍半萜烯相对含量之和在 80% 以上的树种有 10 种以上，具备了建立高标准的森林浴场、森林保健中心的条件，加 10 分；

条件二：水面开阔，水质好，水面大，面积 100hm² 以上，可以开展垂钓、水上娱乐和水上运动的，加 6 分。

评分达到 90 分以上的为一级内陆滨水型生态旅游区；评分达到 80 分以上的为二级内陆滨水型生态旅游区；评分达到 70 分以上的为三级内陆滨水型生态旅游区。

第五节　森林生态型生态旅游区的等级评价指标及标准

一、评价指标及赋分值

森林生态旅游的价值除欣赏森林生态景观、感受神奇大自然以外，更重要的在于其具有清新的空气、幽静的环境、丰富的植物精气、高浓度的负离子，还有保健、杀菌、治疗人类“文明病”、延年益寿、康体疗养等功能。

绿色是生命的原色，森林是人类健康的摇篮，大面积的森林是人类向往的地方，是绿的世界，是绿的海洋，是人与动物和睦相处的场所。这里鸟语花香、四季花开、绿意盎然、生机勃勃，是城市居民向往的地方和度假休闲的主要场所，也是人类生存的最佳环境。

二、等级划分标准

森林生态型生态旅游区的等级评价指标及其标准可如表 7-5 所示。

表 7-5　森林生态型生态旅游区等级评价评分

评价项目	评价依据	赋分值
旅游舒适期（20 分）	旅游舒适期 > 160 天/年	20
	140 天/年 < 旅游舒适期 ≤ 160 天/年	15
	120 天/年 < 旅游舒适期 ≤ 140 天/年	10
	旅游舒适期 ≤ 120 天/年	5
植被或森林植被（20 分）	森林覆盖率在 80% 以上，总面积不低于 1 000hm²，森林的质量全部是中林、成熟林。树高在 6m 以上，通风透光良好，区内森林中的平地缓坡不少于 20hm²，相对集中连片	20
	森林覆盖率在 70% 以上，总面积不低于 800hm²，树高在 6m 以上，通风透光良好，缓坡在 20° 以下，区内森林中的平地缓坡不少于 15hm²，相对集中连片	15
	森林覆盖率在 60% 以上，面积不低于 600hm²，树高在 6m 以上，通风透光良好，区内森林中的平地缓坡不少于 10hm²，相对集中连片	10

（续）

评价项目	评价依据	赋分值
植物精气（10分）	有6个以上主要树种叶片中单萜烯和倍半萜烯相对含量之和在80%以上，面积在100hm^{2}以上，要有1～2hm^{2}的森林平地和缓坡地（坡度15°以下，可用于建森林浴场）可开发利用程度高	20
	有4个以上主要树种叶片中单萜烯和倍半萜烯相对含量之和在80%以上，面积在80hm^{2}以上，可开发利用程度较高	10
	有3个以上主要树种叶片中单萜烯和倍半萜烯相对含量之和在70%以上，面积在60hm^{2}以上	7
	有2个以上主要树种叶片中单萜烯和倍半萜烯相对含量之和在70%以上，面积在60hm^{2}以下	4
大气环境质量（10分）	达到国家一级标准	10
	达到国家二级标准	7
	未达到国家二级标准	4
地表水环境质量（10分）	达到国家一类标准	10
	达到国家二类标准	7
	达到国家三类标准	4
空气负离子浓度（10分）	主要景点平均浓度700个/cm^{3}以上，局部地段达到60 000个/cm^{3}以上且可利用以建设负离子区	10
	主要景点平均浓度700个/cm^{3}以上，局部地区达到30 000个/cm^{3}以上	7
	主要景点平均浓度700个/cm^{3}以上，局部地区达到10 000个/cm^{3}以上	4
	主要景点平均浓度700个/cm^{3}以上，局部地区达到3 000个/cm^{3}以上	2
空气中细菌含量（5分）	空气中平均细菌含量小于200个/m^3	5
	空气中平均细菌含量小于300个/m^3	3
	空气中平均细菌含量小于600个/m^3	2
声环境质量（5分）	达到国家0类标准	5
	达到国家1类标准	3
	达到国家2类标准	2
天然本底辐射（个人年有效剂量，5分）	>10mSv·年$^{-1}$	0
	2.3～10mSv·年$^{-1}$	1
	0.1～2.3mSv·年$^{-1}$	2
	0.1～1mSv·年$^{-1}$	3
	0.01～0.1mSv·年$^{-1}$	4
	<0.01mSv·年$^{-1}$	5
土壤环境（5分）	达到国家一级标准	5
	达到国家二级标准	3
	达到国家三级标准	2

注：森林型生态旅游区具备如下条件的，可以加分。

条件：森林面积达1 000hm^{2}以上，集中连片，树形高大，地面杂灌草少，开阔，森林通气透光良好，树种叶片中单萜烯和倍半萜烯相对含量之和在80%以上的树种有10种以上，森林覆盖率在85%以上，林相多样，景观迷人，多为中龄林或成熟林，具备了建立高标准的森林浴场、森林保健中心的条件，地势平坦或有大面积的缓坡，有利于就开发建设，加10分。

评分达到90分以上的为一级森林生态型生态旅游区；评分达到80分以上的为二级森林生态型生态旅游区；评分达到70分以上的为三级森林生态型生态旅游区。

第六节　保健养生型生态旅游区的等级评价指标及标准

一、评价指标及赋分值

保健养生型生态旅游区是利用森林医学的理念，利用森林植物释放出来的有利于人体强身健体治病的植物精气、空气负离子等，让人们生活在森林之中，增强身体的免疫力，从而达到强身健体治病的目的。这种模式在德国和日本称为森林医院、森林保健中心和森林疗养院。

二、等级划分标准

生态保健型旅游区的等级评价指标及其标准可见表7-6所示。

表7-6　保健养生型生态旅游区等级评价评分

评价项目	评价依据	赋分值
旅游舒适期（20分）	旅游舒适期＞160天/年	20
	140天/年＜旅游舒适期≤160天/年	15
	120天/年＜旅游舒适期≤140天/年	10
	旅游舒适期≤120天/年	5
大气环境质量（10分）	达到国家一级标准	10
	达到国家二级标准	7
	未达到国家二级标准	4
地表水环境质量（10分）	达到国家一类标准	10
	达到国家二类标准	7
	达到国家三类标准	4
空气负离子浓度（10分）	主要景点平均浓度700个/cm^{3}以上，局部地段达到60 000个/cm^{3}以上且可利用以建设负离子区	10
	主要景点平均浓度700个/cm^{3}以上，局部地区达到30 000个/cm^{3}以上	7
	主要景点平均浓度700个/cm^{3}以上，局部地区达到10 000个/cm^{3}以上	4
	主要景点平均浓度700个/cm^{3}以上，局部地区达到3 000个/cm^{3}以上	2
空气中细菌含量（5分）	空气中平均细菌含量小于200个/m^3	5
	空气中平均细菌含量小于300个/m^3	3
	空气中平均细菌含量小于600个/m^3	2
声环境质量（5分）	达到国家0类标准	5
	达到国家1类标准	3
	达到国家2类标准	2

（续）

评价项目	评价依据	赋分值
植被或森林植被（20分）	植被覆盖率在90%以上，森林覆盖率在80%以上，集中连片的面积不低于30hm² 并有10hm² 是坡度15°以下的平地和缓坡地，有2hm² 以上的平地可作为建设用地，可同时接待300人食宿，主要树种是优良的植物精气树种且树高在6m以上，通风透光良好，郁闭度0.7以上	20
	植被覆盖率在90%以上，森林覆盖率在80%以上，集中连片的面积不低于20hm² 并有6hm² 是坡度15°以下的平地和缓坡地，有1.5hm² 以上的平地可作为建设用地，可同时接待240人食宿，主要树种是优良的植物精气树种且树高在6m以上，通风透光良好，郁闭度0.7以上	15
	植被覆盖率在90%以上，森林覆盖率在80%以上，集中连片的面积不低于10hm² 并有3hm² 是坡度15°以下的平地和缓坡地，有1hm² 以上的平地可作为建设用地，可同时接待200人食宿，主要树种是优良的植物精气树种且树高在6m以上，通风透光良好，郁闭度0.7以上	10
天然本底辐射（个人年有效剂量，5分）	>10mSv·年$^{-1}$	0
	2.3～10mSv·年$^{-1}$	1
	0.1～2.3mSv·年$^{-1}$	2
	0.1～1mSv·年$^{-1}$	3
	0.01～0.1mSv·年$^{-1}$	4
	<0.01mSv·年$^{-1}$	5
植物精气（10分）	有10个以上主要树种叶片中单萜烯和倍半萜烯相对含量之和在80%以上，集中连片的面积在100hm² 以上，要有2～3hm² 的森林平地和缓坡地（坡度15°以下，可用于建森林浴场）可开发利用程度高	34
	有8个以上主要树种叶片中单萜烯和倍半萜烯相对含量之和在80%以上，集中连片的面积在80hm² 以上，要有1hm² 的森林平地和缓坡地（坡度15°以下，可用于建森林浴场）可开发利用程度高	10
	有6个以上主要树种叶片中单萜烯和倍半萜烯相对含量之和在80%以上，集中连片的面积在60hm² 以上，要有1hm² 的森林平地和缓坡地（坡度15°以下，可用于建森林浴场）可开发利用程度高	7
	有4个以上主要树种叶片中单萜烯和倍半萜烯相对含量之和在80%以上，集中连片的面积在40hm² 以上，要有1hm² 的森林平地和缓坡地（坡度15°以下，可用于建森林浴场）可开发利用程度高	4
土壤环境（5分）	达到国家一级标准	5
	达到国家二级标准	4
	达到国家三级标准	2

注：保健养生型生态旅游区具备如下条件的，可以加分。

条件一：有2个以上的瀑布，空气负离子浓度达60 000个/cm³以上，且地形好，可利用程度高，或者在溪谷中溪水坡度大，小瀑布或叠水多。溪谷的长度在1km以上，两岸的负离子浓度在5 000个/cm³以上，局部地段可达20 000个/cm³以上，加10分。

条件二：有温泉或可开发温泉，水温在45℃以上，日流量在200 m³以上，加10分。

条件三：有柏科植物的纯林，地势平坦，集中连片的面积在10hm² 以上，树高在6m以上，郁闭度0.7以上，特别是侧柏，加10分。

条件四：大面积的松科植物，或者是松柏混交林，松樟混交林，如马尾松、湿地松、油松、红松等，集中连片的面积在50hm² 以上，树高在10m以上，为中龄林或成熟林，郁闭度在0.7以上，并有10hm² 的缓坡地或平地，坡度在15°以下，加10分。

评分达到90分以上的为一级保健养生型生态旅游区；评分达到80分以上的为二级保健养生型生态旅游区；评分达到70分以上的为三级保健养生型生态旅游区。

第七节　草原生态型生态旅游区的等级评价指标及标准

一、评价指标及赋分值

草原旅游的主要价值在于身心的一种体验，可以使人放松身心、开阔视野、找回自我、激情豪迈，同时也是一种认识自然、了解自然的旅游方式。

二、等级划分标准

草原生态型生态旅游区的具体等级评价指标及其评价标准如表7-7所示。

表7-7　草原生态型旅游区等级评价评分

评价项目	评价依据	赋分值
旅游舒适期（15分）	旅游舒适期＞160天/年	15
	140天/年＜旅游舒适期≤160天/年	10
	120天/年＜旅游舒适期≤140天/年	5
	旅游舒适期≤120天/年	2
大气环境质量（15分）	达到国家一级标准	15
	达到国家二级标准	10
	未达到国家二级标准	5
地表水环境质量（15分）	达到国家一类标准	15
	达到国家二类标准	10
	达到国家三类标准	5
空气负离子浓度（10分）	主要景点平均浓度1 000个/cm^3以上，局部地段达到60 000个/cm^3以上且可用以建设负离子呼吸区	10
	主要景点平均浓度1 000个/cm^3以上，局部地区达到30 000个/cm^3以上	7
	主要景点平均浓度1 000个/cm^3以上，局部地区达到10 000个/cm^3以上	4
	主要景点平均浓度1 000个/cm^3以上，局部地区达到3 000个/cm^3以上	2
空气中细菌含量（5分）	空气中平均细菌含量小于或等于200个/ m^3	5
	空气中平均细菌含量小于或等于300个/ m^3	3
	空气中平均细菌含量小于或等于500个/ m^3	2
声环境质量（5分）	达到国家0类标准	5
	达到国家1类标准	3
	达到国家2类标准	2
植被覆盖率（20分）	植被覆盖率在90%以上，总面积不低于1 000 hm^2，草场的质量好，有一定数量的森林面积和较好的森林景观，有牧民放牧	20
	植被覆盖率在80%以上，总面积不低于800 hm^2，草场的质量好，有少许的森林景观点缀，有牧民放牧	15
	植被覆盖率在70%以上，面积不低于600 hm^2，草场的质量好，有牧民放牧	10

（续）

评价项目	评价依据	赋分值
天然本底辐射（个人年有效剂量，5分）	>10mSv·年$^{-1}$	0
	2.3～10mSv·年$^{-1}$	1
	0.1～2.3mSv·年$^{-1}$	2
	0.1～1mSv·年$^{-1}$	3
	0.01～0.1mSv·年$^{-1}$	4
	<0.01mSv·年$^{-1}$	5
植物精气（5分）	有3个以上主要树种叶片中单萜烯和倍半萜烯相对含量之和在80%以上，面积在15 hm^2以上，可开发利用程度较高	5
	有2个以上主要树种叶片中单萜烯和倍半萜烯相对含量之和在70%以上，面积在10 hm^2以上	3
土壤环境（5分）	达到国家一级标准	5
	达到国家二级标准	3
	达到国家三级标准	2

注：草原生态型生态旅游区具备如下条件的，可以加分。

条件一：草原面积在1 000 hm^2以上，集中连片，植被覆盖率90%以上，视野开阔，景观迷人，同时有面积20 hm^2以上的森林，郁闭度在0.6以上，树种多为中林或成熟林，树高在6 m以上，通风透光好，并且多在缓坡或平地上，开发利用好，加10分；

条件二：有面积500 hm^2以上的湿地，或有丰富的候鸟资源，或有面积100 hm^2以上的湖泊、塘库，且水质达到国家二类水标准，加10分。

评分达到90分以上的为一级草原生态型生态旅游区，评分达到80分以上的为二级草原生态型生态旅游区，评分达到70分以上的为三级草原生态型生态旅游区。

第八章

生态旅游开发建设

随着人们对生态环境的关注进一步加深，环境资源将被充分开发出来，逐步成为生态旅游区的核心吸引物之一，成为重要的生态旅游资源。在开发建设生态旅游区的过程中，应该充分而广泛地调查各种生态环境资源，开发有利于人们身心健康的优势生态旅游资源，避免有害的环境因子，着力建设健康、友好的生态旅游区。

第一节 生态旅游开发建设概述

生态旅游，一方面是满足人们为了健康长寿，追求人类理想的生存环境，在生态旅游区消费生态环境资源，进行保健疗养、度假休憩和娱乐；另一方面它应该是一种绿色旅游，在可持续发展原则的指导下，达到认识自然、了解自然、享受自然、保护自然、维护生态平衡的目的。我们应当在把握生态旅游基本特征与要求的基础上，充分认识到生态旅游的开发与建设是一把双刃剑，严格遵循生态旅游开发原则进行合理开发，确保各类型生态旅游区的各项旅游环境条件符合相应的要求。否则，将会破坏环境，在“生态”的名义下做出“反生态”的开发。

一、生态旅游开发建设的双刃性

生态旅游区良好的生态环境会形成高质量的环境旅游资源。例如，在森林生态旅游区，应充分利用森林植物的多样性，测定空气负离子浓度和植物精气成分，合理利用较高浓度的负离子和有益的植物精气资源开发“森林浴”和森林保健中心，形成具有市场吸引力的森林保健旅游产品；在水量较大、落差较高、环境良好的瀑布区，利用高浓度负离子能强身健体的原理，开发“负离子浴”和“负离子疗养区”，结合“地形疗法”和“气候疗法”，开拓“森林医学”理论，建设“森林医院”或“森林康复中心”；在环境宁静优雅的森林中，建设“静养场”，治疗“失眠症”和“忙人病”，形成森林疗养旅游产品；在缺乏植物精气和空气负离子资源的景区，要建设度假、疗养接待区，可以通过规划设计，营造成具有良好环境资源的景区。通过多形式、多角度地开发优势环境资源，推动旅游区健康、和谐、有序发展，构建环境友好型的生态旅游区和旅游度假区。

然而，生态旅游比其他产业更直接的依赖于生态环境因素，如果开发得不好，有时它对生态环境是最直接的毁灭性破坏。因此，在生态旅游推动经济发展的同时，也带来了生态环境遭污染破坏的负面效应，负面影响之一是西方式的过量消费，它同样有大气污染、垃圾污染、水体污染、视觉污染、噪音污染、生态破坏等等，一些不当的旅游活动还可侵蚀土壤，干扰野生动物的生活，甚至连海洋也无法幸免。例如，据联合国环境署的报告，每年到地中海地区旅游的人数比上年翻一番，由他们生产的废水仅有 30% 经过处理。

因此，可以说，生态旅游在人类文明史上也已处于一个十字路口：在将来，我们的行动将决定我们是走向一个以对自然资源、生态旅游资源过度利用和滥用的混乱无序的未来，还是走向一个以维护生物多样性和对可再生资源的可持续利用的未来，我们面临着抉择。

二、生态旅游开发建设原则

生态旅游的核心内容是要协调好旅游开发建设与生态环境保护之间的关系，其开发与建设活动必须贯彻如下原则。

1. 保护优先原则

生态旅游开发与建设必须以生态环境的保护为前提。生态旅游区开发地往往是生态环境保护相对较好但也容易受到破坏的地区，若没有保护优先的原则，在经济利益驱动下，难免会造成生态环境的破坏。也只有在保护的前提下，才有可能实现生态旅游所要求的旅游开发与环境保护的协调。

2. 科学管理原则

科学管理是减小旅游区开发与建设活动对生态环境影响的最有效手段。根据不同区域生态敏感性不同进行分区管理，利用先进的技术手段对旅游活动带入生态系统额外的物质和能量进行处理等，都是在保护生态环境的前提下扩大旅游规模可采用的措施。

3. 以人为本原则

要充分考虑旅游者对环境的要求，最大限度地保证有利于人们身心健康的环境建设原则。

4. 生态经营原则

任何一个稳定的生态系统都是经过千百年的进化形成的，有特定的物质能量循环方式和规模，任何外来的物质和能量都将对这一循环系统产生影响。生态经营原则要求旅游开发及经营带给生态系统的额外的物质和能量尽可能少。生态旅游开发不鼓励大兴土木，而提倡因地制宜、质朴自然。

5. 法制监控原则

为了确保旅游开发与建设不对生态环境造成很大的破坏，需要建立生态旅游开发与建设约束机制。在生态旅游开发建设项目实施之前要进行环境影响评价；在生态旅游开发建设项目的实施和管理过程中要进行环境审计和认证。

三、生态旅游开发建设纲要

通过我们多年的研究和大量调查，为了规范生态旅游资源的永续利用，我们对各种类型的生态旅游区建立了等级评价指标体系和相应的评价标准①。除本文“生态旅游区类型及等级评价标准”所列标准外，进行生态旅游开发建设还必须保证生态旅游区的建设管理条件符合以下最低要求。

---

① 见本书第六章“生态旅游区的类型及等级划分”。

(一)一类生态旅游区开发建设标准

1. 设施建设标准

一类生态旅游区是生态旅游区的最高级别，其设施建设标准应该达到五星级宾馆要求，其具体标准是：

①层高三层以下，容积率为0.6～1.0；

②建筑材料要坚持“以人为本”，必须是无毒无害的材料；

③环境要求：采光、通风透气、节能环保；

④装修材料、家具、用具要坚持环保，有利于健康，追求环境质量，不追求豪华；

⑤必须有康健步道、足道馆、桑拿馆、健身房、网球场、人工天然沙滩浴场、高尔夫球练习场等娱乐设施；

⑥标准间的建筑面积为40～45m^2，接待的人数在400人以上。

2. 交通建设标准

在生态旅游区内只允许电瓶车和专门的环保车通行，其他客车、轿车、运输的货车都必须停放在生态旅游区之外，不得进入生态旅游区。

3. 环保标准

①厕所污水和生活污水要分别处理，厕所污水必须通过管道、管网或运输工具运出生态旅游区之外，进行专门处理，以保证生态旅游区不受到厕所污水的影响，破坏生态旅游区的水环境和空气环境。生活污水要专门进行处理，或处理成为中水，用于洗车、冲洗地面或用于灌溉绿地等。

②日常餐厨垃圾，包括剩下的饭菜，每天一次运出生态旅游区，进行专门处理。厨房的洗碗水要经过多次的过滤，使油污和残渣得到清除，然后再排入生活污水系统。

③固体垃圾要分类投放、分类收集处理，除不能回收的垃圾之外，其余的要集中统一处理。

④洗衣粉和厨房的洗涤剂必须是无磷的。

⑤生态旅游区内使用的能源不能以煤、柴、油为能源，只能用沼气、电、液化气、天然气等。

⑥生态旅游区食用的粮食、瓜果、蔬菜、肉类、豆制品、奶制品等，必须是绿色食品、有机食品，有专门的供应基地，由经过国家农业部门验收合格的生产基地供应。一切有害于健康的食品、用品不能在生态旅游区使用、上架和销售。

⑦必须有3hm^2以上，专门营造具有强身健体功能的绿色森林、绿色屏障，作为森林浴场。

⑧在区域规划建设上，直线5km范围内没有矿山和工厂。

⑨在生态旅游区内建一个一次能接待40人以上的空气负离子呼吸区，达到给人补电、补氧、强身、健体、疗养、治病的目的。

⑩人是最大的污染源之一，要严格控制游客的人数，不超过环境容量。本土居民如人数过多，可以考虑外迁。禁止外地居民迁入生态旅游区，禁止在生态旅游区做旅游地产开发。

（二）二类生态旅游区开发建设标准

1. 设施建设标准

二类生态旅游区的设施建设标准应该达到四星级宾馆要求，其具体标准是：

①层高3层以下，容积率为0.6～1.0；

②建筑材料要坚持“以人为本”，必须是无毒无害的材料；

③环境要求：采光、通气、节能环保；

④装修材料、家具、用具要坚持环保，有利于健康，追求环境质量，不追求豪华；

⑤必须有康健步道、足道馆、桑拿馆、健身房等娱乐设施；

⑥标准间的建筑面积为30～35m^2，接待的人数在350人以上。

2. 交通建设标准

在生态旅游区内只允许电瓶车和专门的环保车通行，其他客车、轿车、运输的货车都必须停放在生态旅游区之外，不得进入生态旅游区。

3. 环保标准

①厕所污水和生活污水要分别处理，厕所污水必须通过管道、管网或运输工具运出生态旅游区，并进行专门处理，以保证生态旅游区不受到厕所污水的影响，破坏生态旅游区的水环境和空气。生活污水要专门进行处理，或处理成为中水，用于洗车、冲洗地面或用于灌溉绿地等。

②日常餐厨垃圾，包括剩下的饭菜，每天一次运出生态旅游区，进行专门处理。厨房的洗碗水要经过多次过滤，使油污和残渣得到清除，然后再排入生活污水系统。

③固体垃圾要分类投放、分类收集处理，除不能回收的垃圾之外，其余的要集中统一处理。

④洗衣粉和厨房的洗涤剂必须是无磷的。

⑤生态旅游区内使用的能源不能以煤、柴、油为能源，只能用沼气、电、液化气、天然气等。

⑥生态旅游区食用的粮食、瓜果、蔬菜、肉类、豆制品、奶制品等，必须是绿色食品、有机食品，有专门的供应基地，由经过国家农业部门验收合格的生产基地供应。一切有害于健康的食品、用品不能在生态旅游区使用、上架和销售。

⑦必须有3hm^2以上，专门营造具有强身健体功能的绿色森林、绿色屏障，作为森林浴场。

⑧在区域规划建设上，直线5km范围内没有矿山和工厂。

⑨在生态旅游区内建一个一次性能接待30人的负离子呼吸区，达到给人补电、补氧、强身、健体、疗养、治病的目的。

⑩人是最大的污染源之一，要严格控制游客的人数，不准超过环境容量。本土居民如人数过多，可以考虑外迁。禁止外地居民迁入生态旅游区，禁止在生态旅游区做旅游地产开发。

（三）三类生态旅游区开发建设标准

1. 设施建设标准

三类生态旅游区的设施建设标准应该达到三星级宾馆要求，其具体标准是：

①层高3层以下，容积率为0.6～1.0；

②建筑材料要坚持“以人为本”，必须是无毒无害的材料；

③环境要求：采光、通气、节能环保；

④装修材料、家具、用具要坚持环保，有利于健康，追求环境质量，不追求豪华；

⑤必须有足道馆、桑拿馆等娱乐设施；

⑥标准间的建筑面积为25～30m^2，接待的人数在250人以上。

2. 交通建设标准

在生态旅游区内只允许电瓶车和专门的环保车通行，其他客车、轿车、运输的货车都必须停放在生态旅游区之外，不得进入生态旅游区。

3. 环保标准

①厕所污水和生活污水要分别处理，厕所污水必须通过管道、管网或运输工具运出生态旅游区，进行专门处理，以保证生态旅游区不受到厕所污水的影响，破坏生态旅游区的水环境和空气。生活污水要专门进行处理，处理成为中水，用于洗车、冲洗地面或用于灌溉绿地等。

②日常餐厨垃圾，包括剩下的饭菜，每天一次运出生态旅游区，进行专门处理。厨房的洗碗水要经过多次过滤，使油污和残渣得到清除，然后再排出生活污水系统。

③固体垃圾要分类投放、分类收集处理，除不能回收的垃圾之外，其余的要集中统一处理。

④洗衣粉和厨房的洗涤剂必须是无磷的。

⑤生态旅游区内使用的能源不能以煤、柴、油为能源，只能用沼气、电、液化气、天然气等。

⑥生态旅游区食用的粮食、瓜果、蔬菜、肉类、豆制品、奶制品等，必须是绿色食品、有机食品，有专门的供应基地，由经过国家农业部门验收合格的生产基地供应。一切有害于健康的食品、用品不能在生态旅游区使用、上架和销售。

⑦必须有3hm^2以上，专门营造具有强身健体功能的绿色森林、绿色屏障，作为森林浴场。

⑧在生态旅游区内建一个一次性能接待20人的负离子呼吸区，达到给人补电、补氧、强身、健体、疗养、治病的目的。

⑨人是最大的污染源之一，要严格控制游客的人数，不准超过环境容量。本土居民如人数过多，可以考虑外迁。禁止外地居民迁入生态旅游区，禁止在生态旅游区做旅游地产开发。

四、生态旅游开发建设注意事项

建设生态旅游区，除了要充分考虑生态旅游基本特征与要求，坚持生态旅游开发原则，确保各项生态旅游环境条件符合相应要求以外，还应当注意以下两个事项。

（一）要合理避免有害环境因素，建设健康生态旅游区

实践经验证明，花岗岩地区的天然辐射剂量水平通常较高，如果将其作为度假区或接待区应特别重视。国内某海滨旅游度假区就因天然辐射剂量水平严重超标，造成接待区建成之日就是破产之时。在南方某高山草原的旅游开发中，由于没有调查该旅游区的气候舒

适度，在山上建成的度假设施由于湿度太大，造成各种设施常年潮润，游客基本无法住宿。此外，空气细菌含量和噪声水平也是开发建设旅游度假区和旅游接待区要调查的重要环境因子。细菌含量过高会引发各种疾病，造成接待物品腐烂；噪声污染会严重影响游客的身心健康和旅游心情，从而导致旅游满意度下降。经验表明，良好的自然风景区环境资源不一定优秀，不一定适合建设旅游度假区，环境中往往暗藏着有害健康的环境因子，充分调查有害环境因子是旅游区避免环境灾难、确保建设健康旅游区的有效途径。

（二）应充分利用植物精气

植物精气的研究成果将在众多领域得到推广和应用，发挥出巨大的经济效益、生态效益和社会效益。建设生态旅游区、建造生态旅游设施，应当充分开发和利用植物精气。

（1）要尽量使用裸木进行装修和制作家具、用具　要选择植物精气含量多，成分好、花纹美丽，色泽协调的树木的板材对居室、宾馆、饭店、餐馆、酒楼、茶室等进行装修，表面不涂油漆，任其裸露，以利于植物精气的释放，既美观又有益于健康。还可以设计成可移动板材的装修方式，板材内的植物精气经过几年的释放之后，数量减少，可根据需要，每隔几年更换一次板材。这样既可以保持植物天然精气的持续释放，又可以得到经过充分干燥，不会变形的木材，供给具有特殊需要者，也不失为一种明智选择。

（2）要合理选择室内花卉植物　人们喜爱在室内（厅、堂、馆、舍、场）摆放盆栽树木、花卉，以清新空气，美化环境，但目前人们对室内植物的选择主要是根据它们形体的美丽和对室内环境的适应性，还没有或很少考虑植物释放出的气体对人体的影响，因此带有盲目性。建设生态旅游区，应通过植物精气的测定研究，对每种植物的精气成分和含量有一个清楚的了解，科学地选择和搭配室内植物，从而实现既美化环境，又达到医疗保健的目的。

（3）建设森林保健康复中心　根据不同植物释放的精气成分的差别和保健康复的不同需求，设置不同的区域，分别选择不同的植物进行组合配置栽培，形成特殊的森林小环境。在这些不同的小区内设置一些运动、休息、娱乐、散步的场地和设施。人们在这样的小区内休闲度假、沐浴于植物精气和负离子的清新空气中，使身心放松、愉悦，从而取得保健康复的效果。例如，可在 $10\sim20m^2$ 的范围内，中心栽植一两棵释放精气多的大树，在其四周环行栽植矮小或人为矮化了的乔灌木树篱，高度控制在 1 ~ 2m，树篱厚度 70 ~ 80cm。在环行树篱内，大树树冠遮蔽下，设置一些茶桌、藤椅、躺椅、书刊报纸、音响设备。人们可在此品茶、阅读、听音乐。有的可设置一些健身器械，供人们活动健身。有的可为儿童设置一些游乐器材，供儿童玩耍嬉戏等。

（4）研制“森林香”　设计一套植物精气提取、分离、净化装置，利用森林采伐遗弃的树枝、树叶、树皮，以及木材加工过程中产生的下脚料、刨花、锯末等，提炼出植物精气，并将其冷凝液化。然后通过一定的工艺过程将液化的精气制成固体的香料，放置于办公室、宾馆大堂、居室等场所，营造出森林环境气氛。这些香料可以制成各种不同的形状，采用不同的方式将植物精气释放出来。比如可采取燃烧法、电加热法、便携式随身携带法（利用体温使其释放）、液体喷雾法等。商品生产还可以根据市场的需求加入不同种类、不同配比、不同浓度的植物香精，生产多种不同的产品。

第二节 生态旅游市场开发

广义的生态旅游市场是指在生态旅游产品交换过程中反映的各种经济行为和经济关系的总和。狭义的生态旅游市场是指具体到生态旅游区游憩休闲的需求，希望并能够通过交换来满足这种需求的全部顾客群。生态旅游市场的形成必须具备3个要素：首先要有生态旅游者，它是生态旅游市场的核心要素，只有生态旅游者的存在，才能产生吃、住、行、游、购、娱等各种需求；其次是参与生态旅游的动机，它是由旅游消费者的生理需求和心理需求引起的，是促使旅游者进行生态旅游活动的动因；最后是具有或者可能具有购买生态旅游产品的支付能力，它是生态旅游者实现生态旅游活动的经济基础。

一、生态旅游市场细分

生态旅游市场细分就是生态旅游区(企业)在科学调查分析的基础上，利用某些差别因素，把不同需求的生态旅游者划分为若干个客源群体，从中选择适合自己的目标群体的方法。细分后的生态旅游市场都由具有类似需求或类似行为的旅游者群体构成。

它是生态旅游地(企业)选择目标市场的前提和基础，在生态旅游营销活动中占有非常重要地位。值得注意的是，根据生态旅游市场的定义可知，生态旅游市场细分是对有不同生态旅游需求的旅游者进行分类，而不是对产品或行业进行分类。因此，生态旅游市场细分的过程，也就是对生态旅游者的特征进行描述、分析和判断的过程。

旅游者的需求是旅游市场营销活动的基础，不同的旅游者有不同的需求，任何一个生态旅游地由于受资源、环境、服务等因素的影响，都无法满足所有生态旅游者对生态旅游产品的互有差异的整体需要。一般说来，旅游者对各种旅游产品的偏好程度会表现出以下3种类型：①同类型。即市场上所有消费者的爱好大致相同，不存在自然细分市场。在这种情况下，不同的旅游地常常提供基本上相同的产品和服务，吸引相同的消费者；②分散型。旅游者的爱好很不集中，呈分散状态。在这种情况下，旅游地只能吸引部分消费者，并提供适应这些消费者需要的产品和服务；③群集型。市场自然地形成若干细分市场，各消费者群体的爱好有显著的区别。在这种情况下，旅游地只要占据其中一个细分市场，并确定某种经营规划，提供能吸引这个细分市场的各种产品和服务，就能获得成功。生态旅游市场细分的目的就是要分析旅游者的需求类型，了解他们需求的差异，然后把具有同类生态旅游消费行为的生态旅游者加以聚合，最后制定有针对性的营销策略。所以市场细分并不把整个市场进行分解，它实际上是一个聚集和分解共同作用的复合过程。

参照美国市场营销学家麦卡锡（E. J. McCarthy）提出的市场细分程序，结合生态旅游产品的特点，生态旅游市场细分程序主要包括以下6个步骤：

(1)框定生态旅游市场总体范围　每个生态旅游地或每个生态旅游企业，都有自己的市场范围。产品市场范围应以旅游者的需求而不是产品本身特性来确定。例如，旅行社开展生态旅游组团业务的客源目标市场主要集中在本城市；县级森林公园的目标客源市场可能主要集中在周边地区，省级森林公园的目标客源市场可能主要集中在本省和周边省市，而张家界等著名森林公园的目标客源市场则可能是全球。

(2)讨论、估计游客基本需求　框定市场范围以后，可以采用上节介绍的集体综合法、个人经验法等，从地理、人口、心理、行为等几个方面，粗略预测生态旅游者有哪些基本需求，并将这些需求进行认真记录。

(3)梳理游客的不同需求　对于讨论估计出来的基本需求，不同的旅游者强调的侧重点可能会存在差异。因此，需要依据人口因素进行抽样调查，了解哪些需求对游客来说最重要。然后按照重要性将这些不同需求排序罗列出来。

(4)剔除游客的共同需求　市场细分是在游客需求的差异化分析上进行的，因此，游客的共同需求只能作为制定营销战略的参考，但不能作为市场细分的基础，在进行市场细分时必须剔除共同需求，以特殊需求作为细分标准。

(5)确定细分市场　将各种差异的游客按照相似性原则分别归类，划分为不同的群体或细分市场，并命名。如高学历市场、初婚市场、"忙人病"患者市场、会议市场等。也可以按照重要性等级来命名，如一级市场、二级市场、机会市场等。同时，对每一个确定了的分市场作进一步的调查分析，细致了解潜在游客的需求，以对各分市场进行微调或重新定位。

(6)测量细分市场大小　可以根据人口资料或其他社会统计资料测算各分市场的潜在游客数量、旅游频率、旅游购买力等，并对细分市场上旅游竞争状况及发展趋势做出分析。如从民政部门提供的婚姻登记数据可以预测某城市的初婚市场数据，从而为生态旅游地开拓新婚旅游业务提供参考。又如从医疗部门提供的哮喘病、失眠症等统计数据，可以为生态旅游地开发负离子呼吸区项目提供市场数据。

二、生态旅游目标市场的选择

目标市场是指营销者在市场细分和经济评价的基础上，准备为某一个或几个细分市场提供产品或服务的特定市场。一般来说，只有具备下列条件的细分市场，才可作为旅游企业的目标市场：①细分市场具有一定的规模；②细分市场尚未被竞争对手垄断；③细分市场与生态旅游地的承载力和经营能力相适应。

可供生态旅游地(企业)选择目标市场的战略有3种：

(1)无差别市场营销策略　无差异营销策略是指将整个旅游市场视为一个目标市场，不再做细分，用一种产品和一套营销组合方案开拓市场。这种策略是以一种旅游产品尽可能适合各种客源群体的共同需求为前提，不考虑旅游者需求的差异性。采用这种战略的优点是可以节省开发建设、市场调研等成本。而其主要的缺点是，在旅游市场竞争日益激烈的情况下，单一产品要以同样的方式广泛销售并能受到所有的旅游者的欢迎几乎是不可能的，不利于经济利润的扩大。

(2)差异性市场营销策略　差异性市场营销是将整个旅游市场划分为若干个细分市场，针对每一细分市场的需求特征，分别开发不同的旅游产品和制定不同的营销组合方案，以满足不同旅游消费者需求的一种策略。差异性营销策略的优点是：产品丰富，针对性强，能满足不同的旅游者需求，增加重复购买的数量和次数。不足之处是：市场调研、促销和渠道管理等成本较高。另外，营销管理的难度增大，可能使旅游地的资源配置不能有效集中，顾此失彼。

(3)集中性市场营销策略　集中性营销策略是指某些规模比较小的生态旅游地(企业)由于受资源、技术或资金的限制，在营销战略上仅选择一个或较少的几个细分市场为目标市场，集中各种资源力量争取在这些细分市场有较大的市场占有率。这一策略特别适合于资源力量有限的中小生态旅游地或企业。它的主要优势是由于营销对象比较集中，对一个或几个特定的分市场有较深的了解，所以比较容易在这一特定市场取得有利地位。但由于实行集中市场营销的目标范围比较狭窄，一旦市场情况突然变坏，如旅游者的偏好发生转移或者出现强有力的竞争者等，生态旅游地或企业就可能陷入困境。

以上 3 种目标市场策略各有优缺点，生态旅游地(企业)在确定了目标市场后，究竟采取哪种策略，取决于影响目标市场策略选择的各种因素。比如，当生态旅游地的自然资源、环境资源、人文资源不丰富或特异性不强，人力、财力、信息等资源紧张或缺乏，无力兼顾整体市场或更多的细分市场时，适宜采用集中性营销策略；如果生态旅游地各种资源丰富、实力较强，就可以考虑采用差异性市场营销策略。

三、生态旅游市场定位

生态旅游市场定位是指为稳定市场、吸引顾客，根据目标市场的需求和竞争者状况，努力采取行动，为旅游地(企业)及其产品塑造和培养出一定特色的市场形象，并通过一定的信息传播途径，把这种形象传达给旅游者，最终在旅游者心理上产生产品认同的过程。生态旅游地(企业)一旦选定了目标市场和差异化策略后，为了使目标顾客能够容易识别其产品和服务，并形成特定印象和看法，就应该进入目标市场营销 STP 的第三个步骤——市场定位。它是目标市场营销 STP 重要的组成部分，关系到旅游地及其旅游产品在市场竞争中占领旅游者心理，树立旅游形象，实现市场营销战略目标等一系列重要问题。市场定位一般有 3 个步骤。

(1)明确潜在的竞争优势　要赢得消费者，就必须比竞争者更好地满足旅游者的需求，这是市场定位的关键。因此，生态旅游地(企业)必须首先明确几个方面问题：①竞争者的定位状况是什么，他们向目标市场提供了哪些旅游及服务，做得怎么样？在旅游者的心目中形象如何？②目标客源群体对生态旅游产品最需要的是什么？他们对生态旅游产品最关心的是些什么问题？他们的需求满足得如何？③自己能够为旅游者做什么？自己的这些产品的特色优势是什么，这些优势是否能够满足生态旅游者的需求？是否能使旅游者对此产生偏好？④与竞争对手相比，自己的服务、形象、成本、营销技术等方面有没有优势？自己还有哪些不足？

(2)选择相对的竞争优势　与竞争对手相比，并不是每一种优势都有竞争意义和市场价值，因此生态旅游地(企业)在识别自身的竞争优势之后，还必须结合实际对所有优势进行筛选。对于生态旅游地而言，最有吸引力的主要特征有："最珍稀的物种"、"最奇特的资源"、"最优的观赏价值"、"最好的服务"、"最先进的生态技术"等。生态旅游地可以根据自己的资源配置通过营销方案差异化突出自己的这些特色，并着重围绕其中的一个特点进行宣传，同时，让这些特点实实在在地展现在旅游者的旅游过程中，使旅游者感觉自己从中得到了价值最大的产品及服务。

(3)准确传播市场定位　选择好竞争优势之后，生态旅游地(企业)就可以开始通过系列宣传促销活动，把市场定位准确传播给旅游者，让旅游者知道、了解、熟悉、认同、喜欢这些市场定位，并在旅游者心目中留下深刻印象。同时，要密切关注目标客源群体对其市场定位的认知和理解状态，如果出现偏差、模糊、混乱和误会，要采取紧急措施及时进行纠正。

四、生态旅游地形象设计

CIS 企业形象战略，又称为企业形象识别系统(corporate identity system，CIS)，是将企业经营理念和精神文化，运用一定方法和途径传达给企业内部与大众，并使其对企业产生一致的认同感或价值观，从而达到形成良好的企业形象和促销产品的设计系统。在旅游界，最先导入 CI 并取得成功的企业应首推“广之旅”。后来深圳、杭州、大连等城市，都在树立自身品牌形象方面进行了尝试。其中深圳的“精彩深圳、欢乐之都”、杭州的“休闲之都”、惠州的“惠民之州”等已产生一定的影响。

CIS 系统主要由理念识别(mind identity，MI)、行为识别(behavior identity，BI)和视觉识别(visual identity，VI)等三大系统构成。

(一)理念识别系统(MI)

理念识别是生态旅游地(企业)产品设计、开发、管理、研发、营销、服务等经营理念的识别系统。它侧重于旅游地或旅游企业精神文化和理念价值的传播，属于旅游文化的意识形态范畴。进行理念设计前，必须在深入调查资源、环境、员工等情况的基础上，认真分析、把握、了解生态旅游地(企业)的精神内涵，并用准确、简洁、独特的文字表述出来。同时，在正式定稿之前，还要将初稿内容传达到基层员工，听取上上下下的意见和建议，并进行修改和调整。

理念识别系统的具体内容有：①经营哲学；②经营宗旨；③经营目标；④旅游地(企业)精神；⑤旅游地(企业)价值观；⑥旅游地(企业)文化；⑦旅游地(企业)信条；⑧市场定位；⑨经营方针；⑩发展战略；⑪组织体制；⑫社会责任。

(二)行为识别系统(BI)

行为识别是指生态旅游地(企业)在内部协调和对外交往中的规范准则。它是旅游地或旅游企业在处理、协调人、事、物的动态运作系统形成的动态识别形态。对内是建立完善的组织体系、管理规范、员工行为规范等，对外是市场开拓、产品研发、公益活动、促销活动、公关活动等过程中的行为准则。实际上，行为识别是旅游地(企业)理念实施的具体行动和做法。

行为识别系统的具体内容对内方面有：①组织管理；②员工培训；③服务态度；④服务标准；⑤接待礼仪；⑥员工福利；⑦工作环境；⑧环保管理措施；⑨安全管理措施；⑩行为规范。对外方面有：①市场开拓；②产品研发；③公共关系；④促销活动；⑤公益活动；⑥与经销商、代理商等群体的关系。

(三)视觉识别系统(VI)

视觉识别是以旅游地或旅游企业标志、标准字体、标准色彩为核心展开的视觉传达体系，是将旅游地或旅游企业理念、文化特质、服务内容、企业规范等抽象语意转换为具体符号、塑造出独特的旅游形象的过程。它是 CIS 设计系统中最外在、最直接、最具有传播力和感染力的部分。

视觉识别系统分为基本要素系统和应用要素系统两大方面。基础要素包括名称、标志、中英文标准字体、标准色、象征图案、吉祥物、宣传口号等及其组合形式，基本要素系统是企业形象的核心部分。实际上，它是以旅游地或旅游企业标志为核心进行的设计整合，是一种系统化的形象归纳和形象的符号化提炼；应用要素包括办公事务用品、建筑及室内外环境、交通工具、旗帜、招牌、标识牌、橱窗、陈列展示、衣着服饰、广告宣传等。

五、生态旅游市场预测

生态旅游市场预测是在生态旅游市场调查的基础上，针对生态旅游地(企业)的实际需要，运用已有的知识、经验和科学方法，对生态旅游市场的供求趋势、影响因素和变化状况进行分析、判断的活动过程。其主要目的是为了掌握市场的动向和供求变化规律，为决策提供科学的依据。生态旅游市场预测若按照预测的时间来划分，通常有长期预测(5 年以上)、中期预测(1 ~5 年)、短期预测(1 季度 ~1 年)。但以上期限并无统一的标准，实践中要根据需要而定。若按照预测方法的性质来划分，有定性预测和定量预测两大类。

(一)市场预测的总体步骤

①确定预测的目标：其目的在于把握整个预测工作的重心。

②搜集资料：搜集与预测对象直接及间接有关的资料。

③资料的研判及调整：研判所获资料是否能符合预测所需，若不能符合，则有两种方法加以解决，一种是另外搜集适合问题的资料，另一种是加以适当的调整。

④资料趋势的分析：例如将其绘成历史曲线，或求算其长期趋势等，以明了资料变化的一般特性。

⑤选择预测方法：选择预测方法时应考虑方法的广泛性、准确性、时效性、可用性和经济性。

⑥未来数字的预测。

⑦可能事态假设的检定：即众多方面事实与统计方法假设检定，以及检定预测结果是否正确。

(二)定性预测方法

定性预测是依靠人的直觉、知识、经验和直观材料，对市场作出主观分析判断，粗略地预见未来市场的发展趋势，或者估计出一个概数。因为这种方式所需时间比较短，时效性较强，花费的人力、物力、财力比较少，操作起来比较简便灵活，所以特别适用于缺少数据资料，或者影响因素复杂难以用数字描述，或者对主要影响因素难以进行定量分析等情况。如新开发的森林公园有关市场问题的预测。

定性预测通常有个人经验预测法、集体综合预测法、德尔菲法、类比法等。

1. 个人经验预测法

个人经验预测法是预测者根据所收集的资料，凭借自己的知识和经验对预测目标单独做出符合客观实际的估计与判断。采用这种方法时，预测者一般为生态旅游地的负责人，如总经理、旅游局局长或者生态旅游业务的直接负责人。具体流程是，先由上述负责人把与市场有关的、或者熟悉市场情况的各类主管人员和一些专家、中层领导召集起来，让他们对未来市场发展趋势或某特定项目发表意见、提供情况，并作出判断。然后，综合分析收集到的各种意见，根据个人的思路，集思广益地提出自己的预测结果。

这种方法的优点是简单、及时、节省，其缺点是容易受个人的知识面、知识深度和占有的资料所影响，带有一定的片面性和主观性。对于同一问题的预测，不同的预测者会作出不同的结论。在必要的时候，普通个人也可以针对某一对象进行判断预测，但是由于缺少集思广益的过程，因此它的主观性会更强。

2. 集体综合预测法

又称专家会议法，是指邀请内部经营管理人员、业务人员及其他相关人员和一些专家，针对预测的对象，通过对过去和现在的情况分析，共同对未来市场作出的判断和推测意见，最后将预测意见综合起来，采取平均法或者加权平均法进行统计处理，得到预测结果的一种预测方法。具体流程是，先邀请若干名(一般以 10 人左右为宜)能独立思考的业内权威人士参加会议，然后由会议召集人提出议题让专家们充分发表意见，最后由召集人对各种意见进行比较和评价归类，最后确定预测结果。

这种预测方法可以避免单凭个人经验进行预测而产生的主观片面性，比较能反映市场的真实趋向。但是，由于采用的是面对面的预测，相互干扰的可能性比较大，并不能完全反映所有讨论人员的全部意见，甚至有可能受到权威人士意见的左右，容易出现“一边倒”的情况。

3. 德尔菲法

俗称“背靠背”法，是根据专业人士的知识和经验，采用系统的程序和互不见面的方式，经过多次综合、归纳和反馈，逐步对某一未来问题取得一致意见，最后得出预测结果的一种方法。德尔菲法的预测流程如下。

(1)拟定预测主题和预测内容　成立预测组织机构，根据预测任务，草拟预测主题，制定专家应答的问题提纲，说明作出定量估计、进行预测的依据及其对判断的影响程度。

(2)挑选专家　选择专家是德尔菲法成功的关键。专家一般指掌握某一特定领域知识和技能的人。人数一般以 10～15 人为宜，不可太多。专家名单应该高度保密，不能让专家之间进行任何相关问题的讨论。

(3)反复征询专家意见　第一次，用邮政信函、电子邮件等方式与专家直接联系，说明主题和要求。专家根据自己的知识和经验，对预测对象的未来发展趋势提出自己的观点，并说明其依据和理由，以书面答复预测组织机构。第二次，预测组织机构归纳整理第一次预测意见，对不同的预测值分别说明对应专家的意见，但不具体标明哪个专家的意见，然后寄给各位专家，要求专家修改自己原先的预测。第三次，各位专家接到第二次反馈意见后，认真阅读、分析其他专家的各种预测意见及其依据和理由，并进行再次预测，提出自己修改的意见及其依据和理由。如此多次往返，意见逐渐趋向一致。具体修改的次数，必须根据实际需要决定。

(4)作出预测结论　当各位专家的意见基本一致时，预测组织机构通过平均法或者加权平均法对各种意见进行统计处理，最后得出预测结果。

德尔菲法既可以避免由于集体会议面对面讨论带来的缺陷，又可以避免个人一次性判断带来的局限，因此它要比个人经验预测法、集体综合预测法得出的预测方案准确一些。但其缺点是信件往返和整理都需要时间，所以比较费时。

4. 类比法

类比法是利用相似性原理，对两个生态旅游地(企业)进行比较，找出它们在某一方面的类似点，从而把其中一个旅游地(企业)的其他有关性质，移植到另一对象中去的逻辑方法。也可以说，它是借助同类或相似对象的性质特征来推断预测对象的未来发展趋势的一种预测方法。它适用于新的生态旅游地、旅游项目、旅游产品的开发预测。例如，某国有林场改建为森林公园，由于过去从来没有接待过游客，所以客源流量、客源构成等多种数据缺失，无法进行直接预测分析。根据类比原理，可以寻找一个在地域、资源、政策、经济、社会环境相近并且开发建设相对成熟的森林公园，借助它预测出各种所需数据作为规划、决策的参照。

类比方法是以两个对象都具备某些类似特征为基础的，但两个对象之间的类似不等于说两个对象的联系是必然的，他们还存在着差异性，在预测中不能完全等同。同时，两个相似对象并存的许多属性，有些是固有属性，有些是偶有属性，它的预测结论只有一定程度的可靠性。因此，要提高类比法的可靠程度，就必须尽可能地寻找共有属性多的参照物。

(三)定量预测方法

定量预测法是指在掌握预测对象有关要素的量化数据的基础上，运用数学方法建立反映有关变量之间关系的数学模型或其他量化模型，从而对未来生态旅游现象作出预测的方法。定量预测一般有因果预测和时序预测两类。

1. 因果预测方法

因果预测方法是根据事物之间的因果关系对变量的未来变化进行预测。在生态旅游社会经济现象中，因果关系大致可分为函数关系、相关关系、因子推演关系等几种不同的类型。利用因果关系进行预测的方法有回归分析法、计量经济学法和投入产出法。这里主要介绍回归分析法。

回归分析就是研究某一个随机变量(因变量)与其他一个或多个变量(自变量)之间的数量变动关系。由回归分析求出的关系式通常称为回归模型。回归分析的工作流程是，首先，进行定性分析，选择预测目标的主要影响因素作为数学模型的自变量。然后收集这些因素的统计资料，并通过 SPSS、SAS 等软件绘制散点图，直观地判断数据变化的趋势，从而为选择最优的数学模型做准备。第三，根据历史数据的变化趋势，建立预测模型。应用最小二乘法等，求出各因素(参变量)之间的相关系数和回归方程，并通过相关系数、标准差、显著性等指标，对预测模型进行相关检验和修正。

根据自变量个数的多少，回归预测可以分为一元回归预测和多元回归预测，凡求一个变量对另一个变量的回归方程问题叫一元回归。凡求一个变量对另外几个变量的回归分析问题叫做多元回归；根据回归模型是否线性，回归预测可以分为线性回归预测和非线性回归预测，所谓线性回归预测就是指因变量和自变量之间的关系是直线型的；根据回归预测是否带虚拟变量，回归预测可以分为一般回归预测和虚拟变量回归预测。一般回归预测的自变量都是数量变量，而虚拟变量回归预测的自变量既有数量变量也有品质变量。

2. 时序预测方法

一些生态旅游现象有时很难找到影响预测目标的主要因素，此时就无法使用回归预测法进行预测，而可考虑使用时序预测法。时序预测方法又称历史延伸法或趋势外推法，是将预测目标的历史数据按照时间顺序排列成时间序列，运用数学方法建立预测模型，使市场现象向未来延伸，进而预测其未来变化发展趋势的一种方法。这种预测方法的基本思想是用预测对象的过去规律来预测未来规律。

时序预测法的流程是：首先，准备资料。搜集、整理旅游市场的历史资料，按照时间顺序排列成时间序列，并根据时间序列绘制图形。第二，分析时间序列特征。影响生态旅游市场现象变动的因素按其特点可分为长期趋势变化、季节变化、循环变化和随机变化等四类。第三，选择预测方法，建立预测模型。时序预测方法主要有确定型时序预测法和随机型时间序列分析法两大类。确定型时序预测方法的基本思想是用一个确定的时间函数 $y=f(t)$ 来拟合时间序列，不同的变化采取不同的函数形式来描述，不同变化的叠加采用不同的函数叠加来描述。常用的方法有移动平均法、指数平滑法、差分指数平滑法、自适应过滤法、直线模型预测法、多项式模型预测法、指数曲线模型预测法、修正指数曲线模型预测法、成长曲线预测模型和季节变动预测法等；随机型时间序列分析法的基本思想是通过分析不同时刻变量的相关关系，揭示其相关结构，利用这种相关结构来对时间序列进行预测。建立随机时间序列模型需要较深的数学知识和较多的历史数据，方法复杂，计算量大，但它在短期预测方面精度高，因此得到了越来越广泛的应用。第四，测算预测误差，确定预测值。

第三节　生态旅游产品开发与认证

人们为了摆脱城市恶劣环境的困扰、追求健康长寿、追求人类理想的生存环境，渴望到具有良好生态环境条件的旅游区去保健疗养、度假休憩、娱乐，并达到认识自然、了解自然、享受自然、保护自然的目的。在这种需求的驱动下，生态旅游便应运而生了，生态旅游产品是生态旅游的重要组成部分。生态旅游产品的开发对于生态旅游的开展，对于旅游经营者、旅游者和当地居民切身利益都是密切相关的。生态旅游产品开发的成功与否，直接影响当地旅游业的发展，甚至影响当地经济发展。为此，应遵循客观规律，开发出能产生经济效益、社会效益和生态效益的生态旅游产品。

一、生态旅游产品的概念

(一)旅游产品的概念

业界和学界多从旅游供给和旅游需求两个方面给旅游产品下定义。从旅游供给方面定义且具有代表性的有林南枝、陶汉军的“旅游产品是指旅游经营者凭借着旅游吸引物、交通和旅游设施，向旅游者提供的用以满足其旅游活动需求的全部服务。”他们认为旅游产品是由多种成分组合而成的混合体，是以服务形式表现的无形产品。从旅游需求或者旅游者的角度给出的定义也不少。如谢彦君认为应该从狭义而且单一的视角来定义旅游产品，认为“旅游产品是指为满足旅游者的愉悦需要而在一定地域上被生产或开发出来以供销售的物象与劳务的总和”。秦宇认为旅游产品“是一种满足旅游者在旅游活动过程中的精神、文化、生活需求的物质实体和非物质形态的服务，它是旅游者支付一定的金钱、时间和精力所获得的一种特殊的经历和体验”。总之，是产品就意味着交换，价值交换应该是旅游产品的核心所在，而交换的双方无疑就是提供产品的旅游经营者和享受产品的旅游者。

(二)生态旅游产品的概念

生态旅游产品无疑是旅游产品的一部分，其外延小于旅游产品，但生态旅游产品概念的核心仍然是“产品”，仍然是价值交换。

生态旅游产品是指旅游经营者为满足生态旅游者在生态旅游活动中的各种生态旅游需求而提供的各种有形物质产品和无形服务的总和。

二、生态旅游产品的开发建设方向

随着人们对生态环境的关注进一步加深，环境资源将被充分开发出来，逐步成为生态旅游区的核心吸引物之一，成为重要的生态旅游资源。在开发建设生态旅游度假区和生态旅游区的过程中，应该充分而广泛地调查各种生态环境资源，开发有利于人们身心健康的优势环境生态旅游产品，避免有害的环境因子，着力建设健康、友好的生态旅游区。因此，生态旅游产品的开发应在遵循原则的基础上根据不同类型的生态旅游资源，开发能满足游客需求的生态旅游产品。

(一)避寒型生态旅游产品

避寒型生态旅游地是依托气候舒适度指标而选定的。所谓气候舒适度又称温湿指数，指气温低于人体温度12～16℃，相对湿度40%～60%，风力小于1.5级，大气压95 000～100 000Pa的综合指数。在这4个气象要素中，气温是基础，所以中国的避寒生态旅游带大体是划在了年平均气温20℃等值线以南、1月平均气温不低于12℃、海拔200m以下的区域。优秀避寒地冬季3个月(12月至翌年2月)的舒适日数应占总日数的70%左右，偏热或偏凉日数不大于总日数的30%左右，不能出现寒冷或极热天气。

《中国西部》杂志发布的2008年中国冬季避寒旅游目的地城市前20名分别是：云南景洪、海南三亚、广东深圳、香港特区、海南海口、台湾高雄、福建泉州、云南瑞丽、广东广州、广西北海、澳门特区、广东珠海、台湾南投、云南河口、广东阳江、福建漳州、广西钦州、贵州罗甸、海南文昌、福建莆田。可见，我国避寒目的地城市主要集中在广东、广西、福建、云南、海南、澳门、香港、台湾等地，包括贵州的一小部分地区。这些地区应着力开发避寒型生态旅游产品。

(二)避暑型生态旅游产品

我国具有避暑生态旅游优越条件的地区主要有两类：一类是东北、云贵高原、内蒙古高原与青藏高原区，著名的河湖林地以及黄山、庐山等著名山岳风景区；另一类是东部沿海的大连、北戴河、青岛等海滨避暑胜地。处于这些地区的生态旅游区应开发具有避暑作用的生态旅游产品。从分布密度看，西南、东北和西北(华北)地区不仅是中国密度最高、面积最广、资源最丰富的生态旅游地区，也是中国避暑生态旅游城市密度最高、避暑生态旅游资源最广的三个板块。

(三)滨海型生态旅游产品

我国位于亚洲大陆东南部，濒临西北太平洋，大陆海岸线自鸭绿江口至北仑河口，长逾1.8×10^4km，加上面积大于500m^2的6 962个岛屿的海岸线1.4×10^4km，总长逾3.2×10^4km，由此造就的南北差异比较明显，按不同的分区标准，我国滨海生态旅游地可以划分成不同的滨海生态旅游分区。从气候适宜性角度将我国滨海地带从北至南划分为暖温带、北亚热带、中亚热带、南亚热带、北热带、中热带6个区域。

中国的环渤海湾生态旅游区、长三角滨海生态旅游区、海峡西岸滨海生态旅游区、珠三角滨海生态旅游区、北部湾滨海生态旅游区等这些旅游区均可开发滨海型生态旅游产品。

（四）内陆滨水型生态旅游产品

我国是多湖泊国家，面积在1km^2以上的天然湖泊达2 800多个，总面积约$8\times10^4km^2$，其中淡水湖泊面积为$3.6\times10^4km^2$，占总面积的45%左右。但我国湖泊分布范围广而不均匀，东部平原和青藏高原形成两大稠密湖群，内蒙古高原、云贵高原、柴达木盆地和准噶尔盆地湖泊分布亦多，但长江上游、珠江流域和浙闽丘陵等地区湖泊寥寥无几。按湖泊的地理位置，可将中国湖泊分为东北、（内）蒙（古）新（疆）、青藏、东部和云贵五大湖区。这些有条件的地区可开发内陆滨水型生态旅游产品。

（五）森林型生态旅游产品

我国位于欧亚大陆东部，北抵寒温带大陆、南达热带海洋，地域辽阔，地形多种多样，地貌类型齐全，气候的地域地带差异很大，自然条件复杂多样，地域差异明显，因而孕育了丰富多彩而又独具特色的生物种群和生态系统。由于受水分和热量条件的影响，中国森林生态系统的类型齐全，包括从热带雨林到亚寒带针叶林的各种类型，由北向南依次分布着寒温带针叶林森林生态系统、温带针阔混交林森林生态系统、暖温带落叶阔叶林森林生态系统、亚热带常绿阔叶林森林生态系统、热带季雨林森林生态系统和热带雨林森林生态系统六大森林生态系统。我国森林生态系统区域性分布特征明显，空间结构复杂，功能多样，为开展森林生态旅游提供了广阔的空间。具有森林资源优势的地区可以开发森林型生态旅游产品。

（六）保健型生态旅游产品

随着人们对旅游业更深层次的认识，人们对旅游产品的需求日趋多样化，各类专项旅游如学艺旅游、猎奇旅游、劳务旅游等旅游项目因此而得到开发，保健旅游也在这种状况下逐渐兴起，并派生出了气功旅游、康复旅游、武术旅游、健身旅游、体育旅游等多种分支项目。据不完全统计，北京，上海，江苏的无锡，辽宁的大连，浙江的杭州，安徽的黄山，福建的武夷山，吉林的长白山，湖北的武当山，江西的庐山，云南的文山，河北的保定、孟村，河南的嵩山、温县，山东的青岛、济南，湖南的岳阳、长沙、湘潭、株洲等上百个旅游热点城市和热点景区，都推出了保健旅游项目，并且呈现出方兴未艾的趋势。根据各自的实际情况可以开发森林保健养生型生态旅游产品、海滨水域保健养生型生态旅游产品、温泉保健养生型生态旅游产品、溶洞保健养生型生态旅游产品、山地保健养生型生态旅游产品等。

（七）草原型生态旅游产品

草原旅游的主要价值在于身心的一种体验，可以使人放松身心、开阔视野、找回自我、激情豪迈，同时也是一种认识自然、了解自然的旅游方式。具有草原资源的地方和区域可以开发具有草原特色的生态旅游产品。内蒙古高原、青藏高原及新疆北部的草原生态产品十分丰富。

三、生态旅游的认证

建立完善的规范体系和科学的认证方法对生态旅游的发展具有非常重要的意义，主要体现在：可以给开展生态旅游的地区在改善和保护环境方面予以监督与鼓励；能够帮助管理者对自然资源有效利用的同时实现对环境负面影响的最小化，确保生态旅游的可持续性；能够帮助消费者将真正的生态旅游经营者和只把生态旅游作为一个市场营销口号而并不想真正向旅游者提供高质量生态旅游产品的自然旅游经营者区分开来；给当地社区提供一种工具，以确定他们所参与的活动是否实现了正面效益最大化的同时负面影响最小化；有助于改善旅游企业的社会形象，提升企业的国际竞争力，吸引新的旅游消费者；对整个旅游业及相关产业也具有示范作用。

（一）建立生态旅游认证的必要性

生态旅游认证的出现，对全球生态旅游的可持续发展具有重要的意义。Martha Honey认为认证是衡量三条底线的工具，即健康与安全、质量与服务及可持续性。认证可为旅游者提供对环境与社会负责任的选择或者“品牌”；提高公众对负责任的商业行为的意识，帮助教育企业并提供技术建议，可以提高产业标准，保护旅游的基础资源，为受认证者提供市场营销优势，可维护国家形象和名誉。

于法稳和尚杰指出，开展生态旅游认证给当地社区提供了一种工具，以确定它们所参与的活动是否实现了正面效益最大化的同时负面影响最小化。钟林生等认为建立科学的认证方法能够帮助消费者将真正的生态旅游经营者和那些只把生态旅游作为营销口号的自然旅游经营者区分开来。程兴火和周玲强认为开展生态旅游认证对于促进我国生态旅游的可持续发展有三个方面的重要作用。一是有助于加强政府对生态旅游景区的指导与管理；二是能够为生态旅游产品供应商提供生态旅游资源开发与经营管理的依据与指导规范；三是可以影响旅游者对其旅游相关活动的决策，有助于引导生态旅游产品消费者购买真正“绿色”的旅游产品。

（二）生态旅游认证的程序

从国外众多生态旅游认证项目来看，一个认证项目一般都会包括以下五个过程，即自愿入会（voluntary enrollment）、标识（logo）、标准与规范（standards andcriteria）、评估与审计（assessment and auditing）和成员资格与费用（membership and fees）。

（三）中国实施生态旅游认证面临的挑战

缺乏生态旅游认证的广泛市场受宣传力度和其他因素的影响，国内生态旅游企业和生态旅游者对生态旅游认证了解并不多，还没有认识到生态旅游的社会责任性，相关企业也没有认识到生态旅游认证的重要性，影响到生态旅游认证的推广和实施。例如，“绿色环球21”在中国设立办事处两年多以来，参与认证的单位仅有12家。

1. 缺乏政府的明确支持

虽然生态旅游认证是一种市场机制，主要由非政府组织来运作，原则上没有政府的参与也能运行，但从实践来看，世界各地生态旅游认证都有政府的参与，只不过参与的程度与范围不一样，如澳大利亚的全国生态旅游认证项目（NEAP）认证等。在我国，旅游业是政府主导型产业，生态旅游的认证也需要得到政府部门的认同才能真正得到实施。鉴于中国国情，如果离开了政府的明确支持，生态旅游认证在中国的开展只能是一纸空文，尤其是当前生态旅游认证产品市场基本处于空白的情况下，更需要政府来培育和促进市场。

2. 缺乏适合中国国情的认证标准

虽然国际上也有多个生态旅游认证标准，但大多数认证在制定时只考虑本国的通用性，而相对于其他国家而言，生态旅游认证的适用性相差甚远。目前我国还没有制定出一个生态旅游认证标准，也没有相关的认证机构。如果请国外的认证机构，不仅成本将大大增加，语言和文件交流也有困难，而且有些指标在我国并不适用。

3. 认证可能与政府旅游管理部门的传统职能发生冲突

受目前经济利益的驱使，不少旅游企业和景区打着生态旅游的牌子，销售的却是传统的观光旅游产品，生态旅游认证，会使部分生态旅游经营单位存在的一些内部问题公开化，可能会被认为是影响旅游相关企业或单位的形象，从而增加了认证的阻力。

（四）建立我国生态旅游认证制度的路径

1. 政府主导

国外的生态旅游认证项目大部分都是由非政府组织牵头的，在我国非政府组织还不发达，根据目前我国的具体情况，生态旅游的认证工作必须要由政府主管部门亲自来抓，由相关部门共同组成生态旅游认证委员会，进行官方认证。与此相适应，所通过的认证体系也必须是具有强制约束力的。同时，也要提倡并鼓励企业和保护区参与国际生态旅游认证。

2. 认证的结构体系和内容设置

在具体的认证制度方面，可以借鉴国外的做法（如澳大利亚的 NEAP 和厄瓜多尔加拉帕格斯群岛的 Smart Voyager 等），同时结合旅游饭店星级的划分与评定（GB/T 14308—2010）、旅游景区质量等级的划分与评定（修订）（GB/T 17775—2003）、内河旅游船星级的划分与评定（GB/T 15731—2008）等旅游认证制度以及六项环境保护资质认可制度的实施，建立一个适合我国具体情况的生态旅游认证体系。

在认证内容上，既要反映国际上的通用标准，又要体现我国的具体情况；既要体现通用性的原则，又要根据不同地区的生态特点来设定标准。在认证对象上，为了便于操作，要考虑针对产品、线路、目的地，而不是旅游企业。在认证标准上，既要让经营者看到通过认证的必要性、可能性，不能过于严格；也要保证认证本身的科学性、权威性，不能过于宽泛。

3. 营造开展生态旅游认证的环境

从旅游可持续发展的长远利益出发，业界、学界、政府等部门应从多层面、多角度对生态旅游进行规范，从管理的高效性、操作的方便性、技术的可行性方面规划生态旅游的长期发展战略，通过网络、平面媒体、纸媒体等相关媒介宣传生态旅游的持续健康发展精髓，营造开展生态旅游认证的良好氛围，鼓励进行生态旅游认证的研究，为中国开展生态旅游认证营造一个良好的环境。

4. 加强生态旅游学科的基础研究

尽管生态旅游认证采用的指标体系力求简单明了、可操作性强，但每一项指标的制定都有很高的科技内涵，比如“绿色环球 21”节能措施评估所考虑的一条标准是“在炎热的条件下，要使用低热量排放的屋顶”，但如何建设低热量排放的屋顶，就须通过已有科学技术或一定的科学试验才能找到答案，因此需要加强相关基础科学的研究。目前应重点研究的方面有：科学发展观与生态旅游认证的关系；生态旅游的可持续性；生态旅游认证的法律适用性；生态旅游认证的效益；旅游活动对自然、社会、文化的影响；环保技术在旅游

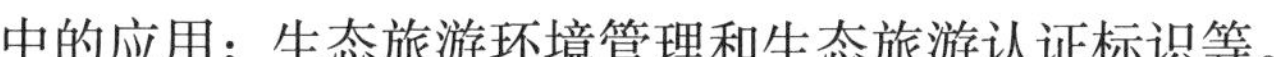

中的应用；生态旅游环境管理和生态旅游认证标识等。

5. 认证的收费制度和管理方式

首先，生态旅游认证在我国是一个舶来品和新生事物，规范、推动其发展，政府责无旁贷。因此，为了更好地推广生态旅游认证，鼓励企业积极参与，在收费方面不宜太高。毕竟我们和国外的社会环境不同，经济发展条件不同，认证制度的制定和管理机构不同，政府有必要提供一定的补贴，来推广这件事。其次，从事生态旅游经营的企业，很多都是中小企业。而且，按照生态旅游本身的原则，要求尽可能地提高当地人的参与，要通过各种方式鼓励当地积极从事各种与生态旅游产品和服务有关的经营活动，开办企业、合作社。而对于这些中小企业，甚至合作社和私人作坊来说，没有能力承担相应的认证成本，因此政府和非政府部门需要提供资金和技术上的支持，来帮助他们。

6. 认证的配套体系和相关制度

认证制度只是一种相对有效的方法，它不能替代法律法规的作用；相反，缺乏制度支持，认证没有扎实的基础，也不可能有什么效用。生态旅游的健康发展，必须建立在统一的定义和认识、科学的政策和战略、相应的配套体系和完善的法规制度基础上。

第四节　生态旅游线路组织

一、生态旅游线路组织原则

（一）以游客需求为中心原则

生态旅游线路设计的核心是为了满足游客的需求，必须以市场为导向、围绕游客进行线路设计。游客对生态旅游线路选择的基本出发点是：时间最省、路径最短、价格最低、景点内容最丰富、最有价值。

（二）人无我有、人有我特、人特我优原则

特色是旅游业持续发展的关键，也是旅游产品的生命力所在。旅游地必须依托当地相当丰厚的旅游资源和自身条件，发挥聪明才智，精心打造与众不同的特色旅游产品和生态旅游线路，从而促进生态旅游的持续健康发展。

（三）规模适度原则

生态旅游线路的设计规模要适中，必须根据生态旅游地的实际情况控制线路节点的数量和大小。规模过大，必然会破坏生态环境；规模过疏会导致吸引力弱、联动效应差的后果。二者均不利于生态旅游的持续健康发展。

（四）注重节奏原则

生态旅游线路节点的安排必须合理适中。在设计线路时必须充分考虑游客的心理因素和生理因素，合理设置兴奋点。同时也要考虑张弛、动静和观光参与的合理组合，使旅游活动具有节奏感、韵律感，使游客始终保持在兴奋点上，获得身心满足。

（五）适时推出新旅游产品原则

旅游市场在日新月异地发展，游客的需求与品位也在不断地变化、提高。为了满足游

客追求新奇的心理，在生态旅游线路的设计中，必须根据市场动态设计出能满足游客心理需求的旅游产品。

(六)行程安排机动灵活原则

在设计生态旅游线路时，不宜将日程安排得过于紧张，应留有一定回旋余地；在具体实施过程中，也必须灵活掌握，以保证落实原计划生态旅游线路形成中的基本项目为原则，同时也预备局部变通和应付紧急情况。

(七)生态效益原则

生态旅游是以自然旅游资源为主要依托，人们为了某种目的而到良好的生态环境中去保健疗养、度假休憩、娱乐，达到认识自然、了解自然、享受自然、保护自然的目的旅游。良好的生态环境是生态旅游的基础，生态旅游线路的设计在考虑有经济效益的同时，必须充分考虑对生态环境的影响，在追求经济效益的同时不能忽视生态效益。

二、生态旅游线路组织步骤

(一)生态旅游线路设计的基本内容

生态旅游线路设计需考虑四类因子：旅游资源(旅游价值)、与旅游可达性密切相关的基础设施、旅游专用设施和旅游成本因子(费用、时间或距离)。生态旅游线路是构成生态旅游产品的主体，包括景点、参观项目、饭店、交通、餐饮、购物和娱乐活动等多种要素。生态旅游线路设计包含以下两个方面的基本内容。

1. 确定线路名称

名称是线路性质、大致内容和设计思路等内容的高度概括，直接反映的是旅游产品的主题。线路名称应简短(4～10字)，突出主题和富有吸引力。如："95中国民俗风情游"旅游活动系列就是依托风格独特的民俗节庆活动逐月展开，贯穿全年，基本涵盖了我国各个民族传统文化的特点，产品特点极为鲜明。

2. 策划线路的具体内容

从形式上看，生态旅游线路是以一定的交通方式将线路各节点进行合理的连接。节点是构成生态旅游线路的基本空间单元，一般是城市或独立的风景名胜区。策划生态旅游线路就是从始端到终端以及中间途经地之间的游览顺序，在线路上合理布局节点。如"93中国山水风光游"旅游活动推出了14条生态旅游线路，针对国际客源市场把全国的山水风光分为五大片，每大片有一个汇合点(黄山汇合点、黄果树汇合点、长白山汇合点、拉萨汇合点及桂林汇合点)，其网络延伸点是张家界、天涯海角、华山、沙湖等。

(二)生态旅游线路的设计框架

生态旅游线路设计或旅程设计是一个技术性(经验性)非常强的课题，它涉及几个基本问题：其一，旅游产品所针对的目标是什么，其可能的变化趋势如何，这决定了生态旅游线路设计的需求背景；其二，与接待地区经济发展水平、国际旅游发展水平、体制和管理水平等相联系的旅游供给一体化程度，即地区旅游产业内外关联和协调能力如何；其三，旅游者在接待地区消费旅游产品时，其行为的自主程度如何，或者反过来说，接待地区政府和旅行机构操纵和引导旅游客流的作用和程度。

这些构成了生态旅游线路设计、销售的大背景，在一定时间内，生态旅游线路的设计和经营都受制于以上因素，处于初期发展阶段的不发达地区之旅游业尤为如此。

（三）生态旅游线路设计的基本步骤

生态旅游线路的设计大致可分为以下3个步骤。

①确定目标市场的成本因子，它在总体上决定了生态旅游线路的性质和类型。

②根据游客的类型和期望确定组成线路内容的旅游资源的基本空间格局，旅游资源的对应旅游价值必须用量化的指标表示出来。

③结合前两个步骤的背景材料对相关的旅游基础设施和专用设施（住宿等）进行分析，设计出若干可以选择的线路方案。

第九章

生态旅游规划

生态旅游规划的任务是帮助政府确定生态旅游地未来发展目标，改善生态旅游环境，调控生态旅游地域经济发展、人口规模、土地使用、资源节约、环境保护和各项开发与建设行为，以及对生态旅游发展进行的综合协调和具体安排。它是进行生态旅游开发建设和管理的基本依据，是保证生态旅游地土地合理开发和活动协调进行的前提条件，是实现旅游地经济、社会、文化、环境发展目标的重要手段。根据生态旅游地的不同类型，本章重点介绍森林公园、森林旅游区、自然保护区和湿地四种类型的生态旅游规划。

第一节　生态旅游规划

一、生态旅游规划的相关理论基础

1. 美学理论

生态旅游规划要建立在生态美学理论的基础之上，重点把握生态美，强调自然美、和谐美的生态文化底蕴。通过规划深化人们对人与环境互相依存、和谐共生关系的认识，帮助人们形成正确的生态审美观，从生态美学角度出发指导规划生态旅游景区的开发与建设，提高人们的生态道德素质，保证生态旅游区的环境质量以及原始的生态系统不被破坏。

2. 生态学理论

生态旅游建立在重视生态环境、鼓励人类建立生态文明等正确的生态学理论基础上，在进行生态旅游规划设计时应该用生态学原理和方法：景观生态学、环境生态学、森林生态学、保护生态学、恢复生态学和城市生态学等理论将旅游者活动与环境特性有机结合；在空间环境上对旅游活动进行合理布局，充分考虑生态旅游资源的特性及分布、生态旅游环境自我修复能力、生态旅游环境容量大小以及生态旅游资源的可持续利用程度等。通过生态旅游规划最终使生态旅游者、生态旅游从业者和管理者在旅游发展过程中达到认识自然、了解自然、保护自然的目的。

3. 可持续发展理论

生态旅游规划编制要运用可持续发展理论，注重人与自然的和谐发展，在生态旅游景区的开发建设中，必须遵循可持续发展的相关理论，维护生态平衡，实现人与自然同生共存和谐发展，在充分发挥生态旅游的多种功能和效益，获取人类自身利益的同时，又不损害子孙后代的利益。

二、生态旅游规划的编制原则

1. 环境与文化保护原则

生态旅游规划作为实现生态旅游的具体实践活动，首先要体现环境保护原则，保护优先是生态旅游区别于其他旅游形式的核心所在。实现生态旅游环境的保护与生态旅游的协调发展，生态旅游规划设计既要保护自然生态的原始韵味，同时又要注意传承与保护当地的传统文化，避免旅游带来的文化冲突和文化污染。在生态旅游项目和产品规划设计上避免与生态旅游方向不一致的旅游活动，减少人造景观，对于必要的设施和景观建设必须做到与环境相和谐。

2. 可持续发展原则

生态旅游规划应该在可持续发展思想的指导下，协调好生态旅游业与该地区其他产业之间的关系，协调好生态旅游活动和旅游服务与生态旅游环境资源之间的关系。生态旅游在走向保护区、体验大自然的同时提醒我们必须高度重视旅游业对环境造成的影响和破坏。特别是目前有的人打着生态旅游的旗号，实际上却做着破坏环境的旅游。因此，制定生态旅游规划必须坚持可持续发展原则，以此来保护我们的自然景观与文化遗产，使旅游业成为一种可持续发展的绿色产业。

3. 综合效益原则

生态旅游的发展要把握生态效益、社会效益、经济效益的协调发展，发展过程中要注重多方参与和利益共享，在生态旅游规划设计过程中，普遍征求利益相关者的意见，充分调动当地居民的参与积极性，使他们真正参与到规划中来，并接受他们的合理建议。只有实现多方参与和利益共享才能使生态旅游在取得良好生态效益和社会效益的同时获得各方满意的经济效益。

4. 体验教育原则

生态旅游具有独特的旅游体验与教育功能，因此，在制定生态旅游规划时要注重发挥生态旅游能够提高旅游者的科学素养和生态环境保护意识的功能，通过加强游客的生态意识，让其在旅游体验的同时，最终实现生态旅游环境与资源的保护。

三、生态旅游规划的主要内容

(一)生态旅游规划的主要内容

生态旅游规划是旅游规划的一部分，因此在规划框架上同一般的旅游规划相一致。国家旅游局2000年10月26日颁布的《旅游发展规划管理办法》中规定旅游规划编制的基本内容有：

①综合评价旅游业发展的资源条件与基础条件；

②全面分析市场需求，科学测定市场规模，合理确定旅游业发展目标；

③确定旅游业发展战略，明确旅游区域与旅游产品重点开发的时间序列与空间布局；

④综合平衡旅游产业要素结构的功能组合，统筹安排资源开发与设施的关系；

⑤确定环境保护的原则，提出科学保护利用人文景观、自然景观的措施；

⑥根据旅游业的投入产出关系和市场开发力度、规模和速度；

⑦提出实施规划的政策和措施。

生态旅游规划成果包括规划文本、规划图表及附件。规划图表包括规划总图、区位与对外关系分析图、生态旅游资源分布图、旅游客源市场分析图、旅游产业发展规划图等；附件包括规划说明和基础资料等。

(二)生态旅游规划过程

生态旅游规划过程可以分为：外业调查、内业编制、审批与实施四个阶段，其中外业调查主要包括生态旅游资源的调查与评价，生态旅游资源调查是旅游资源评价、制定开发建设规划及合理利用与保护的最基本的工作；在旅游资源调查与评价的基础上开始生态旅游规划的内业编制，生态旅游规划的编制程序通常分为以下五个阶段，即准备阶段、调查评价阶段、编制规划大纲和总体规划阶段、论证决策阶段、反馈修改阶段。最后生态旅游规划文本、图件及附件的草案完成后，由规划委托方提出申请，上一级旅游行政主管部门组织评审，生态旅游规划评审可分为初稿评审、中期审核以及终稿评定三个部分。编制与鉴定工作的完成，仅仅是规划成功迈出的第一步，能否在实施前由当地政府做出正确果断的方案决策，是否能保证规划决策方案顺利实施，是否具有可操作性，则是规划成功的关键。规划编制过程在规划实施之前仅是一种研究、分析、建议和规定，只有将这种规定和建议同规划实施追踪过程结合起来，才能构成一个完整的规划全过程。

第二节　森林公园规划

森林公园是开展森林旅游的主要载体。以森林公园为主要载体开展的森林旅游活动，不仅有效地保护了自然资源和生态环境，而且走出了一条不以消耗森林资源和破坏森林生态环境为代价，又能促进地方经济、社会、生态三大效益良性循环发展的道路。因此，森林公园旅游规划是生态旅游规划的重要组成部分。

一、森林公园的概念和我国森林公园的发展背景

(一)森林公园的概念

关于“森林公园”的概念，学术界并没有统一的概念，并据此展开了讨论。吴楚材(1991)认为森林公园是以森林自然环境为依托，具有优美的环境和科学教育、游览休息价值的地域，经科学保护和适度建设，为人们提供旅游、观光、休息和科学文化活动的特定场所；原林业部(1993)认为森林公园指森林景观优美，自然景观和人文景物集中，具有一定规模，可供人们游览、休息，可进行科学、文化、教育活动的场所；但新球(1994)认为森林公园是经过精心规划设计而建设的以森林景观资源为主体，用来进行森林旅游的区域；唐正良等(1994)森林环境优美，生物资源丰富，自然景观和人文景观比较集中，具有观赏、文化、科研价值和一定规模、经过保护管理、合理经营和适度开发后可供人们浏览、观光、休憩、疗养或进行科研、教育的国营林场、森工企业和其他国营林业事业单位，以及由林业部门主管的国有或集体林区；许大为等(1996)认为森林公园应是以森林为主体，具有地形、地貌特征和良好生态环境，融自然景观与人文景观于一体，经科学保护和适度开发，为人们提供原野娱乐、科学考察及普及、度假、休疗养服务，位于城市郊区的区域；高翅(1997)森林公园是在城市边缘或郊区的森林环境中为城市居民提供较长时间

游览休息，可开展多种森林游憩活动的绿地。

张杰主编的《森林公园管理学》中给森林公园下的定义是："森林公园是以良好森林景观为主体，自然风光为依托，融自然景观和人文景观为一体，环境优美，物种丰富，景点景物相对集中，具有较高的观赏、文化、科学价值，有一定规模的地域，经科学保护、合理经营和适度建设，可为人们提供旅游观光、休闲度假、疗养保健或进行科学、文化、教育活动的特定场所"。

综上所述，尽管不同学者对森林公园概念的描述不同，但实质是一致的，即以森林景观资源、森林环境资源、森林保健资源为背景，融合了自然与人文景观旅游、森林旅游、生态旅游、康体保健旅游及科教文为一体的具有一定的规模和基础设施的区域。

1999 年发布的《中国森林公园风景资源质量等级评定》国家标准，对"森林公园"作了科学的定义，并得到了学术界的认可，指出森林公园是"具有一定规模和质量的森林风景资源和环境条件，可以开展森林旅游，并按法定程序申报批准的森林地域"。它明确了森林公园必须具备以下条件：

①森林公园是具有一定面积和界线的区域范围；

②以森林景观为背景或依托，是这一区域的特点；

③该区域必须具有旅游开发价值，要有一定数量和质量的自然景观或人文景观，区域内可为人们提供游憩、健身、科学研究和文化教育等活动；

④必须经由法定程序申报和批准。

凡达不到上述要求的，都不能称为森林公园。

（二）我国森林公园的发展现状

从 1982 年我国第一个国家森林公园——张家界国家森林公园的建立至 2012 年年底，全国共建立森林公园 2 855 处，总面积 1 738 万 hm^2。其中，国家级森林公园 764 处，国家级森林公园旅游区 1 处，面积 1 205. 11 万 hm^2。目前，广东、山东、福建、浙江、江西、河南、四川、湖南、山西共 9 个省的森林公园总数超 100 处。据统计，2012 年全国森林公园共接待游客 5. 48 亿人次（其中海外游客 1 541 万人次），直接旅游收入 453. 3 亿元。据测算，2012 年全国森林公园共创造社会综合收入达 4 200 多亿元。

截至 2012 年年底，全国森林公园共拥有旅游道路 6. 42 万 km^2，旅游车船 3. 36 万辆（艘），接待床位 78. 31 万张，餐位 141. 49 万个。森林公园从事旅游管理与服务的职工总数达 16 万人，其中导游人员 1. 8 万人。

二、森林公园总体规划的原则

森林公园规划应遵循下列基本原则：

①森林公园建设以生态经济和旅游经济理论为指导，以保护为前提，遵循开发与保护相结合的原则。在开展森林旅游的同时，重点保护好森林生态环境。

②森林公园建设应以森林旅游资源为基础，以旅游客源市场为导向，其建设规模必须与游客规模相适应。应充分利用原有设施，进行适度建设，切实注重实效。

③森林公园应以森林生态环境为主体，突出自然野趣和保健等多种功能，因地制宜，发挥自身优势，形成独特风格和地方特色。

④统一布局，统筹安排建设项目，做好宏观控制；建设项目的具体实施应突出重点、

先易后难、可视条件安排分步实施。

除此之外，森林公园的各项规划要执行本规范外其他符合国家现行有关专业技术标准、规范的规定。

三、森林公园规划的主要内容

为适应森林旅游与森林公园建设的需要，统一森林公园总体规划要求依据《森林法》、《森林公园管理办法》等有关法规特制定本规范。森林公园总体规划的指导思想：应以良好的森林生态环境为主体，充分利用森林旅游资源，在已有的基础上进行科学保护、合理布局、适度开发建设，为人们提供旅游度假、休憩、疗养、科学教育、文化娱乐的场所，以开展森林旅游为宗旨，逐步提高经济效益、生态效益和社会效益。

根据《中华人民共和国林业行业标准》、《森林公园总体设计规范》行业标准的通知，森林公园规划的主要内容包括：森林公园社会经济、森林公园及毗邻地区旅游资源调查与评价、森林公园的总体布局及功能划分、环境容量与游客规模、景点与游览线路设计、植物景观设计、生物景观和环境资源保护、旅游服务设施工程(餐饮、住宿、娱乐、购物、医疗、导游标志)以及基础设施工程(道路、水电、通信广播电视、燃气)的设计与开发。

第三节　森林旅游区规划

一、森林旅游区规划的定义和分类

森林旅游区规划的任务是帮助政府确定森林旅游地未来发展目标，改善森林旅游环境，调控森林旅游地域内人口规模、土地使用、资源节约、环境保护和各项开发与建设行为，以及对森林旅游发展进行的综合协调和具体安排。它是开发建设森林旅游地和管理森林旅游地的基本依据，是保证森林旅游地土地合理和开发活动协调进行的前提条件，是实现旅游地经济和社会发展目标的重要手段。

《中华人民共和国城市规划法》将我国城市规划分为总体规划和详细规划两大类。参照国家旅游局《旅游规划通则》关于旅游规划的分类，作者认为，森林旅游规划可分为森林旅游业发展规划和森林旅游地规划两大类(图9-1)。

森林旅游(业)发展规划是以森林旅游资源的调查、评价为基础，根据森林旅游业的历史、现状和市场要素的变化所制定的目标体系，以及为实现目标体系在特定的发展条件下对森林旅游发展的要素所做的安排；森林旅游地规划是指为了保护、开发、利用和经营管理森林旅游地，使其发挥多种功能和作用而进行的各项旅游要素的统筹部署和具体安排。

总体规划主要解决森林旅游地的性质、发展目标、原则、规模、容量、发展形态、战略部署等重大问题，统筹安排森林旅游各项建设用地，合理配置旅游地各项基础工程设施，保证森林旅游地每个阶段发展目标、发展途径、发展程序的优化和布局结构的科学性，引导旅游地的合理发展。它是森林旅游规划综合性、整体性和法制化的集中体现。详细规划的任务是以总体规划为依据，详细规定建设用地的各项控制指标和规划管理要求，或直接对建设项目作出具体的安排和规划设计。因此，总体规划是制定详细规划的依据，而详细规划则是总体规划的深化和补充。

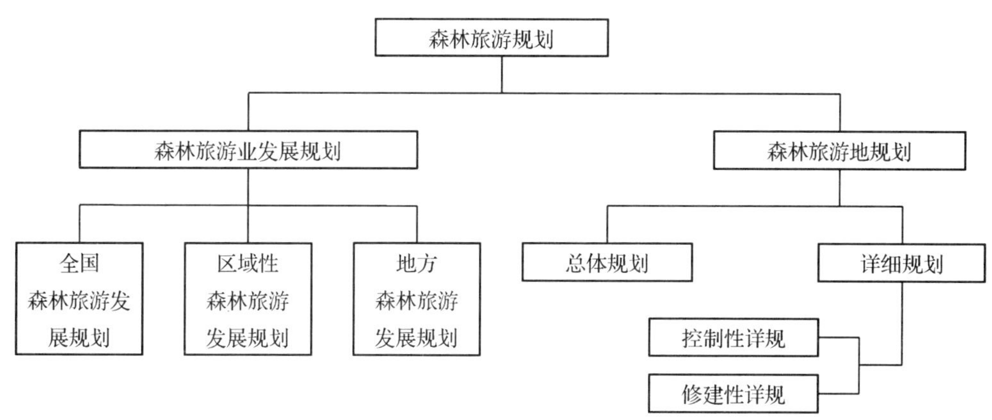

图 9-1 森林旅游规划的类型示意

控制性详细规划主要是确定森林旅游地土地使用的具体空间组织、功能分类、兼容范围及开发强度，对森林旅游地的开发与再开发活动实施引导，防止单个开发建设活动对森林旅游地整体产生不良影响。它既是编制修建性详细规划的主要指导性文件，又是森林旅游地规划管理、土地开发的重要技术依据；修建性详细规划是控制性详细规划的深化和具体化，主要是对森林旅游地近期建设范围内的造林、建筑、市政工程（如水、电、环卫等）、公用事业设施（如邮电通讯）、园林绿化、游乐设施、环保设施等具体布置，选定技术经济指标，确定各项建设用地的控制性坐标和标高，为各项旅游工程设计提供依据。

二、森林旅游区规划的主要内容

不同类型的森林旅游区规划，其主要内容不尽相同，本书根据森林旅游区规划的不同类型做具体阐述：

（一）森林旅游业发展规划的主要内容

①全面分析规划区森林旅游业发展背景、现状；

②科学分析评价规划区森林旅游资源现状；

③分析评价规划区森林旅游客源市场，合理进行客源市场细分和目标市场定位，预测规划期内客源市场需求总量及其他相关结构特征；

④分析评价规划区森林旅游发展条件，综合评价其优势和劣势；

⑤提出森林旅游业发展战略目标、指导方针、主题形象及其依据；

⑥对森林旅游发展区域进行合理布局，并明确各功能区域旅游产品开发的方向、特色与主要内容；

⑦提出森林旅游发展的重点项目，并对其空间及时序作出安排；

⑧提出森林旅游产业结构调整的要点和森林旅游产业发展支持体系建设要点；

⑨对环境容量进行估算，并对各旅游发展区域的游客流量进行预测；

⑩提出森林旅游环境保护与可持续发展的措施；

⑪提出森林旅游发展的保障体系建设措施；

⑫对规划区进行经济效益、社会效益、生态效益分析。

(二)森林旅游区总体规划的主要内容

森林旅游地在开发、建设之前，原则上应当编制总体规划。森林旅游区总体规划的主要内容有：

①对旅游资源的数量、品位、组合、集中程度，客源地人口的数量、可支配收入水平、出游率，交通状况与可进入性(包括公路、铁路、水路、航线、机场、码头、车站等)，周边旅游资源的丰富程度、开发状况、与森林公园的关联度，当地政府和居民对旅游业的支持程度、旅游开发的优惠政策和诚信度等开发条件进行分析。

②根据森林旅游地的旅游资源的性质与特点、客源情况、自然条件和社会经济状况，确定森林公园的主要产品类型、开发方向及时序。

③根据旅游资源的赋存、对游客的吸引力和旅游市场需求规律，确定森林旅游地的旅游市场范围(如：国内旅游市场、海外旅游市场；海外市场又分为外国人旅游市场、香港同胞旅游市场、澳门同胞旅游市场、台湾同胞旅游市场)、等级(如：一级旅游市场、二级旅游市场、三级旅游市场)、目标人群以及市场细分等。

④根据森林旅游地的地理背景、资源和旅游产品特色以及游客潜在需求，从理念上、视觉上、行为上塑造统一、鲜明、易识的旅游形象。

⑤进行交通规划、供电规划、给排水工程规划、供热规划、通信网络工程规划、广播电视规划、燃气规划、医疗救护规划、公共厕所规划等基础工程规划。

⑥进行景点建设规划。景点建设内容包括：假山、石景、瀑布、喷泉、滨水景观、冰雪景观、树景、花圃、药园、竹园、盆景、根雕、驯养动物、观鸟观兽、特殊天象观景点、森林小气候、水体小气候、古迹恢复、寺庙恢复、园林、茶室、亭、桥、榭、廊、阁、塔、雕塑、开发民俗风情、挖掘城乡风貌、开辟求知景点、建设游乐设施、开发购物商品等。

⑦进行接待设施规划。接待设施包括宾馆、饭店、招待所、餐饮店、医院、救护站、购物场所、娱乐场所等建筑。

⑧进行森林景观规划。应根据需要，因地制宜、合理布局、统筹安排，有计划地营造和改造。

⑨进行生态文化规划，如加强森林(自然)博物馆、标本馆、游客中心、科普教育基地(中心)、科普长廊、解说步道以及宣传科普的标识、标牌、解说牌等生态文化基础设施建设，整理规范各类资源和景区景点的导游词、解说词。

⑩进行保护工程规划，包括环境保护规划、生物资源保护规划、景点保护规划和防灾规划。

⑪进行环境容量测算，并开展游览线路规划。

⑫进行土地利用规划。

⑬进行机构设置与人员编制规划。

⑭进行投资估算及效益分析。

(三)森林旅游区控制性详细规划的主要内容

森林旅游地控制性详细规划的任务是，以总体规划为依据，详细规定规划区内建设用地的各项控制指标和其他规划管理要求，为规划区内一切开发建设活动提供指导。其具体控制内容为：

①土地使用性质及其兼容范围的控制。详细划定所规划范围内各类不同性质用地的界线。规定各类用地内适建、不适建或者有条件地允许建设的建筑类型。

②土地使用强度的控制。详细确定最小地块规模，进行建筑控制，包括确定建筑高度、建筑密度、建筑后退红线、建筑间距、容积率、绿地率等控制指标，并根据各类用地的性质增加其他必要的控制指标。

③道路交通及其设施的控制。详细划定交通出入口方位、停车泊位、交通工具类型、标准等，确定各级道路的红线位置、控制点坐标和标高。

④建筑特色与环境景观的控制。提出对各地块的建筑体量、尺度、色彩、风格等要求。

⑤工程管线及其设施的控制。

⑥经济估算。

(四)森林旅游区修建性详细规划的主要内容

森林旅游地修建性详细规划的主要内容有：

①通过分析建设条件和综合技术经济论证，对旅游用地功能加以空间组织和分区；

②建筑的空间布局设计；

③交通、道路、停车场系统的规划设计；

④绿地系统与植物景观规划设计；

⑤旅游服务设施及附属设施系统规划设计；

⑥工程管线系统规划设计；

⑦竖向规划设计；

⑧环境保护和环境卫生系统规划设计；

⑨估算工程量、估算拆迁量、估算造价，分析投资效益。

第四节 自然保护区旅游规划

一、自然保护区的概念

自然保护区是保护自然环境和自然资源、维护生态平衡和生物多样性的重要手段。《中华人民共和国自然保护区条例》中将其定义为：自然保护区是指有代表性的自然生态系统、珍稀濒危野生动植物物种的天然集中分布区，有特殊意义的自然遗迹等保护对象所在地的陆地、陆地水域和海域，依法划出一定面积予以特殊保护和管理的区域。

自然保护区规划是自然保护区开发保护及建设的依据，其基本任务是：研究自然保护区的性质和发展规模，合理组织自然保护区的用地，妥善安排项目建设，以便科学的、有计划的进行建设，发展我国的自然保护事业。自然保护区旅游规划是在自然保护区生态旅游开发可行性研究之后，决定开发建设之前的一个必要程序和步骤。科学的规划可为下一步开发建设和经营管理提供框架和依据，能有效地引导和控制旅游开发与发展，减少盲目性，保障自然保护区生态旅游开发达到预期目标。自然保护区生态旅游规划必须与自然保护区其他有关规划、当地社会经济发展规划、土地规划相协调。自然保护区规划中的旅游项目只允许放在保护区的实验区内，其缓冲区和核心区一般不允许旅游者进入。

二、自然保护区规划的主要内容

自然保护区生态旅游规划既包含一般旅游规划的一些基本内容，又具有自己特定的规划内容。自然保护区生态旅游规划主要内容包括：自然保护区的功能分区规划、环境容量的确定、游览体验项目规划、解说系统规划、基础设施规划、社区参与规划等(图 9-2)。自然保护区生态旅游规划的关键是维护生态安全。生态安全维护可在生态安全影响评价的基础上，通过在实验区的合理布局、生态旅游容量确定、生态旅游项目科学布局与安排、解说教育的有效实施、旅游基础设施生态化、社区参与等综合措施加以解决。

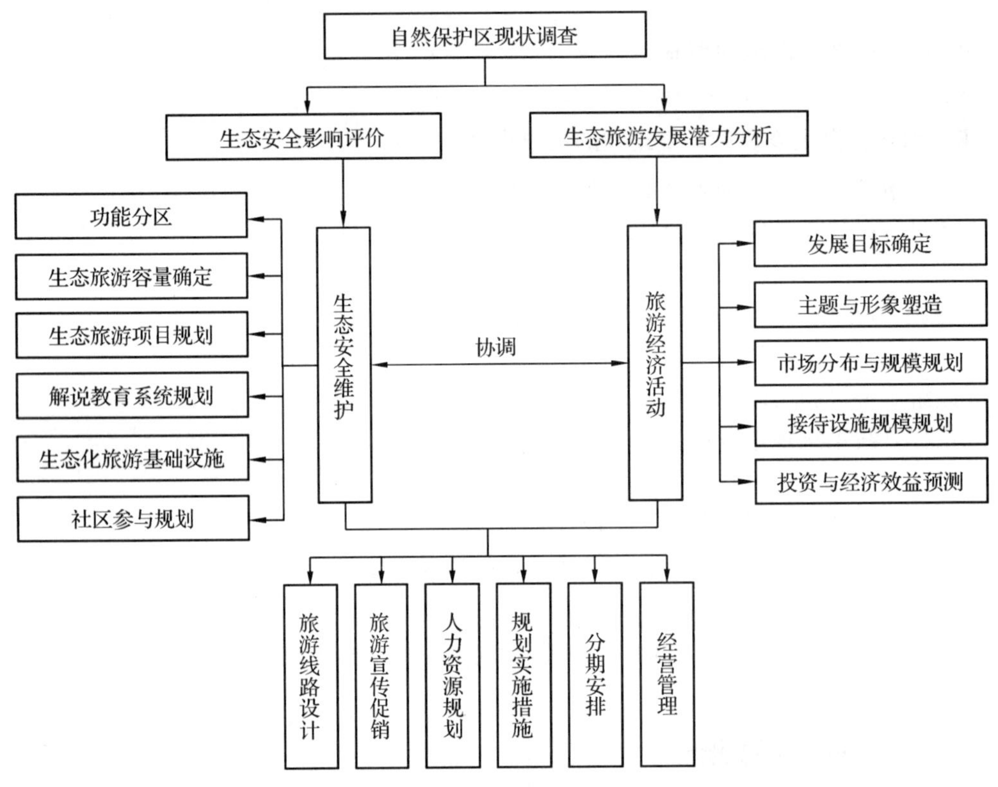

图 9-2　自然保护区生态旅游规划内容框架

(一)自然保护区功能分区规划

自然保护区根据其功能不同，可以分为核心区、缓冲区、实验区和生活文化区。其中，核心区作为自然保护区的中心，其主要功能是保护原始的生态系统不被破坏；缓冲区作为防止核心区环境遭受外来因素干扰的缓冲地带，一般情况下也不用来做旅游开发；实验区位于缓冲区的周边，主要为当地人合理开发利用自然保护区资源提供示范，可以适当开发旅游、种植土特产；生活区是保护区的最外围，是保护区的管理人员和当地居民生活、学习、娱乐的场所，也是保护区旅游规划中建设住宿、餐饮等消费场所的主要区域(图 9-3)。

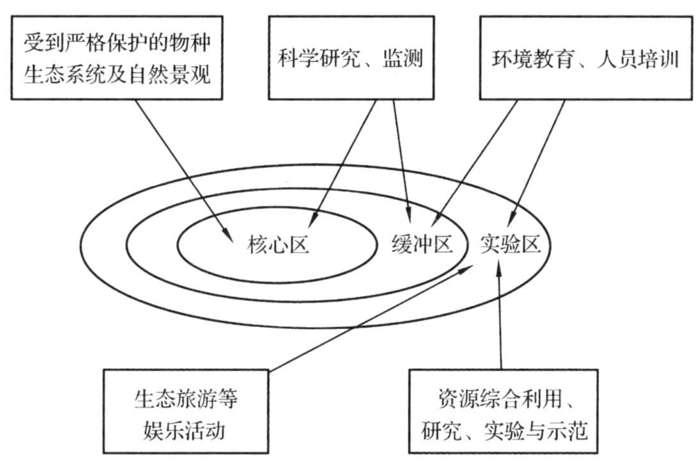

图 9-3　自然保护区的空间模式示意

(二) 自然保护区游览体验项目规划

科学设计自然保护区的旅游项目，包括景观游览项目和生态环境体验项目，不同类型的旅游活动对生态环境的影响程度不同，如户外和郊野娱乐活动一般比观光活动对生态环境的影响大，因此，并不是所有的旅游活动项目都适宜在自然保护区内开展。一般的自然保护区适宜开展对生态环境负面影响较小的旅游项目。

(三) 自然保护区旅游支持系统规划

旅游支持系统主要包括旅游解说系统、旅游基础设施、社区参与程度等内容，对旅游支持系统的规划即是为满足旅游活动和居民日常生活得以正常运行的所需条件的规划，例如保护区内的餐饮、住宿、娱乐、购物、导游标志、警示标志、道路、水电、医疗、通信等一系列条件的设计与开发。

三、自然保护区规划程序

自然保护区的规划作为一个极为复杂的系统工程，它通过项目的策划确定了对自然保护区的分区功能定位，初步确定自然保护区的发展目标、类型和规模、地址、提出规划构思；进而分析自然保护区规划的空间结构，在对旅游市场的调查基础上，进行旅游产品组合；通过项目的可行性报告分析和环境评估，充分分析各种区域性相关因素，包括该地区可进入性、社区的经济综合发展，环境及容量分析，为自然保护区的发展目标准备详细的规划资料，形成规划实施方案作为确定最终规划的依据。自然保护区规划的程序主要包括：

①自然保护区社会经济条件、自然环境和自然资源的调查、分析、评价分级，提出调查考察报告；

②基础资料搜集整理；

③在考察和分析资料的前提下，编制自然保护区规划；

④提出总体规划方案说明书及图纸，并向有关方面汇报；

⑤方案基本同意后作必要修改补充，提交正式成果，包括说明书及有关图纸；

⑥参加总体规划论证会并向会议汇报总体规划；

⑦根据论证会意见，对总规作补充修改条款说明书，协助甲方复制成果上报式批；

⑧在受委托的情况下，可在总体规划方案确定后，编制某分区或某专项的规划；

⑨在受委托的情况下，在某景区规划方案确定后、编制其中某景点的详细规划及某些单项设计。

第五节　湿地规划

2005 年国家林业局颁发了《关于做好湿地公园发展建设工作的通知》(林护发[2005]118 号)，各级地方政府，各个规划部在通知精神指导下对湿地建设、湿地保护利用与提高、湿地公园建设等方面做出了显著成绩。

中国湿地总面积 $6\ 600 \times 10^4 hm^2$，占世界湿地总面积的 10%，居亚洲第一位、世界第四位。因此，我国的湿地保护对于全球生态保护与可持续发展具有重要意义。但是，湿地所在地区的人们对湿地习以为常，甚至感到湿地妨碍了生产和生活，于是围湖造田、填水造陆的事情时有发生。实际上，湿地是重要的社会经济资源，在湿地开展生态旅游，不仅能够促进区域经济可持续发展，从而实现对湿地生态环境的积极保护，还可以对旅游者进行生动的环境教育，推动生态文明建设。因此，湿地生态旅游开发是实现湿地保护与可持续发展的重要途径。

一、湿地与湿地公园

湿地是一种介于水、陆之间的特殊生态系统，具有多种生态功能和很高的经济价值。湿地广泛分布于世界各地，受到各国政府的关注。

对于湿地的定义各个国家有不同的内容，学术界更是仁者见仁、智者见智，目前已出现 100 多种湿地定义。由于个人的社会背景、知识层次、所处立场不同，对湿地的理解不同出现不同的定义属正常现象。

1971 年由(前)苏联、加拿大、澳大利亚、英国等 36 国在伊朗签署的拉姆萨尔条约——《关于特别是作为水禽栖息地的国际重要湿地公约》(简称“湿地公约”)，其湿地定义为：“不问其为天然的或人工的、长久的或暂时的沼泽地、湿原、泥炭地或者水域地带，带有静止或流动或为淡水、半咸水或咸水体者，包括低潮时水深不超过 6m 的水域”。

中国 1992 年加入“湿地公约”，对湿地的调查尚属薄弱环节，对湿地正处于研究和管理的起步阶段，可以暂时采用狭义的定义。这个湿地的定义是：“湿地是水位经常或接近地表或为浅水所覆盖的土地，以水成土和土壤水分饱和为其主要特征”。采用这个定义是基于如下的理解：湿地是一种土地类型。它的促成因子是水文条件。

湿地公园是以具有显著或特殊生态、文化、美学和生物多样性价值的湿地景观为主体，具有一定的规模和范围，以保护湿地生态系统完整性、维护湿地生态过程和生态服务功能并在此基础上充分发挥湿地的多种功能效益、开展湿地合理利用为宗旨，可供公众浏览、休闲或进行科学、文化和教育活动的特定湿地区域。国家湿地公园是由国家林业局批建，纳入城市绿地系统规划的具有湿地的生态功能和典型特征的、以生态保护、科普教育、自然野趣和休闲游览为主要内容的公园。《国家湿地公园总体规划导则》中指出我国国家湿地公园面积应在20hm^{2}以上，湿地率原则上不低于30%。

湿地公园是以具有显著或特殊生态、文化、美学和生物多样性价值的湿地景观为主体，其具有一定的规模和范围，以保护湿地生态系统完整性、维护湿地生态过程和生态服务功能并在此基础上充分发挥湿地的多种功能效益。湿地公园是可供公众游览、休闲或进行科学研究、文化教育等活动的特定湿地区域，并且鼓励社区积极参与，与社区共建、共管、共享。湿地公园分为国家湿地公园、地方湿地公园和湿地保护小区。

湿地公园的建设可推动区域社会经济可持续发展，是湿地公园保护理论的实践成果。发展建设湿地公园，既有利于调动社会力量参与湿地保护利用，又有利于充分发挥湿地多种功能效益，同时满足公众需求和经济社会发展的要求，通过社会的参与和科学的经营管理，达到保护湿地生态系统、维持湿地多种效益持续发挥的目标。对改善区域生态状况，促进经济社会可持续发展，实现人与自然和谐共处具有十分重要的意义。

二、湿地规划的主要内容

湿地系统作为一个重要的生态系统，其规划指导思想应该是“保护第一，生态环境第一”。不同类型的湿地公园其规划侧重点不同；不同的规划目标，其规划内容不同。湿地公园规划特别强调旅游资源要调查清楚，如果本底资源不清楚，就谈不上保护。湿地旅游资源除了一般意义上的旅游资源外，还特别需要调查湿地的环境资源，因为湿地环境既是重要的保护对象，又是重要的旅游资源。湿地中的动植物资源、鱼类资源的种类、种群、数量、特征和品质必须清楚。一般情况下，湿地公园总体规划应包括下列内容：

①湿地公园基本情况、基础资料、水文条件等本底资源调查研究；
②湿地公园生态环境监测与评价；
③景观旅游资源分类、调查与评价；
④客源市场调查分析和预测；
⑤旅游业发展条件分析；
⑥总体规划依据和原则；
⑦总体布局；
⑧分区规划；
⑨环境容量测算；
⑩旅游形象策划及市场营销规划；
⑪环境保护规划；
⑫给排水规划；
⑬邮电通信规划；
⑭道路、交通、供电规划；
⑮湿地恢复及基础设施工程规划；
⑯宣传、教育及解说系统规划；
⑰组织人事管理及社区参与规划；
⑱投资估算；
⑲效益分析。

三、湿地规划的原则

①明确目标，稳步发展。明确湿地发展的目标，根据我国湿地保护的发展形势，全面落实我国湿地发展的各阶段目标，衔接国家、各部门已经批准实施的其他相关规划，做到湿地建设的稳步发展。

②因地制宜，保护优先。以流域为单元，根据我国湿地保护存在的主要问题和面临的新形势，因地制宜，保护优先，合理布局，加强湿地地区生态系统以及保护网络系统的整体规划和保护，突出保护和治理的整体效果。

③全面规划，突出重点。在建设内容上，要改变湿地规划项目中措施单一或者主要进行基础设施建设的情况，采取综合措施，通过建立自然保护区、加大水资源管理、控制污染、防治有害生物等综合措施对有重要影响的国际重要湿地、国家重要湿地进行生态综合治理。

④强化管理，试点带动。加强湿地保护管理和协调，尤其要加强湿地保护管理能力建设和政策研究，同时，选择合适的湿地地区开展社区管护等试点示范。

第十章
生态旅游管理与生态文明建设

科学家们关注生态旅游管理与生态文明建设开始于20世纪30年代。最初是通过巡视、罚款、监视等措施直接改变游客的意愿和行为，达到管理的目的。这种方式起到了积极有效的作用，但也存在被动、对抗和高成本的局限。为增强管理效果，美国林业局的荒野专家Jim Bradley1979年提出利用教育项目来减缓游憩冲击。此后，美国、英国、澳大利亚等国家有关政府部门和关心生态的非营利组织在对游客行为及影响进行长期研究的基础上，制定出大量具有借鉴意义的教育管理课程或者教育指南。其特征主要体现在三个方面：一是教育管理内容覆盖范围广，涉及旅游技术、旅游知识、旅游行为、旅游道德、旅游消费等多个领域；二是教育管理内容非常深入细致。有的具体到了对游客每一个可能发生的行为进行约束性教育；三是目的明确，可操作性强。目前，相关的管理理论主要有Wagar提出的游憩承载力(RCC)、美国国家林业局提出的游憩机会序列(ROS)、美国国家公园管理局提出的游客体验与资源保护(VERP)、澳大利亚自然保护区土地管理局提出的游客风险管理(VRM)等。

总之，尽管国内外一些旅游地与学者在生态旅游管理与生态文明建设方面做出了许多卓有成效的实践与研究，但关于生态旅游的综合管理体系以及旅游地利益相关者参与生态文明建设的动力机制，尚存在许多薄弱环节。同时，使用生态旅游管理与生态文明建设手段对游客究竟有多大的影响，是否能促使游客的态度与行为真正向生态旅游者转变，如何科学地量度这种转变，如何全面评价生态旅游管理与生态文明建设水平等等，鲜见文献报道。

第一节　生态旅游管理

一、生态旅游管理的定义

生态旅游管理是指与生态旅游相关的行政部门、企业及组织对生态旅游这一新兴的绿色产业，在市场引导、秩序维持、行业服务与协调等方面，采用行政、经济、法律等手段进行宏观调控、监督、指导和管理。具体的管理对象有：资源与环境管理、生态旅游者管理、旅游经营企业管理和当地社区管理。对不同的对象需要采取不同的管理对策和方法。通过生态旅游的管理，保障生态旅游开发与经济、社会和生态相互协调，促进区域的可持续发展。

生态旅游管理与传统旅游管理有很大的不同：传统旅游管理的目标是旅游经济的发展，管理范围只是景点、景区和相关行业，管理是以经济效益为目标，以游客为中心，管理的重点是开发管理和组织管理，管理的方式是单元管理及行业管理；生态旅游管理的目标则是自然旅游资源和社区文化所共同依赖的环境得到维护、为生态旅游者提供高质量的体验并使生态旅游区人民生活质量得到提高。生态旅游管理区域扩大到整个生态旅游区域，以游客、环境保护和区域发展为管理中心，管理的重点从开发和组织扩大到环境管理。

二、生态旅游管理的内容

生态旅游管理的具体内容主要包括：确定管理区域；对废弃物和污染物的管理；生态旅游资源的保护；生态旅游项目的管理；生态旅游的宣传。

总体的管理思路包括：研究保护区的适宜游客量，以便控制和阻止过度利用旅游资源；限制对自然有负面影响的活动；建立一种机制，以便使旅游获得的利润用于保护区的保护，建立环境教育设施（例如游客中心、知识讲解标牌）；提供有关自然和地方文化的信息和教育工作者教育材料；收集科学资料作为生态系统管理和环境教育的依据；为生态旅游组织者或导游提供学习和培训的机会；配合各个单位和志愿团体开展环境教育活动；监测旅游的影响，并通报给经营者、自然保护团体和地方社区，并监督协调保护区内及周边地区的旅游经营活动，保障生态旅游活动的顺利进行。

（一）旅游者的管理

游客管理作为一种管理理念，已为发达国家旅游地广泛应用。曹霞、吴承照（2006）认为，游客管理是指旅游管理部门或机构通过运用科技、教育、经济、行政、法律等各种手段组织和管理游客的行为过程。管理与教育的关系是既有区别又有联系的。所谓管理，是为了有效地实现某项活动的最佳目标，通过计划、组织、指挥、控制等过程，影响和协调组织机构内的人员及其他因素，以达到高效率运行的一项综合性社会活动。

所谓教育是教育者根据一定社会的要求对受教育者施加有目的、有计划、有组织的影响，以培养社会所需要的人的一种社会活动。游客教育和游客管理是对立的统一体。就游客教育而言，它是按照一定的目的、计划和措施去影响游客，使游客通过自己的积极活动接受这种影响，形成一定的思想、观点，养成一定的品德和个性的品质，获得一定的旅游知识技能，发展综合素质，为搞好游客管理创造条件、夯实基础；就游客管理而言，它通过制度约束、督促检查、目标激励等必要的制约性手段，规范、纠正游客的言行，甚至惩罚对象的过失，使教育得以顺利实施，成果得以巩固。他们的共同目标是，在不破坏旅游地资源环境质量的前提下，最大限度地满足游客需求和提供高质量的游客体验，同时实现旅游地经济、社会和环境三大系统的可持续发展。总的来说，游客教育既是游客管理的任务与内容，也是游客管理的载体与手段。

（二）旅游业的管理

1. 经营服务的管理

（1）*产品与服务管理*　产品管理主要是对旅游业提供的旅游产品与服务，如旅游纪念品，交通，餐饮，住宿的卫生状况、价格、安全质量等进行监督与管理。

（2）*人力资源培养与管理*　人力资源培养管理是指对参与生态旅游服务的从业者进行资格审查，并定期进行业务培训与考核，保证旅游从业者的生态旅游知识与服务技能的质量。

(3) 市场秩序管理　市场秩序管理是指对旅游业的产品和服务市场进行整合，规范市场交易活动，营造良好的市场氛围，促使生态旅游活动的顺利有序开展。

2. 旅游企业的管理

管理旅游企业，确保生态旅游区内所有的加工、服务性企业不对生态旅游区的环境造成污染破坏，企业设备产品生产所需的原材料符合绿色环保的要求，企业经营造成的垃圾、废气废水经过净化处理后才能排放。

（三）公共设施的管理

1. 基础设施的管理

管理旅游区内的旅游基础设施，满足旅游区内居民与旅游者的用水与供电需求，提供一定的旅游解说与旅游指示，进行适当的生态旅游知识宣传。

2. 旅游交通的管理

管理旅游区内或者旅游区周围的交通状况，确保交通安全通畅，符合生态旅游区发展的规模，满足当地居民与旅游者的需要。

三、生态旅游管理的手段

（一）经济手段

经济管理手段要求以旅游市场为主导，遵循市场经济的运作规律，运用价格、工资、利润、税收、奖金、罚款以及经济合同、经济责任制等办法，推动生态旅游经济快速发展的同时实现生态旅游资源环境的有效保护，以经济发展为手段，最终实现旅游业的健康可持续发展的优化管理。

（二）教育手段

生态环境保护与旅游经济发展的协调发展要依靠人们具备较高的生态道德素质与环保意识，纠正部分人所抱有的经济利益大于生态利益的错误观念，需要我们用教育手段对生态旅游管理者、生态旅游从业者以及生态旅游者进行生态意识的培养，提高全民的生态环保意识，从事健康的生态旅游活动。

（三）法律与行政手段

法律与行政管理手段就是要利用国家制定的各项法律法规，运用行政力量，按照行政方式对生态旅游进行管理。法律与行政需依托行政组织采取各种行政手段，如下命令、发指示、对生态旅游相关者进行约束监督。行政手段是政府行业主管部门管理生态旅游业的基本手段和主要手段。另外，旅游地各部门进行旅游地宣传、进行经营指导、开展人才培训、提供信息资料等服务性管理方面也是在使用法律与行政手段进行生态旅游的管理。法律与行政管理手段的基本特点是权威性、强制性、规范性和综合性。

第二节　生态文明建设

党的十八大提出“五位一体”的总体布局，将生态文明建设提到前所未有的高度。为对接国家战略，我国生态旅游业的发展应尽快由资源服务向文明服务转型。2013 年 1 月，联合国教科文组织给予中国三大著名景区——湖南张家界、江西庐山和黑龙江五大连池黄牌警告，督促三者在“向公众科普地球科学知识”等方面整改，事件引发强烈反响。因为旅游业的使命不仅是满足人们吃、喝、玩、乐的需求，也不仅是承担对社会经济的贡献率，更担当着推动社会发展进步所必需的知识、文明、人文精神的传承和教育职责。生态旅游地的文明建设已经成为知识经济时代非正式学习的一种有效路径，也成为公众分享终身教育资源的重要平台。

一、生态文明的内涵

生态文明是人类遵循人与自然和谐发展规律，推进社会、经济和文化发展所取得的物质与精神成果的总和；是指以人与自然、人与人和谐共生、全面发展、持续繁荣为基本宗旨的文化伦理形态。它是对人类长期以来主导人类社会的物质文明的反思，是对人与自然关系历史的总结和升华。其内涵具体包括以下几个方面：

(1)人与自然和谐的文化价值观 树立符合自然生态法则的文化价值需求，体悟自然是人类生命的依托，自然的消亡必然导致人类生命系统的消亡，尊重生命、爱护生命并不是人类对其他生命存在物的施舍，而是人类自身进步的需要，把对自然的爱护提升为一种不同于人类中心主义的宇宙情怀和内在精神信念。

(2)生态系统在可持续前提下的生产观 遵循生态系统是有限的、有弹性的和不可完全预测的原则，人类的生产劳动要节约和综合利用自然资源，形成生态化的产业体系，使生态产业成为经济增长的主要源泉。物质产品的生产，在原料开采、制造、使用至废弃的整个生命周期中，对资源和能源的消耗最少、对环境影响最小、再生循环利用率最高。

(3)满足自身需要又不损害自然的消费观 提倡“有限福祉”的生活方式。人们的追求不再是对物质财富的过度享受，而是一种既满足自身需要、又不损害自然，既满足当代人的需要、又不损害后代人需要的生活。这种公平和共享的道德，成为人与自然、人与人之间和谐发展的规范。

二、生态文明建设的内容

建设生态文明，是关系人民福祉、关乎民族未来的长远大计。面对资源约束趋紧、环境污染严重、生态系统退化的严峻形势，必须树立尊重自然、顺应自然、保护自然的生态文明理念，把生态文明建设放在突出地位，融入经济建设、政治建设、文化建设、社会建设各方面和全过程，努力建设美丽中国，实现中华民族永续发展。

坚持节约资源和保护环境的基本国策，坚持节约优先、保护优先、自然恢复为主的方针，着力推进绿色发展、循环发展、低碳发展，形成节约资源和保护环境的空间格局、产业结构、生产方式、生活方式，从源头上扭转生态环境恶化趋势，为人民创造良好生产生活环境，为全球生态安全作出贡献。

(一)优化国土空间开发格局

国土是生态文明建设的空间载体，必须珍惜每一寸国土。要按照人口资源环境相均衡、经济社会生态效益相统一的原则，控制开发强度，调整空间结构，促进生产空间集约高效、生活空间宜居适度、生态空间山清水秀，给自然留下更多修复空间，给农业留下更多良田，给子孙后代留下天蓝、地绿、水净的美好家园。加快实施主体功能区战略，推动各地区严格按照主体功能定位发展，构建科学合理的城市化格局、农业发展格局、生态安全格局。提高海洋资源开发能力，发展海洋经济，保护海洋生态环境，坚决维护国家海洋权益，建设海洋强国。

(二)全面促进资源节约

节约资源是保护生态环境的根本之策。要节约集约利用资源，推动资源利用方式根本转变，加强全过程节约管理，大幅降低能源、水、土地消耗强度，提高利用效率和效益。推动能源生产和消费革命，控制能源消费总量，加强节能降耗，支持节能低碳产业和新能源、可再生能源发展，确保国家能源安全。加强水源地保护和用水总量管理，推进水循环利用，建设节水型社会。严守耕地保护红线，严格土地用途管制。加强矿产资源勘查、保护、合理开发。发展循环经济，促进生产、流通、消费过程的减量化、再利用、资源化。

(三)加大自然生态系统和环境保护力度

良好的生态环境是人和社会持续发展的根本基础。要实施重大生态修复工程，增强生态产品生产能力，推进荒漠化、石漠化、水土流失综合治理，扩大森林、湖泊、湿地面积，保护生物多样性。加快水利建设，增强城乡防洪抗旱排涝能力。加强防灾减灾体系建设，提高气象、地质、地震灾害防御能力。坚持预防为主、综合治理，以解决损害群众健康突出环境问题为重点，强化水、大气、土壤等污染防治。坚持共同但有区别的责任原则、公平原则、各自能力原则，同国际社会一道积极应对全球气候变化。

(四)加强生态文明制度建设

保护生态环境必须依靠制度。要把资源消耗、环境损害、生态效益纳入经济社会发展评价体系，建立体现生态文明要求的目标体系、考核办法、奖惩机制。建立国土空间开发保护制度，完善最严格的耕地保护制度、水资源管理制度、环境保护制度。深化资源性产品价格和税费改革，建立反映市场供求和资源稀缺程度、体现生态价值和代际补偿的资源有偿使用制度和生态补偿制度。积极开展碳排放权、排污权、水权交易试点。加强环境监管，健全生态环境保护责任追究制度和环境损害赔偿制度。加强生态文明宣传教育，增强全民节约意识、环保意识、生态意识，形成合理消费的社会风尚，营造爱护生态环境的良好风气。

三、生态文明教育的主要方式

(一)政府干预模式

这种模式主要是由政府对生态文化进行直接干预。20 世纪 60 年代美国联邦机构对旅游者的教育干预就是属于对生态文明和生态文化传播的政府干预，只不过后来逐渐过渡到了与非政府组织联合干预的模式。尼泊尔通过加德满都环境保护教育计划(Kathmandu Environmental Education Project ，Nepal)教育境内的游客最大限度地减少旅游对环境和文化的影响。此外由各级政府、学校、组织等发起成立的生态文明与生态文化研究机构，例如，日本旅游业协会(JATA)于 1992 年成立了环境对策特别委员会，发表了“游客保护地球宣言”，同时进行一些诸如广告宣传、启蒙教育、产品开发、资金募集等方面的工作。我国对生态文明进行政府干预的显著事例是 2006 年 10 月中央文明办、国家旅游局公布《中国公民出境旅游文明行为指南》和《中国公民国内旅游文明行为公约》，着手在全国范围内建立旅游文明行为的激励机制、约束机制、督查考核机制和测评体系，推动全国各地修订完善市民公约、乡规民约、职业规范、学生守则等具体行为准则，把文明旅游基本要求渗入社会管理之中。

(二)LNT 教育模式

1990 年，美国林业局(USFS)与国家户外领导学校(NOIS)合作，开展一项名为“不留痕迹”的教育项目(leave no trace，LNT)，针对荒野游客起草设计了专门的教育课程。1993 年和 1994 年，土地管理局(BLM)、国家公园机构(NPS)和美国渔业和野生动物局(USFWS)先后加入伙伴关系。当时 LNT 的运作经费主要来自 35 个户外娱乐制造商和零售商的 10 万美元的财政预算支持，其组织结构包括理事会、LNT 伙伴、LNT 成员。LNT 教育模式强调文明游客的发展并传播有效、准确的技术和伦理文化，这种模式的知识和专业基础集结了涉及 LNT、科学研究、产业、国家户外领导学校和其他户外教育组织等联合机构。目前，LNT 模式已经成为政府机构、非营利组织、户外用品商联合开展生态文明和生态文化传播的典型案例，并在诸如澳大利亚、南非、菲律宾等国家推广。

(三)导游传播模式

按照生态文明和生态文化传播的组织者来分，导游传播模式主要有以下两种：

第一种是由旅游地组织的导游传播模式。如世界遗产厄瓜多尔加拉帕哥斯群岛(Galapagos Islands，Ecuddor)的生态文明与生态文化传播主要由公园认证的专业导游担任。专业导游需具备三年的自然科学专业大学学历，通过国家公园服务中心的专业考试取得资格证书才能上岗。无论是团队游客还是散客进入群岛必须至少安排一个专业导游，如果没有这样的导游带领，任何游客不得上岸进入公园。菲律宾苏拔—峨兰哥岛生态合作社为前来荡舟的游客和导游员制定了生态旅游行为规范，并制定了受到了普遍认同的环境最小影响操作指南。这种传播模式最主要的特色是，导游除了提供自然科学知识教学之外，还有控制游客行为的绝对权利。主要表现在游客必须按照既定路线旅游、不能超过规定的停留时间、必须与导游保持一定距离、必须将噪声保持在最小量、不能乱丢东西等等。如果不按规定行事，导游有权在剩余的行程中将游客限制在所乘游艇上。这种模式对不负责任、散漫的旅游者具有十分显著的限制效果，从而帮助人们树立生态文明意识，传播当地的旅游文化。目前，加拉帕哥斯群岛已经成为国际上大规模开发生态旅游目的地的实验性案例。

第二种是由旅行社发起的导游传播模式。如澳大利亚探索生态旅游公司(discovery ecotours，Australia)专门聘请科学研究人员担任导游，这些科学研究人员拥有多重资历，精通交流和科学，对游客进行生态环境知识解说，不仅包括当地的自然和历史文化，还涉及某些全球问题。他们也向游客传授一些如何正确对待敏感文化和脆弱环境方面问题的建议，并有责任保证游客不乱扔垃圾、尽量不破坏植物生长等，帮助旅游者树立生态文明并传播生态文化。这种导游传播模式已成为这些旅行社招徕客源、特别是稳定回头客源的法宝，并被许多旅游公司采纳。

(四)考试干预模式

美国阿拉斯加德那里国家公园(denali national park，Alaska)对进入偏远地区开展徒步旅行和野营项目的游客进行入园考试。考试地点设在公园主大门的游客中心，利用电脑独立操作。考试内容有很多门类，其中包括有关熊的安全和如何减小旅游行为负面影响的技巧、长途旅行、露营等知识，只有全部回答正确才会获得入园许可。每一个问题出现时，电脑屏就会给出一幅画、一个动物或一个方案，然后提出一个笔试问题。如“这幅画表明在那儿是最合适的露营地?”等。这种模式不仅仅是一种生态文明和生态文化传播模式，而且也成了一种游客评估机制，对游客量多并且游客素质不高的旅游目的地来说，无疑是一种非常好的生态保护措施。

第三节　生态旅游管理与生态文明建设评估

对生态旅游管理与生态文明建设进行科学的评价和分析，是实现决策科学化、提高管理与建设效益及促进旅游地持续性发展的关键。当前，面对旅游地可持续发展这一严峻挑战和历史使命，如何建立生态旅游管理与生态文明建设水平评估体系，科学、客观地评估旅游地生态旅游管理与生态文明建设水平，并引导其建立务实有效、统筹规划的发展战略，已成为一个具有重要现实意义的课题。

一、评估指标体系的选择

生态旅游管理与生态文明建设作为现代社会建设的重要组成部分，是一项为满足国家或地区社会发展需要，以增进社会福利为投资最终目标的公共工程。生态旅游管理与生态文明建设的发展应以人为本、以可持续发展为原则，要求游客、自然资源、其他利益群体为主体的社会环境同步协调发展。目前，这一发展观已得到了广泛的认同，因此，完整的生态旅游管理与生态文明建设水平评估应包括组织管理、资金投入、人力资源、环境效益、社会效益、游客满意度六大要素，并包含 16 个二级指标，如表 10-1 所示。

表 10-1　生态旅游管理与生态文明建设水平评估理论指标体系

类　别	指　　标	单位
组织管理	管理与服务对象覆盖率	%
	管理与服务时间跨度指数	%
	利益群体认可度	%
资金投入	管理与服务经费占旅游收入比重	%
	管理与服务投资增长率	%
人力资源	管理与服务人员学历指数	%
	管理与服务人员执业资格指数	%
环境效益	环境污染综合指数	%
	生态资源与野生动物案件发案率	%
	万元 GDP 能耗	吨标煤
社会效益	治安案件发案率	%
	道路交通万车死亡人数	%
	艾滋病病毒(及艾滋病)感染率	%
受众满意度	收获感知度	分
	对管理与服务内容的满意度	分
	对管理与服务技术的满意度	分

二、评估测算方法

(一)各指标的计算方法与评分标准

对于旅游地能收集到的评价数据，直接采用这些数据。对于旅游地不能直接提供的数据，如表10-2中的第14、15、16这3项指标，采用抽样调查得到。并把每个评价指标的好坏程度分为“优、良、一般、差、极差”5个等级，并参照有关文献确定各评价指标的等级范围/代表值。其中第14、15、16这3项指标的等级范围由专家评判所得。同时，运用美国学者L. A. Zadeh提出的直线型模糊隶属度函数的方法对各个指标进行无量纲化，消除指标量纲。

表10-2 评价指标评判标准

序号	指标名称	等级范围				
		优	良	一般	差	极差
1	管理与服务对象覆盖率	90～100/95	70～89/80	50～69/60	20～49/30	0～19/10
2	管理与服务时间跨度指数	90～100/95	70～89/80	50～69/60	20～49/30	0～19/10
3	利益群体认可度	90～100/95	70～89/80	50～69/60	20～49/30	0～19/10
4	管理与服务经费占旅游收入比重	>10/10	9～7/8	6～4/5	3～2/2.5	<1/1
5	管理与服务投资增长率	>11/11	9～10/9	6～8/7	3～5/4	0～2/1
6	管理与服务人员学历指数	90～100/95	70～89/80	50～69/60	20～49/30	0～19/10
7	管理与服务人员执业资格指数	90～100/95	70～89/80	50～69/60	20～49/30	0～19/10
8	环境污染综合指数①	0～0.61/1	0.62～0.67/0.65	0.68～0.73/0.7	0.74～0.80/0.77	>1.81/1.81
9	生态资源与野生动物案件发案率	0～0.5/0.25	0.6～1.1/0.9	1.2～1.7/1.5	1.8～2.4/2	>2.5/2.5
10	万元GDP能耗②	0～0.59/0.3	0.6～0.79/0.68	0.8～0.9/0.85	1.0～1.20/1.1	>1.21/1.21
11	治安案件发案率‰③	0～8/4	9～18/13	19～28/23	29～37/33	>37.1/37.1
12	道路交通万车死亡人数④	0～1/1	1.1～2.5/2	2.6～4/3	4.1～6.1/5	>6.2/6.2
13	艾滋病病毒(及艾滋病)感染率⑤	0～0.61/0.1	0.01～0.02/0.015	0.02～0.03/0.025	0.03～0.04/0.035	>0.05/0.05
14	收获感知度	90～100/95	70～89/80	50～69/60	20～49/30	0～19/10
15	对管理与服务内容的满意度	90～100/95	70～89/80	50～69/60	20～49/30	0～19/10
16	对管理与服务技术的满意度	90～100/95	70～89/80	50～69/60	20～49/30	0～19/10

注：①以国家环保总局2004年公布的113个国家环境保护重点城市空气综合污染指数平均值1.81为警戒值，即极差值。以当年113个城市中空气综合污染指数最低的海口市0.61为优等中的上限值。参加空气综合污染指数计算的污染物包括可吸入颗粒物(或总悬浮颗粒物)、二氧化硫和二氧化氮(或氮氧化物)三项。

②以2006年全国万元国内生产总值能源消耗1.21t标准煤为警戒值，即极差值。以全国节能先进城市深圳市0.59t标准煤为优等中的上限值。

③以2005年北京市的治安案件发案率37.1‰为警戒值，即极差值。

④以2006年全国道路交通万车死亡人数6.20人为警戒值，即极差值。

⑤以截至2007年年底中国人群艾滋病平均感染率0.05%为警戒值，即极差值。

(二)模糊数学综合评判

给定某旅游地的实测数据 $x=(x_1, \cdots, x_{16})$，其中 x_i 是第 i 个评价指标的实测值。下面我们用模糊数学综合评价方法计算和谐指数。

1. 建立评价方案的指标集 U

令 $U=\{$组织管理，资金投入，人力资源，环境效益，社会效益，游客满意度$\}=\{U_1, U_2, U_3, U_4, U_5, U_6\}$，每个 U_i 又分为第二层次若干指标，即 $U_i=\{u_1^i, u_2^i, \cdots, u_{n_i}^i\}$，其具体定义见表 10-2 中的 16 个二级指标。

2. 建立评判集 V

令 $V=\{$优，良，一般，差，极差$\}=\{v_1, v_2, \cdots, v_5\}$。它对应着$\{$优，良，一般，差，极差$\}$5 种判断结论。

3. 第二级单因素评判

先对第二级因素集 $U_i=\{u_1^i, u_2^i, \cdots, u_{n_i}^i\}$ 的 n_i 个因素进行单因素评判，计算单因素评判矩阵：

$$R_i=\begin{bmatrix} r_{11}^i & r_{12}^i & \cdots & r_{15}^i \\ r_{21}^i & r_{22}^i & \cdots & r_{25}^i \\ \cdots & \cdots & \cdots & \cdots \\ r_{n_i1}^i & r_{n_i2}^i & \cdots & r_{n_i5}^i \end{bmatrix}_{n_i\times 5},$$

其中 $r_{kj}^i=\kappa_{kj}(x_k)$，而 $\kappa_{kj}(x_k)$ 是对应因素 u_k^i 为第 j 种评价的隶属函数值。这里隶属函数的定义如下：

$$\kappa_{k1}(x)=\begin{cases} 1, & x\leqslant\beta_k^1 \\ \dfrac{x-\beta_k^2}{\beta_k^1-\beta_k^2}, & \beta_k^1<x\leqslant\beta_k^2, \\ 0, & x\geqslant\beta_k^2 \end{cases} \qquad \kappa_{k5}(x)=\begin{cases} 0, & x\leqslant\beta_k^5 \\ \dfrac{x-\beta_k^4}{\beta_k^5-\beta_k^4}, & \beta_k^4<x\leqslant\beta_k^5, \\ 1, & x\geqslant\beta_k^5 \end{cases}$$

$$\kappa_{kj}(x)=\begin{cases} 0, & x\leqslant\beta_k^{j-1} \\ \dfrac{2(x-\beta_k^{j-1})}{\beta_k^j-\beta_k^{j-1}}, & \beta_k^{i-1}<x\leqslant\dfrac{\beta_k^{j-1}+\beta_k^j}{2} \\ 1, & \dfrac{\beta_k^{j-1}+\beta_k^j}{2}<x\leqslant\dfrac{\beta_k^j+\beta_k^{j+1}}{2}, \qquad j=2, 3, 4 \\ \dfrac{2(x-a_k^{j+1})}{a_k^j-a_k^{j+1}}, & \dfrac{\beta_k^j+\beta_k^{j+1}}{2}<x\leqslant\beta_k^{j+1} \\ 0 & x\geqslant\beta_k^{j+1} \end{cases}$$

式中：β_k^j——因素 u_k^i 的第 j 种评价的代表值。

注意有些评价指标、代表值随评价等级增加而增加；而有些评价指标、代表值随评价等级增加而减小。这里为了定义的方便，假设代表值是随评价等级增加而增加。对于其他指标，先对代表值排序，再计算隶属函数值，最后根据排序指标得到相应评价等级的隶属函数值。

指标权重是表示各指标在决定评估水平时所起的作用的度量。各层次的权重的取法可由专家评判打分而得，也可进行详细的调查由模糊统计方法确定。这里我们用如下方法来计算：

$$w_k^i=\frac{x_k}{S_k^i}$$

$$S_k^i = \frac{1}{5}\sum_{j=1}^{5}\beta_k^j$$

式中：S_k^i——各指标各等级代表值的算术平均值。最后将 w_k^i 进行归一化得到最终的权重。

设 $U_i = \{u_1^i, u_2^i, \cdots, u_{n_i}^i\}$ 的权重为：$A_i = (w_1^i, w_2^i, \cdots, w_{n_i}^i)$。

由此求得综合评价：

$$B_i = A_i o R_i, \ (i = 1, 2, \cdots, 4)$$

其中，o 表示模糊数学合成运算符，如主因素决定型 $M = (\wedge, \vee)$、主因素突出型 $M = (\bullet, \vee)$、主因素决定型 $M = (\wedge, \oplus)$、加权平均模型 $M = (\bullet, \oplus)$。由于加权平均模型对所有因素依权重大小均衡兼顾，适用于考虑总体因素均起作用的情况，因此建议采用它来评判生态旅游管理与生态文明建设的综合水平。

记 $B_i = (b_1^i, b_2^i, \cdots, b_5^i)$，则：

$$b_k^i = \bigoplus_j^{n_i}(w_j^i \cdot r_{kj}^i) = \sum_{j=1}^{n_i}(w_j^i \cdot r_{kj}^i), \quad (k = 1, 2, \cdots, 5)$$

4. 第一级单因素评判

再对第一次因素集 $U = \{U_1, U_2, U_3, U_4, U_5, U_6\}$ 做综合评判。设 $U = \{U_1, U_2, U_3, U_4, U_5, U_6\}$ 的权重为 $A = (w_1, w_2, \cdots, w_6)$，总的评判矩阵为

$R = [B_1; B_2; \cdots; B_6]$，

则综合评判为：

$$B = AoR$$

5. 模糊识别

根据综合评判结果 $B = (b_1, b_2, \cdots, b_5)$，由模糊识别的最大隶属原则，取 $b_j = \max(b_1, b_2, \cdots, b_5)$，则 j 为该旅游地生态旅游管理与生态文明建设水平的评判等级。

6. 计算综合评价值

为了充分利用综合评判带来的信息，可视评判结果所形成的向量 B 为一权重(归一化后)。将评判集的等级采用百分制来数量化，则将评判结果进行加权平均，可得到总分。如在本文中，令 $C = (100, 75, 50, 25, 0)$，则该评价单位生态旅游管理与生态文明建设水平的综合评价值为：$W = B \cdot C^{\mathrm{T}}$。实际上，对于第二级因素，我们也可以分别计算综合评价值。

下篇　生态旅游规划实例

“生态旅游者追求的是健康长寿、舒适快乐、优雅安全。”

——吴楚材

第十一章

神农架国家森林公园总体规划(节选)

第一节　基本情况

一、自然地理条件

(一)地理位置与规划范围

神农架林区位于湖北省西部边陲，东连襄樊市保康县，西接重庆市的巫山和巫溪两县，南临宜昌市的兴山县和恩施州的巴东县，北倚十堰市的房县和竹山县。地理坐标109°56′~110°58′E，31°15′~31°57′N。

本次规划的神农架国家森林公园范围，位于神农架林区的西北部，涉及红坪镇大部、松柏镇西部、宋洛乡西北部3个乡镇和红花朵、红坪、温水3个林场的36个行政村(分场、林业队)。地理坐标110°12′~110°39′E，31°31′~31°52′N。东西长42.5km，南北宽38km，规划面积89 161.4hm^2。

(二)地质地貌

神农架在地层区划上属扬子准地层区的大巴山—大洪山分区，区内地层出露较全，出露最老的地层为神农架群。出露的地层多为火成岩，按其成岩特征分为侵入岩和火山岩两大类。侵入岩以基性岩为主，其次有超基性岩；火山岩主要分布在神农架群乱石沟组、大窝坑组、台子组、温水河组和马槽园群的火烧尖组中，属扬子期火山岩。森林公园规划范围内主要以志留纪以前富含钙质的板岩、页岩组成，岩溶地貌比较发育，喀斯特溶洞及落水洞时有所见。

神农架在“中国地貌区划”中属大巴山中山与低山(三级地貌单元)。在“湖北省地貌区划”中称“神农架侵蚀构造高山地貌小区(三级地貌单元)”。区内山峰多在海拔1 500m以上，海拔3 000m以上的山峰有6座，最高峰神农顶海拔3 105.4m，是大巴山脉主峰和湖北省的最高点，也是华中地区最高点，故又称“华中第一峰”。神农架西南部的石柱河，海拔398m，是区内最低点，最高点与最低点的相对高差为2 707.4m。山脉呈东西走向，由南向北过渡。区内地貌主要有：山地地貌、流水地貌、喀斯特(岩溶)地貌和第四纪冰川形成的冰川地貌。

据统计(利用地形图)，本次森林公园规划范围内海拔在1 000m以上的山峰有548座，其中1 000~2 000m的山峰263座，2 000m以上的山峰285座。

(三)气候

神农架国家森林公园境内日照少，气温低，雨量充足。气候类型多样，年平均气温

3.2～12.1℃，年平均空气相对湿度74%～82%，年均降水量974mm，年平均风速1.8m/s。低海拔地区冬长夏短，冬季持续时间136～264d，夏季持续时间4～71d；海拔1 500m以上地区长冬无夏，春秋相连，适宜避暑度假休闲。境内有暴雨山洪、低温冻害、滑坡落石等自然灾害；海拔1 700m是本区粮食作物生长的上限。

(四)土壤

境内土壤呈东西向地带状分布，土壤垂直分布明显，由亚热带的山地黄棕壤，向暖温带的山地暗棕壤呈明显垂直带谱，南坡的山地黄壤向暖温带常绿针叶林的灰化暗棕壤呈有规律的更替演变。规划公园范围内的土壤主要由山地黄棕壤、山地棕壤和山地灰棕壤三个主要类型组成。

(五)水文条件

规划公园范围内主要水系为香溪河水系和南河水系。香溪河是长江一级支流，发源于神农架山脉的南麓，经秭归、兴山两县注入长江，境内流域面积884km²，共有大小溪流95条，其中季节性溪流52条。南河水系系汉江支流，处神农架北麓，发源于鄂西北南部山区，南河水系流域面积1 368km²，河口多年平均流量25m³/s。该水系共有大小溪流112条，其中季节性溪流57条，主要支流有关门河、古水河、洛溪河和鱼头河等。

(六)植被

神农架植被属于中国北亚热带常绿落叶阔叶混交林带，常绿落叶栎类华山松植被区的东缘部分。自然植被划分为针叶林、阔叶林、竹林、灌丛、草丛和沼泽6个植被类型，其中针叶林划分为中、低山常绿针叶林和针叶阔叶混交林共7个群系；阔叶林划分为亚热带落叶阔叶林和亚热带常绿阔叶林两类，共15个群系；竹林划分为4个群系；灌丛划分为3个群系；草丛暂定1个群系；沼泽植被1个群系；共31个群系。栽培植被根据其生活型、生态特点、经济用途等，分为经济林和果木林及农业植被2个植被型。

(七)森林资源

1. 森林分布

已有的研究将神农架不同海拔高度上发育的植被分别划分为3、4或5个垂直带。《神农架志》一书中，按垂直分布划分为常绿阔叶、落叶阔叶混交林带，亮针叶、落叶阔叶混交林带和暗针叶林带3个带谱，见表11-1。

表11-1　神农架林区森林垂直分布

土壤	海拔(m)	主要树种	垂直带	植被带
山地灰棕壤	海拔2 600	巴山冷杉	暗针叶林亚带	暗针叶林带
	海拔2 300	巴山冷杉、秦岭冷杉、红桦、连香、槭等	暗针叶落叶阔叶林亚带	
山地棕壤	海拔1 600	华山松、锐齿栎、巴山松、红桦、光皮桦、铁杉、漆树、槭类等		亮针叶、落叶阔叶混交林亚带
山地黄棕壤	海拔1 000	栓皮栎、化香、茅栗、青冈栎、漆树、光皮桦、槭类等	含有常绿阔叶树的落叶阔叶林亚带	常绿落叶、混交林带
山地黄褐壤	海拔398	栓皮栎、麻栎、青栲、马尾松、紫杉、杜仲、板栗、油桐等	含有常绿阔叶林的落叶阔叶林带	

资料来源：湖北省神农架林区地方志编纂委员会. 神农架志[M]. 武汉：湖北科学技术出版社，1996.

2. 林地资源

据1999森林资源清查(不含神农架国家级自然保护区，下同)，神农架林地总面积229 431.5hm^2，其中森林174 259.2hm^2，占林地面积的75.95%，疏林地192.1hm^2，占0.08%，灌木林地39 589.8hm^2，占17.26%，无立木林地15 343.8hm^2，占6.69%，苗圃地46.6hm^2，占0.02%。森林覆盖率68.5%。

森林中，针叶林6 927.1hm^2，占森林面积的3.98%，阔叶林158 705.5hm^2，占91.07%，针阔混交林8 578.8hm^2，占4.92%，农林间作林47.2hm^2，占0.03%。

规划森林公园范围内，总面积89 161.4hm^2，占全区国土面积的27.4%。其中，森林面积77 947.5hm^2，占森林公园规划面积的87.4%，其他11 213.9hm^2，占森林公园规划面积的12.6%。森林面积中，针叶林3 313.5hm^2，占3.7%，阔叶林74 634.0hm^2，占96.3%。森林公园内的森林覆盖率为85.4%。

3. 林木资源

神农架林区活立木总蓄积11 980 400.9m^3，其中，森林11 939 173.2m^3，占99.66%，疏林地3 693.9m^3，占0.03%，散生木37 533.8m^3，占0.31%。森林蓄积中，针叶林蓄积458 469.2m^3，占3.84%，阔叶林10 972 183.9m^3，占91.90%，针阔混交林508 520.1m^3，占4.26%。

4. 野生动植物资源

神农架林区生物多样性丰富，据初步统计，维管束植物约有3 239种，隶属于1 027属236科。该地区的物种数量为0.997/km^2，单位面积内的维管束植物物种数量丰度远远超过了全国平均值0.004/km^2。境内含有许多珍稀濒危物种和地区特有种属。例如在植物中，神农架处于我国种子植物特有中心之一的川东—鄂西中心。该中心共有中国特有属82属，而神农架地区就有56属。境内生存的国家重点保护珍稀濒危植物共有53种。

境内野生动物资源种类繁多。以动物物种最丰富的神农架自然保护区为例，该区内共有脊椎动物336种，属国家一、二类保护的脊椎动物有39种。

森林公园规划范围位于神农架林区西北部，神农架山脉的北坡。虽然不可能包含神农架所有的生物物种，但由于该旅游区海拔高差从800m到2 751.8m，区内原始的森林生态系统保存较好，所以含有神农架地区相当数量的生物物种。就生态旅游资源而论，该旅游区内所含的国家重点保护的珍稀濒危物种，在拓展生态旅游资源的内涵、对游客进行生态知识普及教育等方面都具有极其重要的价值。

(八)矿藏

神农架处于扬子准地台上扬子坪之鄂中褶断区内，为一断穹构造。地层出露以前寒武系为主，由轻微变质岩和海相碳酸盐岩、碎屑岩组成，兼有辉绿岩、辉长岩和多期火山喷发岩分布，因此，神农架成矿条件优越，有较丰富的矿藏。已发现的矿藏主要有铁、锰、钒、铀、铜、铅、锌、磷、白云岩、大理岩、水晶、油石、石煤、泥炭及油气苗、冰洲石和大量建筑、工艺材料等30余种。探明有矿藏储量并达到一定规模的工业矿床标准的矿藏约70多处，尤以磷、硅石、铁、铜、水晶等具有优势。

二、社会经济状况

(一)历史沿革

神农架原名神龙架，系指老君山高处，据光绪《兴山县志》载："老君山在县西一百二十里，高处曰神农架，悬崖削立，林木蒙茸，人迹罕至"。相传上古时华夏始祖炎帝神农氏在此架木为梯，采尝百草，救民疾夭，教民稼穑而得名。秦汉以来神农架分属汉中郡房陵州(房县)，南郡归州(兴山)、南郡巫县。明清属郧阳府房县，宜昌府兴山、巴东县。民国沿袭。1970 年 5 月 28 日，国务院批复湖北省革命委员会的报告，划兴山县的新华、长方等 5 个公社和千家坪药材场，划巴东县的石磨、板桥河、下谷坪 3 个公社，划房县的盘水、官封等 16 个公社和田家山药材场、九湖农场建立神农架林区，属省直辖。1971 年神农架林区划归宜昌地区革命委员会领导，1972 年 3 月复归省辖，1976 年 5 月划归郧阳地区革命委员会领导，1983 年 8 月又复归省辖，时林区国土总面积 3 325km^2(含房县未移交的二荒坪 72km^2)。

(二)社会经济概况

1. 行政区划

据《神农架统计提要(2004)》，神农架林区政府下辖 1 个林业管理局、1 个自然保护区管理局和 8 个乡镇，共有 7 个居民委员会和 71 个村民委员会，村民小组共计 344 个。全区国土总面积为 3 253km^2，耕地面积 6 322hm^2。

2. 人口数量

2004 年年底，全区总户数 24 665 户，人口 78 948 人，其中男性 42 560 人，占总人口的 53.9%，女性 36 388 人，占 46.1%。全区从业人员 39 474 人，占总人口的 50.0%，比上年增长 3.1%。人口密度 24.3 人/ km^2。人口出生率 7.5‰，人口死亡率 15.2‰，人口自然增长率为 -7.7‰。

3. 民族与宗教

神农架居民均为杂姓而居，原有土著居民较少。全区共有 10 个民族，汉族居民占多数，少数民族包括土家族、回族、藏族、畲族、彝族、壮族、苗族、黎族和满族。少数民族主要分布在下谷坪、阳日和松柏等乡镇。

神农架境内主要宗教流派有道教、佛教和圣教等。明清两朝，道教在神农架盛行，可谓"五里一小庙(土地、真君庙)、十里一大庙(供奉关公、吕祖等)"，还有石庙、岩洞庙、树庙等，规模均小；境内最早的宗教是佛教；圣教流布于阳日、宋洛等乡镇，敬奉孔子、孟子、朱子(朱熹)等大儒为主神，此信仰源于设孔庙(文庙)尊孔。

4. 经济状况

2004 年神农架林区国内生产总值(现价)为 45 500 万元。其中，第一产业增加值 8 486 万元，占 18.7%，第二产业增加值 14 422 万元，占 31.7%，第三产业增加值 22 592 万元，占 49.6%。全区农林牧渔业总产值 14 144 万元(当年价)。工业总产值 28 787 万元(现价)，其中，轻工业 1 238 万元，占 4.3%，重工业 27 549 万元，占 95.7%。2004 年林区财政总收入 6 382 万元。在岗职工年平均工资为 9 891 元，农民人均纯收入 1 906 元，城镇居民可支配收入 6 059 元，社会商品零售额 2 325.8 元/人。全区城乡储蓄存款 26 128 万元。农村居民家庭恩格尔系数53.9%，城镇居民家庭恩格尔系数45.3%。

5. 文教卫生医疗状况

2004年年末，林区共有普通中学9所(其中高中2所)，小学47所。学龄儿童入学率99.6%。全区自然科技人员总计1 922人。全区卫生事业机构数12个(其中县及县以上医院2个)，床位数314张(医院、卫生院床位数305人)，每千人拥有医院、卫生院床位数3.86张。全区公共图书馆1个；群艺馆1个；广播电视台(县级)1个，乡镇广播电视站8个。全区通广播的行政村71个，通电视的行政村71个，有线电线总用户1.03万户，卫星地球站126个，广播、电视覆盖率分别为32%和93%。

6. 交通

神农架交通以公路网络为主。截止至2004年年底，全区拥有公路里程1 199km。其中，国道156km，省道59km，县乡道354km，村道630km，全区公路密度36.86km/100km^2。公路地区分布较平衡，但公路等级偏低，全区四级以上公路里程仅569km，占总里程的47.5%，其中二级公路202km，三级公路13km，四级公路354km。全区8个乡镇均通公路。全年货运量85×10^{4}t，客运量52.5万人次。神农架现有3个对外公路出口，一是向南由木鱼至宜昌出口，公路里程216km；二是向北由松柏至十堰出口，公路里程212km；三是向东由松柏至襄樊出口，公路里程271km。

7. 邮电通讯

2004年，全区邮电业务总量2 045万元，其中，电信业务870万元，占42.6%，移动公司业务700万元，占34.2%，联通公司业务190万元，占9.3%，邮政业务285万元，占13.9%。8个乡镇均安装了程控换机，本地电话用户数10 579户(其中农村电话用户4 783户)，手机用户17 000户。宽带用户数915户；邮电所9个。

8. 旅游业

神农架举世闻名，自然风光优美。建置后，先后有中央、省地领导人到神农架视察，亦有不少专家、学者、知名人士到神农架考察、观光和游览。然而，较长一段时间里，林区山门紧闭，致使丰富的旅游资源未得到开发利用。进入20世纪80年代，在全国发展旅游事业的大潮推动下，林区旅游业开始起步。1984年，林区成立旅游局，随之建立了神农架旅行社，并开发、建设景区景点，修筑道路，建设必要的旅游设施，从事以接待型为主的旅游服务。但是，由于资金短缺，旅游投入少，基础设施建设缓慢，游客的吃、住、行、游、购、娱等方面均满足不了需要。

1988年，神农架林区第五次党员代表大会上提出了“把神农架建设成为全国闻名的森林公园和旅游避暑胜地”的发展目标，旅游业被纳入了林区人民政府的重要议事日程，并逐年加大旅游投入，加速基础设施建设。1990年，林区旅游业开始由单纯的接待型向综合经营型转变。经过近10多年的发展，已初步形成了吃、住、行、游、购、娱相配套的旅游产业体系，全区旅游景区(点)、旅行社、宾馆饭店(餐饮网点)、娱乐购物场所均具有一定规模。目前，全区旅游直接从业人员2 000余人，间接从业人员5 000余人。2005年，接待国内外游客860 223人次，比2004年同期增长19.2%。旅游经济总收入18 338万元，比2004年同期增长21.6%。

目前，全区共有宾馆、饭店、农庄220家，客房3 075间，床位数6 594个。其中，三星级饭店1家，客房36间，床位72个；二星级饭店22家，共有客房1 164间，床位数

2 381 个；无星级饭店 34 家，客房 683 间，床位数 1 522 个；农家乐 163 家，客房 1 192 间，床位数 2 609 个。神农架的饭店主要集中湖北省重点旅游中心城镇——木鱼镇和红坪镇。

神农架有国际旅行社、神农架中国旅行社、神农架森林旅行社、神农架春秋旅行社等 13 家旅行社，其中国际旅行社 1 家，国内旅行社 12 家。目前，全区持证导游员 401 人，其中持全国导游资格证人数 207 人、省导游资格证人数 194 人。

全区共有旅游商品生产单位 10 多个，从事旅游商品销售的旅游商品店、个体土特产店 100 余家。旅游商品主要有茶叶、香菇、木耳、蝴蝶标本、神农御酒、蜂蜜、黄杨木梳等。

第二节　规划指导思想、规划原则

一、指导思想

以市场需求为导向，以森林公园独特的自然生态系统为依托，体现神农架的生态文化旅游资源的丰富性、独特性、竞争性，突出“人与自然”同生共荣、和谐发展的主题，开发生态旅游、文化旅游、观光旅游、康体保健旅游、探险旅游、体育旅游、科学考察、休闲度假、科普教育等系列旅游产品，完善现代旅游设施和配套服务功能，着力打造国内著名、国际知名和强吸引力、世界性美誉度的生态旅游目的地。

二、规划基本原则

（一）科学发展原则

森林公园开发建设应在科学发展观的指导下，根据公园历史背景、自然环境和旅游资源特征，科学的进行规划，达到维护生态平衡，充分发挥森林的生态效益、社会效益和经济效益，坚持保护第一，开发第二；避免盲目、无序、低水平开发和重复建设，实现人与自然的和谐发展。

（二）资源整合原则

神农架林区内有神农架国家级自然保护区、神农架国家森林公园、神农架国家地质公园、神农架九大湖湿地公园和天生桥、神农坛等著名景区；有杉树王、千年杉后、金丝猴等极为珍贵的野生动植物资源；有独具魅力的野人传说；有渊远流长的《黑暗传》等文化旅游资源。应当立足大神农架，整合旅游资源，科学地发展大神农架的旅游业。

（三）市场导向原则

发展大旅游，开辟大市场，立足大神农架，面向全中国，放眼全世界。神农架的游客目前主要来自湖北省内和西安、重庆等周边地区，继续努力发展周边旅游客源市场；大力拓展全国各省、市、自治区的国内旅游客源市场；逐步开辟东南亚、欧美及韩国等国际旅游客源市场。

（四）前瞻性原则

神农架国家森林公园旅游业发展正处于初级阶段，目前主要的旅游形式是观光旅游；

“21 世纪行将在全世界普及的四种新型旅游活动形式中，生态旅游居首位，其次是文化旅游、参与性旅游和休养保健旅游。”生态旅游、休闲度假旅游、文化旅游已成为不可阻挡的旅游发展趋势。神农架国家森林公园旅游规划必须把握时代脉搏，适度超前。

（五）个性化原则

独特的地理环境造就了神农架独特的生态环境和独具魅力的旅游资源，在规划中应充分突出其优越的生态环境、原始森林、神农文化、野人野趣，打造成独具魅力的探险猎奇、休闲度假、科学考察、会议旅游胜地。

（六）可操作性原则

根据神农架的社会经济环境和旅游资源特色，坚持高起点、高标准、高要求，编制既有特色又方便实施的神农架国家森林公园旅游总体规划。

第三节　旅游服务设施规划

一、森林公园大门规划

根据现有交通条件和森林公园旅游资源分布状况，共设计东、南、北 3 个入口大门，东、南、北大门分别设在八卦庙、胜利桥和三叉口。

（一）东大门入口区

位于森林公园东面的八卦庙。入口区包括售票及管理用房 100m^2，仿木结构；停车场 1 000m^2，标准厕所 1 处。大门设计按神农架“架木为屋”理念设计。

（二）南大门入口区

位于森林公园南面，胜利桥附近。入口区包括售票及管理用房 100m^2，停车场 1 000m^2，标准厕所一座。大门设计按神农架“架木为梯”理念设计。

（三）北大门入口区

位于森林公园北面，三叉口道班附近。入口区包括售票及管理用房 100m^2，停车场 1 000m^2，标准厕所一座。大门设计按神农架“架木为坛”理念设计。

二、旅游接待服务区设施规划

为更好地服务游客，各旅游接待服务区需设置必要的设施，见表 11-2。

表 11-2　旅游接待服务区设施建设项目一览

服务区	接待与管理用房（m^2）	备　注
东大门管理房	100	与售票房合建
南大门管理房	100	与售票房合建
北大门管理房	100	与售票房合建
将军寨保护站	800	含验票房、茶室、餐厅
野马河漂流起、终点接待中心	400	起点、终点各 200 m^2

（续）

服务区	接待与管理用房(m^2)	备　注
画廊谷接待中心	80	与售票房合建
西沟游客服务中心	100	与验票房合建
天门垭游客中心	1 000	内设餐厅、售票房等
燕子垭售票房	15	与验票房合建
塔坪游客中心	400	内设服务台、餐厅等
桂竹园接待中心	2 000	内设服务台、餐厅等
巴桃园接待中心	1 000	内设管理中心、餐厅等
合　计	5 795	

三、住宿设施规划

为满足人们对森林保健的需求，在森林公园范围内，适度发展以中档为主的森林疗养度假村或野营地，接待床位数见表11-3。

表11-3　森林公园住宿设施接床位　　床

服务基地	类　型	规格	床位数			合计	备　注
			近期	中期	远期		
温泉保健中心	保健中心	三星	100	200	300	600	
灵犀洞宾馆	宾馆	三星	200	300	300	800	现有68个床位
西沟森林休疗中心	疗养中心		100	100	100	300	
天门垭游客中心	招待所		28	28	28	84	现有28个床位
燕子垭游客中心	招待所		42	42	42	126	现有42个床位
桂竹园野营地	野营地		100	100	100	300	
桂竹园森林康体保健中心	保健中		200	200	200	600	
巴桃园野营地	野营地		50	50	100	200	
合　计			820	1020	1170	3010	

四、餐饮设施规划

为游客提供饮食服务，根据公园游人规模预测和景区景点的分布情况，在森林公园范围内外拟设置餐饮点11处。各餐饮服务点餐厅建设规模见表11-4。

表11-4　餐饮设施一览表

服务基地	餐厅规模(m^2)	备　注
将军寨保护站	200	设在保护站内
温泉保健中心	500	
野马河农家乐		
灵犀洞宾馆	400	设在宾馆内
西沟神农药膳堂	300	
天门垭游客中心	100	
燕子垭游客中心	200	

（续）

服务基地	餐厅规模（m^2）	备　注
塔坪游客中心	200	
桂竹园接待中心	500	
巴桃园接待中心	400	
茨芥坪自助餐馆	80	设自助厨位20个
合　计	2 680	

五、旅游公厕规划

（一）布设原则

①在旅游景点集中地区，厕所的服务半径不宜超过500m。

②厕所的设计应与周围环境相适应，其建筑形式、体量大小、色彩均应与所在场所协调。

③按日环境容量的1% ~2%设置厕所蹲位（包括小便斗位数）。

（二）布设方案

根据上述布设原则和各景区景点的分布情况，除保留天门垭、燕子垭已有的公厕外，其余景区景点的厕所分布见表11-5。

表11-5　旅游公厕分布表

服务基地	厕所数量（座）	面积（m^2）	备　注
公园东大门入口处	1	40	
公园南大门入口处	1	40	
公园并大门入口处	1	40	
将军寨	1	40	
温泉保健中心	1	40	设在漂流起点处附近
漂流终点	1	40	
画廊谷	2	60	
古人类遗址游览区	1	40	犀牛洞旁
西沟神农药园小区	3	90	
天门垭	1	18	跨鹤升天旁
燕子垭	1	18	牛鼻子洞旁
塔坪村	1	40	
桂竹园	2	60	
巴桃园影视拍摄地	1	30	
冷杉母树林观光小区	1	30	
冰洞探奇小区	1	30	
茨芥坪	1	120	
合　计	21	776	

六、标识系统规划

(一)标识系统分类

森林公园范围的标识系统，按内容可分为指示性、警示性、解说性、宣传性和广告性5类。

1. 指示性标牌

指示性标牌一般包括公共及服务设施标识牌(如停车场、卫生间、餐厅等)、景区(包括小区、景点)旅游示意图、公路和游道的线路图等。指示性标牌一般配以图示，用来为游客提供路线指南，帮助游客寻找目标，便于旅游活动的开展。

2. 警示性标牌

规定性标牌主要用于3个方面：①用以标示各种规章制度，并以此来规范游客的行为；②安全警示牌；③护林防火标识牌。

3. 解说性标牌

为了扩大游客的知识面，提高游客认识大自然的能力，在景区内的一些景点设立解说性标牌，对景区内的生态系统与环境因子(如地质、地貌、岩石、植物、动物、气候等)进行科学解释或介绍。

4. 宣传性标牌

宣传性标牌主要是用以宣传环保、生态旅游等口号，营造人与自然和谐相处的旅游氛围，同时弥补其他标牌系统的不足。

5. 广告性标牌

为了及时向游客介绍景区内新开发的景点或旅游项目，在公路沿线设置必要的广告牌。

(二)标牌的设置

1. 指示性标牌

(1)旅游示意图　公园的入口处应设置整个公园范围的旅游示意图；各旅游接待服务区、景区(小区)的入口处应设置其范围内的旅游示意图。

(2)路牌　根据森林公园内的不同游览景区景点分布情况，在公园入口、各景区景点的叉路口、公路的交汇口、旅游接待服务区等设立导游路牌，标示旅游景点等方位。

(3)公共及服务设施标识牌　公园内所有的公共及服务设施均应在适当的位置标明。各旅游接待服务区应在醒目的地方标明咨询处、医疗服务点、停车场、餐厅、卫生间等公共及服务设施的位置；有些重要的公共及服务设施(如医疗服务点、加油站等)也应在公路沿线的适当位置标明。

2. 规定性标牌

(1)规章制度公告牌　公园入口中处、各旅游接待服务区、景区景点入口处应在醒目位置将相关的规章制度向游客公告。

(2)安全警示牌　在景区和景点的险峻地段、事故多发生地段及可能有凶猛野兽出没地段设立旅游安全警示牌，提醒游客注意安全，避免安全事故的发生。

(3)护林防火标识牌　景区景点、旅游接待服务区均应在醒目位置设置公园内用火须知和护林防火标识牌，提醒游客注意安全用火，避免森林公园内发生火灾。

3. 解说性标牌

解说性标牌设立在被解译对象的旁边合适的位置，便于对号入座。

4. 宣传性标牌

宣传性标牌设置地点主要在景区出入口、休息点及森林、草地、水体等区域范围内。

5. 广告性标牌

为了及时向游客介绍景区内新开发的景点或旅游项目，在公路沿线设置必要的广告牌。

(三)标牌的设计要求

①公共设施标志应采用国际通用的标识符号，符合 GB/T 10001 标准规定。

②应采用中、英两种文字说明。

③标牌的内容简洁明了，措辞相对委婉，思想积极，避免让游客感觉压抑。

④导游标志的色彩和规格，应根据设置地点、揭示内容和具体条件进行设计，并与景观和环境相协调，又具有欣赏价值。

七、医疗救护规划

(一)设置原则

①森林公园应建立医疗救护中心，对游客中的伤病人员，及时采取救护措施。

②医疗救护设施应根据实际需要设立，可与当地的医疗机构联合。

③医疗救护建制应根据实际需要确定。

④医疗救护建筑及其布局，既要与公园景观和自然环境协调，又要有明显的医疗救护标志。

(二)医疗救护点设置

目前，森林公园范围内有红坪中心卫生院和红坪林场医院 2 家医院，医院现有医护人员 17 人，病床 3 个，同时还配备有一批较为先进的医疗设备。燕子垭、天门垭各设 1 个医疗点。森林公园范围内，依托红坪中心卫生院，保留燕子垭和天门垭医疗点，规划在温水村、西沟、桂竹园、塔坪、茨芥坪和巴桃园各设 1 个医疗点。医疗点应有常规的医疗救护器械和药品，在各景点显著地方公布医疗点和红坪中心卫生院的电话，充分发挥 120 急救电话的联网功能，保证通讯的通畅，在遇到紧急情况时能够及时予以救助。

第四节　森林景观规划

一、规划指导思想

以景观生态学和森林生态学理论为指导，依据植被演替规律，逐步模拟再现近自然森林景观。根据美学原理，营造结构优化、色彩丰富、景观稳定、突出自然美感的森林景观。用景观生态学的理论来制定环境保护措施，减少干扰强度和频度，维持生态系统的稳定性、结构的复杂性和多样性。

二、规划原则

①以保护现有森林植被为前提，通过林相改造，逐步形成多树种、多层次、乔灌草相结合的多种森林植物群落景观，提高森林旅游价值和生态功能。

②坚持地域分异性与总体和谐性相统一、森林景观规划与总体环境相协调的原则，维护公园森林生态系统平衡。

③坚持景观功能与生态功能优化配置原则，森林景观规划应兼顾景观、休憩、疗养、保健、科研、保护生态环境等多种功能。

④各景点绿化应突出主题，配置的植物以乡土观赏植物为主，注意季相变化；在“绿”的基础上进行美化和香化，提高景观的观赏质量。

⑤森林景观规划应以现有森林植被为基础，按景观需要，结合造林、林相改造和整形抚育等措施进行，应尽量保持森林植被的原生性。

三、规划内容

（一）天然林保护工程

①加强对森林公园范围内该项目林地的火灾、病虫害的监测与管理；加强项目资金管理，及时发放资金。

②全面停止商品材采伐，木材产量调减到位；关闭木材加工、运输、销售等企业；严格控制薪材和自用材采伐量。

③对于国家森林公园范围区内的残次林、疏林地，应进行林相改造，有目的地提高其景观效果。

④严格控制在森林公园范围尤其红坪镇周边的山体开山取石，禁止对林木乱砍乱伐。

⑤为解决农村的生活烧柴和取暖，巩固天然林保护工程成果，应积极推进森林公园范围内农村能源替代产业建设，包括兴建沼气池、省柴节煤灶等。

（二）退耕还林工程

①加强对森林公园范围内已划为退耕还林工程项目林地的抚育和管护，防止火灾和病虫害的发生，确保成林。

②对于国家森林公园范围内尚存的宜林荒山、荒地，应结合退耕还林工程和景观需要，建设名特优经济林或营造景观林。

③为减少人畜对生态环境的破坏，把退耕还林工程建设与生态移民相结合，将居住在边远山区和生态脆弱区的居民按照梯次搬迁的思路安置在公路沿线，从事第二、第三产业。

（三）封山育林

森林公园范围内，海拔较高，土壤厚度较薄，有条件的地方宜采取人工辅助下的封山育林，促进森林的演潜，引导群落向正向、有利方向演潜。宜采取封山育林的地类参考《封山（沙）育林技术规程》（GB/T 15153—2004）实施。

（四）古树名木的保护

①组织有关技术人员对公园范围内进行一次古树名木资源普查，对境内古树名木进行

登记、拍照、编号，建立资源档案，并及时向社会公布。

②古树名木由林区政府设立保护牌，对于游客可能会对古树名木带来破坏的应采取必要的保护措施，确保其不受到游客的破坏。古树名木保护牌应当标明中文名称、学名、科名、树龄、保护级别、编号和基本特征等内容。对位于道旁和人畜活动频繁地段的古树名木，应加修坚固的围台或围栏，并定期进行检查。

③鼓励单位和个人捐资保护、认养古树名木。

④任何单位和个人都有保护古树名木的义务，不得损害和随意处置古树名木，对损害古树名木的行为有批评、劝阻和举报的权利。

⑤任何单位和个人不得擅自移动或者破坏古树名木保护牌。

⑥古树名木发生病虫害，或者遭受人为和自然损伤，出现了明显的生长衰弱、濒危症状的，养护责任单位和个人应当及时报告当地林业、城市绿化行政主管部门。

（五）区域绿化

森林公园范围内的绿化在满足亲近自然、体现天人合一精神的基础上，还应努力创造丰富多变的景观效果，为旅游者创造一个安全、舒适、健康、平衡的生态型景观环境。森林公园范围的绿化主要包括国道沿线、步游道沿线、旅游服务管理区和公园大门入口处。

1. 国道沿线绿化

209 国道是进入神农架景区的主要交通要道，是对外宣传的一条重要途径。目前 209 国道两侧的植被已经受到不同程度的破坏，建设无序，风格不一。为丰富道路景观，在配置形式上力求多样化组合，如常绿树种与落叶树种搭配，乔木与灌木搭配，以实现高低错落有致、色彩对比显著、移步景变的景观面貌和舒适凉爽的环境效果。树种以当地乡土树种为主。

考虑神农架地形复杂，公路弯多坡陡，道路绿化树种选择要在服从道路交通功能的前提下，尽可能地达到绿化、美化和防护的效果，应避免树种选择和配置不当而影响交通功能的发挥，留下交通安全隐患。应结合车速与视点不断移动的特点，考虑视觉与心理效果，做到尽量与周围景观、自然环境相协调。

2. 游步道沿线绿化

游步道沿线植物配置应兼顾其观赏和游憩功能，从人的需求出发，兼顾植物群落的自然性和系统性来设计以原有的植被为主，通过“借佳景、摒劣景”，依山就势，使游览道与景区环境自然融合。各游步道根据其不同用途，两侧分类加以绿化修整，林下自由配植灌丛花卉，形成生态型景区“幽、雅”的风格特色。

3. 旅游服务管理区绿化

旅游服务管理区的绿化要求精致、美观、现代，以栽植常绿树种为主，适当栽植观赏价值较高的果树或花卉灌木，以达到绿化、美化、香化的效果。不引进外来草皮。

4. 公园大门绿化

以神农架珍贵观赏树种（如珙桐、秦岭冷杉等）和乡土野花野草巧妙搭配烘托入口气氛。尽量移植大树，让游客一进公园大门就能感受到神农架国家森林公园的古朴幽野气氛。

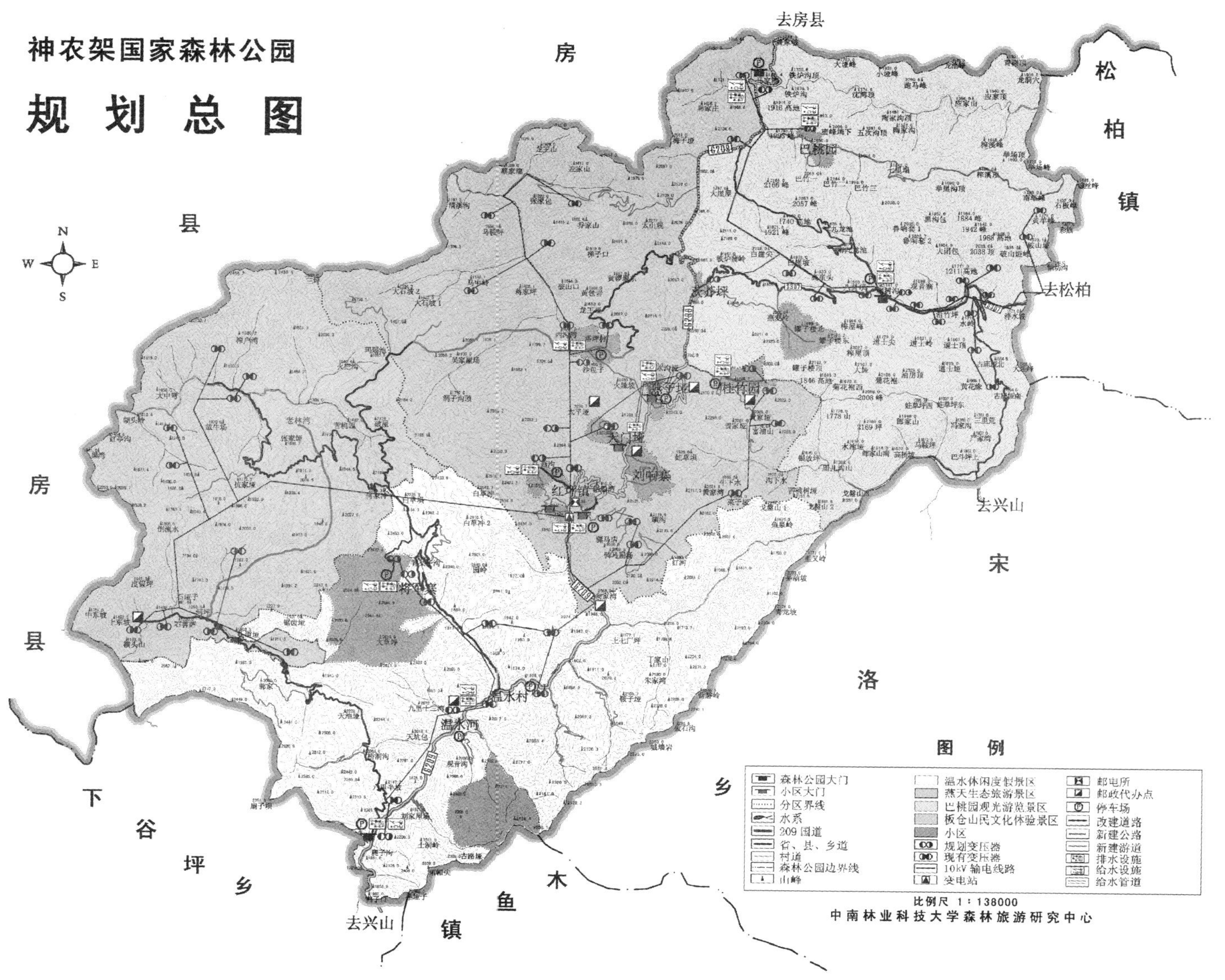
神农架国家森林公园
规划总图
房县
去房县
松柏镇
去松柏
去兴山
宋洛乡
木鱼镇
下谷坪乡
图例
森林公园大门
小区大门
分区界线
水系
309 国道
省、县、乡道
村道
森林公园边界线
山峰
温水休闲度假景区
燕天生态旅游景区
巴桃园观光游览景区
板仓山民文化体验景区
小区
规划变压器
现有变压器
10kV 输电线路
变电站
邮电所
邮政代办点
停车场
改建道路
新建公路
新建游道
排水设施
给水设施
给水管道
比例尺 1：138000
中南林业科技大学森林旅游研究中心

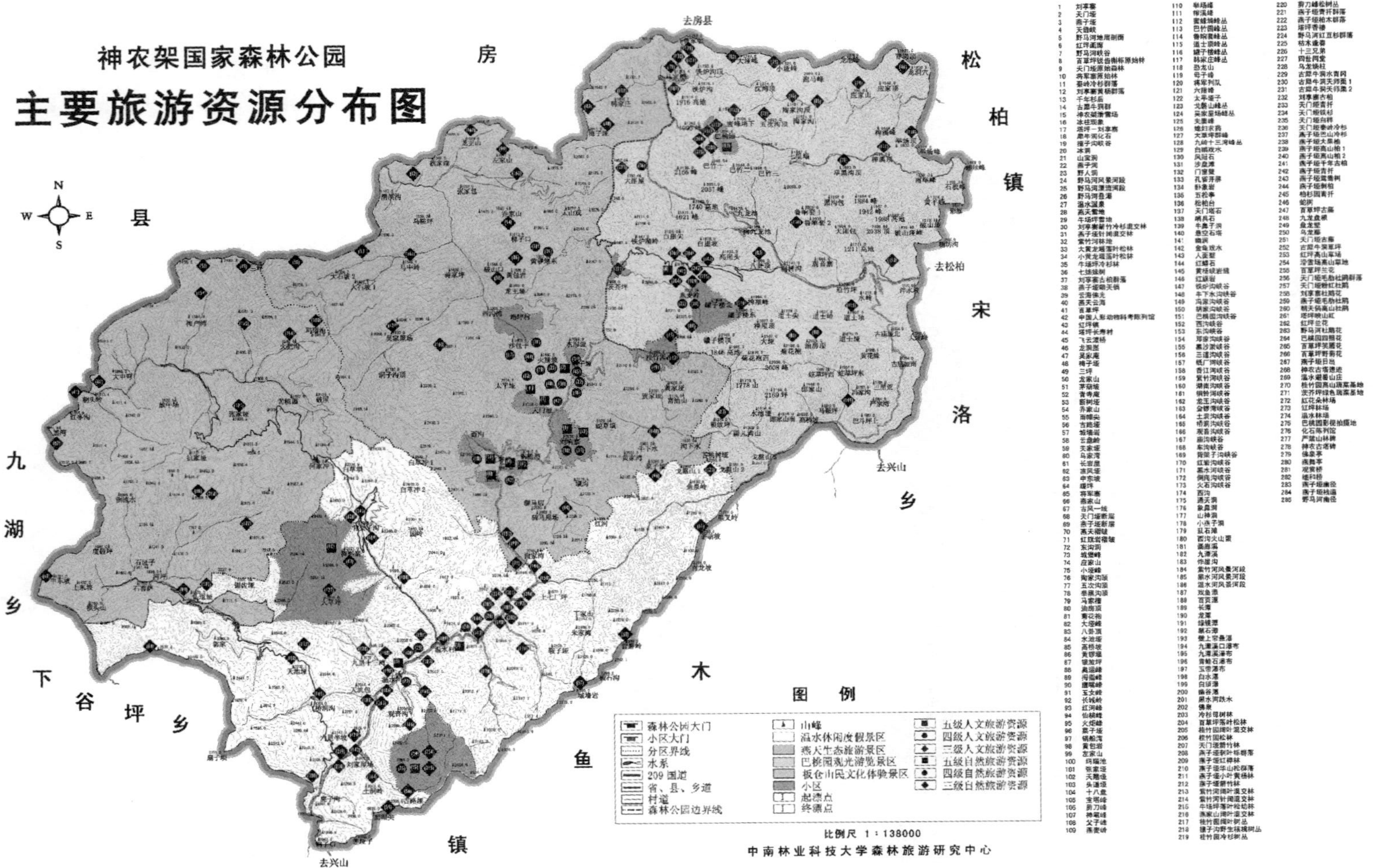

神农架国家森林公园
主要旅游资源分布图
房
县
松
柏
镇
宋
洛
乡
九
湖
乡
下
谷
坪
乡
木
鱼
镇
去房县
去松柏
去兴山
去兴山
图例
森林公园大门
小区大门
分区界线
水系
209 国道
省、县、乡道
村道
森林公园边界线
山峰
温水休闲度假景区
燕天生态旅游景区
巴桃园观光游览景区
板仓山民文化体验景区
小区
起漂点
终漂点
五级人文旅游资源
四级人文旅游资源
三级人文旅游资源
五级自然旅游资源
四级自然旅游资源
三级自然旅游资源
比例尺 1：138000
中南林业科技大学森林旅游研究中心

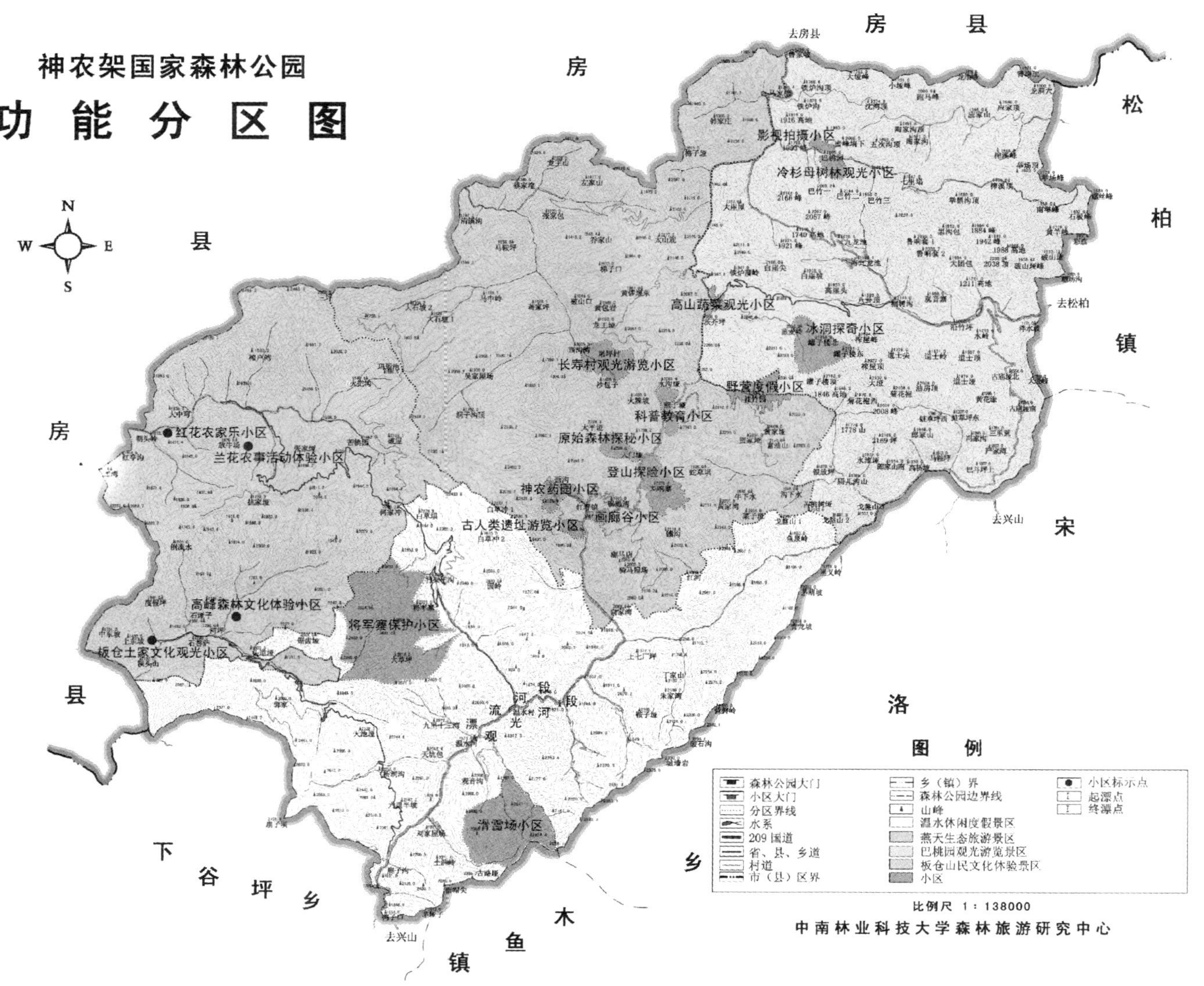
神农架国家森林公园
功能分区图
影视拍摄小区
冷杉母树林观光小区
高山蔬菜观光小区
冰洞探奇小区
长寿村观光游览小区
野营度假小区
科普教育小区
原始森林探秘小区
登山探险小区
神农药园小区
画廊谷小区
古人类遗址游览小区
红花农家乐小区
兰花农事活动体验小区
高峰森林文化体验小区
将军寨保护小区
板仓土家文化观光小区
滑雪场小区
图例
森林公园大门
小区大门
分区界线
水系
209国道
省、县、乡道
村道
市（县）区界
乡（镇）界
森林公园边界线
山峰
温水休闲度假景区
燕天生态旅游景区
巴桃园观光游览景区
板仓山民文化体验景区
小区
小区标示点
起漂点
终漂点
比例尺 1：138000
中南林业科技大学森林旅游研究中心

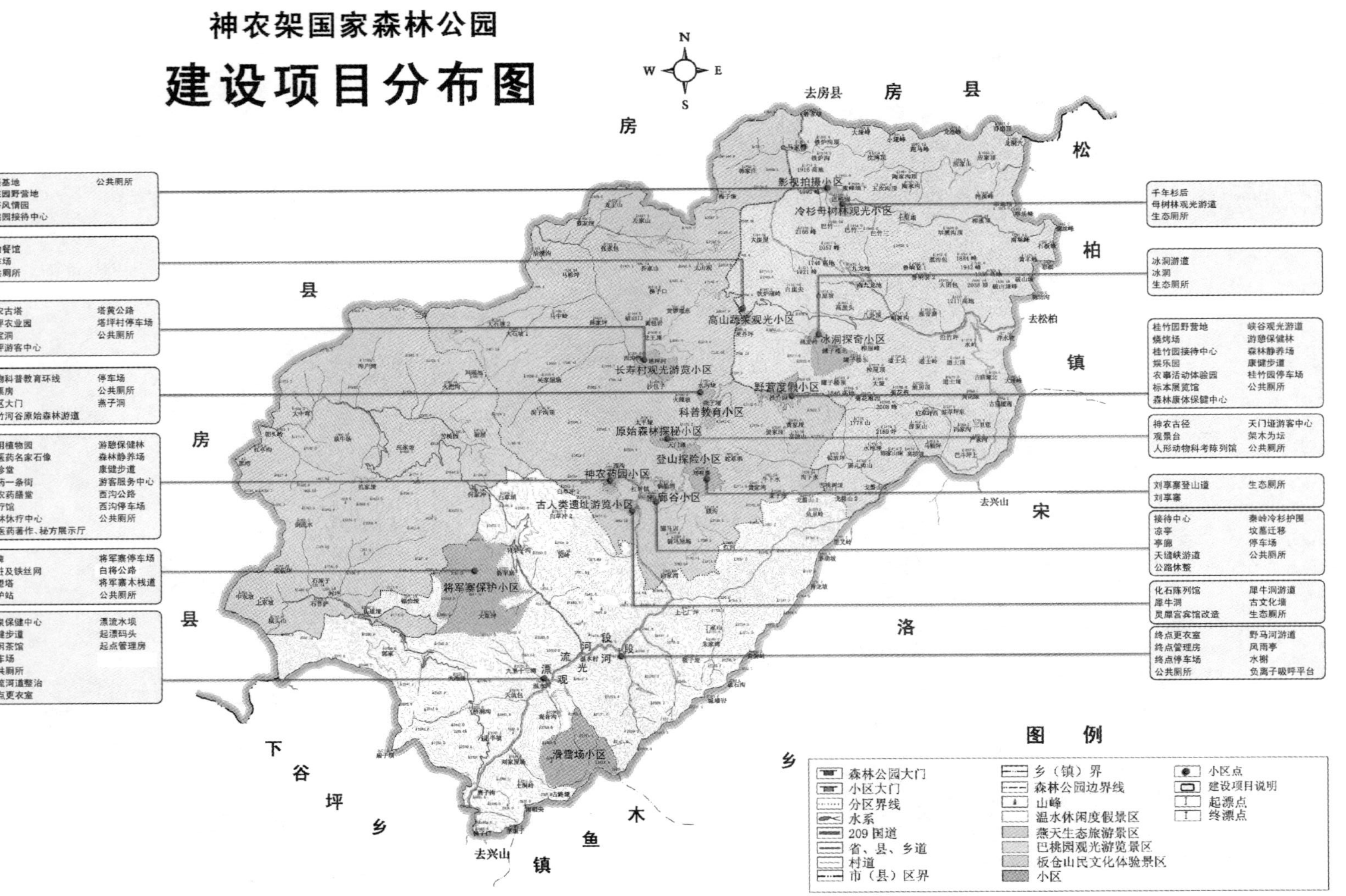

神农架国家森林公园
建设项目分布图
拍摄基地 公共厕所
巴桃园野营地
民俗风情园
巴桃园接待中心
自助餐馆
停车场
公共厕所
神农古塔 塔黄公路
塔坪农业园 塔坪村停车场
山宝洞 公共厕所
塔坪游客中心
生物科普教育环线 停车场
售票房 公共厕所
小区大门 燕子洞
紫竹河谷原始森林游道
药用植物园 游憩保健林
中医药名家石像 森林静养场
问诊堂 康健步道
中药一条街 游客服务中心
神农药膳堂 西沟公路
药疗馆 西沟停车场
森林休疗中心 公共厕所
中医药著作、秘方展示厅
界碑 将军寨停车场
界桩及铁丝网 白将公路
瞭望塔 将军寨木栈道
保护站 公共厕所
温泉保健中心 漂流水坝
康健步道 起漂码头
休闲茶馆 起点管理房
停车场
公共厕所
漂流河道整治
起点更衣室
千年杉后
母树林观光游道
生态厕所
冰洞游道
冰洞
生态厕所
桂竹园野营地 峡谷观光游道
烧烤场 游憩保健林
桂竹园接待中心 森林静养场
娱乐园 康健步道
农事活动体验园 桂竹园停车场
标本展览馆 公共厕所
森林康体保健中心
神农古径 天门垭游客中心
观景台 架木为坛
人形动物科考陈列馆 公共厕所
刘享寨登山道 生态厕所
刘享寨
接待中心 秦岭冷杉护围
凉亭 坟墓迁移
亭廊 停车场
天缝峡游道 公共厕所
公路休整
化石陈列馆 犀牛洞游道
犀牛洞 古文化墙
灵犀宫宾馆改造 生态厕所
终点更衣室 野马河游道
终点管理房 风雨亭
终点停车场 水榭
公共厕所 负离子吸呼平台
影视拍摄小区
冷杉母树林观光小区
高山蔬菜观光小区
冰洞探奇小区
长寿村观光游览小区
野营度假小区
科普教育小区
原始森林探秘小区
登山探险小区
神农药园小区
画廊谷小区
古人类遗址游览小区
将军寨保护小区
滑雪场小区
去房县
房 县
松
柏
去松柏
镇
宋
去兴山
洛
乡
木
鱼
镇
去兴山
下
谷
坪
乡
县
房
县
房
图 例
森林公园大门
小区大门
分区界线
水系
209 国道
省、县、乡道
村道
市（县）区界
乡（镇）界
森林公园边界线
山峰
温水休闲度假景区
燕天生态旅游景区
巴桃园观光游览景区
板仓山民文化体验景区
小区
小区点
建设项目说明
起漂点
终漂点
中南林业科技大学森林旅游研究中心

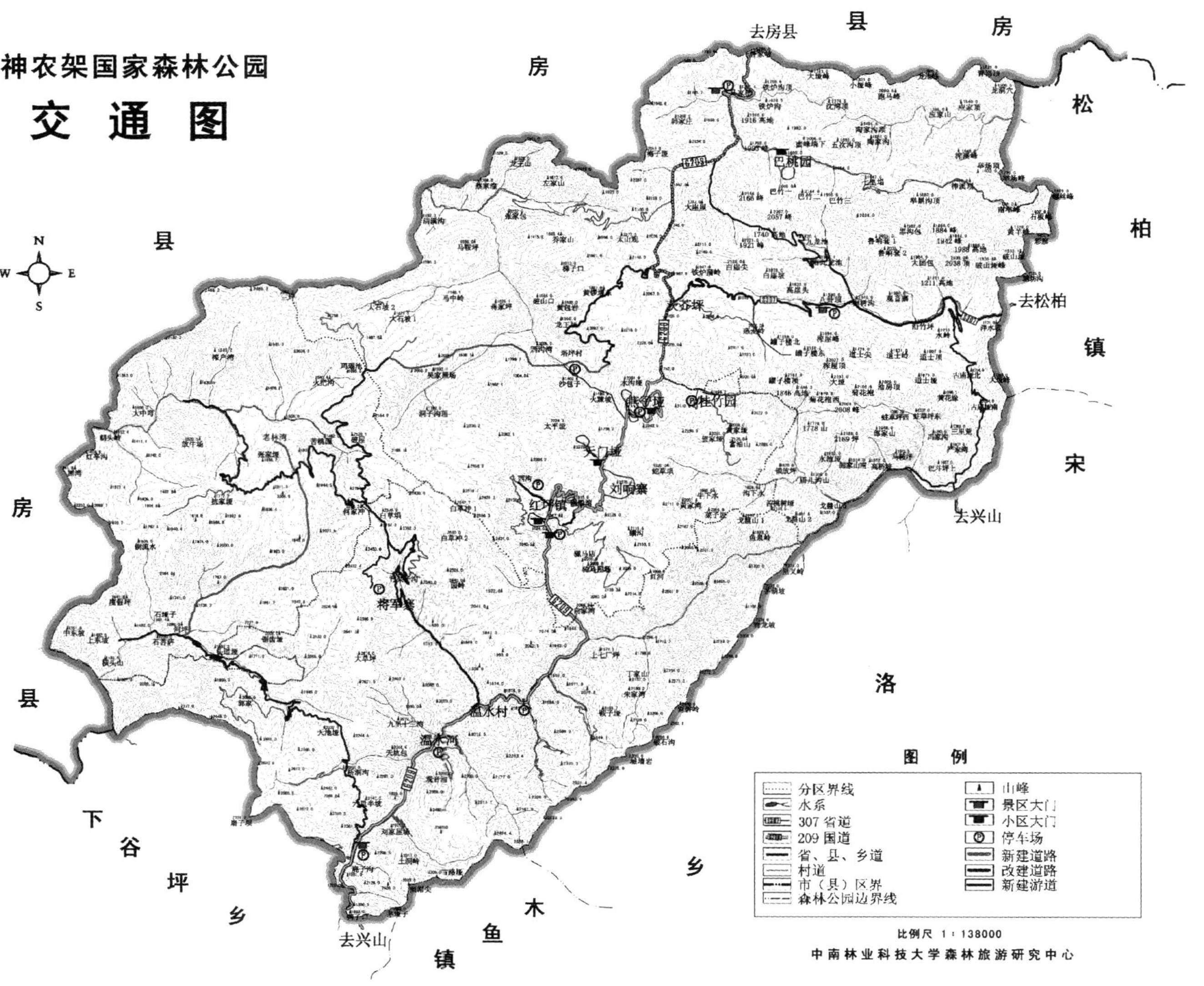
神农架国家森林公园
交通图
图例
分区界线
水系
307省道
209国道
省、县、乡道
村道
市（县）区界
森林公园边界线
山峰
景区大门
小区大门
停车场
新建道路
改建道路
新建游道
比例尺 1：138000
中南林业科技大学森林旅游研究中心
房县
松柏镇
宋洛乡
木鱼镇
下谷坪乡
去房县
去松柏
去兴山
巴桃园
大岩坪
桂竹园
刘晗寨
红坪镇
将军寨
温水村
温水河
N
E
S
W

第十二章
温州森林旅游试验示范区总体规划（节选）

第一节　发展定位与总体目标

一、总体思路

（一）温州森林旅游开发的“三生融合”模式

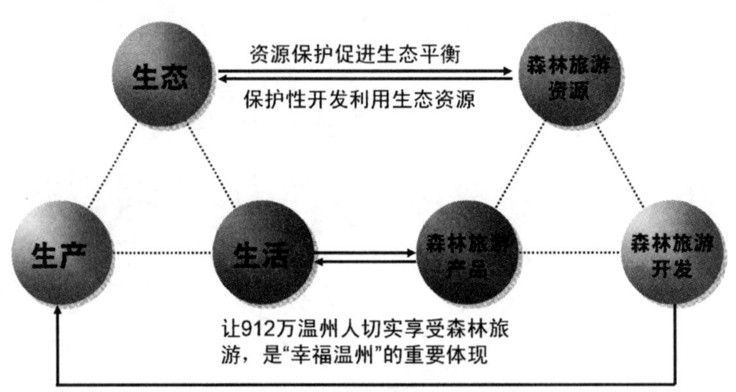

（二）规划战略

（1）大视野战略　国际经验与温州特色结合发展。

（2）大空间战略　全市联动发展与重点旅游板块突破相结合。

（3）大旅游战略　森林旅游复合多样旅游功能。

（4）大文化战略　森林旅游包容多种文化协同发展。

（5）大产业战略　多产业协调共融发展。

二、发展定位

（一）总体定位：中国最佳森林旅游目的地

定位中国最佳的森林旅游目的地，对全国森林旅游具有试验示范意义。

“最佳”，意味着森林旅游开发的高标准建设、高质量管理，同时也是由“为游客服务为主”回归到“为市民健康为主”的理念转变，突出温州市建设“三生融合、幸福温州”的目标。

“目的地”的建设意味着，温州森林旅游产业将形成统一的形象，实施统一的推广，实现全市域、全要素发展，形成旅游产业内部有机融合，旅游相关产业优势互补，合力集群，整合发展。

(二)功能定位

以山水观光、森林休闲为基础，以森林度假、康体保健为特色，以科普教育、文化体验等为辅助，多功能复合。

森林旅游成为“国民休闲计划”的核心阵地。推出“入森林、浴精气、促健康”的市民休闲行动计划。

(三)产业定位

将森林旅游建设成为温州市林业的龙头产业，成为旅游业的支撑产业，成为促进生态文明的动力产业，成为推动社会进步的和谐产业，成为经济生态协调的先导产业，成为打造“幸福温州”的民生产业。

①系统改善森林生态环境的生态产业；

②带动温州旅游业发展的重要支撑产业；

③林业产业发展的龙头产业；

④实现“三生融合、幸福温州”的民生产业。

(四)形象定位

山江林海，时尚绿都——温馨、温情之州

主旨口号

针对本地游客：养森·养生　温情·温州

针对外地游客：瓯越商都　温馨之州

(五)市场定位

温州森林旅游将面向区域和细分两个层面的市场。

1. 区域市场定位

根据温州市区位交通条件、森林旅游资源特点、客源市场特征及周边旅游市场状况，森林旅游的区域市场定位如下：

(1)一级市场(核心市场)　温州市本地居民、温州市周边大中城市(上海市、杭州市、宁波市、台州市等)；

(2)二级市场(基本市场)　浙江省内其他大中城市、长三角地区大中城市；

(3)三级市场(机会市场)　浙江省周边省份大中城市，台湾地区、珠三角地区、环渤海湾地区及其他国内国际机会市场。

2. 细分市场定位

(1)基础市场　以温州城镇居民日常森林观光、森林休闲为基础市场。

(2)品牌市场　以森林休闲度假、康体保健、专项会议为森林旅游品牌市场。

(3)专项市场　以户外运动、科普教育、民俗体验等为专项市场。

三、发展目标

1. 总体目标

中国森林旅游发展的先行区和示范区

以“三生融合、幸福温州”为指导，以生态产业、民生产业、旅游支撑产业定位温州森林旅游开发，通过森林旅游业态创新、体制机制创新、融资运营创新、生态旅游理论创新等，打造具有“温州模式”的森林旅游发展模式，成为中国森林旅游发展的先行区，并辐射周边、示范全国。具体为：

①到 2020 年，森林旅游业成为温州市林业产业中的最大产业，比例提高到 50%。

②到 2020 年，森林旅游接待游客超过 5 000 万人次，实现森林旅游收入超过 260 亿元；成为温州市旅游产业中的主导产业。

③2011 年至 2020 年，全市森林旅游共接待游客超过 2 亿人次，实现森林旅游总收入超过 1 400 亿。

④到 2020 年，全市森林旅游带动就业人数达 30 万人，森林旅游受益人群覆盖全市人民。

⑤规划期内，力争所有国家级森林公园达到 4A 级景区以上标准，省级森林公园达到 3A 级景区标准。

⑥到 2020 年，全市森林覆盖率达到 65%，建成 10 个森林旅游精品景区，100 个群众满意的森林公园，使 1 000 个村庄受益于森林旅游，形成大众休闲与精品度假相结合的森林旅游产品体系。

2. 阶段目标

(1) 近期目标(2011—2015 年)　近期是森林旅游的重点建设期，将森林旅游打造为温州旅游的新亮点。其工作重点为：首先，通过理顺关系，出台完善体制、机制、法规，为森林旅游开发营造良好的大环境；其次，创新森林旅游发展模式，加快城郊森林公园建设，形成以国家级和省级森林公园为骨干，市、县级森林公园为依托的大众森林旅游产品体系。初步完成重点片区与项目的建设，形成一批森林旅游精品产品；再次，初步建立温州市域森林旅游接待与服务体系，满足森林旅游开发的需求。

到 2015 年，温州市森林旅游当年接待人数达到 1 503 万人次，实现森林旅游收入 150 亿元。

(2) 中远期目标(2015—2020 年)　中远期是森林旅游的完善提升期，全面提升温州森林旅游的品牌，成为全国森林旅游的示范。其工作重点为：在近期建设的基础上，完成重点片区与项目的精品化打造，重点旅游目的地的建设。充分利用森林旅游业的重要地位，带动全市交通、林业、服务、商贸等产业的发展。强化温州森林旅游的枢纽功能，辐射周边地区，示范全国。

到 2020 年，温州市森林旅游当年接待人数达到 5 205 万人次，实现森林旅游收入 260 亿元。

四、森林旅游接待规模及收入预测

根据温州市森林旅游“立足本地、服务市民”的规划指导思想，其主要服务对象为温州市民，其次是周边邻近城市及省内外经济发达城市的居民。参照《温州市旅游发展“十二五”规划》《温州市林业“十二五”发展规划》等，进行温州市森林旅游接待规模预测，详见表12-1。

表12-1　2011—2020年温州市森林旅游接待规模及收入预测

年份	森林旅游接待(万人次)	增长率(%)	人均森林旅游消费(元)	森林旅游收入(亿元)
2010(现值)	557	46.60	228	12.7
2011	668.40	20	300	20.1
2012	802.08	20	400	32.1
2013	962.50	20	500	48.1
2014	1 203.12	25	800	96.2
2015	1 503.90	25	1 000	150.4
2016	1 879.88	25	900	169.2
2017	2 406.24	28	800	192.5
2018	3 079.99	28	700	215.6
2019	4 003.98	30	600	240.2
2020	5 205.18	30	500	260.3

第二节　总体布局与项目规划

一、布局思路

以十大精品森林旅游景区为重点，以城郊森林公园为支撑，以景观绿道为纽带，“环城、沿路、滨水”优先布局，形成一个服务中心、三条发展轴线、三大功能板块、十大精品景区、百个满意公园、千个受益乡村的网络状空间格局。

二、空间结构

根据空间布局思路，温州森林旅游发展空间布局为：“一心三轴三片十区百园千村”。

一心　中心城区森林旅游综合服务中心。

三轴　沿路、沿水发展的三条轴线。即滨海森林景观轴、瓯江森林休闲轴、飞云江·鳌江森林度假轴。

三片　北部山江森林旅游片区、中部环城森林休闲片区、南部森林养生度假片区。

十区　即十大精品森林旅游景区。分别为雁荡山山地森林景观区、楠溪江精品森林旅游区、环城郊森林休闲聚集区、花岩—寨寮溪峡谷森林区、北港森林生态休闲区、玉苍山—莒溪森林生态度假区、百丈漈—飞云湖森林生态度假区、廊桥—氡泉森林养生度假区、乌岩岭森林生态保护区、南麂列岛生态保护区。

百园　即百个群众满意的森林公园，包含温州市各级森林公园、城郊森林公园及“一镇一园”森林公园。百园建设是“三生融合、幸福温州”的民生工程，让912万温州人切实享受森林旅游带来的实惠，满足人民群众日益增长的旅游休闲需要。

千村　即千个森林旅游开发受益村。通过发展森林旅游，积极引导广大山区村落产业转型、缓解林农就业压力，积极引导、发挥广大林农开展森林旅游的积极性，使广大林工、林农从森林旅游发展中受益。

三、布局说明

(一)一心：中心城区森林旅游综合服务中心

1. 范围

温州市鹿城区、龙湾区、瓯海区三个市区及洞头县。

2. 发展定位

国家森林城市

- 温州森林旅游发展的交通枢纽
- 森林旅游综合服务中心
- 森林旅游形象展示地
- 森林旅游信息咨询中心
- 本地客源中心和游客集散中心
- 森林文化创意产业中心
- 生态文明传播中心
- 城市森林建设示范区

3. 发展思路

以温州市现有游客服务体系为基础，完善市区森林旅游交通、餐饮、住宿、服务等基础配套设施，创新温州森林旅游市区营销新方式。结合温州市国家森林城市的创建，加强城区绿化、加强城市森林公园与城郊森林公园建设，培育森林文化创意产业，建设和传播生态文明，改善人居环境，使温州市区成为森林旅游综合服务中心、集散中心，向周边辐射。

(二)三轴：三条森林旅游发展轴线

1. 滨海森林景观轴

(1)范围　以甬台温高速及其复线为主线的乐清至苍南的滨海沿线周边。

(2)发展定位　山海奇景森林观光轴。

(3)发展思路　结合温州市“十二五”交通规划，以甬台温高速及其复线为主线，以服务森林旅游开发为原则，结合林相改造、碳汇林建设，对沿线山体进行绿化，重点种植景观树种、风景树种，营造优美的森林景观和滨海景观，沿温州东海岸从乐清至苍南构建一条滨海森林风景带，并以此为轴线串联东部沿海森林旅游景区，发展温州滨海森林旅游。

2. 瓯江森林休闲轴

(1)范围　以金丽温高速公路为主线的瓯江沿线周边。

(2)发展定位　温馨城郊森林休闲轴。

(3)发展思路　以“森林休闲画廊”为主题，对瓯江沿岸森林景观及景点资源进行全面整治。该轴线的发展结合温州市国家森林旅游城市创建，以金丽温高速及绕城高速北线为主线，串联瓯江两岸鹿城区、龙湾区及永嘉县与乐清市南部的森林旅游景区，开发以城市公园、城郊森林公园及其他开展森林旅游的景区为主体的森林休闲、瓯越文化体验游产品。

3. 飞云江·鳌江森林度假轴

(1)范围　以龙丽温高速及其泰顺支线为主线的飞云江沿线周边、鳌江沿线周边。

(2)发展定位　山水温情森林度假轴。

(3)发展思路　以"江(飞云江、鳌江)路(龙丽温高速及其泰顺支线)为线、森林为纲、文化为魂"，整合飞云江和鳌江流域众多的森林旅游资源，将丰富的湖泊资源、温泉资源、民俗文化资源、红色旅游资源等融入其中，加强各景区间的合作，共同开发森林生态度假旅游产品，建设一条以生态文化、瓯越文化、红色文化、畲乡文化、温泉文化为特色的森林旅游度假带。

(三)三片：3个森林旅游开发主题片区

1. 北部山江森林旅游片区

(1)范围　包括乐清市、永嘉县。

(2)功能定位　结合奇山异水，以开发山水森林观光旅游为主，兼顾发展森林养生度假。

(3)发展思路　充分利用雁荡山、楠溪江的旅游品牌，重点开发雁荡山、龙湾潭、四海山、五星潭、东蒙山等，大力发展森林观光、森林探险、养生度假旅游产品，在现有"山江"旅游品牌的基础上强调对"林"的开发，形成"山江林海"品牌。

2. 中部环城森林休闲片区

(1)范围　包括鹿城区、瓯海区、龙湾区、瑞安市和洞头县。

(2)功能定位　以城郊森林休闲为主，兼顾森林文化展示、森林科普教育、森林探险等。

(3)发展思路　本区森林景区是以环中心城区的多个城郊森林公园为主体，辅以国家森林公园、森林风景区和海岛森林景区。规划应以中心城区市民森林休闲需求为出发点，环城开发多个森林休闲区，逐步形成环城森林休闲圈，重点建设西郊、西雁荡山、花岩、寨寮溪、双潮红豆杉、福泉山、茶山、集云山、洞头本岛等，着力开发森林休闲旅游产品，适当发展森林度假、森林探险、森林科普旅游产品。结合乡村旅游，大力发展森林人家、森林社区、城市森林、森林浴场等项目，打造"森林社区"品牌。

3. 南部森林养生度假片区

(1)范围　包括文成县、泰顺县、平阳县和苍南县。

(2)功能定位　结合优良的温泉和湖泊资源，重点发展森林度假和森林养生旅游，兼顾发展森林文化、森林探险旅游。

(3)发展思路　重点规划飞云湖、百丈漈、铜铃山、玉苍山、满田、天关山、氡温泉等森林区，围绕湖滨、溪河开发森林度假旅游产品，围绕温泉开发森林养生旅游产品，围绕民俗文化开发森林文化旅游产品。加强乌岩岭、南麂列岛森林的保护，并适当开展森林科普教育、森林探险旅游产品，展示森林文化，传播生态文明，打造"林海温泉"养生品牌。

四、十大精品森林旅游景区规划

1. 雁荡山山地森林景观区

(1) 主题意象　奇幻雁荡，峰林奇观。

(2) 核心组成　以雁荡山为核心，包括中雁荡山国家风景名胜区、龙水喷森林旅游观光园区、西门岛红树林湿地、前林生态林业园等周边森林景区。

(3) 功能定位　地质观光、山地森林观光、森林科普教育、森林文化展示。

(4) 发展思路

目标：世界级山水生态旅游区。

加快基础设施建设：加快雁楠公路、羊角洞停车场、大龙湫景区游步道等基础设施建设。

提升接待设施：开发北雁荡山芙蓉池度假区和中雁荡山生态度假等项目；从整体上提升雁荡山综合度假区的品质和规模。

丰富产品内容：依托周边优美的自然资源和深厚的文化底蕴，开发森林休闲旅游产品；同时建立雁荡森林旅游社区，完善旅游接待、服务与购物功能，实现雁荡山核心景区接待服务功能的转移；将中雁荡山打造成雁荡山—楠溪江的承接地。

2. 楠溪江精品森林旅游区

(1) 主题意象　山水画廊，休闲天堂。

诗画楠溪江，今日桃花源。

(2) 核心组成　以楠溪江国家风景名胜区为主，包括楠溪江、龙湾潭国家森林公园、四海山森林公园、岩龙森林公园、醉溪森林公园等森林景区。

(3) 功能定位　以沿溪森林观光、山水休闲为主，适当发展森林度假养生旅游。

(4) 发展思路

目标：国内独具特色的山水人居旅游区；中国最美乡村度假地；国家5A级景区。

加快重点景区建设：建设好金朱瀑文化休闲中心、楠溪山居酒店、九丈甸园、芙蓉山庄扩建、大若岩崖下库三期、太平岩景区基础设施建设二期、石桅岩景区基础设施三期、楠溪江景区森林城市建设工程；整合黄坑底—林坑古村资源，积极发展以民俗体验为特色的森林旅游；适时推进枫孤溪旅游服务区等项目。

推进基础设施建设：加快推进雁楠公路永嘉段工程、41省道南复线岩头至大若岩段等旅游交通设施建设。

3. 环城郊森林休闲聚集区

(1) 主题意象　郊野休闲，健康家园。

(2) 核心组成　环绕中心城市的城郊森林区，包含鹿城区、龙湾区、瓯海区的城郊森林公园、湿地公园、风景名胜区等，以及森林旅游产品购物与森林文化体验场所等。

(3) 功能定位　森林城市形象展示、都市森林休闲、城郊森林健身和游乐。

(4) 发展思路　环城郊森林休闲聚集区是温州市市民日常森林休闲的目的地，同时也是温州市森林旅游形象的展示地。规划结合鹿城区、龙湾区、瓯海区3个市区现有的城市森林公园、城郊森林公园，重点开展绿心、绿环建设工程。让市民轻松走进森林、享受森林旅游的乐趣。

对鹿城区、龙湾区、瓯海区3个市区目前已开发的城市公园、郊野森林公园、湿地公园、风景名胜区等景区进行提档升级。现有景区的提档升级主要包括基础设施完善、森林景观林相改造、开发体验型森林保健产品、适量建设接待服务设施等4个方面。

4. 花岩—寨寮溪峡谷森林区

（1）主题意象　林森谷幽，探险乐园。

（2）核心组成　以花岩国家森林公园和寨寮溪风景区为主，包括周边金西溪、大洋坑、杨梅观光园等森林景区。

（3）功能定位　森林观光、峡谷猎奇、溯溪探险。

（4）发展思路

①寨寮溪景区。建设水上风光带、岸滩游憩带、提升完善寨寮溪度假村。

②花岩景区。建设生物生态体验馆、青少年生态教育中心、生态养生堂、药膳馆、森林客栈等。

③玉女谷景区。建设自驾车野营基地、高山生态SPA休闲馆、攀岩俱乐部、户外运动场、森林社区、森林客栈等。

④潦门溪景区。开发畲寨风情、竹寮水上舞台等项目，展示民俗文化风情。

5. 北港森林生态休闲区

（1）主题意象　感悟文化山水，享受生态文明。

（2）核心组成　以国家级风景名胜区南雁荡山、满田省级森林公园为主体，包括赤岩山、浙南（平阳）抗日根据地旧址、腾蛟历史文化保护区、顺溪古民居建筑群等景区。

（3）功能定位　森林休闲、文化体验、山水观光。

（4）发展思路

目标：长三角具有影响力的绿道旅游和红色爱国主义教育基地。

平阳南雁荡山改造提升工程：包括整体搬迁南雁村、东西洞景区综合整治利用、环东西洞区块旅游配套设施建设、景区入口形象改造及旅游交通网等旅游配套项目。

在西部山区全面开展“乡村旅游示范点”建设试点工作，努力做到乡村旅游的拓展与南雁景区的开发两轮驱动、互为补充、相得益彰。

6. 玉苍山—莒溪森林生态度假区

（1）主题意象　林海奇石，度假奇境。

（2）核心组成　以玉苍山国家森林公园为核心，包括石聚堂、莒溪、玉龙湖、五凤、藻溪等森林景区。

（3）功能定位　奇石观赏、森林休闲、避暑度假、漂流探险、文化体验、商务会议。

（4）发展思路　该区重点打造玉苍山与莒溪两个森林旅游景区。

玉苍山国家森林公园已于2012年成功申报为国家4A景区，景区应积极依托4A景区成功申报的机遇，加强景点及项目开发，扩大市场营销力度，提升公园的知名度，重点做好完善基础设施建设、增加森林保健项目、创新管理体制等方面的工作。

莒溪景区素有浙南九寨沟之称，近期应重点开发，以莒溪漂流为突破口，提升其知名度，通过峡谷改造、莒溪森林旅游社区等后续项目建设，并与沿线碗窑古村落等景区串联，打造温州森林旅游的新秀。

7. 百丈漈—飞云湖森林生态度假区

(1)主题意象　百丈神瀑，飞云仙湖，天下福地。

(2)核心组成　以飞云湖、百丈漈为核心，包括铜铃山国家森林公园、石垟森林公园等景区。

(3)功能定位　森林度假、生态养生、山水观光、科普教育等。

(4)发展思路　目标：浙南休闲养生度假胜地。

加强建设猴王谷景区、包龙潭—仙人谷两大景区；铜铃山景区至飞云湖通景公路改造工程及其他配套设施建设；刘基故里景区开工建设刘基庙通景道路、武阳村仿古村居改造和刘基庙至九都村盘谷底仿古村居改造等建设。

加快天顶湖旅游接待中心、在外温州人之家、刘基文化生态园、英格堡小镇、文成县下湾溪滩旅游接待中心、百万山庄等重点旅游配套项目的建设，逐步形成融游览、接待、购物、住宿、文娱为一体的多功能、多层次的旅游接待体系。

8. 廊桥—氡泉森林养生度假区

(1)主题意象　赏多彩廊桥，享养生氡泉。

(2)核心组成　主要包括氡泉景区、廊桥文化园、松垟旅游集散中心等。

(3)功能定位　温泉养生、生态度假、文化体验、森林休闲。

(4)发展思路　目标：国际品味的“慢生活”养生度假基地。

积极申报成为“浙江省旅游度假区”；提升温州氡泉宾馆和温州氡泉承天宾馆的服务水平；加强建设氡泉和廊桥文化园两个景区。

加快建设氡泉旅游休闲文化中心、大自然生态山庄、玉龙山户外浴场、环亚旅游度假村、国际影视城；加快建设松垟旅游集散中心和温泉养生文化体验馆。

9. 乌岩岭森林生态保护区

(1)主题意象　登温州之巅，探原始森林。

(2)核心组成　以乌岩岭国家级自然保护区为核心，按照“一个生态旅游集散中心、三大核心旅游景区、四条主干生态旅游线路”进行总体布局，包括双坑口生态旅游区、黄桥乡村休闲旅游与峡谷科考探险区、垟溪生态观光与红色休闲旅游区，同时与周边的岭北森林公园、白鹤渡林业休闲旅游观光园、竹里畲族风情、碑排猕猴桃观光园等景区相结合。

(3)功能定位　生态保护、避暑度假、科普教育、森林探险、野生动物观赏。

(4)发展思路　近期以适度开发、分步推进为基本原则，按国家4A景区标准分阶段提升旅游区的服务接待能力，跟进旅游区的接待服务设施、自然游憩设施、科普宣教设施等基础设施，改善景区交通对外条件，从根本上解决景区的可进入性，通过各项基础及服务设施建设，将乌岩岭打造成为自然生态型的国家4A景区、国家级生态旅游示范区。

中远期通过建设乌岩岭旅游度假和拓展基地、芳香坪森林浴场、黄桥水上乐园等项目，开发黄桥大峡谷科考探险、垟溪森林休闲与红色旅游等，进一步提升乌岩岭景区的综合吸引力；在管理体制上积极响应环保部、国家林业局、国家旅游局和浙江省政府发展自然保护区生态旅游的政策，力争获得国家和省级层面的财政支持，取得浙江省首个国家公园建设试点，在乌岩岭保护区形成国际自然生态旅游综合体。

10. 南麂列岛生态保护区

(1)主题意象　蓝色牧场，贝藻王国。

(2)核心组成　南麂列岛国家级自然保护区。

(3)功能定位　海岛探险、科普教育、生态保护。

(4)发展思路　适当开发三盘尾奇礁怪石游览区、大沙岙金沙碧海游览区、竹柴百屿异峰雅洞游览区，陆地采用步行游览方式，海域采用海底或海上游船观光等形式。利用大沙岙优质沙滩开辟滨海浴场和沙滩娱乐区，此外，景区严禁景点建设之外的其他旅游设施的建设。

利用南麂岛的平坡地和搬迁后的渔村建设用地，建设生态型旅游度假区，安排别墅型度假村、科普夏令营基地和海岛自然历史公园等内容。旅游服务区与南麂镇政府所在地和码头渔村相结合布局，安排导游服务中心，游客娱乐中心、渔村家庭旅馆、旅游购物场所、游客救护中心、游船及旅游汽车服务中心等设施。

第三节　森林旅游服务设施系统规划

一、指导思想

旅游服务是森林旅游的重要的价值保障，森林旅游开发建设应集中力量做好旅游服务设施建设，高起点规划，高标准建设，高档次服务，“以人为本，服务大众”，以吃、住、行、游、购、娱等旅游基本要素为服务平台，建设规模合理、档次齐全、布局合理的服务设施体系，不仅要满足旅游者的需要，同时也要能够为当地居民服务，改善当地居民的生活环境。

二、游客集散中心

根据温州市各地的交通、区位、资源及各项配套设施等因素的不同，在温州建设3个级别的旅游集散中心，作为各地区的森林旅游中心枢纽。各级游客集散中心应协调统一，形成“五大中心、六大功能”的服务功能配套。森林旅游游客集散中心总体上应设置在市区和县城，结合现有游客集散中心进行设置完善，或结合当地城区森林公园、植物园建设，便于服务于市民，利于宣传森林旅游和传播生态文明。

一级集散中心：依托交通区位优势，在温州市区、平阳县昆阳镇(结合昆鳌一体化，包含龙港镇、鳌江镇等)建设2个一级集散中心，分别服务于温州北部和南部旅游片区；

二级集散中心：在各县市行政中心镇(街道)形成9个二级集散中心，分别服务于各县市旅游区，并实现区域合作，交叉服务；

三级集散中心：根据实际需求，在资源较集中的中心镇形成7个三级集散中心，辅助于二级集散中心，服务于周边各大旅游景区。

温州市森林旅游集散中心分布详见表12-2。

表 12-2 温州市游客集散中心分布

等 级	所在区域	服务规模流量	服务范围
一级集散中心	鹿城区	500 万人次/年	温州北部及中部地区
	平阳昆阳镇（龙港镇、鳌江镇）	300 万人次/年	温州南部地区
二级集散中心	龙湾区	200 万人次/年	市区东部及乐清南部、洞头地区
	瓯海区		市区西部、南部及瑞安西北部地区
	乐清城东		乐清南部地区
	永嘉北城		永嘉南部、西南部及乐清西部地区
	瑞安安阳		瑞安东部地区及北麂列岛、洞头列岛
	苍南灵溪镇		苍南北部及西北地区
	文成大峃镇		文成东部及平阳西部、瑞安西南地区
	泰顺罗阳镇		泰顺西北地区
	洞头北岙		洞头列岛
三级集散中心	乐清雁荡镇	100 万人次/年	乐清北部地区
	永嘉岩坦镇		永嘉北部及西北地区
	瑞安高楼镇		瑞安西南地区
	平阳南雁镇		平阳西部地区
	苍南赤溪镇		苍南南部地区
	文成西坑镇		文成西部地区
	泰顺泗溪镇		泰顺西南地区

三、旅游交通

（一）绿道

结合《温州市域绿道网专项规划》，加快森林公园绿道建设，力争 3 年内建设游步道、登山健身步道、自行车道等森林绿道 1 020km。分别形成为温州城乡居民提供的以自驾活动为主的风景道，以及以自行车、步行等休闲游憩活动为主的慢行绿道，满足温州城乡居民多样化的休闲活动需求，提供户外观光、娱乐、教育和健身的场所。

配套建设绿道服务驿站、绿道服务设施、标识系统等服务设施。服务驿站与旅游景区（点）游客服务中心相衔接，重点建设位于景区内的服务驿站，依托并服务于旅游景区（点）。

在温州森林旅游试验示范区建设中，要充分结合绿道网建设的内容，将分布于森林旅游区内的绿道网作为重要的吸引要素和森林旅游区连接其他类型旅游景点的景观通道。

（二）通景公路

根据《温州市公路水路交通发展布局规划》总体布局方案，依托市域交通干线网络，改善全市各旅游区的交通可进入性。高速公路网络形成“两纵两横两连一绕”的布局、国省道干线公路形成“六纵五横一连”的网络布局。

规划建设通景公路，对现有和规划开发建设的森林旅游景区(点)实现与交通干线网络对接，加强各大旅游区的直接联系，实现通景公路基本达到三级公路等级以上。

(三)特色游步道规划

根据每个森林旅游区的定位，因地制宜地规划设计树木研习径、郊游径、缓跑径、健身径、远足研习径、家乐径和自然教育径等不同性质的游步道。温州森林旅游区特色各异，文化底蕴浓厚，要突出石岩屋森林公园“茶马古道”、文成红枫古道等特色游步道项目。

四、旅游住宿

(一)规模需求预测

规划根据森林旅游年接待游客规模来预测温州市旅游区的住宿床位需求量。

采用公式：

$$C = R \cdot r \cdot L \cdot T^{-1}$$

式中：C——平均日停留游客床位的需求量；

R——年客流量；

r——住宿比例；

L——平均住宿天数；

T——床位利用率。

根据预测，近期旅游床位总需求为37 500个，远期为93 750个。

(二)主要住宿设施规划

根据游客消费层次的不同，将温州市森林旅游住宿设施分为高档星级住宿设施和大众经济型住宿设施。高端星级住宿设施主要包括标准星级度假酒店(四星级以上)、高档度假别墅、养生度假公寓等；经济型度假设施主要包括经济型酒店、汽车营地、森林人家、森林木屋(树屋)等特色住宿设施。各类型住宿设施需求见表12-3。

表12-3　温州市森林旅游住宿设施规划

档次	住宿类型	床位规模(个)	
		近期(2011—2015)	远期(2016—2020)
高端星级住宿设施	星级度假酒店	4 000	12 000
	高档度假别墅	2 000	5 000
	养生度假公寓	3 500	13 500
经济型度假设施	经济型酒店	5 000	15 000
	森林人家	8 500	26 000
	汽车营地	3 000	6 000
	森林木屋(树屋)	1 500	3 500
其他	农家旅社、青年旅馆等	10 000	12 750
合计		37 500	93 750

五、旅游餐饮

(一)开发思路

充分利用森林的环境资源、物产资源及人文气息，以绿色、健康为宗旨，突出环境生态性、原料天然性、功效保健性等特点。构建以生态养生餐、海鲜餐、农家宴等为特色的饮食产品体系，形成特色餐饮片区，打造温州森林饮食文化。

(二)餐饮设施规划

以森林人家、星级度假酒店、养生度假区为载体，配套发展特色旅游餐饮服务。整合现有的设施，按片区集中发展，局部散点式布局。

近期以中档菜肴为主，主要针对旅游团体用餐的需要；远期在此基础上推动高档菜肴的发展。餐饮业的规模根据游客流量来确定，要从实际出发，引导餐饮业向集团化、规模化、连锁经营的方向发展。具体见表12-4。

表12-4 温州市森林旅游餐饮设施规划

特色类型	规模(人)		重点发展片区
	近期	远期	
生态养生宴	3 000	6 000	根据温州森林旅游十大精品景区布局，配套建设生态养生餐饮设施
农家宴	12 000	20 000	根据温州市森林人家项目布局，重点建设温州市农家乐特色村、示范点等特色片区
海鲜宴	5 000	8 000	依托滨海森林景观轴各大景区及沿海地区农家乐特色村、示范点

六、旅游购物

(一)旅游商品开发

依托温州现有的文化产业基础，以工业园区建设为抓手，统筹规划，重点提升“中国制笔之都”、“中国玩具之都”、平阳和苍南“中国商务礼品市场基地”建设，进一步推进文化商品集聚化发展。做好“温州名小吃、名特产”的宣传与推广，重点培育有品牌特色、有规模上档次的旅游商品企业50家，并扶植有市场发展潜力的传统民间作坊20家，在空间分布上按每个区县3～5个的数量要求，逐步完善森林旅游商品开发体系。

(二)旅游商品销售

通过政府引导和市场运作，逐步建立温州市“批发交易市场—购物休闲街—购物商店—农林小商铺”分级经营的森林旅游商品销售体系。

在空间布局上，按照温州森林旅游“一心三轴三片十区百园千村”的总体空间布局，分别在中心城区、北部的乐清市、南部的平阳县各布局一个旅游商品批发交易市场。

以十大精品森林景区为重点，在有条件的重点旅游景区建设旅游商品购物休闲街；对交通枢纽和集散地、年接待20万人次以上的旅游景区(点)、星级饭店均要求配置规模相当的旅游商品购物商店。

在遍布全市的“百园千村(百个森林公园、千个森林旅游开发受益村)”内配备农林旅游小商铺，形成旅游商品批发交易市场、旅游商品购物休闲街、旅游购物店、农林小商铺四级旅游商品销售网络。

七、森林旅游解说系统

在温州森林旅游的解说系统规划中，按“以人为本、追求实效、潮流设计”的原则，为游客提供有趣、愉快的体验的同时，提供无形的教育。

景观、景点、科教解说是温州森林旅游解说系统的重点，应作为重要部分纳入温州智慧旅游体系之中。根据游客的特征和行为特点，说明自然景观、景点的由来、性质和内涵，体现森林旅游区的游憩功能和科普教育功能。根据旅游区的景观特点和游览线路，策划不同主题的解说内容。主要分为自然教育·森林科普解说、休闲健身·森林游憩解说、环境保护·森林生态解说共三类。

八、森林旅游信息服务业

(一)积极发展智慧旅游

积极探索旅游产业转型升级中信息化与产业化融合的模式和途径，将智慧旅游的建设融入其中，充分利用温州入选“国家智慧旅游城市”的契机，积极发展智慧旅游“四个一”工程：

一库：联合中国电信、中国移动、中国联通等运营商合作开发旅游信息化数据库；

一网：旅游网，包括旅游政务网、旅游商务网、旅游资讯网、旅游物联网；

一卡：旅游卡，包括银行联名卡、休闲储值卡、手机二维码的“飞信卡”等；

一线：旅游呼叫中心，包括公益服务热线和商务资讯增值预定服务热线、急救热线等。

通过“智慧旅游”，充分地利用物联网和移动互联网技术建立公共平台，利用网络优势，加强森林旅游的信息化服务和信息化管理平台建设。通过移动网络，实现多媒体电子导游、电子门票、网络智能门票预订，景区景点客流监控，景区客流资源分析。让旅游者在旅游前、旅游中、旅游后都能够轻松地获取资讯、规划出行、预订票务、安排食宿，达到让旅游者“真真切切体验、明明白白选项、高高兴兴旅游、快快乐乐消费”的最终目的，同时最大限度满足旅游者的个性化需求。

(二)加强森林旅游景区的通讯覆盖

森林旅游景区内应设置报警应急求救系统，供游客使用，尤其是偏远的人迹罕至的山区、林区等地。同时，在各森林旅游景区的游客服务中心内提供手机加油站业务。在山区范围较大的区域建设移动通信设施站，方便对游人进行救护。

(三)建设旅游“云数据中心”

借助全市信息化建设工程，用“云计算”技术组织林业、旅游、交通、建设、公安、文化、环保、国土、工商、卫生、气象、体育、通讯等行业部门建立涉旅数据交换系统，健全“数据交换共享协作机制”，建成具有云计算、云存储能力的集中化的旅游数据中心，打造旅游信息服务、商务协同平台和旅游信息产业创新中心的体系，提高旅游应急保障的快速反应能力，为旅游产业链应用系统数据集中服务提供可靠支撑。

第四节　生态文化与生态文明建设规划

一、指导思想

温州生态文化与生态文明传播以森林公园、自然保护区、国有林场、森林景区为主要载体，以十大精品片区的基地为核心，以各个景区的森林生态宣教中心为骨架，以森林景区各个节点、游道和产品的生态解说为主要内容，把发展森林文化与现代文明结合起来，深入开展森林文化传播教育，不断丰富森林文化产品、完善森林文化基础设施，积极发展森林文化产业，达到普及生态知识、增强生态意识、弘扬生态文明、构建生态文化体系、提升国民素质的目标。

二、生态文化与生态文明建设措施

(一)完善森林生态文化基础设施

在生态景观或科普教育资源丰富的森林公园、自然保护区、国有林场、湿地公园、生态园、植物园、绿道驿站等地建设一批规模适当、独具特色的标本馆、科技馆、文化馆等。在森林资源条件优越的森林景区可建设森林博物馆，增加人类对森林的理解，展现人类与森林的关系，提升人们对森林资源的保护意识。积极推进生态文明教育基地的建设，以国家森林公园为龙头，省级森林公园为骨架，市县级森林公园和自然保护区全面发展，争取在规划期内建设2个国家级生态文明教育基地，10个省级生态文明教育基地，若干个科普教育点，率先推出一批具有广泛影响力和示范作用的生态文化建设示范基地，提升温州森林旅游形象。

(二)拓展森林公园生态文化功能

把森林公园生态文化建设放在林业的突出位置来抓，切实加大对森林公园生态文化建设的投入，建立市级财政、县(市、区)级财政对森林公园生态文化建设的扶持、引导机制，进一步加强森林公园各类生态文化基础设施建设。重视对森林公园生态文化内涵的挖掘和提炼，把森林公园建设成为大中小学生的科普基地、夏(冬)令营基地、实习基地、爱国主义教育基地、科研人员的实验基地和广大艺术爱好者的创作基地。与大中专院校、科研单位和专业社团等合作，加强文化队伍建设。

(三)构建森林文化产业体系

- 深入挖掘森林文化内涵，开发生态文化产品
- 积极发展森林生态文化产业
- 培育“三个森林文化核心产业群”，建设“四大基地”。即：“森林文化创意产业群”、“森林文化传播产业群”、“森林文化服务产业群”、国际森林文化产业博览交易基地、全国森林创意设计基地、区域森林文化产品制造基地和区域森林文化产业服务基地。

(四)建立健全森林旅游解说系统

依托各级游客服务中心、科普教育基地、生态文化基地和生态文明教育基地，系统介

绍森林生态文化知识，传播温州生态文明和生态文化，引导游客开展文明旅游。应用无线调控技术，微电脑控制技术、语音压缩技术、蓝牙技术、数字编码位置识别技术等现代技术，同时联合中国电信、中国移动、中国联通等运营商合作开发旅游信息化数据库，打造“数字化解说系统”。

(五)健全林业生态文明传播体系

开发多媒体、多渠道、多类型的传播展示方式。开展多种形式的科普宣传活动。

(六)试点推行生态保育资格认证

完善森林旅游从业人员资格准入体系，试点推行生态保育资格认证，建立导游证和生态保育师“双证”上岗制度，要求森林旅游景区和经营森林旅游线路的旅行社必须配备一定数量的生态保育师；推进生态保育职业资格证书制度与生态旅游职业培训制度改革相衔接，推动生态保育职业资格证书制度与企业劳动工资制度相衔接。加快初级、中级和高级生态保育师鉴定标准的开发，整体设计生态保育师培训模块和鉴定题库，积极利用计算机和网络系统创新技能鉴定手段，为生态保育师职业资格证的技能鉴定工作提供质量保证。严格按职业资格鉴定规定的程序把好考生资格审查、命题、考核、阅卷、发证等各个环节的管理关，维护职业资格证书的权威性。

三、传播点的时空布局

生态文化与生态文明传播点的建设结合森林公园、自然保护区、湿地公园、森林旅游景区、绿道等的游客服务中心、服务点进行，力争在10年内建设2个国家级生态文明教育基地、10个省级生态文明教育基地。生态文明教育基地的时空布局规划见表12-5。

表12-5　温州市生态文明教育基地时空布局规划

布局地点	主要展示内容	主要传播方式	等　级	建设期限
乐清雁荡山	山地森林景观	全景式展示、模拟仿真4D等	国家级	近期
泰顺乌岩岭	森林文化、自然保护知识	智慧旅游、森林博物馆、生态夏令营、森林旅游节等	国家级	近期
温州市区	城乡森林文化	举办森林旅游与生态文明论坛、森林旅游资源展示会等	省级	近期
瑞安花岩	峡谷风光、森林文化	智慧旅游、数字化解说系统、森林旅游节等	省级	近期
苍南玉苍山	森林文化、古树名木文化	智慧旅游、生态夏令营、森林旅游节等	省级	近期
文成百丈漈	空气负离子知识	智慧旅游、森林主题活动等	省级	近期
泰顺廊桥—氡泉	养生文化、廊桥文化	养生节、森林主题活动等	省级	远期
永嘉楠溪江	古村落文化(俞源古村、苍坡村、豫章村)	智慧旅游、数字化解说系统等	省级	远期
平阳南麂列岛	海洋文化、民俗文化	智慧旅游、生态夏令营等	省级	远期
平阳北港	乡村民俗文化、森林文化	智慧旅游、生态夏令营等	省级	远期
洞头列岛	渔家文化、妈祖文化	智慧旅游、森林旅游节等	省级	远期
文成飞云湖	森林文化、休闲文化	智慧旅游、开展主题活动等	省级	远期

第五节　森林资源与生态环境保护规划

一、保护原则

①保护优先原则；
②依法保护原则；
③容量控制原则；
④因地制宜原则；
⑤公众参与原则；
⑥生态分区原则。

二、环境资源保护规划

（一）大气环境保护

①控制排放源；
②加大绿化，净化空气；
③推广新能源利用。

（二）水资源保护

①严格实行水资源保护区制度；
②加大水利工程投入和建设力度；
③水资源循环利用；
④水体污染综合防治。

（三）声环境保护

①进入森林旅游区的车辆，必须安装有消声器，拖拉机、摩托车等噪声较大的机动车不准进入森林旅游区内部，以防止噪声污染，保持适宜的旅游环境；
②森林旅游区内不准使用高音喇叭，限制汽车鸣笛；
③在道路两旁种植防护林隔离带，减弱交通噪声；
④公路两旁避免新建居民住宅区、休闲度假区等声环境敏感建筑。

（四）固体废弃物治理

按照“分类收集、综合利用、减量化、资源化、无害化处理”的原则，统筹安排建设收集、运输、处置设施，提高生活垃圾的利用率和无害化处置率，促进生活垃圾收集、处置的产业化发展，逐步建立和完善生活垃圾污染防治的社会服务体系，逐步做到分类收集和运输，并积极开展垃圾合理利用和无害化处置。

三、景观资源保护规划

（一）森林植被保护

1. 封山育林，植树造林

按照“乡土、常绿、乔木”的总体要求，积极推进绿化工作；对生态破坏较严重的区域采取有效的手段进行生态恢复，封山育林，植树造林，增加森林植被覆盖率，恢复生态环境；积极开展森林碳汇工程、生态公益林营造工程，建设森林绿色屏障。

2. 森林防火

实行“预防为主，积极消灭”的方针，建立森林防火指挥部机构和专兼结合的森林消防队伍，明确职责；做好森林防火宣传教育，强化管理，控制野外用火；建立森林火险监控和预警体系，充分将3S技术应用于森林防火体系与森林资源动态管理中，同时积极对接智慧地球技术；做好基础设施建设，合理布置森林防火林带。

3. 森林病虫害防治

实行“预防为主，综合治理”的方针和“谁经营、谁防治”的责任制度。成立林业有害生物防治工作领导机构，构建预测预报网络体系，完善林业有害生物突发应急反应方案；推广和应用先进技术，提高科学防治水平，利用物理、生物、化学等多学科技术进行综合治理。

4. 防止外来物种入侵

建立完善的物种检疫、风险评估体系，做好物种引进后的检疫工作，并进行长期监管；杜绝外来物种入侵现象，保护生物多样性，维护生态安全，保障人体健康。

5. 古树名木保护

采取积极有效的措施对市内古树名木进行保护，对濒临死亡的古树进行重点保护、救治，使之成为森林生态文明教育的重要载体。

(二)水体景观保护

1. 涵养水源

加大绿化及造林力度，提高森林覆盖面积，防止水土流失。

2. 防止不合理开发行为

防止不合理开发造成水资源枯竭和质量下降，保持了水体的自然特性，协调好水资源保护与能源开发利用之间的平衡关系，水资源开发利用前需进行严格的环境评估工作。

3. 科学用水，防止污染

避免农业用水浪费现象，贯彻“开源与节流”并重的方针。防止工业污染、农业污染、生活污染对水体景观造成的破坏，严格制定排污标准，禁止一切可能污染水源的活动。

(三)文物遗址保护

1. 划定文物遗址保护区域

以划定遗址保护区域的方式来对遗址本体进行保护，同时为保护文物安全和环境风貌，在文物保护单位保护区的周围，划定必须进行建设控制的一般保护区。

2. 设置保护发展机构

采用由多个部门组成的专门委员会和民间机构或非政府组织与国家行政部门进行多层级管理，明确各自职责、权利。

3. 控制周边环境风貌

周边环境与文物遗址本体风貌相适应。在文物保护单位的建设控制地带内进行建设工程，不得破坏文物保护单位的历史风貌。

4. 文物修缮及管理

按照“修旧如旧”的原则进行修复，保存其原有材料风格不变。对尚无能力恢复的历史文化遗址，要加强保护。立法保护文物，严格控制文物遗址开发，控制经营过程中的游客数量及行为。

（四）旅游开发强度制定

在“生态第一，保护优先，适度试点开发”的前提下，自然保护区、风景名胜区、森林公园、地质遗迹保护区（公园）、湿地公园、城郊森林公园等重要生态旅游区设立保护区，并确定四种开发强度，由弱到强依次为：禁止开发区、控制开发区、适度开发区和主题功能区。

1. 禁止开发区

为核心保护区，禁止一切与保护无关的行为和建设。

2. 控制开发区

为缓冲区，原则上不开展设施建设，不改造任何景观。在环境允许的前提下，可适当进行生态保护工程建设。严格执行游客准入评估方案，确保游客行为的生态安全性。因历史原因，有开发痕迹的，应恢复生态环境。

3. 适度开发区

处于保护区的实验区，依托优良的生态环境，作为森林旅游的集中游览区域，可建设游览基础设施，开展登山、健身、观景等观光游览活动。在环评基础上，可提供小规模、生态化、点状布局的旅游服务设施。

4. 主题功能区

处于保护区外围，依托周边村镇或林区管理区域（已形成规模化土工建筑和人流集聚），打造以自然保护区为大背景的主题旅游功能区，如住宿餐饮、休闲娱乐、养生康体等特色功能区。

（五）环境容量制定

1. 游客容量测算

环境容量参照中华人民共和国林业行业标准《森林公园总体设计规范》LY/T 5132—1995 附录 D——容量测算推荐采用游览路线容量法、游览面积容量法进行测算，并采取面积和游路相结合的方法进行测算。

（1）游览路线容量法　采用公式：

$$C_1 = M \cdot D/m$$

式中：C_1——日环境容量（人次/日）；

M——游线长度（m）；

D——日周转率；

m——人均占有游线长度（m/人）。

（2）游览面积容量法　采用公式：

$$C_1 = A \cdot D/B$$

式中：C_1——日环境容量（人次/日）；

A——可游览面积（m^2）；

D——日周转率；

B——人均占面积（m^2/人）。

2. 容量控制指标

综合分析并满足该旅游区的生态允许标准、游览心理标准、功能技术标准等因素，并与当地的淡水供水、用地、相关设施及环境质量等条件进行校核与综合平衡。通过计算出景区的适合游览区域的面积来测算景区的环境容量。适合游览区域一般指核心区以外，游客可以到达的区域，并且对游客安全没有威胁的区域。容量控制指标见表 12-6。

表 12-6　游览区域生态环境容量控制指标

类　型	环境容量指标	
	游览路径(m/人)	游览区域(m^2/人)
自然保护区	8 ~ 10	500 ~ 1 000
地质遗迹保护区(公园)	6 ~ 8	200 ~ 300
森林公园	4 ~ 8	50 ~ 200
湿地公园	6 ~ 8	200 ~ 300
城郊森林公园	4 ~ 6	50 ~ 100
风景名胜区	4 ~ 8	50 ~ 200
其他生态旅游区	4 ~ 6	50 ~ 100
海滨沙滩浴场	水域(海拔 0 ~ －2m 以内水面)：10 ~ 20(m^2/人)沙滩：5 ~ 10(m^2/人)	

3. 环境容量控制

(1)游客数量控制　通过价格分流、空间分流和时间分流，对游客进行容量控制。严格执行环境容量与资源承载力测算要求，对游客进行控制。

(2)游客行为控制　加大对旅游者的宣传教育；加强从业人员的培训与管理；加强对游客行为的强制引导与制约：制定详细的森林旅游规章条例和相应的实施细则；建立专门的针对游客违章的执法队伍；加大违反规章制度的处罚力度；完善配套设施，加大环保科技投入。

中国·温州森林旅游试验示范区总体规划（2011—2020）
Master plan of an experiment and demonstration area for forest tourism in Wenzhou of China

06 总体布局图

图 例

- 森林旅游综合服务中心
- 滨海森林景观轴
- 瓯江森林休闲轴
- 飞云江—鳌江森林度假轴
- 山江森林旅游区
- 环城森林休闲区
- 森林养生度假区

空间布局：“一心三轴三区。”

一心：中心城区森林旅游综合服务中心。

三轴：沿路、沿水发展的三条轴线。即滨海森林景观轴、瓯江森林休闲轴、飞云江·鳌江森林度假轴。

三区：北部山江森林旅游区、中部环城森林休闲区、南部森林养生度假区。

广州市中南生态旅游规划设计有限公司

中南林业科技大学森林旅游研究中心

第十三章
广东象头山国家自然保护区规划(节选)

第一节 保护区性质和保护对象

一、保护区性质

象头山自然保护区位于23°13′05″～23°19′43″E，114°19′21″～114°27′06″N，属于华南亚热带常绿季雨林地带。处在亚热带与热带过渡地带附近，地质形成古老，地理位置独特，自然生态系统原始性强，类型多样，有丰富的珍稀野生动植物资源，是我国南方的物种基因库。根据保护区的地质地貌、物种资源、自然景观、森林资源、区域位置及周边社会经济发展等因素，进行综合分析，确定其性质为：以保护珍稀濒危动植物物种及森林生态系统，恢复天然植被及野生动物栖息地，保护水源林为宗旨，集物种保护、生态保护、水源保护、科学研究、科普教育，生态旅游为一体的华南南亚热带常绿季雨林森林生态系统自然保护区。

二、保护对象

(一)物种保护

象头山自然保护区属于国家重点保护的植物有：格木、半枫荷、白木香、黏木、巴戟天、长叶竹柏、华南栲、观光木、黑桫椤、金毛狗、樟、红椿、水蕨、苏铁蕨等56种；属于国家保护的动物有：一级保护动物蟒蛇和云豹；二级保护动物虎纹蛙、鸢、雀鹰、褐耳鹰、松雀鹰、凤头鹃隼、红隼、白鹇、绿皇鸠、褐翅鸦鹃、小鸦鹃、草鸮、栗鸮、斑头鸺鹠、红角鸮、领角鸮、雕鸮、穿山甲、青鼬、小灵猫、水獭、苏门羚等32种。

(二)生态环境保护

象头山自然保护区地处南亚热带向热带的过渡地段，地层成陆永久，天然林面积大，动植物资源丰富，被子植物类型众多，气候温暖湿润，山峦重叠，是我国乃至全世界难得的一处生物生存宝地。

要保护好物种资源，就必须保护好该处的生态环境，为动植物的繁衍生息创造一个良好的空间。

(三)水资源保护

象头山自然保护区境内有小金河(全长33.0km，流域面积116.0km^2，建有7级水力发电站)、良田河(全长21.6km，流域面积120.5km^2，建有5级水力发电站)、榕溪沥(全长

26.0km，流域面积 125.0km^2）。

山地陡峻，沟谷深切，地势险要，地形比降极大，境内溪流纵横，数十条溪流汇入小金河、良田河、榕溪沥再汇入东江，是东江沿河两岸居民及深圳、香港居民的饮用水源，是国务院重点保护的五江之一，保护好象头山的水源涵养林有重要的生态意义、社会意义和经济意义。

（四）保护区类型

按照中华人民共和国国家标准《自然保护区类型与级别划分原则》（GB/T 14529—1993），象头山自然保护区属于自然生态系统类型中的森林生态系统类型，保护对象有极高的科学、文化、经济价值。

第二节　保护区的规划目标

一、总体目标

根据总体规划的指导思想和基本原则，象头山自然保护区的总体目标是：在规划期内（2001—2010 年），把象头山自然保护区建成为森林广布、生态系统稳定、水源涵养丰富的绿色宝库；生物多样性保护基地、科研教学基地（生态系统定位研究和生物学、地学的教学实习基地）。利用它的地理位置优势，建成为生态旅游示范区，实现保护、生产、科研、教育、旅游五结合和生态、社会、经济三大效益持续发展的目标，在这期间，逐步实现基础设施配置齐全、组织机构高效精简、保护和管理运作体系科学。

二、近期目标（2001—2003 年）

主要是实施站址、巡路网、山界立碑、交通、通信、信息、防火设施、供电、给排水设施等基础设施建设，为保护区的保护与开发、建设与管理打下基础，具体项目是：

（1）保护区管理处　办公楼、接待站、哨卡、防火瞭望台、管理站设施建设，2003 年以前完成。

（2）山界立碑建设　完成保护区和核心区、缓冲区、实验区的埋桩立碑工作，建成保护区边界功能识别体系，2001 年完成。

（3）巡护路网的建设　2003 年以前建成。

（4）供电、通信和防火系统建设　保护区通信网络、防火“四网两化”体系，2003 年以前建成。

（5）建立完善、精简、高效的组织管理机构　2002 年以前完成。

三、中期目标（2004—2006 年）

在近期目标完成的基础上，进入一个较快的发展阶段。

①科研大楼和公众教育馆的建设。建成主体建筑，完善科研设施和定位观测站的建设，使科研和教育系统逐步形成。

②珍稀野生动植物拯救中心的建设。

③交通、给排水系统建设。

④生态旅游和多种经营基地的建设。2006 年以前完成，能接待一定规模的游客，进行旅游、科教、科考、度假等活动；多种经营、生产规模化。

⑤园林绝对化及宣传标牌的建设。2006 年以前完成。

四、远期目标(2007—2010 年)

全面实现保护区总体目标，使象头山自然保护区在保护和管理方面达到国内同类的先进水平。

①建立建成编目和信息反馈系统，加强对本底动态、资料档案、信息收集的管理，实现保护和管理的现代化和科学化。

②建成我国生物多样性的保护基地、南亚热带森林生态系统、定位研究和生态学、地学、生物学的实习基地。

③建成为我国生态旅游的示范区，天然的绿色宝库。

第三节　保护区的功能区划

一、区划原则

根据岛屿生物地理学的“平衡”理论和生物多样性、完整性、适度性以及社区共管的原则，使原有的物种多样性，生态系统类型多样性和遗传基因多样性得到充分保护和发展，促进保护区与周边群众实现互利互惠、共同发展，遵循以下区划原则。

(一)多样性原则

根据象头山自然保护区物种的多样性，生境类型多样性的特点和种群数量与分布特点，合理划分功能区域。

(二)完整性原则

保护区区划的范围和界线要注重生态系统和保护对象生存环境的区域完整性、代表性以及面积的集中联片，以期对保护对象的有利保护和管理。

(三)适度性原则

功能区划既要考虑到保护对象生存繁衍的需要，又要考虑到保护区自身发展和社区发展的需要，有利于社区共管以及同周边地区经济建设、居民生产生活的提高。

二、区划依据

象头山自然保护区区划的主要依据有：

①国务院第 167 号令：《中华人民共和国自然保护区条例》。

②国务院办公厅文件：国办发[2000]30 号《国务院办公厅关于发布新建国家自然保护区的通知》。

③国家林业局：规字[2000]64 号《自然保护区总体规划编制大纲》。

④国家林业局：护发[2000]131 号《国家林业局关于进一步加强自然保护区管理的通知》。

⑤中华人民共和国林业部标准(LYJ126—1988)《自然保护区工程总体设计标准》。

⑥1986 年 6 月 21 日国务院批准《林业和野生动物类型自然保护区管理办法》。

⑦广东省人民政府粤府函[1998]495 号《关于建立惠州象头山等 7 个省级自然区的批复》。

⑧国家林业局办公室文件办护字[2001]10 号《国家林业局办公室关于申报国家级自然保护区有关问题的通知》。

⑨广东象头山自然保护区《科学考察》(1999 年 11 月)。

三、功能区划分

根据区划的原则和依据，将象头山自然保护区划分为核心区、缓冲区、实验区。

象头山自然保护区总面积 10 696.9hm^2，其中核心区 3 635.6hm^2，占总面积的 33.99%，缓冲区 3 996.6hm^2，占总面积的 37.36%，实验区 3 064.7hm^2，占总面积的 28.65%。

第四节 总体布局

象头山自然保护区总体布局包括功能区布局、管理处、保护站、防火瞭望台、哨卡布局、基础设施布局、多种经营布局、科研教育布局、生态旅游布局等。

一、功能区布局

(一)核心区

核心区是保护区的核心，是自然生态系统保存最好，地带性植被最典型，珍稀濒危物种最集中的地方，受人类干扰最少的地域。象头山自然保护区的核心区主要分布在蟹眼顶、猫眉顶、富贵石以东，包括四角楼、甲子前工区的部分，总面积 3 635.6hm^2，这里森林保存较完整，人为破坏少，植物群落稳定，动植物资源丰富，保护动物有：蟒蛇、云豹、雀鹰、白鹇、绿皇鸠、褐翅鸦鹃、小鸦鹃、穿山甲、小灵猫、苏门羚等；保护植物有：格木、半枫荷、白木香、粘木、巴戟天、长叶竹柏、华南栲、兰科植物、黑桫椤、金毛狗、水蕨、苏铁蕨等。华南植物研究所陈邦余先生发表的 2 个新种及 1 个变种——博罗红豆、柳叶冬青、光果金樱子也都在核心区内。核心区的主要任务是实行全方位保护，发挥其生物资源库和涵养水源的作用，禁止任何人进入。特殊情况，经国家林业局或有关部门批准方可进入，只允许在局部地段，从事科学考察，或观测研究。

(二)缓冲区

缓冲区处于核心区的外围，是核心区与实验区划之间的缓冲地带，本区的功能是恢复南亚热带植被及野生动物栖息地，缓解人为活动对核心区的干扰与冲击，是核心区的外围保护圈，担负着保护核心区的任务。坚持每天有护林人员在缓冲区内巡逻，以防止森林火灾，防范偷猎，防范乱采乱伐，做好森林病虫害的预测预报工作，使缓冲区真正成为核心区的保护带，象头山自然保护区的缓冲区面积 3 996.6hm^2，占总面积的 37.36%，主要分布在上嶂、四角楼、甲子前、良田等地段。在缓冲区地段，可从事非破坏性的科学研究，教学实习和标本采集活动，禁止开展旅游及生产经营活动。

(三)实验区

实验区位于缓冲区的外围，为核心区和缓冲区提供保护作用，是科学研究和生产实验基地，也是开展科学教育、提高人们素质的重要场所，担负着整个自然保护区的科学研究和科普教育任务。可以适度的开展生态旅游和多种经营，提高保护区的自养能力，同时也是驯化、繁殖珍稀濒危动植物的场所。象头山自然保护区内实验区面积为3 064.7hm^2，占总面积的28.65%，主要分布在济公田、范家田、三堆池、小人岩、望娘坳、上天堂等地。

二、管理处、站、防火瞭望台、哨卡等管理单位的布局

自然保护区是一个以保护为核心的区域，根据保护的需要，设置不同功能的保护单位。保护单位的设置应根据管理职能和需要进行合理布局。

(一)保护区管理处

拟在三堆池的青梅园(原三堆池工区办公室旧址一带)建保护区管理处，这里交通方便、地势开阔平坦，拟建综合楼一栋，建筑面积1 671.6m^2，混合结构，包括办公室、资料室、标本室、公众教育馆；接待楼一栋，建筑面积624m^2，混合结构，楼层不超过三层，色彩注意与周围环境相协调。

(二)保护站

象头山自然保护区总面积是10 696.9hm^2，根据保护的范围划分为五个片，进行分级管理，在这五个片适中的位置建五个保护站：范家田保护站、小人岩保护站、甲子前保护站，济公田保护站、良田河保护站。保护站是自然保护区的基层资源保护实施单位，其职能是对辖区内的生物资源和生态环境资源进行监督管护并协助有关部门实施保护工程、科研工程、旅游工程。

(三)防火瞭望台

根据防火的需要，分片设防火瞭望台五个。

(四)哨卡

根据保护的需要，在保护区的边缘重要路口设8个哨卡。防火瞭望台和哨卡分别由所在区的管理站管理，是其下属单位。

三、多种经营布局

为了增加保护区经济收入，提高自养能力，走自我发展之路，根据保护区的自然环境情况、周边产业结构及市场需求，在实验区内适度的开展以种养为主的多种经营，具体布局是：

青梅种植：象头山自然保护区适合青梅生长，拥有青梅种植的经验和习惯，拟在三堆池附近种青梅1.3hm^2，既可以赏花，又可以收获果实。

兰花种植：象头山自然保护区范家田一带，适合兰花生长，拟在范家田建兰圃繁殖基地，进行组培繁殖。建圃面积3.3hm^2，年产兰花20万盆，建成广东最大的兰花基地，既可观光，也可进行多种经营。

四、生态旅游布局

生态旅游是旅游的一种类型，城市人为摆脱城市恶劣环境的困扰，为了长寿，追求人类理想的生存环境，到郊外良好的生态环境中去保健、疗养、度假、休闲、娱乐，达到认识自然、了解自然、享受自然、保护自然的目的，在自然保护区内适度的开展旅游活动，是现代自然保护区实现可持续发展的必由之路，是提高保护区自养能力的最佳方案。拟在实验区建金娘谷游道，在济公田水库周围建生态旅游度假村、负离子呼吸区、森林浴场、垂钓区、济公田康健步道、济公田水上娱乐区。

五、科研教学布局

在核心区、缓冲区、实验区建长年综合性观测样地，在三堆池、枞树坳、金娘坡、济公田、范家田、天堂山六处建珍稀濒危植物繁育实验区；在范家田、济公田、亚婆髻建野生动物繁育实验区；在小金河的源头、枞树坳的反背建生态公益林实验基地；在三堆池建濒危野生动物拯救中心，沿三堆池、小金河两旁建植物园、竹园、杜鹃园、梅园、盆景园、红花荷林。

六、道路设施布局

对四发路、济公田路、范家田路、上嶂路进行改造，新建三金路、天堂路、甲子前路。

第五节　规划内容

一、保护管理规划

象头山自然保护区生态系统原生性强，类型多样齐全，生物种类具有古老性、丰富性、复杂性和特有性，是我国南方少有的物种库和基因库。是从事科研教育和开发实验的理想基地，还是重要的东江源头水源林涵养区，因此，在切实加强保护工作，在保护第一的前提下，适度开发，使资源既能服务于当代，又能为子孙后代造福。

（一）保护的原则和目标

1. 保护原则

（1）保护工程建设必须认真贯彻“全面保护自然环境，积极开发科学研究，大力发展生物资源，为国家和人类造福”的方针。严格执行国家颁布的《森林法》、《环境保护法》、《土地管理法》、《自然保护区管理条例》、《森林和野生动物类型自然保护区管理办法》以及地方政府的法规条例等，运用法律手段对象头山自然保护区实施有效地保护。

（2）坚持保护第一，以保护自然为主，遵循有利于拯救珍稀濒危物种，有利于科学研究和促进科学技术、生产建设、文化教育、卫生保健等事业发展的原则。

（3）实行绝对保护和不同程度的开发利用相结合的动态保护、科学利用保护区自然资源优势和潜力，以提高自养能力的原则。

（4）切实地实施分类保护、分区保护、分级保护的原则，各项工程建设不得破坏自然景观和保护对象生长栖息地，建筑形式多样，必须与周围自然环境相协调。

2. 目标

(1)最大限度地保持保护区自然生态系统的完整性，原生性，保持生态系统质量不下降，为珍稀濒危保护物种提供一个较完好的栖息生长环境，主要保护物种如蟒蛇、云豹、华南虎、白鹇、褐翅鸦鹃、虎纹蛙、雀鹰、苏门羚、格木、黑桫椤、金毛狗、华南栲、半枫荷、白木香、巴戟天、长叶竹柏、苏铁蕨、兰科植物等种群数量不下降，并能有所增长。

(2)通过10年建设期的保护、水资源更加丰富，水源年增长量达到10%左右。

(3)保护好大气和水资源不受污染，空气负离子浓度和植物精气得到提高，为人类和动植物创造一个良好的生存空间。

(4)完善保护机制，健全管理机构，实施保护设施设备的现代化、管理手段的科学化、生产经营的高效化。

(二)保护措施

(1)建立健全管理机构，保护区设管理处(其下设派出所)、护林站(设护林员)、哨卡、防火瞭望台、建立起治安、护林、联防保护网，加强巡山检查，制止和打击各种乱砍滥伐、乱捕滥猎、非法收购野生动物及随意采挖珍贵药材、植物和树桩盆景，以及放火烧山、毁林开荒等破坏森林的违法和犯罪活动。

(2)积极做好护林防火工作，贯彻“预防为主，积极消灭”的方针，从提高预防和控制火灾能力入手，加强防火工作组织领导，健全防火指挥机构，组织护林防火专业队伍，配备防火交通、通信设施，建立完整的防火体系，每年在防火期内要做好防火宣传工作，使森林防火工作家喻户晓。

(3)积极做好病虫害发生发展的动态规律预测预报工作，防治措施采用以生物防治为主，以化学防治、物理防治为辅的综合防治措施。要做到防早、防小、防了。

(4)加强对珍稀濒危特有物种的专门研究和保护，根据其生长特征、栖息环境等采取就地保护和迁移措施。

(5)加强生态环境和景观资源的保护，做好保护区大气环境，水环境，环境噪声的保护工作，做好保护区垃圾处理。

(6)建立生物多样性保护信息系统，加强多样性的编目工作。

(7)采取形式多样的宣传方式，如电视、广播、标语、宣传手册等，积极开展自然保护区和林业法制的宣传教育工作，增强群众的保护意识。

(8)帮助、扶持保护区周边社区群众发展生产、提高周边社区群众的生活水平。

(9)保护区区内的建设项目，要事先做好环境评价，环评通过之后，才能实施。

(10)严禁在保护区内开展破坏景观资源和自然生态环境的旅游活动。

(三)野生动植物保护规划

1. 野生动物保护规划

保护原则：野生动物保护规划应遵循的原则是：“加强资源保护、积极驯养繁殖，合理开发利用”，对珍稀濒危动物及其生境采取有效的保护工程，使珍惜保护动物种群得以恢复和扩大，促进自然保护区的科学管理和可持续发展。

保护范围：根据野生动物资源调查结果、保护区的功能分区和珍稀濒危动物的重要分布区域，确定保护区需绝对保护的范围为核心区，其余地区为一般性保护区域，并在一般性保护区域加强保护宣传。

保护措施：①完善保护区管理制度和保护站、点的建设，加大普法宣传力度和加强执法管理。②实施天然阔叶林和野生动物保护及其生境保护恢复工程。

尽量保护好海拔600m以上的次生阔叶林，将这些林地规划为森林鸟类繁殖区和珍稀、经济、兽类繁殖区加以重点保护。将三堆池工区周围的林间溪流、象头山差转台附近的林间溪流、良田河流域的林间溪流、范家田水库、济公田水库的湿地及其附近林地列为蛙类、蛇类、龟类天然繁殖小区加以重点保护，具体措施如下。

(1)建立野生动物驯养救护中心 “积极驯化繁殖”是“加强资源保护”的一种有效措施，又是“合理开发利用”的基础。建议在三堆池工区建立野生动物驯养救护中心，将惠州市林业局在执法种没收的受伤动物进行饲养、救护；对自然保护区内的珍稀保护动物进行驯养繁殖，以便拯救和恢复野外种群。对某些经济动物进行人工规模式养殖，以增强保护区的自身发展能力，并减少对野生经济动物的捕杀压力。可开展棘胸蛙、虎纹蛙、平胸龟、三线闭壳龟、蟒蛇、三索锦蛇、乌梢蛇、眼镜蛇、金环蛇、银环蛇、眼镜王蛇、鹧鸪、果子狸等经济动物的人工养殖。

(2)积极开展生物多样性保护研究 保护区应引进懂专业、能吃苦、有奉献精神的专业人才，对自然保护区内的动植物资源进行本底资源调查，并进行长期的种群和栖息地监测，充分发挥保护区的多种功能。

(3)建立科普宣教中心 在自然保护区办公地建立科普宣传教育中心，并在差转台附近、良田河流域、三堆池附近建立野生动植物野外考察点，使之成为惠州市市民、中小学生和旅游者接受资源和环境保护宣传的基地。

(4)坚持“科学保护为主、合理利用为辅”的方针，实施可持续发展战略 明确自然保护区的主要任务是保护，在开展生态旅游和开发水电资源时，一定要注重环境和资源保护，特别是对核心区和珍稀濒危动物的严格保护。

2. 植物保护规划

象头山自然保护区的植物区系具有典型的我国南亚热带植物区系特性，其组成的科、属、种分布类型中，热带与亚热带成分占绝对优势。从群落类型分析，该保护区以南亚热带常绿季雨林和亚热带常绿阔叶林为优势群落，是我国南亚热带地区一块绿色宝地，必须加以保护。

1)保护方针和要求

保护方针：以封禁为主，保护现有物种及其环境，保护与利用相结合，不断发展稳定性森林生态系统，扩大珍稀植物的种群。

保护要求与目的：

① 地带性森林群落不断扩大和完善；

② 要促进不稳定性初级群落的顺向演替；

③ 珍稀濒危植物的个体数量不断增加；

④ 保护、利用、科研均出成果。

2)植物保护的内容

①保护区内各种类型的植物群落，特别是低山和沟谷地区的南亚热带常绿季雨林以及山地亚热带常绿阔叶林。这两类森林为该地相对稳定的生态系统，所以要严加保护，不准砍伐和挖取任何植物，不准狩猎。

②保护珍稀濒危植物。依据国家有关文件规定，该区有保护植物50多种，即黑桫椤、金毛狗、苏铁蕨、格木、半枫荷、白木香、粘木、巴戟天、长叶竹柏、华南栲、观光木、樟、红椿等以及40余种兰科植物。

③特有植物。本地以及分布于该地的广东省特有植物共19种，即目前仅在该区发现的新种(或变种)3种：博罗红豆(*Ormosia boluoensis*)、小金冬青(*Ilex xiajinensis*)、光果金樱子(*Rosa laevigata* var. *leiocarpus*)；另有广东特有种：广东润楠(*Machilus kuangtungensis*)、秃小耳柃(*Enrya disticha*)、长柄石笔木(*Tutcheria greeniae*)、罗浮桫椤树(*Reevesia lofouensis*)、长柄桫椤树(*Reevesia longipetiolata*)、罗浮苹婆(*Sterculia subnobilis*)、鼎湖血桐(*Maiaranga sampsoni*)、光叶红豆(*Ormosia glaberrima*)、广东乌饭树(*Vaccinium hancockiae*)、罗浮粗叶木(*Lasianthus fordii*)、广东玉叶金花(*Mussaenda kwangtungensis*)、杨叶风毛菊(*Saussurea populia*)、广东石豆兰(*Bulbophyllum kwangtungense*)、广东画眉草(*Eragrostis nevinii*)、广东山龙眼(*Helicia kwangtungensis*)、罗浮路蕨(*Mecodium lofoushanense*)。

④自然环境。生态系统是在一定的时间和空间内，生物和非生物的成分之间，通过不断的物质循环和能量流动而相互作用，互相依存的统一整体。因此单纯保护植物和其组成群落是不科学的，也是不可能保护好的，必须将其生存环境严加保护，如溪流小河不能截流，否则沟谷缺水，雨林性结构的森林就将破坏。又如岩石裸露区不能随意采石和修公路，因该类立地为生态脆弱区，植物群落(森林)几百年才能形成。

3)保护计划

(1)分区保护　核心区：面积3 635.6hm^2。为保护区的中心地带，植物种类最集中，群落最典型，珍稀濒危植物最多。核心区要全面封禁，一般不准人为干扰。缓冲区：面积3 996.6 hm^2。处于核心区的外围，该区接近人迹活动频繁地带，虽加以封禁，但难以避免人为的干扰，所以设置一个缓冲带，以更好保护核心地带。实验区：面积3 064.7 hm^2。本区在缓冲区以外，植物及其环境仍应保护，但是在保护的基础上可在此区组织游览参观、教学、实习、科学试验和植物利用等活动。

(2)保护对象类型的划分　保护对象即前述保护内容。包括群落、珍稀物种和环境三类。这三类保护对象大致可分为三个类型来规划保护。

①脆弱型。主要是环境和物种的脆弱性。坡度陡峻、岩石裸露的环境是极为脆弱的，这类环境的任何植物被破坏后，均极难恢复。一些保护植物现存数量极少，若被砍伐或生存环境恶化，这些种将在该地消失，如黑桫椤、格木、长叶竹柏和部分兰科植物等。对于脆弱的环境要全面封禁，重点保护，不准破坏。对于数量极少的保护种要人工促进天然更新和人工繁殖，以扩大种群。

②较稳定型。该类的环境较优，如土层深厚，坡度较平缓，地处偏远，群落较稳定等，这类环境只要加以封禁就能得到保护和发展。有部分保护植物目前数量较多，如金毛狗、半枫荷、粘木、巴戟天、樟等。这些植物只要将其生长环境保护好就能扩大种群。

③演替型。主要是保护区内的针叶林、针阔混交林以及灌草丛。这类群落加以封禁将会顺向演替，向常绿阔叶林演进。

(3)计划目标

①通过保护 20 ~ 50 年，保护区的南亚热带常绿季雨林和山地常绿阔叶林由现在的 5 007.6hm^2扩大到 6 000hm^2。

②通过保护和促进天然繁殖，10 年内保护植物的数量在现在基础上增加 1 ~2 倍。

③在实验区内建立珍稀植物、特有植物和经济价值较高的植物引种栽培区 100 hm^2，培育植物 200 ~300 种。

④培育具有本地特色的特殊群落类型。

(4)本地特色的特殊群落类型

①红花荷(*Rhodoleia championi*)为主的群落：红花荷在象头山有成片的分布，冬季开红花，非常迷人。叶常绿，叶形稍圆，叶背灰白，因此夏秋也很宜人。所以可在保护区海拔 300 ~600m 的公路两侧选择 1 ~2 处培育以红花荷为主的群落，既可供观赏，又能体现本地特色。

②山乌桕、野漆树为主的群落：这类群落为落叶阔叶林，入冬时叶色变红，漫山红遍，非常壮观。可以吸引游人参观游览，领略森林的多样性和多彩性，增强人们对保护区的支持和热爱。

③红豆树(Ormosia)群落：该地红豆树属有 4 个种，还有海红豆(*Adenenthera pavonina*)。这些树种的种子红色，称为相思红豆，既有观赏价值，又有人文价值，很有特色。可在海拔 200 ~600m 之间交通便利处配植 10 ~20hm^2 的红豆树林。

(5)保护措施

①成立保护机构，分工合作，制定出保护管理细则，加强植物的保护；

②培养专业技术人员，进一步逐山逐岭查清植物种类，建立管理档案；

③建立引种栽培基地，繁殖培育珍稀保护植物和利用价值较高的植物；

④开展科学研究，用先进科学技术，提高森林的生态效益，扩大保护植物的种群数量；开发利用经济价值高的植物资源。

(四)防火规划

森林火灾是一种破坏性很大的自然灾害，要坚持“预防为主，积极消灭”的方针和“打早、打小、打了”的原则，利用先进的科学管理技术，搞好森林防火体系和基础设施建设，提高预防和扑救森林火灾的综合能力。

1. 建立扑火队伍

以保护管理站和管护人员为主建立一支兼职的扑火队伍，定时或不定时地进行扑火技术培训，使之成为一支训练有素、集结迅速、出动及时、能打硬仗的扑火队伍。

2. 加强基础设施建设

由于山高坡陡、地形复杂，现有的瞭望设施与森林防火要求相差甚远，瞭望盲区大。为了消灭瞭望死角，提高瞭望控制能力，需做好以下工作。

(1)设立防火瞭望网　建立 5 个防火瞭望台(蟹眼顶、大芒窝、富贵石、东洞、杨梅坪)。

(2)建立防火通讯网　为保护站、瞭望台、哨卡工作人员配备对讲机。

(3)防火阻隔网建设　在保护区的边界，急需建立自然保护区的内部防火阴隔网。这种阴隔网，近期可利用防火道代替，远期可通过营造抗火性能高的杨梅、木荷等阔叶树种组成防火林带。在保护区拟建宽 20m、长 40km 的防火林带。

(4)配备必要的防火设施　为提高森林火灾的指挥、扑救能力，为自然保护区管理局配备一辆有电台的防火指挥车。每个保护站配备3台风力灭火机。另需配备斧子、铁桶等灭火工具，以供兼职灭火队员使用。

(5)计算机林火管理系统，加入国家林火计算机信息网络系统　林火计算机管理系统包括地理信息系统、林火预测预报系统、林火扑救决策系统和火灾损失评估系统。

(6)防火是森林保护的主要内容之一　为使自然保护区的森林防火工作更上一个台阶，实现林火信息的自动化、规范化管理，提高对林火的决策能力和反馈能力，规划在项目建设期内建成自然保护区的计算机林火管理信息系统，加入国家林火计算机信息系统。为此，在象头山自然保护区管理局需建计算机机房，配备相应的软、硬件设备：1台彩色喷墨打印机、1部程控电话等。

(五)病虫害防治规划

森林病虫害防治坚持"预防为主，防治结合"的方针，遵照因害设防的原则，严格执行《森林病虫害防治条例》。

病虫害防治的主要任务是加强动植物检疫工作。对于从外地引种或从外地购买的种子、苗木、动物等，都要按规定进行严格的检疫，防止病虫害的发生和传播。

为做好病虫害防治工作，需配备相应的防治、监测设备。象头山自然保护区管理局需配备病防检车1辆、每个保护管理站需配备自动喷雾器1台。

二、科研监测规划

(一)任务与目标

根据象头山自然保护区的性质，其科研任务主要是在原有科学考察成果的基础上，进一步查清自然保护区的本底资源；探索生物演替规律，自然环境演变规律；探索当地自然环境变化与生物演替之间相互作用的关系；在保护好原有生物基因的基础上，通过科学试验，不断繁衍扩大生物基因及种群；为有效地保护、拯救珍稀、濒危野生动植物资源，为生态环境建设、为人类与自然同生共荣关系的研究，为生态旅游的可持续发展提供依据。

(二)开展科研的原则

1. 合理布局的原则

科研布局必须符合自然保护区划实际，符合自然保护区的管理条例。

2. 科研与保护发展相结合的原则

科研项目应选择与保护区密切相关的内容开展研究，以达到以保护带科研，以科研促保护，保护与科研相辅相成的目的。坚持科研与经营利用相结合，以达到科研与经营利用相互促进，提高自然保护区自养能力的目的。

3. 基础研究与实用技术相结合、专项课题与综合性课题相结合、近期攻关与远期监测相结合、科研成果与推广相结合的原则。

(三)科研和监测项目规划

1. 项目的选定

(1)近期项目

①本底资源补充调查、动植物种类、土壤重金属含量、四季小气候变化等项目的进一

步调查；

②珍稀濒危植物、国家重点保护植物的人工繁育研究；

③珍稀濒危动物引种、驯化、繁育技术研究；

④旅游活动与生态环境相互影响的研究；

⑤生态旅游发展规律研究；

⑥自然保护区生态旅游与生态保护相互影响及生态经济可持续发展的研究。

(2)远期项目

①珍贵保护树种群落监测；

②野生动物活动规律研究；

③自然保护区生态环境演变规律的研究；

④迁徙地保护种子基因库研究；

⑤自然保护区效益的研究。

2. 地点的布局

(1)样地观测区　在核心区、缓冲区、实验区各设固定样地1个，共3个，每个面积0.1hm²，进行常年综合性观测，为科研提供非一次性数据。

(2)珍稀濒危植物繁育实验区　三堆池1hm²、枞树坳1hm²、金娘坡1hm²、范家田2hm²、济公田2hm²、天堂山1hm²，共8hm²。这6处共8hm²实验地专供珍稀濒危植物繁育天然实验及苗木生产基地。

(3)动物繁育实验区　拟在范家田、济公田、亚婆髻等森林茂密，山势陡峭，地形复杂的山坡与沟谷地带各划出林地50hm²，共150hm²，作为野生动物繁育实验区。今后从偷猎滥捕者处收缴的野生动物经检疫后一律放归本区，严禁放入核心保护区。

(4)生态林实验区　在枞树坳反背、小金河源头划拨100hm²林地和采伐迹地作为生态公益林实验厂家基地。

(5)多种经营实验区　在三堆池、金娘坪附近已种有芒果、青梅、杏梅及培育青梅苗，林果公司有青梅苗木出售，这些地方仍由原业主承包，作为实验区的多种经营项目予以保留。

(6)工程设施及仪器设备

①土建工程。象头山自然保护区的科研土建工程主要包括三堆池的科技大楼，面积800m²。

②仪器设备。根据科研需要，本着先进、经济、实用的原则，按研究项目配置仪器。仪器计划由项目主持人填报。初步估算100万人民币。

(7)建立野生珍稀保护动物拯救中心　象头山自然保护区内有国家一级保护动物2种，二级保护动物23种，由于长期偷猎和人为干扰，其生态环境遭到破坏，野生动物数量减少，急需创造一个安全适宜的生态环境进行救治，恢复其数量。地点三堆池，面积2hm²。

(8)建立专类园区　在三堆池、小金河两岸建立杜鹃园、青梅园、盆景园、兰圃、竹园、红花荷木园等。供生态教育、科学实验和游览观赏之用。根据树种特性和适地适树原则，在实验区选择适当造园地点。

(9)建国家保护树种植物园　在三堆池建立1个基本自然保护区和周边地区(引种)国家保护树种植物园，面积15hm²，与科研工程的植物品种园一并建设，旨在保护和发展生物多样性。

(四)科研队伍建设

常规性科研工程主要靠自身的科技力量完成，综合性课题和专题性项目可与科研院所、大专院校合作完成，若有列入国家定点大型研究项目和涉外合作项目，则单独制定科研项目和实施方案。

①保护区要有一定数量的专业技术人员，占保护区总人数的1/3以上。

②有一支综合性的、专业技术队伍，象头山自然保护区除有林学专业的科技人才之外，还应有动物学、植物学、生态学、环境保护学、森林旅游学等专业的人才。

③建立健全科技人员的定期培训制度，保护区离城市较远，信息交流受到一定限制，为了提高保护区科技人员的业务素质和管理水平，必须定期地聘请有关专家教授到保护区来授课或者派人到科研院校或高等院校进修。

④加强对外交流与合作，引进国内外保护区先进科学技术与经验，积极参加国内外科技协作与交流。

⑤制定科技人员的优惠待遇政策，保护区地处偏僻，交通不便，生活艰苦，必须提高科技人员的工资和补贴，以稳定保护区的科技队伍。

(五)科研组织管理

①保护区的科研工作应在管理处的统一领导下进行，实行分管处长负责制；

②科研任务分配到组、到人，实行经费包干，专款专用，限期完成；

③实行定期检查，确保科研工作按进度完成；

④实行奖惩制度，对科研工作成绩显著者或取得重大成果时，给予重奖，对于不负责任，不能按期完成科研工作的给予警告；

(六)科研档案管理

为加强对象头山自然保护区科技档案、资料的管理，强化信息系统管理力，应充分利用现代化电子计算机技术，建立科研资料信息系统，既可规范档案管理，又可实现自动检索查询，自动统计和报表打印，还可建立辅助决策系统，指挥生产与科研，为领导决策提供依据。另拟建野生动植物标本室1个。

三、宣传教育规划

宣传教育是自然保护区管理工作的主要任务之一，要针对不同对象，采用不同宣传教育方式和宣传教育内容。主要宣传教育规划有以下几方面。

(一)对参观者的教育

在保护区的入口处、交通要道、主要保护地域，设标志牌五块，宣传森林法、自然保护区管理条例及保护区的保护内容、方式，标志牌要根据宣传的内容确定大小，要求给公众一种醒目和美的感受。

在三堆池保护区管理处建公众教育馆和标本馆，对观光者进行环境和生物知识教育、资源保护教育、保护的规章制度教育。公众教育馆设备要先进，设备要齐全，动植物的标本品位要高，植物标本要有1 500种以上，动物标本要有200种以上。

每年十月为国家规定的爱护野生动物保护月，每年3月20～26日为爱鸟节，充分利用电视台、电台、报纸等各种宣传媒体，进行宣传教育，在保护区向游人进行巡回教育。

（二）对周边社区的宣传教育

自然保护区的管理人员、护林员要经常深入周边社区，向周边社区居民宣讲象头山自然保护区远景发展蓝图，宣传保护区动植物资源与人类的密切关系，宣传森林法、自然保护区管理条例、林业和野生动物类型、自然保护区管理办法等政策法规，使社区广大干部群众认识到保护的目的是为了持续的发展，为了人类生存和发展的需要，使保护野生动植物资源成为社区干部群众的自觉行动。

（三）职业培训

①保护区现有的 8 名科技人员，虽然具有中专以上文化，但与现代科技管理的需要相距较远，需分期分批送往高等学校的相关专业深造。

②现在聘任的 19 名巡守员，文化程度偏低，应学习加拿大、澳大利亚等国家经验，巡护员称为园警，一般具有硕士、博士学位，首先是保护区的研究人员，然后是保护区的行政管理官员，还是保护区的巡护员，又是解说员，身兼数职，高层次、高水平、高效率管理。

（四）教学实习基地

已与华南农业大学、仲恺农业技术学院、中南林业科技大学、惠州大学、广东植物园等单位合作建立教学实习基地，同时也是惠州市 8 所小学、4 所中学的第二课堂。

四、基础设施规划

（一）处、站址规划

为了做好保护区的保护和管理工作，处、站址的选择必须考虑到管理方便、交通方便、通信及供水供电方便，以及不受周期性自然灾害威胁等条件。

1. 处址选择与建设规划

在三堆池青梅园建保护区管理处，建办公楼 1 栋，建筑面积 720m^2、接待楼 1 栋，面积 600m^2；车库 1 个，面积 120m^2；职工宿舍楼 1 栋，作为单身职工宿舍及工作人员临时休息用房，面积 300m^2；保护区外四角楼建家属宿舍 20 套，建筑面积 2 000m^2。

2. 站址选择与建设规划

保护站站址的选择，根据保护区保护对象、保护价值、有利于保护工作和方便职工生活的原则来确定。根据保护站分管的地形地貌特征、资源分布状况，并考虑布局合理，拟在范家田、甲子前、济公田、小人岩（和保护区大门建在一起）、良田河（与哨卡建在一起，总面积 100m^2）五处建保护站，每个保护站 80m^2，砖木结构。

3. 哨卡和防火瞭望台站址建设

哨卡、防火瞭望台是保护站的下属单位，拟在蟹眼顶、富贵石、大窝场、东洞、杨梅坪五处建防火瞭望台，建设高度 12m，面积 60m^2，拟在良田河、甲子前、望娘坳、小坑、南风坳、上天堂、上嶂、罗营 8 处设立哨卡，每处建筑面积 50m^2。

（二）界碑、桩和指示牌规划

1. 保护区界碑、桩规划

埋设保护区的界碑、桩是一项重点基础工程，保护区周边的长度58km，规划每隔500m埋一个界桩，在人为活动比较频繁的出口、路口、边界线的界桩要加大密度，在无人烟分布的边界，可适当放大距离，最大不超过1 000m。保护区边界规划埋桩数150个。核心区的边界埋界桩起警示作用，核心区边界规划埋桩120个，密度一般为200～500m/个。

2. 保护区指示牌规划

在保护区交叉路口、危险地段、保护区边界的重要地段、旅游景区、游览线路、分路口等地方设宣传指示牌50块，起指引线路、警示说明、宣传教育等作用，在金龙大道于四发路交叉处(四角楼附近)设一块大的醒目的标志牌，并有文字和示意图，对象头山自然保护区进行简要介绍。

（三）道路建设规划

1. 道路规划原则

①以现有道路为基础，沟通保护区与外界的各种联系，满足保护管理、科学研究、科普教育、多种经营、生态旅游、职工生活等多方面的需要。

②根据保护区内各保护站的道路性质，交通量和管理需要，确定道路建设标准和密度。

③道路建设要综合考虑地形地貌和森林植被，尽量不破坏森林植被和自然生态环境。

2. 道路规划

内部交通现状：在保护区有从四角楼到发射台工作站林四级公路，全长20km，沙石路面，济公田水库大坝分路口至爱心水库简易路1条，长1.5km，叉路口到东洞大坝简易路1条，长4.2km，三堆池至金娘坪简易路1条，长1km，上嶂到济公田简易路1条，长6km，游览线有半边篮至蟹眼顶游道一条，长450m。以上均为土路面。良田河五级电站至一级电站简易路长3km；有简易护林道21km。

(1)四发路　从四角楼至济公田发射台工作站，全长20km，从四角楼到四级电站段12.5km，由林四级路扩建为国家四级路，水泥路面；从四级电站到发射台段7.5km，由简易路改建成国家四级路，水泥路面。

(2)济公田路　长1.5km，从济公田水库大坝到爱心水库，由简易路改建成国家四级路，水泥路面。

(3)范家田路　长4.2km，从叉路口到东洞大坝，由简易路改建成林三级路，砂石路面。

(4)三金路　长1km，从三堆池到金娘坪，由简易路改建成林四级路，砂石路面。

(5)上嶂路　长6km，从济公田度假村到上嶂哨所，由简易路改建成林四级路，砂石路面。

(6)天堂路　长5.5km，从范家田水库大坝到上天堂哨所，新建1条林四级公路，砂石路面。

(7)甲子前路　长5.5km，从金龙大道到甲子前保护站，建1条林四级公路，砂石路面。

(8)良田河路　长3km，从良田河五级电站至一级电站，由简易路改建成林三级公路，砂石路面。

(9)济公田停车场　建于济公田度假村，面积1 400m²，植草砖地面。

(10)半边篮停车场　面积1 200m²，植草砖地面。

(11)大门入口停车场　建于保护区大门入口，面积2 000m²，植草砖地面。

(12)三堆池停车坪　建于三堆池接待区，面积600m²，植草砖地面。

(四)供电与通讯规划

1. 供电工程规划

(1)现状　目前保护区内有水电站14座，装机容量8 790kW，1994年实际发电量3 813万度，能充分供给保护区内各单位、各景区、景点使用。

(2)供电规划原则

①不污染视觉，不影响景观，不破坏环境；

②输电线容量要兼顾发展，一次到位；

③合理布局，就近利用，节省投资；

④变配电设备要考虑淡旺季节，合理调配。

(3)用户用电负荷量规划　为了保护自然保护区内生态环境，保护区内不能烧煤，必须用电代煤，因此供电标准较高。拟规划用电标准为500W/人·d。

(4)生活用电负荷量　用电时间平均8h/d。见表13-1。

表13-1　自然保护区生活用电负荷一览

用户名称	规划供电人数(人)	均供电标准(W/人)	天供电时间(h)	天供电负荷(kW/d)	供电单位名称
济公田度假村	420	500	8	1 680	度假村、学生公寓、乡村别墅
三堆池接待区	120	500	8	480	管理局、科研中心 公众教育馆、保护站、接待站
小计	540			2 160	

(5)供电网络分布

二级电站10kW 济公田变电站400W
- 学生公寓
- 度假村
- 乡村别墅
- 济公田保护管理站
- 供水站
- 污水处理站

四级电站10kW 三堆池变电站400W
- 供水站
- 污水处理站
- 接待站
- 保护站
- 保护区大门
- 公众教育馆

(6)供电项目规划(表13-2)

表13-2　供电项目规划表

序号	项目名称	规划内容及数量
1	二级电站	10kW济公田变电站，输电线1.5km，LJ35
2	济公田变电站	配电房40m^2，200kVA变压器2台
3	四级电站	10kW三堆池变电站，输电线0.2km，LJ35
4	三堆池变电站	配电房40m^2，100kVA变压器1台
5	大门处、各管理站、哨所	就近接低压线

2. 通讯工程规划

1)现状

①通讯：保护区内各级电站有程控电话线路。

②邮政：电站管理局有邮政代办点。

③电视工程：电站管理局有闭路有线电视光纤电缆。

2)规划原则

①建立技术全面、通讯范围广、业务内容广泛、灵活性高、迅速、准确、安全、方便的现代化通讯网络，以满足保护区开发、游客和居民的需要。

②注意保护区境内景观，不造成视觉污染，邮政通讯建设要注意与公园景观相协调。

③统一规划、分期施工、留有余地、重视节约。

④电讯、电视网络统一规划，统一施工。

3)规划内容

(1)邮政网络规划

象头山自然保护区，拟在济公田度假村和自然保护区管理局两处设邮电代办点，以方便游客和保护区职工使用。

惠州市邮电分局—小金邮电分局——济公田邮政代办点
　　　　　　　　　　　　　　└三堆池邮政代办点

(2)通讯、电视网络规划

①从小金电信分局到各接待点架设共30km长的光纤电缆，安装程控电话；

②从电站管理局到各接待点架设有线闭路电视网；

(3)防火及治安通讯系统规划

①安装移动电话直放站1个，以供防火、护林、治安人员与县护林防火站指挥部联系；

②配置对讲机30部，利于保护区内各区的联络。

(五)生活设施规划

1. 给水规划的原则

①遵循国家的方针、政策、法令和各种规定；

②坚持近期和远期相结合，集中与分散相结合的原则；

③处理好景区、景点、保护管理站等与给水系统的关系，以达到既满足各用户的需要，又有利于自然保护区的保护和建设；

④尽量利用高水位山溪优质水。

2. 规划用水量标准

①度假村宾馆床位低档0.25m^3/床·d、中档0.3m^3/床·d、高档0.35m^3/床·d

②乡村别墅0.35m^3/人·d

③学生公寓0.25m^3/人·d

④保护区工作人员0.30m^3/人·d

⑤散客0.1m^3/人·d

⑥绿化浇水30t·d

3. 给水规划

1)用户及用水量规划(表13-3)

表13-3 用户用水量规划表

用户名称	规划人数规模(人)	日用水量(m^3/d)
济公田度假村	420	126
保护站及接待站	160	48
临时散客	1 000	100
绿化及苗木培育用水		30
小计	1 580	304

2)给水规划

(1)水资源　保护区内山高谷深，森林茂密，水资源十分丰富。境内有山溪40多条，水库11座，可作为区内生活用水水源。

(2)水质分析　1999年5月我们对保护区境内的济公田、范家田、金娘谷、三堆池的小金河等四处的水取样分析，除水质的pH值酸性偏高外，其余均达到地面水一级标准，是没有污染的水。

(3)给水规划　济公田供水站。在济公田度假村附近山溪取水，经泵房水泵加压送入水处理池，水处理池容积为40m^3，经过处理后的水再送入蓄水池，蓄水池容量为100m^3，由蓄水池送到各用户。

三堆池供水站。在三堆池附近没有污染的山溪中取水，经泵房水泵加压之后送入水处理池，水处理池容积为30m^3，经处理后的水送入蓄水池，蓄水池容量为80m^3，由蓄水池送到各用户。

(4)给水流程

济公田供水站—
- 济公田度假村、乡村别墅、学生公寓
- 济公田烧烤场
- 济公田负离子呼吸区
- 济公田保护管理站
- 消防用水
- 公厕用水

三堆池供水站—
- 公众教育馆
- 保护站办公楼
- 接待站
- 消防用水
- 公厕用水

4. 排水规划

1)排污规划

(1)排污规划原则

①必须把保护水质和生态环境放在第一位。

②污水不能直接排放入溪水中或水库中。

③坚持统一规划、立体布局、考虑发展，一次到位的原则。

④保护环境和美化环境紧密结合起来。

(2)污水量及排污方式

①污水量计算：

自然保护区内的污水主要包括生活污水和厕所污水。考虑到发展，将现有规划用水量增大20%计算用水量，污水量按增大用水量的90%计算。绿化用水及清洗路面用水不计入排污量(表13-4)。

表13-4　污水量一览

用户名称	规划人数规模(人)	日用水量(m^3/d)
济公田度假村	504	454
三堆池接待处	192	173
散　客	120	108
小　计	816	735

②污水的处理及排放规划：

污水处理方式详见排水规划图。

排放规划：

济公田污水处理站。济公田度假村的生活污水，厕所污水，经封闭式下排水总管排入污水处理池中，经处理达到国家水排放标准后，排入爱心水库大坝下的溪沟之中。

三堆池污水处理站。三堆池接待站的生活污水和厕所污水，初步处理后，由封闭式下水总管排入污水处理池中，经处理达到国家水排放标准后，排入小金河之中。

2)雨水排放规划

保护区内雨水充沛，且分布不均，为了确保公路、护林道、保护设施、科研设施及实验区的景点接待设施等不受雨水径流的冲刷、侵蚀，拟作如下规划。

① 在景点、景区外围、游步道的上坡侧、公路的两侧开砌明渠和沉沙池，有计划地将雨水排入就近的溪沟中。

② 各功能区的来水方向设明渠暗沟相结合的排水系统，以便迅速地排除地表水。由于保护区内多大雨，应做好护坡，以防水土流失。

五、社区共管规划

(一)社区共管的原则和目标

1. 原则

象头山自然保护区的保护、开发、利用等一切活动与当地政府与周边群众的切身利益息息相关，社区共管必须坚持有利于保护 、共同发展、互惠互利的原则，实现生态、社会、经济三方面效益。

2. 目标

力争在规划期末，使象头山自然保护区能够建立一个完善的社区共管网络体系，地方政府和周边群众大力支持，社区经济和人民生活水平明显改善，保护工作顺利开展。

(二)规划内容及措施

1. 逐步完善社区共管体系

自然保护区积极与地方政府联系，力争保护区各项规划建设工作纳入地方政府议事日程，从而得到地方政府的大力支持，同时利用自身科研力量和技术优势，帮助周边群众奔小康，使他们从保护区的发展中得到实惠，进而正确认识保护区的各项工作，主动参与到保护行列，真正发挥社区共管职能，形成地方政府、保护区、周边群众三级共管体系。

2. 利用租赁、承包、联营等方式开发各种项目，帮助地方政府发展经济

象头山的范家田一带适合兰花生长，已有一定规模，鉴于保护区资金短缺、人才缺乏等原因，可以采取租赁、承包、联营等方式联合种植、开发，同时可以雇用、招聘经营者，经过培训后上岗，既可解决保护区的劳动力问题，又可解决就业问题。另外，三堆池一带有种植青梅的经验，可发展周边群众进行青梅种植，保护区提供资金和技术，共同建设，共同富裕。

3. 利用合资或以工代赈的方式，改善社区基础设施环境

目前，保护区基础设施很差：道路不通、通讯设施落后，路面状况糟糕等，可结合保护区的建设对保护区的基础设施进行改造或建设。

(三)周边最佳产业结构模式

目前，保护区的产业结构单一，多为种植业，农民生活水平低，经济来源少。随着保护区的发展及生产经营水平的提高，对周边的产业结构也提出了更高的要求，要寻求周边最佳的产业结构模式，今后的发展方向是种、养结合，使周边的生产经营活动形成一个有机的整体，增强对外的竞争能力。同时，凭借保护区独特的资源优势，适度发展生态旅游，带动相关产业的发展，使旅游业真正成为当地国民经济的支柱产业。

(四)人口控制与社区建设

为了更好地保护好象头山自然保护区珍稀野生动植物资源和良好的生态环境，必须对周边社区群众人口总数严格控制，必须坚持计划生育这一基本国策，同时，要千方百计帮助他们继续奔小康、接受教育，以提高其素质。只有当地社区居民的素质提高到一定水平后，才能理解并支持保护区的各项保护措施。

象头山自然保护区周边的社区，有的至今仍然比较落后，文化、科技、教育、卫生保健等各级事业需进一步发展，因此，要搞好社区建设，必须大力发展各项事业，为经济建设营造良好的社会环境。

六、生态旅游规划

(一)原则

自然保护区拥有众多高品位的生态旅游资源。在保护区开展生态旅游是提高其自养能力和提高公众生态环保意识的重要举措之一。政府及有关部门允许和支持有条件的自然保护区开展生态旅游。保护区开展生态旅游以来，表现出许多积极方面的成绩，也存在不少消极的问题，如果管理得好可为保护区提供许多利益，但是管理不好，会给保护区带来许多损害。可见这是一项带风险性的活动，但不能因噎废食，要按照生态旅游的要求精心地搞好规划，保证自然保护与旅游活动同步发展。

象头山自然保护区有优越的生态环境、丰富的景观资源、便捷的交通条件和沿海的区位优势，具备开展生态旅游的良好基础，应当积极开展生态旅游，但必须遵循以下原则。

(1)坚持保护第一，开发第二；生态旅游开发不影响保护的原则。

(2)坚持科学合理的组织旅游景点、游览线路、接待设施，积极地进行林分改造和培育，不断提高旅游地的景观质量和环境质量。

(3)旅游地是保护区的一部分，旅游地的开发、建设，要注意和其他功能区协调发展。

(4)只在实验区开展旅游活动。

(二)规划指导思想

根据象头山自然保护区的资源特点和保护区的基本性质，生态旅游的指导思想是：在保护自然保护区境内自然资源、环境资源及旅游资源不受损坏的前提下，进行有限度的生态旅游开发，为惠州等城市居民创造一个良好的生存空间环境，为城市居民提供一个度假、休憩、保健、观光、娱乐的场所。

(三)旅游资源评价

所谓旅游资源评价就是选择某些因子运用一定的方法对旅游资源的价值作出评判。旅游资源评价，实质上是在旅游资源调查的基础上对其进行深入剖析和研究，是旅游地建设的前提。评价结果将对旅游资源开发利用的方向和旅游地的规模产生直接影响，即使是旅游地建成后仍需对其继续进行评价，以适应不断变化的旅游需求。旅游资源评价是旅游资源综合开发利用的一个很重要的环节。

旅游资源评价是复杂的工作，且评价时容易受主观及客观多种因素的影响。因此，不同的人对同一旅游资源的评价结果很难一致。评价方法有定性与定量两种方法，两种方法中又各自包含几种不同的方法。

资源评价是美学观赏价值、历史文化价值、科学与考察价值等方面对景点进行客观的描述、评价，从而从整体上把握其质量高低与重要性，评价时，自然旅游资源与人文旅游资源又有不同的侧重点，自然旅游资源侧重于美学角度，而人文旅游资源侧重于历史价值、科学价值及艺术观赏价值等。

根据本区资源特征，我们采取定性评价与定量评价相结合的方法，对本区旅游资源进行了评价。其结果如下。

1. 定性评价

自然旅游资源定性评价可从色彩、质地、形体线条几方面考虑，结果有绝景、胜景、佳景，其标准如下：

①绝景：是指该处自然景观人间少有，色彩鲜艳协调，质地优良，形态万千，鬼斧神工，线条流畅，一气呵成，个性突出，令人叹为观止。

②胜景：是指该处自然景观搭配得当，色彩和谐，质地好，形态多姿，线条柔和，引人入胜。

③佳景：是指该处自然景观秀丽，色彩与周围和谐，形态多有个性，线条自然，给人以惬意之感。

根据以上标准，象头山自然旅游资源的评价结果为：绝景 1 处：金河幽谷；胜景 2 处：象山云海、小金河风光带；佳景 8 处：亚婆髻、风云顶、通天峡、鸳鸯双瀑、碧水潭、七天湖、翠帘幽瀑、梅林雪海。

2. 定量评价

定量评价中有多种方法，如专家学派评价法、层次分析法、心理物理学派、认知学派、经验学派等。此次评价，我们采用的是专家学派评价法：其指导思想是认为符合形式美的原则的风景，都具有较高的风景质量，它分为 4 个要素：线条、质地、色彩、形态，强调其多样性、奇特性等形式美原则在决定风景质量分级时的主导作用。因此，我们将每一景观分为山体、水体、生物、气候、森林环境、相邻景观烘托、人文景观等 7 个因子进行评价，对人文景观则分别从建筑、城乡风貌组合状况等方面打分，每个景点的各项分数之和即为该景点所得分，然后按 9～11 分为三级景点；12～18 分为二级景点；19 分以上为一级景点的标准，划分景点等级。

根据人文旅游资源和自然旅游资源的评价标准对象头山的 38 处景点进行评价，结果为：一级景点 1 处，占 2.7%；二级景点 15 处，占 39.5%；三级景点 14 处，占 36.8%；等外景点 8 处，占 21%。具体景点分级如下：

一级：金河幽谷。

二级：亚婆髻、风云顶、碧水潭、七天湖、鸳鸯双瀑、通天峡、百丈崖、人字树、蟹眼顶、鹰嘴口瀑布、小金河风光带、翠帘幽瀑、梅林雪海、象山云海、兰花谷。

三级：雄鹰岩、古树探水、大小人洞、五子同心、韩国兰圃、富贵石、猫眉顶、亚公髻、桃金娘林、风动石、泻雨瀑、古树、四级电站宿舍楼、引水渠道。

其余皆为等外景点。

由评价结果可以看出象头山自然保护区的旅游优势和景观类型特征如下。

1. 旅游优势

自然旅游资源丰富，品味较高，具有一定的独特性，群峰峻秀，怪石嶙峋，溪谷清幽，飞瀑急倾，高峡平湖，玉带明珠，一幅宁静优美、自然酣畅的风景画卷。

森林覆盖率高，生态环境质量好。象头山地处北回归线，属南亚热带气候区，高温多雨，形成南亚热带天然植物园，植被垂直带分布较为明显。繁茂的植被使象头山孕育了数处山泉、溪流，再加上陡峭的山势，便在多处形成跌水瀑布，动感十足，更为象头山增添了灵气和活力。

地理位置好，区位优越。象头山地处惠州市博罗县境内，交通便捷。象头山自然保护区距惠州市城区仅18km，距金龙高速公路、广汕公路仅2km，是惠州14个旅游规划功能区之一。

2. 山地景观

据象头山区域地质资料所示，其地质组成为麻石英岩，花岗岩，长片麻岩，花岗片麻岩，新生代以来在喜马拉雅运动及新构造运动影响下，由于地面持续抬升，大面积花岗岩岩体逐渐裸露地表从而形成神奇峻秀的山体。保护区内既有海拔最高1 024m的蟹眼顶，虽处险地，却稳如泰山；风云顶犬牙参差；怪石峥嵘的亚婆髻；又有酷似猫眉的猫眉顶，极具洞势险峻无比的风动石和凝神屏气一触即发的雄鹰石，令人眼花缭乱，留连忘返。

3. 水域景观

象头山自然保护区溪流密布，从深山流出的溪水弯曲蜿转，瀑布从悬崖峭壁飞泻而下，雄浑壮丽，更有人工建筑起的七座高山水库，这些大大小小忽动忽静的水体为象头山增色添辉。

4. 生物景观

保护区内自然条件优越，蕴育了丰富的生物资源，植物群落丰富，类型繁多，以典型的常绿南亚热带季雨林类型为代表，具有较高的观赏和科研价值，保护区的植被具有特有性和古老性，加上适宜的气候条件和地形地貌，为野生动物的栖息繁衍提供了理想的环境，如国家一级保护动物有蟒蛇和云豹；二级保护的动物有虎纹蛙、鸢、雀鹰、褐耳鹰、松雀鹰、凤头鹃隼、红隼、白鹇、绿皇鸠、褐翅鸦鹃、小鸦鹃、草鸮、栗鸮、斑头鸺鹠、红角鸮、领角鸮、雕鸮、穿山甲、青鼬、小灵猫、水獭、苏门羚。

(四)旅游发展前景预测

象头山自然保护区位于惠州市博罗县境内，博罗县东南连惠州市区，东北接河源市，西北与增城、龙门相连，西南与东莞相通；距广州、深圳、香港均在70～160km内。根据其地理位置和交通状况，拟把惠州市、东莞市、深圳市作为第一客源市场，人口为1 260万人(1997年数据)。

2000—2003年为保护区建设期，2004年旅游区开始正式接待游客，经过3年的投资建设，预计2004年游客为5万人次，2005年以20%的规模递增，2006—2010年游客规模以15%递增。

游客规模预测如表13-5：

表13-5　游客规模预测

年　份(年)	2004	2005	2006	2007	2008	2009	2010
游客人数(人)	50 000	60 000	69 000	79 350	91 253	104 940	120 681
增 长 率(%)		20	15	15	15	15	15

(五)环境容量分析

1. 日环境容量计算(表13-6)

表13-6　象头山自然保护区日环境容量计算

游道及项目	日环境容量(人次/d)	瞬时容量(人)
金河幽谷游道	1 714	286
亚婆髻游道	1 286	386
蟹眼顶游道	1 075	430
济公田游道	200	40
康健步道	4 800	400
运动和平衡神经锻炼场	120	20
烧烤场	160	80
森林浴场	150	50
小　计	9 505	1 692

2. 游客日容量计算

游客日容量是指风景区、公园、风景旅游村、旅游城镇容纳旅游者的能力，是基础设计的重要依据。

游客日容量一般等于或小于风景区环境容量。

计算方法：

$$G=(H/T)\times C$$

式中：G——游客日容量；

H——游完某游道或某景区所需全部时间；

T——游客在某游道或某景区观光浏览最舒适合理的时间；

C——某游道或某景区风景环境日容量。

据抽样调查，游客多数认为公园观光游览1d以7h为最舒适。

计算结果见表13-7。

象头山自然保护区游客日容量为1 329人次。

表13-7　游客日容量计算

游道及项目	游客日环境容量(人次/d)
金河幽谷游道	G=(60/420)×1 714=245
亚婆髻游道	G=(90/420)×1 286=276
蟹眼顶游道	G=(120/420)×1 075=307
济公田游道	G=(60/420)×200=29
康健步道	G=(30/420)×4 800=343
运动和平衡神经锻炼场	G=(60/420)×120=17
烧烤场	G=(180/420)×160=69
森林浴场	G=(120/420)×150=43
小　计	1 329

(六)客源和市场分析

1. 客源市场分析

旅游业的开发建设必须坚持以市场为导向，以资源为基础的原则，根据象头山自然保护区旅游资源的特点，与毗邻旅游资源竞争的优势，地理位置的区域优势等多方因素综合考虑确定象头山自然保护区的客源市场为：

一级市场为：惠州市、博罗县城、东莞市、深圳市、增城市。

二级市场为：广州市。

三级市场为：珠江三角洲其他地方。

基础客源市场主要是珠江三角洲，珠江三角洲总人口数为 2 056 万人。城镇居民人均年可支配收入都超过了 1 000 美元，广州市达到了 1 500 美元，达到了中距离旅游的消费水平。农村年人均纯收入都超过 500 美元以上，有近距离旅游能力，惠州市距象头山自然保护区 18km，市区有居民 34. 5 万人，1998 年居民人均可支配收入 8 983 元，人均年收入超过 1 000 美元。

2. 旅游市场分析

象头山自然保护区森林茂密、地势雄伟，垂直高差大，环境幽静；空气清新，空气负离子含量高，细菌少，是理想的生态旅游地域。根据客源市场定位，资源状况，旅游市场定位是：集观光旅游、避暑、度假、保健、休闲、科普教育于一体的生态旅游地域。

(七)环境质量控制

在保护区内开展生态旅游，必须将环境质量保护放在第一位，不允许有任何破坏环境质量的情况发生，环境质量的控制应从如下几个方面着手。

①在保护区内的建筑设施体量要小，选材要贴近自然，要与周围环境相协调，力求做到“虽由人作，宛如天成”。

②保护区内的道路建设要依山就势，行车道的长度要尽量缩短，游道开设要尽量避开名古大树及珍稀奇树和动物的栖息地，游道的宽度一般 0. 6 ~ 1. 2m，不允许砍树建路、破坏植被。

③象头山自然保护区是生物物种的保护区，也是水源林保护区，境内溪河纵横，有大小溪河 40 余条，是东江水源的发源地之一，因此，保护区内开展生态旅游活动不允许破坏水源，不允许有污染水源的情况发生。

④保护区内的垃圾要在环保部门的指导下，妥善处理，对于不易溶解的垃圾要集中送垃圾站，对生活废水、污水要按照环保部门的规定，处理以后排放，厕所的污水可以采用生态型厕所，以减少对环境的污染。

⑤严格限制车辆出入，尾气超标的机动车不准进入，以减少尘埃、废气、噪声对环境质量的影响。

⑥保护区内所有的建设项目都必须先做好环境影响评价，环境评价通过后，才能组织实施。

⑦要避免引进不符合我国环境保护规定的设备和技术。

⑧生态旅游区内的生活能源只能是液化天然气、电和太阳能、沼气，不能使用煤。

⑨厕所污水处理站、垃圾处理场、停车场等建在游览区、娱乐区和旅游季节主风向的

下方位置。

⑩停车场周围要栽培能吸收毒气的植物，地面要使用植草砖，改善微气候环境。

（八）绿化美化规划

象头山自然保护区是一颗镶嵌在珠江三角洲上的绿色明珠，以幽雅恬静的生态环境和陡峭险峻的雄姿引人注目。但因 1972—1985 年间的开山修渠、引水挖洞、铺设涵管，对局部生态环境和生态景观造成了干扰破坏，形成了视觉污染、景观干扰和生态环境冲击，应通过绿化工程，尽可能使其逐渐恢复。

1. 面上的绿化

象头山自然保护区森林覆盖率高达 87.6%，境内的非林地多为裸露岩石和局部山地沼泽，现有采伐迹地已安排造林更新；建立保护区后不允许继续采伐，不应该有新采伐迹地出现。因此，面上的绿化任务不大，仅在拟建旅游度假村的济公田和拟建保护区管理处的三堆池等地段有小面积的绿化和美化任务。这些地段的绿化和美化应与基建同步进行，因此在作房屋设计时应同时完成周围环境的绿化美化设计，这些地段的房屋及旅游基础设施应力求与环境和谐、协调。

2. 线上的绿化

保护区境内有公路 6 条，共长 40.2km，公路两旁均应绿化，其原则如下。

①自然景观好的公路段，栽植低矮灌木，以求不遮挡远景。

②自然景观不佳的路段，高大乔木与小乔木间隔栽植培育，庇荫与障景效果共存。

③险峻路段的外侧应密栽大树并培植护坡边的杂灌木，以增添汽车乘客的安全感，内侧的裸露土面应植草护坡。

④输水管道两侧的绿化：保护区内的各级电站架设了许多裸露在地表的大直径输水管道，例如四级电站、五级电站从上坡向下坡输水的大型管道，已成为生态旅游区的视觉污染，急需在管道两侧栽植枝叶繁茂、冠幅大、覆盖性强的小乔木或大灌木，使这些线性污染源变为绿化带。其绿化设计方案建议由保护区制定，绿化经费（含苗木与造林及各项管护用工费用等）应由水电管理局支付。因污染是电站造成的，治理费用理应由其管理部门承担。

3. 点上的绿化

根据保护区的生态旅游规划，境内将有 4 个停车场和 3 个水库码头，均需绿化。

①自然保护区管理处、济公田度假村的绿化要与美化、香化相结合，要有意境，要与建筑、环境、设施相结合，要高起点、高标准、高质量的设计、施工，以加强保护区的景观和环境效果。

②济公田水库拟建 3 个码头，其主要功能是停靠旅游船只，在码头周围地段要栽植庇荫效果好的树种，达到为游客护荫送爽的目的。同时应在码头附近建造花坛花池、加以人工点缀，使大自然的粗犷与人工雕琢在这里巧妙结合，取得画龙点睛的效果。

③自然保护区在济公田、半边篮、三堆池、大门入口处规划了 4 个停车场。拟在停车场四周栽植庇荫效果较好的大乔木。在大乔木下栽植一定数量的耐阴性较强的灌木，使之既遮荫又挡住视线。

（九）三废处理

象头山自然保护区是经过漫长岁月形成的一个物种资源十分丰富、空气清新、景观优美而又脆弱的生态系统。它具有巨大的容量和自我调节能力，但随着周边人口的增加和旅游人数的增多，会削弱其生物自身维持生态系统的能力，导致自然环境的破坏和自然资源的衰竭，所以在开发利用保护区旅游资源的过程中，要认真贯彻落实《环境保护法》《大气污染防治法》《水污染防治法》《森林法》《环境保护标准管理办法》等法规标准，提倡“预防为主，防治结合”的可持续发展方针。

1. 旅游垃圾的处理

①建立科学的旅游垃圾收集、摆放与清运工作程序，设立分类垃圾箱。箱体要求不生锈、不漏水、结实而耐用、有盖、易于清洗。

②垃圾的处理，要送往环保部门指定的地方进行焚烧或填埋。

2. 废水的处理

为了保证不污染水质，旅游厕所可以采用新型的无水厕所或免冲厕所，生活污水按环保部门的规定，进行严格的科学处理。

(十)旅游项目规划

1. 景点及游览线路建设规划

(1)负离子呼吸区　空气负离子，又叫空气维生素和生长素，拟在济公田度假村附近山林中建负离子呼吸区 1 处，面积 200m^2。

(2)烧烤场　在济公田的山林中，选择一个地势平坦开阔之地，建烧烤场 1 处，烧烤炉 20 个，面积 600m^2，一次接待游客 80 人。

(3)森林浴场　在济公田附近选择一个森林环境好，空气负离子浓度高，林中植物精气质量好，浓度高，地势平坦的地方建 1 处森林浴场，规划面积 10hm^2。

(4)垂钓区　在济公田水库四周，设垂钓位 30 个，供游客垂钓。

(5)济公田康健步道　在济公田度假村附近，选择一个地势较平坦的地方或缓坡地，建一条长 2 000m，宽 1. 4m 的康健步道，用以锻炼身体，调整人体韵律，达到健康长寿的目的。

(6)济公田水上娱乐区　拟在济公田水库建水上娱乐区，在水库边建码头 3 个，置水上电动“的士”20 只。

(7)济公田运动和平衡神经锻炼场　在济公田附近，建运动和平衡神经锻炼场，面积 1 000m^2。

(8)恢复济公庙　在济公庙旧址恢复济公庙。

(9)公众教育馆　为了帮助游客更好地认识自然、了解自然、保护自然、享受自然，拟在三堆池建公众教育馆一座，对游客进行宣传教育。建筑面积 360m^2，建设内容包括放映厅、动植物标本馆、展厅、工作室、接待室、洗手间、小卖部等。

2. 接待设施建设

济公田水库的右侧，地势开阔平坦，空气清新，环境幽静，夏秋季节气温低，森林茂密，环境好，空气负离子含量和森林植物精气浓度高，是度假、保健、休闲、避暑的理想地域，拟在此建济公田度假区，接待游客床位 420 个，建设内容包括：

(1)度假村　拥有 200 个床位，按三星级旅游饭店标准建设，文化娱乐设施包括阅览室、健身房、美容美发室、桑拿浴、保健按摩室等。建设面积 5 600m^2。室内装饰按生态房标准进行装饰。

(2)乡村别墅　拥有床位100个，按生态房标准建设。2室1厅2个卫生间的乡村别墅10栋，每栋建筑面积75m^2，接待游客4人，砖基、土砖墙、木地板，屋面小青瓦。5室1栋，带5个厨房和5个卫生间的乡村别墅6栋，每栋建筑面积150m^2。结构砖基、土砖墙、木地板，小青瓦屋面。

(3)学生公寓　1栋，为二层楼房，34间，每间32 m^2，总面积1 088m^2，接待学生规模120个床位。

(十一)旅游效益分析

1. 游客预测

从2004年开始投入营业，预计2004年当年的游客为50 000人次。据国内国际旅游业发展形势和当地经济发展以及保护区资源优势，对2004—2010年游客人数进行预测如表13-8所示。

表13-8　游客规划预测

年　份	2004—2005	2006—2010
游客数(万人次)	11	46.5
年均(万人次)	5.5	9.3
年增长率(%)	20	15

2. 客房利用率和游客消费标准确定

(1)客房率确定

旺季：152d。主要是双休日、固定假日、寒暑假。

淡季：60d。主要是大雨、暴雨、台风等恶劣天气。

平季：153d。除去旺季和淡季的天数。

旺季按90%的客房利用率计算为：152×90% =137d

平季按60%的客房利用率计算为：153×60% =92d

淡季按30%的客房利用率计算为：60×30% =18d

合计为247d。

年客房利用率为：247/365×100% =68%

(2)游客消费标准确定　根据惠州市及周边经济增长情况和消费情况，按年消费水平10%递增。如表13-9所示。

表13-9　游客消费标准一览 *

年份	门票	住宿	饮食	娱乐	购物	人均(元)	年游客数量(人次)	年消费总额(万元)
2004	10	100	40	30	20	200	50 000	1 000
2005	11	110	44	33	22	220	60 000	1 320
2006	12	121	48	36	24	241	69 000	1 662.9
2007	13	133	53	40	27	266	79 350	2 110.7

(续)

年份	门票	住宿	饮食	娱乐	购物	人均(元)	年游客数量(人次)	年消费总额(万元)
2008	15	146	59	41	29	293	91 253	2 673.7
2009	16	161	64	48	32	321	104 940	3 368.6
2010	18	177	71	53	35	354	120 681	4 272.1

* 为游客递增率2005年为20%，2006—2010年为15%。

3. 经济收入预测结果

根据建设情况和旅游发展趋势，拟定2004—2005年游客住宿率为40%，2006—2010年为35%。根据游客人数，消费水平编制经济收入预测表，如表13-10。

表13-10　经济收入预测估算　　万元

项目	2004—2005年			2006—2010年		
	营业额	纯利率%	纯利	营业额	纯利率%	纯利
门票	116	80	92.8	708	80	566.4
住宿	464	60	278.4	2 466.9	60	1 480.1
饮食	464	30	139.2	2 818.6	0	845.6
娱乐	348	50	174	2 083.2	50	1 041.6
购物	232	10	23.2	1 402.6	10	140.3
合计	1 624		707.6	9 479.3		4 074
年均	812		353.8	1 895.9		814.8

4. 旅游投资效益分析

旅游项目总投资额为1 957.6万元，旅游投资效益分析如表13-11。

表13-11　旅游投资效益分析　　万元

项目	投资期	
	2001—2005年	2006—2010年
总投入	1 957.6	
年均投入	391.52	
总纯利	707.6	4 074
年均纯利	353.8*	814.8

* 为2004—2005年2年的平均值。

七、多种经营规划

(一)多种经营的原则

①布局合理的原则。根据自然保护区管理条例，多种经营应严格限制在保护区外围实验区范围内，并有规划、有目的、有步骤的开展。绝对禁止在核心区和缓冲区开展多种经营。

②多种经营应与观光游览、科技教育相结合的原则。

③自身资源与市场需求相结合的原则。所选取项目应以自身资源为基础，充分利用保护区自身的资源优势，并考虑市场需求，但不破坏自然景观，不得发展任何有污染的项目。

④充分体现地方特色的原则。应因地制宜地生产独具地方特色的优质产品供应市场。

(二)多种经营的生产方式和组织形式

象头山自然保护区的多种经营要从广种薄收，粗放经营的传统方式向集约化经营的方式转变，加大科技投入力度。在保护区管理处专门机构的组织领导，采用租赁、承包等到各种形式，以集体、个体或与社区合作等形式进行经营，实行独立核算，自负盈亏。同时，管理机构要制定相应的政策、协议，明确各方面的权利义务，实行科学、法制管理。

(三)多种经营项目和生产规模

1. 青梅的种植

象头山自然保护区适合青梅的生长，青梅种植的经验和习惯。拟在三堆池附近种植1.3hm^2 既可观花又可观果，或对果实进行深加工，将其作为象头山特产推向市场。

2. 兰花的种植

象头山范家田一带适合兰花生长。此处海拔高、空气湿润、终年云雾缭绕，是兰花生长的极佳场所，拟在范家田建兰圃繁殖基地3.3hm^2。年产兰花2万盆，使之成为广东省最大的兰花生产基地。

(四)多种经营项目投资及效益分析

根据保护区多种经营项目及投资单价进行项目投资概算，象头山自然保护区多种经营共需投资额105万元，其中青梅5万元，兰花100万元。

据初步预测，5年以后，年产青梅30 000kg，按2元/kg计算，可以收入6万元。兰花三年后(2004年)产兰花12万盆，年收入可达120万元。

第六节　重点建设工程

根据象头山自然保护区的现状及开发建设目标，确定以下工程作为保护区重点建设工程。

一、生物多样性的保护工程

(一)保护区边界和核心区边界界碑、界桩的埋设

界桩是保护区边界和功能区界的识别标志，它起到保护自然、识别位置、指导方向、宣传规章制度、提示警告、表达信息的作用。规划保护区边界线长58.04km，埋设界桩150个，核心区边界长41.07km，埋设120个，是重点保护工程。也是首期工程，规划投资10万元。

(二)护林站、哨卡、防火瞭望台、巡护路网建设

根据保护区的地形、地貌、交通及生物资源，景观资源，环境资源的现状、拟定在自然保护区范围内建保护站5个，防火瞭望台5处，哨卡8处，为生物多样性保护重点工程。总建筑面积1 020m^2，巡护路线总长50km，总投资162万元。为近期建设工程。建设顺序为哨卡、护林站、巡护路网、防火瞭望台。

(三) 防火林带建设

在保护区的边界多针叶林，容易引起森林火灾。拟在边界栽防火林带40km，宽20m，树种为木荷，总投资88万元，为三期工程。

二、科研设施和监测工程

(一) 科研楼

自然保护区的科研楼和办公楼是一座混合楼。总面积720m^2，投资90万元，为首期工程。

(二) 植物园

拟在三堆池附近建植物园1个，面积15hm^2。引种栽植国内外的珍稀植物，在植物园中建成园中园，有水生植物园、石生植物园，珍奇名贵百花园，投资100万元，为三期工程。

(三) 野生动植物拯救中心

为了驯养、拯救野生动植物，拟在三堆池、小金河上游地段，建野生动植物拯救中心，面积2hm^2，建设内容包括：工作室、馆室、活动场所、治疗室、器械药物及动植物繁育地段。投资100万元，为二期工程。

(四) 定位观测站

在核心区、缓冲区、实验区各设定位观测站1个，设固定观测样地0.1hm^2，进行长年综合性观测，为科研提供数据。在三堆池、范家田、枞树坳、金娘坡、天堂山六处设珍稀动物天然繁育观察点每处1hm^2，观测珍稀濒危植物天然繁育状况。

在范家田、济公田、亚婆髻三处森林密布、山石陡峭、地形复杂的山坡上与沟谷地带划出150hm^2(每处50hm^2)，作为野生动物繁育实验区，进行定期定位观测。从2002年开始观测。

三、宣传教育和培训工程

宣传教育的目的是为了提高保护区管理人员和社区群众对保护环境，维持生态系统的自然性的生态意识，提高保护区在社会上的知名度。象头山自然保护区宣传教育和培训工程的重点建设项目如下。

(一) 宣传信息网络

在管理处办公大楼设象头山自然保护区网站，加强保护区与国内外保护区、大专院校、科研单位的联系，及时准确地提供全面有效的专业信息服务，拟投资10万元。

(二) 公众教育馆

在三堆池保护区管理处建公众教育馆。对游客进行生态环境、动植物保护、生物知识教育。建筑面积360m^2，包括动植物标本馆、展厅、库房等。总投资65.2万元，第一期完成。

(三)生态旅游设施工程

根据象头山自然保护区生态旅游资源的特点和生态旅游规划的指导思想，拟定在海拔800多米的济公田水库周围建生态旅游度假区。度假区的建设内容包括：度假村、乡村别墅、学生公寓、负离子呼吸区、烧烤场、森林浴场、济公田水上娱乐区、康健步道、平衡神经锻炼场、恢复济公庙共10项。床位420个，总占地面积20hm^2，总投资1 957.6万元，二期完成。它将对提高保护区的自养能力起到关键性的作用。

(四)多种经营工程

为了提高保护区的自养能力，使保护区从事业型向自养型发展，在保护区范围之内适度开展多种经营，使保护、科研生产达到一个科学、完美的结合。多种经营的重点建设工程是兰圃。范家田气候凉爽，适合兰花生长，拟在此建一个年产12万盆兰花的基地，占地面积3.3hm^{2}亩，投资100万元。

(五)基础设施建设工程

基础设施的重点工程主要是交通工程。从四角楼到四级电站，12.5km，由林四级公路扩建为国家四级公路，水泥路面；从四级电站到发射台段7.5km，由简易路改建为国家四级路，水泥路面；甲子前路、良田河路、济公田路、范家田路共16.7km，由简易路改建为国家四级路，水泥路面；上嶂路6km，由简易路改建为林四级路，砂石路面；新建天堂路，长5.5km，建成为林四级路，砂石路面；总投资1 036.5万元。第一期完成527.5万元，第二期完成509.0万元。

第十四章

生态旅游专项规划[①]

第一节　森林人家开发建设纲要

森林人家是指以良好的森林环境为背景，以有较高游憩价值的景观为依托，充分利用森林生态资源和乡土特色产品，融森林文化与民俗风情为一体的，为旅游者提供吃、住、娱等服务的健康休闲型品牌旅游产品。为了让城郊居民、林区居民参与温州市森林旅游开发，提高其经济收入和生活水平，规划在全市开展森林人家产品开发。

一、选址条件

（一）区位交通

交通便利，位于城郊，距离市区或县城车程在1h以内，或位于大中型景区周边，生态环境良好。

（二）用地条件

区域森林环境良好，森林文化特色明显，民俗民风等人文资源保存较好，具有一定吸引力；空气质量达到国家一级标准，空气负离子含量高，平均达到1 000个/cm^3以上；地势平坦，有一定的缓坡地，接待区域面积与接待能力相适应；无安全隐患，远离处于地质灾害或低洼河边的危险地方。

二、开发建设纲要

（一）开发思路

结合城市森林城市建设、森林旅游开发，依托城郊森林生态资源和乡土特色产品，利用城郊社区、林区社区发展森林人家旅游产品，融森林文化与民俗风情于一体，突显林家特色、渔家特色、畲乡特色，为旅游者提供餐饮住宿、休闲娱乐、森林休闲等旅游服务。

（二）开发建设纲要

（1）开发方式　集群式发展。对温州市（县）郊区、大中型景区周边的农家乐特色村、示范点进行整合、开发，集群化发展，统一经营管理、扩大规模和接待档次，形成一个个森林人家集群。

（2）建筑风貌　以传统建筑为宜，建筑材料宜选用木、竹、砖木等乡土材料和环保材

---

① 除特别注明外，生态旅游专项规划以温州市为例。

料，建筑控制在3层以下。房屋结构坚固，通风良好，光线充足。

(3)基础设施　有国家标准四级以上公路到达，有明显的指示标牌，方便游客进入；停车坪面积根据接待规模设置，一般不小于200m^2，有交通示意和车辆联系代理。

(4)服务设施　森林人家住宿、餐饮等接待服务设施建设不低于三星级酒店标准；单个森林人家集群点旅游接待规模不少于100个床位。根据实际接待规模配备相应服务中心、会议室、商店、娱乐室、室外健身场、垂钓等服务项目；结合周边农田建设生态无公害蔬果基地，提供生态健康的食品。

(5)运营管理　按照国家有关法律、法规、规章和相关规定开展经营活动，制定全市森林人家食品卫生管理制度、消防管理制度、安全防范管理制度，并确保其运行有效。垃圾处理、污水排放、饮食油烟排放符合国家相关规定，推广使用节能环保材料、能源，周围不得放养家畜、家禽等。

三、总体布局与开发时序

结合温州市农家乐、渔家乐的发展现状，规划在全市建设150个森林人家集群，遵循优先发展城边、路边、景边的“三边”原则，形成以城郊型、镇(中心镇)郊型、景(大中型景区)边型为主的森林人家集群发展布局。近期完成50个森林人家集群发展，远期进一步完善提升，推广发展100个森林人家集群点。各地区森林人家集群点开发建设时序见下表(表14-1)。

表14-1　森林人家开发规划及建设时序

序号	所属区域	森林人家集群数	开发建设时序	
			近期	远期
1	鹿城区	10	5	5
2	瓯海区	15	5	10
3	龙湾区	5	2	3
4	乐清市	20	5	15
5	瑞安市	20	10	10
6	永嘉县	15	5	10
7	泰顺县	15	4	11
8	文成县	15	4	11
9	苍南县	20	4	16
10	平阳县	10	4	6
11	洞头县	5	2	3
12	合计	150	50	100

第二节　汽车营地开发建设纲要

随着私家车的增加，自驾旅游已成为一种新的旅游业态。为适应温州市自驾旅游发展新形势新业态的需求，充分发挥温州市森林旅游资源优势，规划结合温州市绿道建设，新建一批汽车营地，为广大的自驾车游客提供具有特色、安全舒适的旅游产品。

一、选址条件

（一）区位交通

距离中心城市 2～3h 车程，同时与城镇保持一定的距离。距周边大型景区不超过 1h 车程，与国道、省道或国家二级以上公路相通，交通设施符合国家等级公路标准。

（二）用地条件

①选择远离滑坡、巨浪、洪水、高压线、有害动植物等易发自然灾害的安全场所；

②周边生态、景观、环境卫生、治安条件良好，不存在潜在威胁；

③营区地势平坦，坡度不超过 10°，且排水性良好；

④景观及生态环境资源优良，临近水源，且水质优良；

⑤有绿树、河流、日照充沛、在海边或湖畔、周边有风景区、名胜古迹等可供露营者游览欣赏环境舒适的地域；

⑥营地周边有宾馆饭店、加油站、医院等服务设施，能满足自驾旅游者的相关需求。

二、开发建设纲要

（一）开发思路

充分结合温州市绿道建设，根据资源及环境的不同，建设滨水型汽车营地、郊野型汽车营地。目前温州市已颁布《温州市自驾车旅游营地建设规范（试行）》地方标准，具体开发建设按照该标准实施。

（二）开发建设纲要

1. 建设规模

充分考虑设施配备与管理效率，汽车营地的最少营位数量为 30 个，考虑到盈利，其规模应达到 100 个营位以上。

2. 功能分区

汽车营地主要分为露营区、服务活动区、野餐区和生态保护区共 4 个区。露营区为不同类型的露营者提供适合的营位和活动空间，如小汽车露营、房车露营、团体露营和帐篷露营等。服务活动区在营地会所中为露营者提供必要的生活服务及室内外活动场所，同时也是营地的管理和办公中心。野餐区靠近主入口设置，与服务活动区形成一个供非留宿游客休憩用餐的完善服务系统。生态保护区对公园内自然山林采取生态保护的原则，保持其原有次生林的自然植被，仅对过密的林相和有毒、危险的植物进行必要的疏伐和清理。

3. 营地建设

营地绿化宜选择现有或种植高大树木，并不过于茂密及不产生树脂和滋生蚊虫的树木；汽车营地地面应根据区域功能的要求做铺装，帐篷区和木屋四周宜铺设草坪。

帐篷搭设区地面应高于周围地面 30cm，帐篷间距不宜小于 2m；帐篷区的树木、高大乔木，枝下净空不低于 2.2m；汽车营位最小距离不宜小于 10m。

汽车营地内应铺设给排水、电源、通讯、有线电视、宽带等管线，同时在非旅居车（自驾车）营位内应设置供汽车露营者使用的生活设施。

4. 服务管理

服务中心规模应根据营地建设规模而确定，建筑外观和色彩应与环境相协调，内部布置合理、舒适。

服务中心应设置相应部门为游客提供车辆服务，包括清洁、加油、维修、救援等方面；同时提供各类户外用品租赁服务，租赁物品种类多(包括房车、帐篷、木屋、烧烤器、篮球、排球、网球、羽毛球等生活运动用品)。

5. 环境卫生

生活卫生设施的建筑外观和色彩应与环境相协调，卫生设施内部应空气流通、光线充足、地面铺设防滑地砖，并应用防臭、防蛆、防蝇、防鼠等技术设施。

生活卫生设施设计应合理的布置卫生洁具，及其使用空间，并充分考虑老年人、儿童、残疾人的专业设施的配置，并应采用先进、可靠、使用方便的节水设备。

6. 安全防护

配备专业户外人员及医疗救护人员，设置完善的火灾报警系统，消防器材应摆放在醒目的地方。

营地必须有专业人员管理，夜晚有人值守。靠近山区、森林、水面等地区设警示牌及救护设施。

建立紧急救援机制，有急救应急预案，设立医务室和急救室，配备足够的专职医务和急救专业人员。

(三)开发建设意向

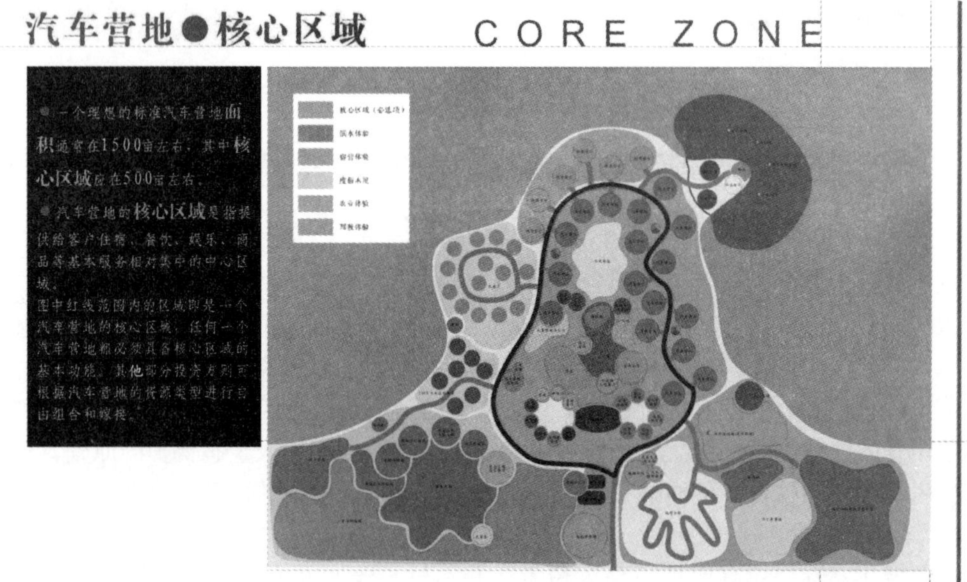

9
深圳市度假湾企业策划有限公司
LAKESIDE
滨 水 型
顾名思义,滨水型汽车营地就是依托大海、湖泊、江河等资源而建的汽车营地。它的特点是区域广阔,易于安排各类水上娱乐活动如划船、垂钓、冲浪等等。选址时要注意评估周边水域在枯水期和丰水期不同的水位变化对营地安全可能造成的影响。滨水型是汽车营地的主要类型。
汽车营地

11
深圳市度假湾企业策划有限公司
SUBURBAN
郊 野 型
郊野型汽车营地是指距离城市较近,为城市中短期度假或不愿意进入城市的外来驾车游客提供各类服务的汽车营地。其主要特点是交通方便,设施比较齐全,使人们在享受自然乐趣的同时又能享受现代物质生活所带来的便利。
汽车营地

三、总体布局与开发时序

根据调查，并结合《温州市旅游局关于命名第一批自驾车旅游营地的通知》及《温州市域绿道网专项规划》，统筹布局，规划在全市新建 11 个汽车营地，满足自驾旅游者的需求。其中近期规划新建 4 个，远期规划新建 7 个，具体见表(表 14-2)。

表 14-2　汽车营地开发建设时序表

序号	所属区域	名称	开发建设时序		备注
			近期	远期	
1	乐清市	黄檀硐汽车营地	●		已确定
2	永嘉县	楠溪江九丈甸园汽车营地	●		已确定
3		龙湾潭景区汽车营地	●		已确定
4	洞头县	大沙岙海滨汽车营地		●	
5	文成县	金朱汽车营地		●	
6		天顶湖汽车营地		●	
7	平阳县	西湾海滨汽车营地		●	
8	苍南县	鹤顶山汽车营地		●	
9	泰顺县	凤垟云海汽车营地	●		已确定
10		峰文汽车营地		●	
11		上佛垟汽车营地		●	

第三节　漂流河段规划设计

——以湖南永州宁远九疑河鱼形岭至荞麦花段为例

一、基本情况

(一) 自然地理概况

1. 地理位置

九疑河位于九疑山区南部，主支流有子江河和母江河，两条支流在北门坳汇合后为九疑河。沿途经鲁观洞、水市水库、香花铺、水市镇、大阳洞、注入道县。河长 50. 8km，宁远县境流域面积 46. 8km^2，落差 1 045m，坡降 20. 5‰。

九疑河鱼形岭至荞麦花河段规划起漂点为鱼形岭，终点为荞麦花，全长 9. 2km。

2. 地形地貌

九疑河地处九疑山南部，位于南岭褶皱带北缘，属南岭山脉萌渚山系。山脉走向由东南向西北延伸，东南高，西北低。

九疑河鱼形岭至荞麦花河段呈东南—西北走向，起漂点海拔 307m，终点海拔 265m，相对高差 41. 6m，河床平均坡比 0. 45%，最大坡比 2%。河床基岩为板页岩和花岗岩。

3. 气候条件

九疑山属中亚热带东南季风湿润气候区。年平均气温为 13 ~ 17℃。山区年降水量为

1 700 ~ 2 000mm，年平均日照时数 1650 小时。最高气温出现在 7 ~ 8 月，降水主要集中在 4、5、6 月，占全年降雨量的 47%。总的气候特点是日照时间短，气温年较差小；垂直分段性明显；霜降早，冰冻严重；雨量充沛。

4. 森林植被

九疑山属常绿阔叶林区，后被人工植被所代替，天然植被和次生植被保存不多，但物种资源丰富，现有木本植物 91 科 568 种，草本植物 500 多种。主要树种有杉木、马尾松、香樟、楠木、木兰、柏木、厚朴、杜仲、锥栗、化香、石栎、继木、杜鹃、楠竹等，另外九疑山有众多国家保护树种，如石枞、香杉、银杉、珙桐、摇钱树、银杏、红椿木等，还生长有斑竹、花竹、罗汉竹、四方竹和黑竹等 20 多种竹子。

(二)社会经济概况

1. 社会经济状况

宁远县经过近些年的发展，国民经济持续快速增长。截止到 2003 年年底，全县全年国内生产总值为 208 115 万元，人均国内生产总值为 2 672 元；人均国民生产总值为 3 042元。

2. 交通条件

从宁远县对外交通看，主要以公路为主，目前还没有铁路经过县内，同时也未有航空交通，还没有形成水、陆、空立体交通网络，但可以间接借用永州市及周边其他城市的交通系统来改善其交通网络区位。

九疑河位于宁远县东南隅，从县城通往漂流起点——鱼形岭的公路路况较好，约需一小时车程。但目前终漂点外出交通状况不佳，目前仅有简易砂石公路，为近期建成，为了开展漂流和开发水电事业，现在正在对公路进行改造。

二、资源状况

九疑河旧称潇水。有大小支流 44 条。主支流有两条(子江河和母江河)，两条支流在北门坳汇合后为九疑河。沿途经鲁观洞、水市水库、香花铺、水市镇、大阳洞、注入道县。河长 50. 8km，宁远县境流域面积 46. 8km^2，落差 1 045m，坡降 20. 5‰。

经实地考察，九疑河漂流河段内植被葱郁，流域内降水充沛，滩多水急，河床落差适度，两岸地势险峻，风景秀丽，是开展漂流旅游活动的理想场所。

(一)河流状况

九疑河鱼形岭至荞麦花河段呈东南—西北走向，全长 9. 2km，相对高差 41. 66m，河床平均坡比 0. 45%。共有河弯 27 个，其中急弯(≤90°)3 个，最急弯 70°；有险滩 32 处，潭 33 个。

1. 河水流量(表 14-3)

根据九疑河九疑水文站多年测量数据(1985—2001 年，其中 1988、1990、1999、2000 年四年资料缺失)可以看出，河段在 2 ~ 9 月份流量一般都在 3m^3/s 以上(除个别年份个别月份流量过低以外)，适宜开展漂流活动(一般流量在 2. 5m^3/s 以上即可开展漂流活动)，但作为适合漂流时间的 10 月份流量偏低，开展漂流活动时需要进行适度补水。

表 14-3　宁远九疑河流量统计　m³/s

年份	各月流量统计											
	1	2	3	4	5	6	7	8	9	10	11	12
1985	2.07	10.4	14.7	4.7	20.9	9.06	3.27	15.5	20.3	3.32	2.73	2.67
1986	1.97	7.07	8.45	12.0	10.0	21.1	21	7.07	2.56	1.97	3.8	1.31
1987	1.09	2.16	8.9	20.2	14.1	9.59	7.09	6.16	7.84	6.17	12.7	3.57
1989	8.6	13.2	7.40	12.8	23.2	9.49	3.43	2.64	3.85	1.71	1.23	1.08
1991	6.46	9.91	11.5	8.99	13.3	12.5	4.06	4.52	9.86	1.93	4.0	—
1992	11.2	19.3	26.8	14.3	18.9	11.7	14.6	2.71	16.3	1.77	1.12	1.68
1993	4.26	6.94	14.6	17.7	38.2	26.6	5.47	14.0	9.64	8.18	4.89	2.78
1994	1.63	5.88	10.8	20.4	11.9	26.4	28.2	41.6	6.86	4.34	1.40	7.55
1995	8.05	11.7	10.2	23.8	15.4	25.6	7.34	3.82	5.39	17.5	2.92	1.47
1996	3.14	4.28	17.6	20.3	13.2	13.1	13.0	18.1	4.49	1.41	1.04	1.05
1997	3.13	10.2	14.2	16.8	12.9	13.6	17.7	23.3	17.3	7.16	2.86	1.31
1998	12.7	13.6	23.5	12.8	13.8	20.4	4.64	2.22	2.72	1.11	0.825	1.52
2001	4.03	6.52	10.2	21.4	15.4	30.2	25.5	12.7	13.7	2.64	5.85	2.89
平均	5.26	9.32	13.76	15.86	17.02	17.62	14.25	11.87	9.29	4.55	3.49	2.42

2. 河弯

整条漂流河段共有河弯 27 个，各河弯所在位置及弯曲度见表 14-4。

表 14-4　九疑河漂流河段河弯概况

序号	弯曲度(°)	位置	序号	弯曲度(°)	位置
1	88	野猫潭	15	115	烟云滩雪云潭交接处
2	101	长潭与黑龙滩交接处	16	105	雪云潭盘龙滩交接处
3	134	黑龙滩桃花潭交接处	17	155	盘龙滩浣衣潭交接处
4	132	珍珠滩碧虚潭交接处	18	100	马脚滩头
5	103	白马潭转弯处	19	105	芦花滩仙潭交接处
6	121	凤凰潭转弯处	20	135	仙潭白鹤滩交接处
7	105	双龙滩转弯处	21	120	降龙滩头
8	100	月亮潭双椒交接处	22	130	鹰嘴滩尾
9	120	紫霞潭击石滩交接处	23	115	太息潭临峰滩交接处
10	140	玉簪滩三分潭交接处	24	70	临峰滩尾
11	145	鳌头滩头	25	145	麻石滩尾
12	95	若冰滩风兮潭交接处	26	120	影竹滩清凉潭交接处
13	115	风兮潭石门滩交接处	27	80	清凉潭中间转弯处
14	146	石门滩芙蓉潭交接处			

3. 险滩

九疑河漂流河段具各类险滩 32 处。各滩名、长度、相对高差、坡比详见表 14-5。

表 14-5 九疑河漂流河段险滩概况

序号	滩名	长度(m)	宽度(m)	相对高度(m)	坡比(%)	深度(m)
1	龙须滩	75	8~20	1.2	1.6	0.6
2	琉璃滩	154	30~40	0.85	0.55	0.3
3	鸡公滩	154	10~25	0.95	0.62	0.7
4	三步滩	27	10~20	0.47	1.74	0.4
5	黑龙滩	161	6~20	2.83	1.76	0.7
6	珍珠滩	62	7~15	0.99	1.6	0.8
7	金沙滩	40	20~35	0.42	1.05	0.8
8	戏鸭滩	44	10~20	0.55	1.25	0.7
9	双龙滩	395	8~18	2.95	0.75	0.8
10	双椒滩	55	8~18	0.82	1.49	0.8
11	击石滩	75	8~18	0.9	1.2	0.9
12	诸葛滩	94	8~15	0.84	0.89	0.8
13	玉簪滩	208	6~20	1.91	0.92	0.9
14	鳌头滩	86	10~20	1.73	2	0.6
15	莲花滩	214	8~15	1.72	0.8	0.7
16	若冰滩	111	10~15	0.66	0.6	0.5
17	石门滩	208	7~20	2.65	1.27	1.0
18	烟云滩	241	10~20	0.98	0.41	0.9
19	盘龙滩	250	12~25	2.45	0.98	0.8
20	黄滩	74	10~25	0.8	1.08	0.6
21	伏波滩	127	10~20	0.88	0.69	0.7
22	玛瑙滩	71	8~15	0.52	0.73	0.6
23	马脚滩	72	8~15	0.93	1.29	0.8
24	芦花滩	138	8~15	0.97	0.7	1.1
25	白鹤滩	31	15~20	0.38	1.23	0.7
26	降龙滩	140	25~40	1.11	0.79	0.7
27	蓑衣滩	154	40~60	0.96	0.63	0.6
28	鹰嘴滩	73	8~30	0.96	1.26	0.8
29	临峰滩	320	8~20	1.94	0.61	0.9
30	伏虎滩	197	10~40	1.84	0.93	0.6
31	麻石滩	28	8~10	0.34	1.21	0.6
32	影竹滩	60	8~20	0.34	0.57	0.8

4. 碧潭

漂流河段共计各类水潭 33 个，各潭名、大小、水深详见表 14-6。

表 14-6 九疑河漂流河段深潭概况

序号	名称	长度(m)	宽度(m)	水深(m)
1	白狐潭	122	10~30	0.6
2	龙潭	190	20~40	0.5
3	野猫潭	180	12~35	2.6
4	玲珑潭	82	15~35	1.1
5	长潭	546	8~30	2.7
6	桃花潭	69	7~15	0.9
7	碧虚潭	34	6~10	1.1
8	白马潭	340	8~15	1.9
9	凤凰潭	114	8~15	1.6
10	月亮潭	72	10~35	1.1
11	紫霞潭	141	8~15	1.6
12	寒潭	109	8~15	2.6
13	麒麟潭	82	7~10	1.4
14	三分潭	218	8~20	1.5
15	天子潭	125	5~25	0.9
16	烟波潭	118	8~35	1.2
17	风兮潭	160	8~20	1.3
18	芙蓉潭	135	7~15	1.7
19	雪云潭	223	15~25	1.6
20	浣衣潭	252	8~18	2.3
21	望仙潭	25	8~15	1.3
22	鲤鱼潭	80	8~18	2.1
23	翠竹潭	157	8~15	1.8
24	飘渺潭	60	15~25	0.8
25	仙潭	205	15~25	2.6
26	临风潭	144	10~25	1.9
27	镜潭	124	8~25	0.7
28	龙门潭	155	30~50	0.8
29	太息潭	186	8~25	1.4
30	黄草潭	99	16~20	0.8
31	银耳潭	97	10~25	1.6
32	月岩潭	138	8~15	1.4
33	清凉潭	280	15~50	2.5

(二)其他自然景观

1. 森林景观

九疑河漂流河段两岸植被葱郁，山林植被以人工杉木林为主，近河岸及地势陡峭处多灌木林；漂流下游河段两岸多有竹林，竹影摇曳；村舍房前屋后及附近山凹有零星种植的芭蕉林。每逢春夏，绿树翠竹，山花烂漫，鸟语花香；深秋时节，红叶点点，野果满枝，令人流连忘返。

2. 象形山石

漂流河段河床两岸或河道上有众多奇特象形山石，形态逼真，如双龙戏珠、双椒石等。

(1)双龙戏珠：位于双龙滩。双龙滩中有一长约40m的长洲。将河道分成两条“长龙”，长洲正对一突兀于水面的花岗岩石，形如“龙珠”。恰似两条长龙在争抢龙珠一般。

(2)双椒石：双椒滩首，有两块突出水面约1m的花岗岩尖石，二者紧密连在一起，活像两只“朝天椒”立在水面。

(三)人文景观

九疑山被列为湖南省六大风景名胜区之一，十大旅游区之一。境内圣迹众多，有舜帝陵、舜帝庙、紫霞岩、永福寺等名胜古迹。舜帝乃上古五帝之一，舜葬九疑，已为《国语》、《山海经》、《礼记》、《淮南子》、《史记》等史书所肯定。九疑山舜文化影响深远，成为众多游客向往的圣地。

同时九疑河漂流河段地跨的九疑山瑶族乡和水市镇有众多瑶族乡民居住，吊脚木楼散布于林间河畔，村民部分保存了瑶族的饮食、服饰、嫁娶等习俗，民风淳朴，热情好客。漂流终点附近就新建有牛垭岭瑶寨风情园。

依托文化底蕴深厚的舜文化，借助九疑山区秀丽的风光和别具风情的瑶族文化，依靠九疑河自身资源优势，利用漂流本身的独特吸引力开展漂流活动一定能对游客产生巨大的吸引力。

三、客源市场分析

作为一项参与性很强的专项旅游产品，漂流活动项目与本地现有的以观光为主的传统型旅游产品是非竞争性的、互补的关系。项目的开发建成，将成为永州地区大旅游圈中的一个重要组成部分。宁远县城距省会城市长沙410km，距郴州市130km，距广东省连州市142km，距永州市区80km；距广西自治区桂林市213km；距广州市370km，其客源市场将是永州市、郴州市的城镇居民；来永州、郴州旅游的省内外游客以及周边广西桂林、广东韶关等地游客，尤以中青年客源市场为主。其中九疑河漂流的重要对象是前来九疑山游览的游客。

具体而言，目标客源市场为：

一级客源市场：永州、衡阳、长沙、湘潭、株洲、郴州、桂林、贺州、连州、深圳、韶关、广州。

二级客源市场：湖南省内其他地区、市和县，广东、广西、湖北、江西等省(市、自治区)。

三级客源市场：国内其他省、市及海外游客。

四、项目开发的总体目标、任务与规划设计原则

(一)项目规划指导思想

在保护九疑河及其沿岸自然生态环境的前提下，以九疑河自然资源为基础、以当地人文资源和舜帝文化为依托，以市场为导向，运用现代旅游规划技术，高标准、高起点开发漂流活动，力争将九疑漂流开发建设成为安全、刺激、新奇、富有地方特色的，在湖南首屈一指的现代生态型旅游活动项目。

(二)项目开发总体目标

充分利用现有自然旅游资源优势，通过开展漂流活动结合发电站的建设带动本地区旅游业及其他行业的发展，提高本地人民的生活水平和文化素质，保护自然生态环境，实现林区经济、社会和环境的可持续发展。

(三)项目开发的任务

1. 为本地区创造经济效益，带动本区旅游及农副产品加工、手工业、商业等相关行业的发展，使本地区人民尽早脱贫致富。
2. 保护、美化九疑河及其沿河自然生态环境，以旅游促进环境保护。
3. 为旅游者提供高质量的旅游产品及服务，提高旅游者的旅游经历及感受，提高社会成员的福利。

(四)规划设计原则

1. 以保护为前提，遵循保护与开发相结合的原则。
2. 充分利用现有资源，扬长避短，突出自己的优势和特色。
3. 全面规划、合理布局、综合开发的原则。
4. 多渠道筹集资金，先易后难，循序渐进的原则。

五、建设项目及措施

(一)河道整治

1. 清除河床上有碍漂流的大岩石

对于人工难以搬运的石块，在最低水位下 30cm 处进行清除，并清理岩石碎片，以防划破漂流船只，消除安全隐患。对于一些无碍于漂流的石块，虽位于航道上，应予以保留，以体现原始自然风貌。

2. 整治地段

对于河床落差大、水流湍急，又遇急弯($\leqslant 90°$)或突兀河岸基岩，为确保游客的安全，需对此类地段进行整治。需整治的危险地带见表 14-7。(顺流向称为左岸、右岸)

表 14-7 九疑河地段整治一览表

河滩潭名称	长度(m)	现状特征	整治措施
河滩 1(龙须滩)	75	河道右侧基岩突出，河道中有暗礁	整平岩壁、清理暗礁
潭 2(龙潭)	190	有零星石头露出水面，主航道不明显	清理主航道中石头
河滩 2(琉璃滩)	154	河床过宽，造成水位过低，水流缓慢	将河滩中石头清理筑拦水坝，河岸左侧用清理石头修砌护坎
潭 3(野猫潭)	180	潭中有巨石露出水面	对巨石进行爆破清除
河滩 3(鸡公滩)	154	河滩中有巨石，右侧主航道不明显	摊尾河道左侧筑拦水坝，用爆破方法清除巨石
河滩 4(三步滩)	27	河滩中有暗礁存在	清除暗礁、清理河滩
潭 5(长潭)	546	潭中有石头露出水面	从最低水位下 30cm 处清除
河滩 5(黑龙滩)	161	急弯处河滩中散落石头众多，右侧基岩突出	整平基岩，清除 4m 宽航道中巨石，从低于最低水位 30cm 处清除即可；此处滑木道禁止再使用；在滩口左侧修筑拦水坝
潭 6(桃花潭)	69	航道中有乱石露出水面	对乱石进行清除
河滩 6(珍珠滩)	62	滩口有乱石露出水面；右侧河岸基岩突出；滩尾有人挖沙	清除乱石，整理右侧基岩此处以后禁止挖沙
河滩 7(金沙滩)	40	河滩中央有暗礁存在	清除暗礁
河滩 8(戏鸭滩)	44	河滩中有石头存在，右侧有树枝条垂于水面	清理河滩中石头在滩口河道左侧筑拦水坝，右侧清理枝条
潭 9(凤凰潭)	130	潭中有石头露出	爆破清除部分危及漂流的巨石
河滩 9(双龙滩)	395	河滩在此处由于中央有一洲而分流，其中左侧水流相对较小，在汇流处有一长约 3m 的巨石	左侧修建高约 80cm 的拦水坝；清理河道右侧树枝；对巨石左侧清除 1m，右侧分水处修筑拦水坝，对锋利处进行处理。对河滩中央的石头暗礁进行清理
河滩 10(双椒滩)	55	河道中央有暗礁，有乱石突出	对暗礁、乱石在最低水位下 30cm 处进行清除，在拐角处修建水翅，长 12m
河滩 11(击石滩)	75	滩口有一排石头，有暗礁存在	对河滩中央的石头暗礁进行清理
河滩 12(诸葛滩)	91	存在众多暗礁和露石	清除暗礁和露石
河滩 13(玉簪滩)	208	河道中乱石遍布，右侧基岩突出，暗礁众多	整平基岩，清理河道，清除暗礁
河滩 14(鳌头滩)	86	河道中有乱石露出	清理河滩，对乱石进行适当清除
河滩 15(莲花滩)	214	河道中有暗礁存在	对暗礁和主航道中石头从最低水位下 30cm 处进行清除，滩口左侧修拦水坝或填平左侧小水潭
潭 16(烟波潭)	118	右侧基岩突出	整平基岩
河滩 16(若冰滩)	111	滩口有水泥建筑路基挡住水流	建议开凿 3m 宽缺口，疏通河滩主航道，清理河滩
潭 17(风兮潭)	160	潭中有暗礁和露石	清除暗礁和露石

（续）

河滩潭名称	长度(m)	现状特征	整治措施
河滩17(石门滩)	208	暗礁和露石众多	清除暗礁和露石
河滩18(烟云滩)	241	右侧基岩突出	对基岩锋锐处进行处理
潭19(雪云潭)	223	暗礁和露石众多	清除暗礁和露石
河滩19(盘龙滩)	250	河滩上乱石暗礁密集	清除主航道上暗礁和露石
河滩20(黄滩)	74	滩口河床较高，造成水位过低	对滩口进行适当清理，将滩口河床向下挖深10～15cm
潭21(鸡尾潭)	25	河道左侧树枝条垂于水面上	清理垂于水面上2m以下树枝
河滩21(伏波滩)	127	河道上乱石密布	清理河滩
潭22(鲤鱼潭)	80	潭右侧有暗礁存在	清理暗礁或修建水翅
潭23(翠竹潭)	157	河岸左侧树枝伸展到水面，水下有暗礁存在	对垂于水面上2m以下的树枝进行清理，清除暗礁
河滩23(马脚滩)	72	河岸左侧基岩突出	整平基岩
河滩24(芦花滩)	138	滩口有暗礁存在	清除暗礁
潭25(仙潭)	205	河道中有暗礁和露石	清除暗礁和露石
河滩25(白鹤滩)	31	滩口有大块暗礁和露石	清除暗礁和露石
河滩26(降龙滩)	140	滩中乱石遍布；水流分流；河岸右侧枝条伸到水面	对乱石进行清理，沿滩口左侧将乱石堆砌拦水坝对河道左侧分流流水进行堵塞；清理河岸右侧枝条
河滩27(蓑衣滩)	153	滩口水面过宽，造成水流平缓；有许多乱石	堵水或疏通主航道；清理乱石
河滩28(鹰嘴滩)	73	流水分流，乱石众多	在滩口右侧修筑拦水坝；清理乱石并对巨石进行处理，适当保留做景观
河滩29(临峰滩)	320	河道左侧有分流迹象；河道右侧竹枝垂于水面；滩尾急弯处有暗礁存在；急弯处右侧有滑坡现象	在滩口左侧修筑拦水坝；对垂于水面竹枝进行整理，但竹林整体景观宜予以保留；清除暗礁；拐弯处宜进行改道或修建3m以上护坡
河滩30(伏虎滩)	197	滩上乱石众多，有分流现象	清理乱石滩；沿河滩右侧修筑拦水坝
河滩32(影竹滩)	28	河岸右侧有竹枝垂于水面	对垂于水面竹枝进行整理，但竹林整体景观宜予以保留

水翅的修建宜在枯水季节进行，可利用河中的花岗岩石，水翅的高度应超出正常漂流水位1m以上。

在河滩9(双龙滩)处河水出现分流现象，为了不影响正常漂流活动，宜在河岸左侧河水分流处建拦水坝，使河水汇入右侧主航道。拦水坝长5m，宽0.8～1.0m，高度应超出正常漂流水位0.5m以上。

3. 标志设立

(1)导游示图

在各滩、潭头适宜的地方设立导游指示牌。指示牌上注明滩名、长度、宽度、坡比；潭名、长度、宽度、水深，以及滩、潭两岸的其他自然景观名称。指示牌体量不宜大，与周围的环境相协调，可采用仿木、仿竹结构，亦可利用天然石壁作指示牌。

(2)危险标志

为确保游客的安全，在弯大水急、岸边岩石突兀处应设立醒目的警示标志，以提示游客做好应急准备。

(二)码头

1. 起漂点码头

九疑河鱼形岭至荞麦花河段起漂点为鱼形岭拦水坝，由于此处正拟建拦水坝、开凿隧道用作发电，故码头建设应与其他设施分开布局，以相互不产生影响为益。

蓄水量：按每次放排 30 只，每隔 50m 放一只排，河床平均宽度 20m，补水深度 0.12m 计算，每次补水量为：30 只 ×50m ×20m ×0.12m = 3 600m^3，加上漂前补水每次至少应为 5 000m^3。

蓄水深度：蓄水区域按 70m 长、40m 宽计算：5 000m^3 ÷70m ÷40 = 1.79m。另外加上基本水位，故蓄水深度最低应为 2.5m。拦水坝设计最低应为 3m 高。

放排槽：设计坡度为 15% 的槽道，按照 3m 落差计算，槽长 20m，槽口上宽 3m，槽尾宽 2m。

放水电动闸门：宽 1.2m，高 6m。

2. 终点码头

终点码头定为荞麦花发电站场部。河滩上有面积约 30 亩①的小岛，拟建休闲接待场所，岛上多为杂生的乔灌木，需要进行清理，重新规划。

3. 紧急停靠点

根据九疑河漂流河段的河岸地形地势，选择 5 处作为紧急停靠点，各处位置及建设要求如表 14-8。

表 14-8　九疑河漂流河段紧急停靠点建设一览表

序号	位　置	建设要求
1	滩 5(黑龙滩)尾左岸	辟小径上至公路
2	潭 10(月亮潭)左岸	修建台阶上至公路
3	潭 15(天子潭)左岸	有小路通向公路，适当加宽整治
4	潭 20(浣衣潭)左岸	有小路通向村庄
5	潭 25(仙潭)左岸	有小路通向村庄，适当整治

(三)道路规划

1. 鱼形岭至主干道

现为荒地，与主干道直线距离约 300m，新建为柏油路面，宽 5.5m；对起漂点交通桥进行适当加宽，并新建一座简易木桥供行人通过。

2. 荞麦花至牛垭岭

现为泥沙路面，没有硬化。道路狭窄，宽约 4.5m。且全部有为山路改造，险段急弯较多，危险系数较大。道路为修建发电站时改扩建，现计划改建为沙石路面，正在施工修

① 1 亩 =1/15 公顷

建，宜加宽至6m。在险峻急弯处修建钢筋水泥防护栏。

3. 起漂点和终点停车场

在起漂点和终点各建一面积为1 200m^{2}的停车场，预计可容纳大小车辆40辆，水泥地面或植草砖地面。

4. 交通工具

为满足漂流活动和漂流船只的搬运及其他运输需要，需购置竹筏100只(4人座)和橡皮艇(6人座)100只，以便于根据水位变化进行合理选择。卡车2辆(5t)。

漂流工具的使用应根据河水水位的变化合理选择，由于6、7月汛期时与平日水位相差较大，所以应合理选择漂流工具。

(四)旅游接待设施规划

九疑河漂流河段起漂点和终点接待设施主要包括大门、游客休息厅、库房、售票房、更衣室、厕所、浴室等。规划详见表14-9。

表14-9　九疑河漂流河段旅游接待设施规划一览

位置	项目	规模	建设要求	备注
起漂点	大门	1个	古朴、自然	可采用圆石、仿木、仿竹材料
	售票房	30m^2	标准型	靠近码头
	休息厅	200m^2	一层仿木或仿竹结构，瑶族风格	内设管理房、小卖部
	洗手间	1处	外墙仿木或仿竹结构，冲水厕所	
	更衣室	30m^2	外墙仿木或仿竹结构	与休息厅相邻
	库房	100m^2	简易式	靠近码头
终点	休息厅	100m^2	一层仿竹或仿木结构	内设管理房、小卖部
	浴室	60m^2	风格清新明快	内含更衣室，与休息厅相邻
	洗手间	1处	外墙仿木或仿竹结构，冲水厕所	
	库房	100m^2	简易式	靠近码头

起漂点及终点的商店、饭店可由附近村民投资修建，但必须统一规划、统一管理，其建筑风格应体现地方特色，体量、色调与环境相协调。

六、环境容量估算

环境容量是指在一定的条件下，一定空间和时间范围内所能容纳游客的数量。

漂流河段的环境容量计算采用卡口法。

九疑河漂流河段全长9.2km，可漂日每天放漂6小时，漂流完全程约需1.2小时(72min)。每2分钟放一漂，不考虑现有接待设施的接待能力，则九疑河漂流河段环境日容量为：

①橡皮筏单漂(P=6)：日容量为1 080人次；

②橡皮筏双漂(P=6)：日容量为2 160人次；

③竹排单漂(P=4)：日容量为720人次。

七、基础设施规划

(一)给水规划

1. 规划原则

(1)遵循国家关于环境保护的各项方针、政策、法令及规定；

(2)尽量利用高水位山溪优质水或地下优质井水；

(3)坚持近期和远期相结合，集中与分散相结合的原则。

2. 水源选择及给水方式

(1)水资源

起漂点及终点水源充足，可利用的水源包括九疑河河水及地下水。

(2)水质

九疑山区，植被覆盖率高，含水性好，水源由大气降水补充，无污染源，水体清澈透明，悬浮物含量极低，细菌单位含量及各种有害元素，含量都在国家标准以内，经取样化验，完全符合饮用水标准。

(3)给水规划

按照游客在起漂点日用水量 0.02m^3，在终漂点日用水量 0.1m^3(加上淋浴用水)计算；另外工作人员日用水量 0.2m^3/人；同时考虑到紧急消防用水 10m^3，以平均日游客人数 300 人，起点终点漂流及发电站工作人员各 20 人计算，起漂点合计用水为 20m^3，终漂点为 44m^3。

①鱼形岭供水站：供应起漂点服务接待用水及工作人员生产生活用水。在鱼形岭口打井取水，或引九疑河河水，经泵房加压送入澄清池，澄清池容积为 15m^3，经处理后的水再送入蓄水池，蓄水池容量为 20m^3，由蓄水池送到管理处、休息厅、餐饮点等各用水点。

②荞麦花供水站：供应终点服务接待用水及工作人员生产生活用水。在荞麦花打井取水或引九疑河河水，经泵房加压送入澄清池，澄清池容积为 20m^3，经处理后的水再送入蓄水池，蓄水池容量为 30m^3，由蓄水池送到浴室、休息厅、餐饮点等各用水点。

(二)排水规划

1. 规划原则

(1)遵循国家关于环境保护的各种方针、政策、法令及规定；

(2)污水必须经处理达到国家规定的排放标准后才排放；

(3)坚持统一规划、合理布局并考虑长远发展的原则；

(4)保护环境和美化环境紧密结合起来。

2. 污水的处理及排放规划

污水主要为生活污水。考虑将来扩大接待规模，将现有规划用水量增大 20% 计算用水量，污水量按增大用水量的 90% 计算。

(1)排放规划

鱼形岭污水处理站：为保证河水的水质及周围环境不受污染，规划将起漂点由管理处、休息厅、起点卫生间、餐饮点等处排放的污水先在各处经化粪池、格栅之后送入排污管道，至鱼形岭污水处理站处理，处理达到国家二级标准后排入农田。

荞麦花污水处理站：规划将荞麦花终点由卫生间、管理处等处排放的污水经化粪池、格栅之后排入管道，至荞麦花污水处理站处理，处理达到国家二级标准后排入附近农田。

(2)雨水排放规划

为确保公路、接待设施等不受雨水径流的冲刷、侵蚀，拟作如下规划：

①在公路两侧、接待区外围开放明渠和沉沙池，有计划地将雨水排入就近的溪沟中。

②接待区的各来水方向设明渠暗沟相结合的排水系统，以便迅速排除地表水，同时要做好护坡，以防水土流失。

(三)供电规划

1. 供电规划原则

(1)不污染视觉，不影响景观，不破坏环境；

(2)输电线容量要兼顾发展，一次到位；

(3)合理布局，就近利用，节省投资；

(4)变配电设备要考虑淡旺季节，合理调配。

2. 供电规划

(1)从九疑乡变电站接线至起漂点鱼形岭，10kV，输电线2km，LJ35，50kVA变压器一台。

(2)荞麦花漂流终点，由于此处正在修建发电站，本区用电直接修建变电站，考虑到发电站职工等用电，安装100KVA变压器一台。

八、绿化和环境保护规划

(一)绿化规划

重点是对公路两侧进行植树造林，树种选择因地制宜，适地适树，尽量选择具有观赏价值的常绿树种。

接待设施周围，因地制宜，选择适宜的庭园树种(如香樟、白玉兰、红枫、紫薇、大叶黄杨、木绣球、含笑、桂花树、红叶李、鸡爪槭、杜鹃、红叶小檗、红花继木、观赏竹丛以及紫藤等藤本植物)。按照形态、色调、大小合理搭配，突出“美、雅”的风格，与周围环境、建筑相协调。荞麦花漂流终点河中小岛上的周边种植高大乔木，起遮蔽作用。

(二)环境保护规划

1. 对河段两岸山林植被(游客可以看到的视野范围内)进行封山育林。严禁开山采石，伐木砍柴。

2. 拆除沿河修建的农厕、猪圈，改善九疑河水质，美化沿岸自然生态环境。

3. 控制村落规模，建筑物风格、体量、色调等应与旅游区环境相协调；做好村落环境卫生建设，加强村民环保意识。

4. 起漂点及终点为游客聚集地，对于环境保护的要求，要做到以下几个方面：

(1)鱼形岭起漂点处由于修建拦水坝和过水隧道，对本地植被环境破坏较大，工程完工后应合理恢复；

(2)荞麦花终点处由于修建发电站和过水隧道，山体和植被遭到破坏，工程完工后应合理恢复；

(3)控制建设规模，建筑物体量、色彩、风格等应与环境相协调，避免产生视觉污染；

(4)加强建筑空地、房前屋后的绿化和美化；

(5)未经处理的生活污水，严禁排入河内；

(6)生活、旅游垃圾定点投放，及时处理；

(7)加强防火宣传，严格控制室外用火和禁止林区用火，各类建筑物内应配备完善的消防系统。

5. 常规性的对游人进行环保意识宣传、教育。

九、人员配制

根据九疑河漂流的建设项目安排和旅游规模及接待能力，参考有关指标，需各类人员59人。总经理(或总负责)1人、主管2人(起漂点、终点各1人)、售票员1人、司机2人、水手(兼导游)40人、财会人员2人，仓库管理员4人、保安4人、清洁工2人。

游客休息厅服务人员视旅游淡、旺季而定，可临时雇人。

十、综合效益分析

(一)经济效益分析

1. 项目投资估算

九疑河漂流项目建设投资预算425.96万元。项目投资概估算见表14-10～14-16。

表14-10　规划投资概估算一览

序号	建设工程项目	项目数(项)	投资额(万元)
1	接待设施工程	15	93.35
2	交通建设工程	9	141.6
3	给排水工程	4	15.61
4	供电工程	2	8.0
5	交通工具配置	5	100.0
6	征地费用	2	67.2
总　计		35	425.96

表14-11　接待设施工程投资概估算

位置	序号	建设内容	单位	数量	规格要求	单价(万元)	投资额(万元)
起漂点	1	大门	个	1	简单	1.50	1.5
	2	售票房	m^2	30	砖木结构，1层	0.08	2.4
	3	休息厅	m^2	200	仿木结构，瑶族风格，1层	0.10	20.0
	4	厕所	处	1	冲水厕所	5.0	5.0
	5	更衣室	m^2	30	清新明快	0.08	2.4
	6	库房	m^2	100	简易型	0.07	7
	7	放水电动闸门			电动，高6m，宽1.2m		1.0
	8	放排槽	处	1		0.8	0.8

（续）

位置	序号	建设内容	单位	数量	规格要求	单价(万元)	投资额(万元)
终点	9	休息厅	m^2	100	仿竹结构，1层	0.1	10.0
	10	浴室	m^2	60	清新明快	0.1	6.0
	11	厕所	处	1	冲水厕所		5.0
	12	库房	m^2	100	简易式	0.07	7
	13	护墙	m	200	砖石材料，高2m	0.01	2.0
14		河道整治			去石，建水翅、拦水坝、护坡	20.0	20.0
15		标志	个	65	体量宜小，仿木或仿竹材料或利用天然石壁	0.05	3.25
合计							93.35

表14-12 交通建设投资概估算

序号	建设内容	单位	数量	建设规格及要求	单价(万元)	投资额(万元)
1	漂流点至主干道	km	0.3	改建，柏油路面	20.0	6.0
2	荞麦花至牛垭岭	km	4	改建，沙石硬化	20.0	80
3	简易木桥		1			3.0
4	桥梁加宽		1			1.0
5	起漂点码头	处	1	利用自然地形，石块垒砌，长度400m		10.0
6	终点码头	处	1	利用自然地形，石块垒砌，长度400m		10.0
7	起漂点停车场	m^2	1 200	水泥地面，或植草砖地面	0.012	14.4
8	终点停车场	m^2	1 200	水泥地面，或植草砖地面	0.012	14.4
9	紧急停靠点	处	5	修建简易平台，辟小路上至公路	0.6	3.0
合计						141.6

表14-13 给排水工程规划投资概估算

序号	项目名称	建设内容	单位	数量	建设规格及要求	单价(万元)	投资额(万元)
1	鱼形岭供水站	水泵	台	1		0.3/台	0.30
		蓄水池	个	1	$20m^3$	$0.03/m^3$	0.6
		澄清池	个	1	$15m^3$	$0.03/m^3$	0.45
		引水管道	m	100	Upvc-¢110	0.0023/m	0.23
2	荞麦花供水站	水泵	台	1		0.3/台	0.30
		蓄水池	个	1	$30m^3$	$0.03/m^3$	0.9
		澄清池	个	1	$20m^3$	$0.03/m^3$	0.6
		引水管道	m	100	Upvc-¢110	0.0023/m	0.23
3	鱼形岭污水处理站				包括排水管网、污水处理池，日处理污水$30m^3$，国家二级标准排放	$0.15/m^3$	4.5

（续）

序号	项目名称	建设内容	单位	数量	建设规格及要求	单价（万元）	投资额（万元）
4	荞麦花污水处理站				包括排水管网、污水处理池，日处理污水 $50m^3$，国家二级标准排放	$0.15/m^3$	7.5
合计							15.61

表 14-14 供电投资概估算

序号	名　称	规划项目及数量	投资额（万元）
1	鱼形岭变电站	输电线 2km，LJ35，50kVA 变压器 1 台	4.0
2	荞麦花变电站	输电线 0.2 km，LJ35，100kVA 变压器 1 台	4.0
合计			8.0

表 14-15 运输工具投资概估算

序号	项　目	单位	数量	建设内容	单价（万元）	投资额（万元）
1	橡皮艇	只	100	6 人座	0.4	40.0
2	竹排	只	100	4 人座	0.3	30.0
3	卡车	辆	2	5t	8.0	16.0
4	救生衣	件	400		0.02	8.0
5	救生圈	只	300		0.02	6.0
合计						100.0

表 14-16 征地费用及开支

序号	地点	面积（m^2）	单价（万元）	费用（万元）
1	起漂点	8 000	0.004 2	33.6
2	终漂点	8 000	0.004 2	33.6
	合计			67.2

2. 资金筹集措施

根据九疑河的实际情况和旅游业发展趋势，九疑河项目建设的发展资金采取以银行贷款的形式进行筹集。

3. 旅游收入估算

综合日游客数量（每天 50 漂，每漂 6 人）、游客的旅游花费（100.00 元/人次）及年游客增长率（20%），2006—2010 年游客人数预测及收入估算见下表 14-17。

表 14-17 2006—2010 年旅游收入估算

年份	2006	2007	2008	2009	2010
预计游客人数（人）	30 000	36 000	43 200	518 400	622 080
预计营业收入（万元）	300	360	432	518.04	622.08
预计纯收入（万元）	180	216	259.2	310.8	373.2

4. 投资效益分析

九疑河漂流项目建设投资 425.96 万元，开业后 2 年内即可收回大部分成本，396 万元。随着旅游基础设施的建成完善，经济效益日渐明显。

（二）社会与生态效益

1. 提供就业机会。漂流活动的开发，将为本地提供一定数量的就业机会，从而在一定程度上缓解当地政府的就业压力。

2. 促进本区人民的对外交流，扩大其对外交往，加快信息的传播，进一步提高当地人民的文化素质。

3. 促进传统文化，特别是舜文化与瑶族文化的保护与发掘。

4. 为发展旅游，本地的道路交通、邮电通讯等基础设施条件将得到进一步改善，这将同时使旅游者和当地人民受益。

5. 有利于本地区生态环境保护及建设。漂流活动项目是一项对自然生态环境影响很小的旅游活动，有效的管理不仅不会破坏自然生态环境，相反为营造一个良好的旅游环境，沿河两岸将封山育林，沿河修建的农厕、猪圈等将被拆除，这些措施将有利于九疑河水质的改善及沿岸自然生态环境的保护与美化。

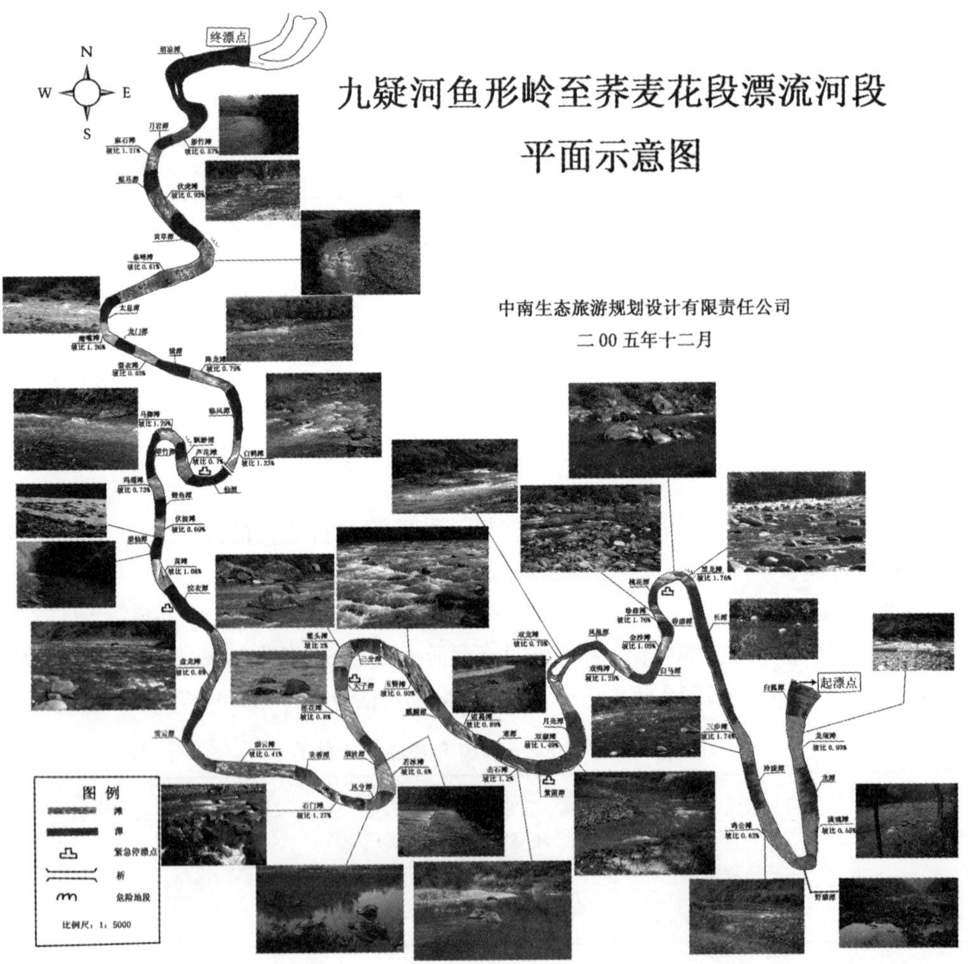

九疑山漂流项目接待设施建筑设计

JIU YI SHAN PIAO LIU XIANG MU JIE DAI SHE SHI JIAN ZHU SHE JI

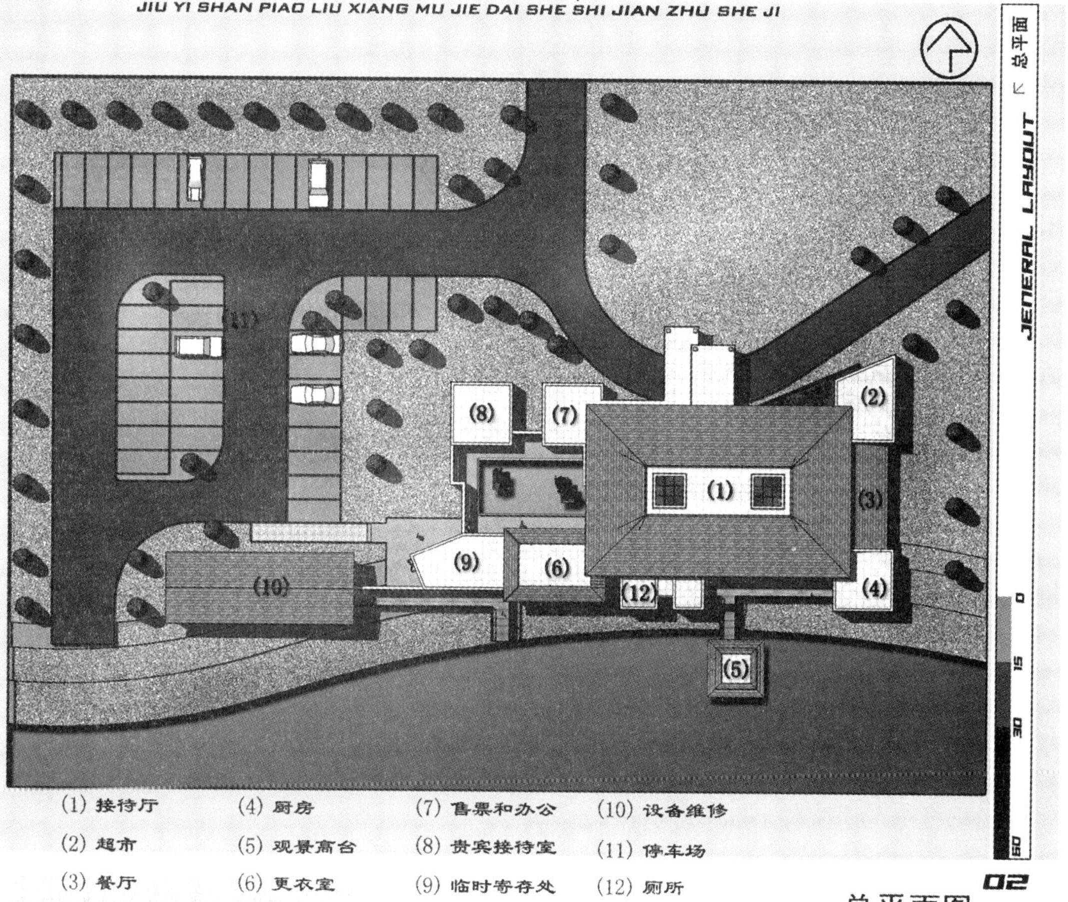

总平面 JENERAL LAYOUT

(1) (2) (3) (4) (5) (6) (7) (8) (9) (10) (11) (12)

0 15 30 50

(1) 接待厅	(4) 厨房	(7) 售票和办公	(10) 设备维修
(2) 超市	(5) 观景高台	(8) 贵宾接待室	(11) 停车场
(3) 餐厅	(6) 更衣室	(9) 临时寄存处	(12) 厕所

02

总平面图

参考文献

艾琳，卢欣石．中国草原生态旅游资源及可持续开发利用[J]．中国草地学报，2009(03)：96 -101.

艾训儒．湖北清江流域土家族生态学研究[D]．北京林业大学，2006.

白慧姝，米文宝．西北地区旅游资源开发研究综述[J]．农业科学研究，2008.

白四座．农村旅游线路设计的原则[N]．中国旅游报，2006 -07 -28006.

包小萌．城市住区夜景观设计研究[D]．长安大学，2011.

保继刚，楚义芳，彭华．旅游地理学[M]．北京：高等教育出版社，1993.

鲍超，方创琳．从地理学的综合视角看新时期区域规划的编制[J]．经济地理，2006，02：177 -180，198.

毕静，王金叶，付平．我国自然保护区的生态旅游开发[J]．现代农业科技，2007，22：199 -200，202.

步玉艳，李宏，刘长海．浅议我国生态旅游认证制度的建立[J]．首都师范大学学报(自然科学版)，2007，05：97 -100.

步玉艳．生态旅游认证指标体系初探[D]．首都师范大学，2008.

曹霞，吴承照．国外旅游目的地游客管理研究进展[J]．北京第二外国语学院学报，2006(1).

柴素芳，柴文静．论科学发展观视阈下的高校思想政治教育工作[J]．南京财经大学学报，2009，02：90 -92.

陈昌笃．论生态学[J]．生态学报 1986，6(4)：289 -293.

陈昌笃．全球生态学——生态学的新发展[J]．生态学杂志，1990(4)：22 -23.

陈常优，王喜，王群中．土地开发整理项目选择条件评价研究——以河南省为例[J]．资源与产业，2008，05：38 -43.

陈传康，刘振礼．旅游资源鉴赏与开发[M]．上海：同济大学出版社，1990.

陈道山．旅游的概念研究：回顾与展望[J]．许昌学院学报，2010(4)：44 -45.

陈德辉．三峡工程　强国利民[J]．湖北文史资料，1997，S1：73 -81.

陈福亮，候佩旭．海南大学学报[J]．旅游市场，2005(23)：114 -117.

陈景翊，孙虹飞，王蕊．关于吉林省生态旅游产品开发的研究[J]．吉林工程技术师范学院学报，2011，09：17 -19.

陈静，朱丹丹，刘明丽．松山自然保护区生态旅游环境教育研究[J]．四川林勘设计，2008，03：38 -41.

陈凯．扎龙自然保护区生态旅游开发研究[D]．东北师范大学，2009.

陈丽军．国家级森林公园质量等级评价研究[D]．东北林业大学，2007.

陈萌．京郊休闲果园游客行为与市场营销研究[D]．北京林业大学，2007.

陈明生．滨海城市生态旅游资源评价指标体系研究[D]．福建师范大学，2006.

陈启跃．生态旅游线路设计[M]．上海：上海交通大学出版社，2010.

陈钰．生态旅游视角下城市湿地公园体验型活动研究——以张掖市国家湿地公园为例[J]．经济研究导刊，2010，26：79 -82.

陈志．九宫山自然保护区生态旅游开发初步研究[J]．商场现代化，2006(10)：203 -205.

陈忠晓，彭建．生态旅游的内涵辨析[J]．桂林旅游高等专科学校学报．2001，44(1)：54.

成克武，崔国发，王建中，等．北京喇叭沟门林区森林生物多样性经济价值评价[J]．北京林业大学学报，2000，04：66－71.

程道品．浅析生态旅游学与旅游生态学[J]．社会科学家，2003，9：89－92.

程毛林．时间序列系统建模预测的一种新方法[J]．数学的实践与认识，2004，08：45－50.

程倩．森林公园植物景观的优化与开发策略初探[D]．西南大学，2006.

程兴火，周玲强．国外生态旅游认证概述[J]．世界林业研究，2006，19(1)：1－5.

程瑶．土地开发利用中的生态价值问题研究[J]．重庆科技学院学报(社会科学版)，2008，05：76－77.

崔涛．黑龙江省生态旅游产业发展的综合评价研究[D]．东北林业大学，2007.

邓光玉．基于参与主体的我国森林生态旅游管理研究[D]．东北林业大学，2007.

邓金阳，吴云华，全龙．张家界国家森林公园游憩冲击的调查评估[J]．中南林学院学报，2000，(01)：40－45.

邓聚龙．灰色预测与决策[M]．武汉：华中理工大学出版社，1985.

邓可．浅析我国生态文明建设与科技进步的辩证关系[J]．中国科技信息，2012(23)：88－89.

董雅洁，梅亚东．“大东湖”生态水网构建工程对湖泊生态系统服务功能的影响[J]．环境科学与管理，2007，12：38－41.

樊霆．旅游环境承载力理论及评价方法研究[D]．湖南大学，2006.

樊枝东．煤炭工业成本核算的四个视角[J]．煤炭经济管理新论，2007：321－322.

范业正，郭来喜．中国海滨旅游地气候适宜性评价[J]．自然资源学报，1998，13(4)：304－311.

范治学．生态系统之综述[J]．畜牧兽医科技信息，2009，01：114.

方怀龙．西藏林芝地区生态旅游资源区划与评价研究[D]．北京林业大学，2005.

方靓．湖泊旅游区度假消费及其影响因素研究[D]．浙江大学，2006.

方萍，曹凑贵．“生态学”定义新解[J]．江西农业大学学报(社会科学版)，2008，01：107－110.

方有为．陕西省宁东森林公园发展 SWOT 分析与旅游资源质量等级评价[D]．西北农林科技大学，2007.

冯玉龙，李继武，王文章，等．用净光合速率评价森林立地质量的可行性[J]．东北林业大学学报，1996，06：81－85.

付红军．小城镇旅游业可持续发展评价研究[D]．中南林学院，2005.

高超．加大植树造林力度　绿化美化延边大地[N]．延边日报，2010－05－04A01.

高海荣．包头市九原区乡镇工业发展中的环境保护对策研究[D]．中国农业科学院，2007.

葛大兵，吴小玲，邹冬生．生态学的新认知[J]．环境与可持续发展，2009，01：15－17.

龚雪辉．生态旅游岂能破坏生态[N]．光明日报，1998－05－23(10).

勾波．城市湿地公园生态规划与景观设计探讨[D]．西安建筑科技大学，2006.

顾世成，彭淑贞，程鹏，等．山东东平湖库区旅游业发展的 SWOT 分析[J]．安徽农业科学，2009，36：8171－8173，8182.

桂学斌．生态位在人力资源市场竞争中的应用研究[D]．中南大学，2005.

郭华，郭彩霞．生态旅游环境容量的测算与调控[J]．技术与市场，2008，01：70－71.

郭建宁．加强社会建设　促进社会和谐[J]．兵团建设，2012，23：35.

郭雪蓉．从人与自然关系看环境艺术设计的发展[J]．株洲师范高等专科学校学报，2005，03：25－28.

国家海洋环境监测中心主任关道明．提升监测业务水平助推海洋强国建设[N]．中国海洋报，2014－03－20001.

韩东，周波，孟祥革．珍宝岛国家森林公园生态旅游规划设想[J]．黑龙江对外经贸，2011，07：136－137.

韩松．河南省大宗农产品绿色物流与供应链系统构建研究[J]．中国流通经济，2009，08：21－24.

郝建朝．北固山湿地土壤生化特性及其生态意义[D]．贵州大学，2006.

何爱红，王亦龙，邹品佳．基于旅游空间容量分析的甘肃国家级自然保护区生态旅游管理[J]．安徽农业科学，2010，25：14046－14052.

何传杰，刘旭东．生态旅游景区管理存在的问题及对策研究——以四川省南充市凌云山生态景区为例[J]．旅游纵览(下半月)，2013，07：169－170.

何荣新．桂林—阳朔生态景观带内旅游村镇规划建设研究[D]．广西大学，2007.

洪荣标．滨海湿地入侵植物的生态经济和生态安全管理[D]．福建农林大学，2005.

侯祥东．湖内浅槽工程对南四湖湿地影响分析及保护措施研究[D]．河海大学，2006.

胡锦涛．坚定不移沿着中国特色社会主义道路前进　为全面建成小康社会而奋斗——在中国共产党第十八次全国代表大会上的报告[J]．求是，2012，22：3－25.

胡胤永．旅游企业财务会计管理之我见[J]．浙江统计，2008，08：37－38.

胡远东．杜尔伯特蒙古族自治县湿地生态旅游可持续发展对策的研究[D]．东北林业大学，2005.

黄澄．旅游基础设施建设新探[J]．黑龙江史志，2007，06：47－48.

黄梅英．当前四川生态旅游的 SWOT 分析及对策研究[J]．赤峰学院学报(自然科学版)，2009，10：61－63.

黄寿祺，张善文．周易校注[M]．上海：上海古籍出版社，1989.

黄烨勍．西双版纳傣族民俗文化生态旅游规划研究[D]．昆明理工大学，2002.

黄英．我国老年人出游条件与旅游行为探讨[J]．湖南财经高等专科学校学报，2006，05：95－97.

黄远水，陈钢华．我国森林公园与自然保护区旅游开发比较研究[J]．林业经济问题，2007，02：145－150.

黄震方．发展生态旅游应有限度[J]．绿叶，2012，07：81－86.

贾力．我国旅游产业发展模式的优化研究[D]．北京交通大学，2007.

姜长斌．俄罗斯走在强国之路上——普京执政八年遗留的思考[J]．中俄关系的历史与现实，2009：566－571.

姜玲．对福清宗教文化旅游发展的一点看法[J]．学理论，2009，06：56－57.

姜玲．海西建设对福清生态旅游环境的影响研究[J]．赤峰学院学报(自然科学版)，2012，09：108－110.

姜希文，林志超，刘新华，等．广西合山燃煤电厂环境辐射影响初步评价[J]．中国原子能科学研究院年报，1986：139－140.

蒋利润．解读党的十七大报告中“生态文明”[J]．湖南水文期刊，2007(12)：45－46.

蒋政权．北京市顺义区杨镇苇塘湿地生物多样性与生态旅游规划研究[D]．首都师范大学，2005.

焦爱丽，李悦铮．黑龙江省滑雪度假旅游市场发展研究[J]．冰雪运动，2007，02：79－82.

蓝必华．建立区域经济风险预警与控制系统对策研究——以深圳市龙岗区为例[J]．改革与战略，2006，08：10－13.

雷昆．对我国湿地公园建设发展的思考[J]．林业资源管理，2005，02：23－26.

雷正玉，蔡京勇，白涛，等．湖北大崎山自然保护区植被类型和垂直分布[J]．湖北农业科学，2012，04：712－716.

李柏青，吴楚材，吴章文．中国森林公园的发展方向[J]．生态学报，2009，05：2749－2756.

李柏青．邮轮产业生态系统研究[J]．经济地理，2009，06：1000－1004.

李博，杨持，林鹏．生态学[M]．北京：高等教育出版社，2004.

李春静．基于 GIS 的建湖县农田防护林空间配置及发展规模研究[D]．南京林业大学，2005.

李东和．国际生态旅游市场分析[J]．旅游学刊，1999(1)：56－61.

李菲菲．平原圩区水体生态服务功能定量分析方法研究[D]．扬州大学，2008.

李广．论天然林资源保护工作[J]．黑龙江科技信息，2010，07：115.

李建华．基于生态承载力的森林旅游资源可持续经营研究[D]．中南林业科技大学，2006.
李佼．以语言学为认知观的环境设计模型研究[D]．西南交通大学，2011.
李俊清，崔国发．西北地区天然林保护与退化生态系统恢复理论思考[J]．北京林业大学学报，2000，04：1－7.
李克勤．游环境保护学[M]．北京：旅游教育出版社，2010.
李利权．改革与完善我国林业投融资体制对策研究[D]．东北林业大学，2006.
李露蓓．江苏潮滩湿地生态系统服务功能价值研究[D]．南京师范大学，2011.
李明辉，谢辉．中外生态旅游者动机与行为的比较研究[J]．旅游科学，2008(22)：18－23.
李娜．旅游景区游客管理研究[D]．北京第二外国语学院，2008.
李沛．建筑企业 ISO14001 环境管理体系建立与审核研究[D]．重庆大学，2007.
李欠强．生态旅游景区质量管理研究[D]．福建农林大学，2006.
李珊珊．生态设计与材料工艺特性研究[D]．武汉理工大学，2009.
李天元．旅游学概论[M]．天津：南开大学出版社，2000.
李维．试论德国法苯工业公司的欧洲区域经济设想：从自由“大空间经济”到军事“大空间经济”[J]．北大史学，2010：333－347，421，422.
李维余．四川森林生态旅游可持续发展战略研究[D]．西南交通大学，2007.
李晓宁．市场主导战略模型及其应用研究[D]．东华大学，2005.
李延凯，韩廷春．金融发展、金融生态环境演化与中国工业行业增长[J]．公共管理评论，2013，01：80－94.
李颖红，冯华．关于完善我国环境资源保护法的立法建议[J]．安徽农业大学学报(社会科学版)，2008，03：59－63.
李友辉，董增川，孔琼菊．江西省水资源生态系统服务功能价值评价[J]．江西农业学报，2007，01：95－98.
李忠魁．森林资源是发展低碳经济的重要力量[N]．中国绿色时报，2010－06－28003.
厉新权，程小敏．关于拓展我国商务旅游市场的思考[J]．北京第二外国语学院学报，2004，03：24－29，41.
梁春梅，肖卫东．城镇化发展与农民收入增长关系分析[J]．山东社会科学，2010，08：102－106.
梁平．青藏高原生态旅游资源及其开发分析[J]．中国经贸导刊，2010，16：73－74.
梁雪嘉．风景旅游规划生命力研究与应用[D]．同济大学，2007.
廖文芳．《生态旅游学》的教学改革研究[J]．湖南科技学院学报，2008，08：61－62.
廖韵．四川省二郎山国家森林公园景观生态安全格局研究[D]．四川农业大学，2008.
廖志丹，陈墀成．马克思恩格斯生态哲学思想：中国生态文明建设的哲学智慧之源[J]．贵州社会科学，2011，01：9－13.
林爱瑜．杭州城市湿地游憩价值评价研究[D]．浙江工商大学，2008.
林南枝，陶汉军．旅游经济学[M]．天津：南开大学出版社，2002.
林水富．福建省生态旅游产品开发研究[D]．福建农林大学，2004.
林文镇．森林浴的世界[M]．台湾：中国造林事业协会，1989.
林忠平．福安市富春溪森林公园规划设计探析[J]．宁夏农林科技，2012，06：19－21.
刘纯．旅游心理学[M]．北京：高等教育出版社，1998.
刘洪丽．生态旅游者划分及其环境态度与行为差异的实证研究[D]．西南交通大学，2008.
刘鸿雁．旅游生态学——生态学应用的一个新领域[J]．生态学杂志，1994，05：35－38.
刘璟．区域产业协同发展及空间布局策略研究[J]．中国经济特区研究，2012：39－61，186－216.
刘民坤，卢玉平，梁建华．生态旅游产品的开发方向[J]．广州市经济管理干部学院学报，2005，7(1)：

17 - 20.
刘铭．岭南植物景观设计及应用研究[D]．广东工业大学，2011.
刘容欣，饶红蕾，黄鹰．深圳人才发展环境研究[J]．第一资源，2013，03：49 - 62.
刘晓芹．德育隐性课程与高校学生社区思想政治教育研究[D]．苏州大学，2011.
刘肖梅．旅游资源可持续利用的经济学分析[D]．山东农业大学，2007.
刘亚峰，尤海涛，邢永建．旅游景区环境容量调控研究——以喀纳斯自然保护区为例[J]．山西师范大学学报(自然科学版)，2006，03：78 - 83.
龙勤．基于熵的森林生态系统类型自然保护区协同与可持续研究[D]．昆明理工大学，2012.
卢爱国，曾凡丽．论郴州市生态旅游的科学发展[J]．湘南学院学报，2005，01：103 - 107.
卢军霞．基于游客体验的古城镇旅游产品开发研究[D]．浙江大学，2006.
卢普平，邱俊，邹长伟．鄱阳湖环湖区域经济建设与生态规划问题研究[J]．广东化工，2009，07：142 - 144.
卢云亭，王建军．生态旅游学[M]．北京：旅游教育出版社，2001：32 - 40.
鲁兵兵，陈大华．浅议森林公园森林发展建设存在的问题[J]．现代园艺，2012，22：86.
陆林．旅游规划原理[M]．北京：高等教育出版社，2005.
吕永龙．生态旅游的发展与规划[J]．自然资源学报，1998，01：81 - 86.
罗扬．喀斯特地区林业可持续发展评价[D]．南京林业大学，2006.
马润花，曹艳英，陈英．旅游景观的复古与仿建[J]．科技情报开发与经济，2008，36：61 - 62，72.
马兴文．西北农耕区大量农村年轻劳动力外出务工对农业生产的影响——基于宁夏彭阳县×村的调研[J]．北方经济，2012，06：58 - 60.
马彦．自然风景区旅游资源环境管理的理念及方法体系探讨[D]．陕西师范大学，2002.
马勇，舒伯阳．区域旅游规划理论[M]．天津：南开大学出版社，1999.
孟凡刚，孙彦顺．地球的圈层结构[J]．地理教育，2009，04：11.
孟繁斌．基于生态足迹分析方法的旅游可持续发展研究[D]．华侨大学，2006.
孟铁鑫．文化生态旅游资源的可持续开发研究——以绍兴市为例[J]．国土资源科技管理，2006(02)：104 - 108.
苗雅杰．吉林省生态旅游开发研究[D]．东北师范大学，2007.
明庆忠，李宏．论生态旅游环境与生态旅游活动[J]．旅游学研究，2001(5)：34 - 40.
明庆忠，李宏．试论生态旅游环境与生态旅游活动[J]．云南师范大学学报(哲学社会科学版)，2001，05：34 - 40.
牟春友，徐坤，徐克广．社会主义道德建设与环境保护[J]．环境保护，2009，09：80 - 82.
牛赟，刘贤德，张学龙，等．祁连山水源涵养功能的生态监测指标与评估指标[J]．中南林业科技大学学报，2013，11：120 - 124.
潘春芳．生态旅游理论在旅行社经营中的运用[D]．中南林业科技大学，2006.
庞淑萍．论环境资源的概念及其价值[J]．经济问题 1998(12)：18 - 21.
彭莉．云南生态旅游产品营销[D]．云南师范大学，2005.
彭文菁．灰色趋势关联分析及其应用[D]．武汉理工大学，2008.
齐志军．吉林石化公司碳纤维产品营销策略研究[D]．天津大学，2005.
强蓉蓉．区域开发的生态影响研究[D]．南京师范大学，2005.
秦安臣．生态旅游品牌规划的基础理论研究[D]．北京林业大学，2005.
秦趣，张美竹，冯维波．山地城市生态基础设施评价研究——以重庆都市区为例[J]．西北林学院学报，2012，01：58 - 62.
秦书茂．黄河三门峡湿地生态旅游开发研究[D]．河北师范大学，2007.

秦云鹏. 青岛市经济与环境协调发展研究[D]. 中国海洋大学，2009.
秦志斌，刘朝晖，张映雪，等. 公路生态系统健康评价指标体系研究[J]. 安全与环境学报，2012，06：119 - 124.
全国土地利用总体规划修编工作委员会. 构建生态良好的土地利用新格局[N]. 中国国土资源报，2008 - 12 - 02002.
荣德福，刘玉芬，陈贺海，等. 北仑港进口铁矿石放射性水平研究[J]. 金属矿山，2009，04：62 - 64，69.
阮俊华，张志剑. 高校环境教育促进和谐与可持续发展社会构建的思考[J]. 黑龙江高教研究，2006，09：34 - 36.
沙润，等. 旅游景观审美[M]. 南京：南京师范大学出版社，2004.
尚玉昌. 普通生态学[M]. 北京：科学出版社，2000.
申庆涛. 论生态文明伦理观下生态农庄规划创新理论[J]. 乡镇经济，2008(05)：45 - 47.
沈国舫. 林学概论[M]. 北京：中国林业出版社，1989.
沈国英. 海洋生态学[M]. 3 版. 北京：科学出版社，2010.
世界旅游组织. 旅游业可持续发展——地方旅游规划指南[M]. 北京：中国旅游出版社，1993.
宋洓. 可持续发展视野下生态旅游环境容量研究[D]. 东北师范大学，2007.
宋明. 生态旅游区资源管理的研究[D]. 福建农林大学，2007.
宋子千，黄元水. 对生态旅游若干理论问题的思考[J]. 经济林业问题，2001，08：213 - 215.
粟海军，马建章. 森林自然保护地生态旅游资源研究进展[J]. 生态环境，2008，02：866 - 871.
孙建平. 秦岭北坡森林公园游憩价值及深层生态旅游开发[D]. 陕西师范大学，2004.
孙文昌. 现代旅游开发学[M]. 青岛：青岛出版社，20020.
孙午生. 经济外交——俄罗斯强国的关键[J]. 南开大学法政学院学术论丛，2002，S1：192 - 197.
谭俊. 森林生态系统管理与林业可持续发展[J]. 四川林勘设计，1999，02：16 - 18.
谭益民，吴楚材，吴章文. 生态旅游区分类分级指标体系研究[J]. 中南林业科技大学学报，2009，05：20 - 28.
唐本钰，侯晓靖. 生态人格培育与道德教育价值定位[J]. 山东师范大学学报(人文社会科学版)，2005，(4).
唐建兵. 旅游垃圾治理探索[J]. 成都大学学报(社会科学版)，2012，01：111 - 114.
唐丽娟. 塑造大学品牌[D]. 江西师范大学，2006.
唐永锋. 自然保护区生态旅游规划设计[D]. 西北农林科技大学，2005.
陶丽莉. 旅华外国游客旅游行为模式实证研究[D]. 陕西师范大学，2005.
田海娟. 环境因子对储粮生物活性影响的研究[D]. 河南理工大学，2006：2 - 3.
铁铮. 生物多样性保护重任在肩[J]. 中国林业，2005，11：28 - 30.
涂正革，肖耿. 非参数成本前沿模型与中国工业增长模式研究[J]. 经济学(季刊)，2008，01：185 - 210.
万绪才，朱应皋，吴芙蓉. 自然保护区生态旅游开发与规划研究[J]. 农村生态环境，2004，03：15 - 19.
汪朝辉. 旅游可持续发展的环境保护对策探析[J]. 中南林业科技大学学报(社会科学版)，2008，05：45 - 48.
汪虹. 生态度假村的项目策划与前期研究[D]. 东南大学，2006.
王邦德，董绍胜. 浅析生态文明与中国林业可持续发展[J]. 黑龙江科技信息，2012，29：247.
王洁. 天山大峡谷生态旅游规划与管理研究[D]. 新疆大学，2007.
王敬武. 对旅游艾斯特定义的质疑[J]. 北京工商大学学报(社会科学版)，2010(01)：33 - 34.
王礼刚. 西北民族地区人口与可持续发展研究[D]. 西北民族大学，2006.

王琳．生态旅游者行为特征及其管理研究[D]．东北财经大学，2007.
王秋来，程敬宝．教育人事管理学[M]．武汉：武汉工业大学出版社，1996.
王三北，王吟其．旅游目的地导向的资源分类、评价体系研究[J]．甘肃社会科学，2009，03：236－239.
王晓峰，周智胜．浅谈我国施工项目成本核算问题[J]．土木建筑学术文库，2007：825－826.
王晓杰．重庆主城区不同林地类型碳汇效益研究[D]．西南大学，2011.
王晓雅．生态文明从土壤修复开始[J]．决策探索(上半月)，2013，01：16－18.
王兴贵，李铁松，邓茂林，等．基于社区的地质遗迹旅游开发研究——以四川八台山省级地质公园为例[J]．广州环境科学，2008，01：16－20.
王行坤．生态文明与美丽中国——论“十八大”关于生态文明的宏伟构想[J]．绿叶，2012，11：100－107.
王璇璇．我国生态旅游理论与实践的初步探讨[D]．扬州大学，2007.
王雪峦．净月潭国家森林公园生态系统稳定性及旅游环境承载力分析[D]．东北师范大学，2008.
王映珍．实验性急性胰腺炎肺损伤中 Nrf2/ARE 分子的作用及 BML－111 对肺损伤的影响[D]．兰州大学，2013.
王佑镁，吴永和，祝智庭．教育信息化开放生态系统模型建设策略[J]．现代远程教育研究，2009，01：58－62，72.
王钰亮．森林公园游客特征差异分析[D]．中南林业科技大学，2012.
王媛．盐城海滨湿地生态旅游开发中的社区参与研究[D]．南京师范大学，2006.
王正坤，毛常明，刘孔莉．大学文化视角下的大学生思想政治教育[J]．山东省青年管理干部学院学报，2009，05：38－40.
王志红．日本成本管理模式的运行环境研究[J]．日本研究论集，2007，00：133－147.
魏强．浅谈高中生物教学中的生态教育渗透[J]．中学教学参考，2011，08：72－73.
温宪元．“五位一体”总体布局：中国特色社会主义建设理论新视野[N]．南方日报，2012－10－29F02.
文首文，孔辉．森林旅游地生态保育师职业资格认证体系[J]．中国城市林业，2008，05：47－49.
文首文，吴章文．生态教育对游憩冲击的影响[J]．生态学报，2009，02：768－775.
文首文，徐洁华．游客教育的概念、体系与意义刍议[J]．中南林业科技大学学报(社会科学版)，2009，01：94－96，107.
文首文．国内外游客教育研究进展[J]．旅游学刊，2008，07：92－96.
文斯．少数民族地区旅游资源的保护与开发[J]．旅游纵览(行业版)，2011，06：141－142.
吴楚材，吴章文，罗江滨．植物精气研究[M]．北京：中国林业出版社，2006.
吴楚材，吴章文，郑群明，等．生态旅游概念的研究[J]．旅游学刊，2007，01：67－71.
吴楚材，郑群明．森林医学　人类福祉[J]．森林与人类，2010，03：11.
吴文勇．发挥资源优势　打造生态旅游品牌——构建黔东南林区生态旅游的设想[J]．贵州大学学报(社会科学版)，2008，02：46－49.
吴宜进．旅游资源学[M]．武汉：华中科技大学出版社，2009.
吴易明．中国生态旅游业研究[D]．江西财经大学，2003.
吴章文，顾晓燕．国内生态旅游者客源市场特征研究[A]．中国加入 WTO 森林旅游对策研究[C]．北京：石油工业出版社，2001.
吴章文，胡零云．生态旅游者心理需求和行为特征研究[J]．中南林学院学报，2004(6)：42－48.
吴章文，吴楚材，谭益民．生态旅游背景体系研究[J]．中南林业科技大学学报，2009，05：7－13.
武巧文，王玉萍，崔红梅，等．内蒙古自治区湿地现状及对湿地公园建设的几点建议[J]．园林科技，2007，02：38－39，45.
武晓鹏．我国商务旅游产业的发展研究[D]．首都经济贸易大学，2006.

席卫东．甘肃移动公司3G产品营销策略研究[D]．兰州大学，2010.
夏斐，霍景东，夏杰长．大力发展海洋服务业是海洋强国战略的必由之路[N]．中国经济时报，2012－12－04005.
项思可．安徽土地资源概况及土地利用结构与状况分析[J]．广东农业科学，2010，08：349－353.
肖朝霞，杨桂华．国内生态旅游者的生态意识调查研究[J]．旅游学刊，2004(19)：67－71.
肖韬，张晏瑲．格老秀斯与《海洋自由论》——一场关于海洋属性的历史论证[J]．历史法学，2013：155－196.
谢彦君．基础旅游学[M]．北京：中国旅游出版社，2004
谢雨萍．我国生态农业旅游的研究进展[J]．邵阳学院学报(自然科学版)，2007，02：105－109.
辛建荣．旅游地学[M]．天津：天津大学出版社，1996.
熊慧娟．恩施自治州生态旅游研究[D]．中央民族大学，2010.
徐乐乐．生态旅游认证任重道远[J]．浙江经济，2010，07：54－55.
徐幸福，刘华斌．生态旅游与旅游生态的可持续发展[J]．九江学院学报(自然科学版)，2005，04：40－41，52.
许晶．权威发布我国森林公园建设经营指标[J]．中国林业产业，2012，04：58－61.
薛艳．我国林业投融资问题研究[D]．东北林业大学，2006.
薛引娥．中国特色社会主义的时代价值[J]．理论导刊，2007，12：5－7.
驯亚．怎样进行市场预测[J]．职业技术，2006，11：42.
荀厚平，施国庆．水库移民环境容量的理论、方法及应用[J]．环境科学，1993，06：51－54，95.
闫守刚．生态旅游可持续发展评价指标体系及评估模型研究[D]．天津师范大学，2006.
严力蛟．生态旅游学[M]．北京：中国环境科学出版社，2007.
杨劲松．基于Geomatics的城市森林公园生态规划方法研究[D]．南京林业大学，2007.
杨文凤，张格杰，张永青，等．藏东南生态旅游资源及其开发利用[J]．林业调查规划，2006，(6)：120－124.
杨晓峰．旅游优劣区类型划分及旅游非优区开发研究[D]．西北师范大学，2007.
杨艳．湿地国家公园的建立及其生态旅游开发模式研究[D]．南京师范大学，2006.
易芳，朱乐红．构建和谐社会中的高校招生制度改革[J]．甘肃农业，2006，04：219－220.
易伟．产业链视角下中国造纸产业发展研究[D]．北京交通大学，2011.
殷以强．风景名胜区规划编制内容，程序和深度的探讨[J]．中国园林，1992，03：54－56.
殷以强．自然保护区规划编制内容及深度[J]．环保科技，1992，Z1：28－30.
尹五元．云南铜壁关自然保护区植物多样性及其保护研究[D]．北京林业大学，2006.
尤琳，罗炜．非正式制度安排与国防科技专用性人力资本投资激励[J]．军事经济研究，2012，05：15－16.
于冬璇．森林文化视域下的森林旅游开发研究[D]．沈阳师范大学，2011.
于法稳，尚杰．实施生态旅游认证的紧迫性[J]．生态经济，2002(5)：48－50.
于桂林．试论旅游线路设计的原则[J]．中国水运(理论版)，2007，11：153－154.
于洪贤，李友华，柴方营．大众旅游与生态旅游的比较研究[J]．东北农业大学学报(社会科学版)，2005，03：4－5.
余保玲．环境伦理学研究综述[J]．当代社科视野，2009，09：27－31.
余达锦，胡振鹏．基于生态文明的区域生态旅游发展战略研究[J]．生态经济，2008，09：99－102.
余美珠．福建省森林旅游资源开发战略研究[D]．福建师范大学，2005.
岳尚华．认识资源，保护资源[J]．地球，2012，12：59－61.
曾昭朝．市场生态系统及其物质代谢过程的理论研究[D]．南京林业大学，2007.

占婧．中国生态旅游可持续发展的若干思考[D]．华中师范大学，2007.
张朝枝．生态旅游的绿色营销特点及策略[J]．社会科学家，2000，06：52－55.
张广瑞．生态旅游的理论与实践[J]．旅游学刊，1999(1)：51－55.
张红梅．生态旅游规划理论、方法与实践研究[D]．太原理工大学，2008.
张健华．生态旅游区游客管理研究[D]．福建农林大学，2004.
张丽华．旅游管理专业毕业论文的教学改革研究[D]．辽宁师范大学，2010.
张凌云．我国旅游学研究现状与学科体系建构研究[J]．旅游科学，2012，01：13－25.
张淼堃．基于 GIS 的灵石山国家森林公园景观敏感度研究[D]．福建农林大学，2010.
张明，黄翔．风景区与旅游区规划的对比研究[J]．《规划师》论丛，2011，00：120－123.
张启发．科学发展观视阈下的环境保护问题研究[D]．河北师范大学，2009.
张荣瑛．浅议我国林业生态对水土保持的影响及防治措施[J]．科技信息，2010，23：950，962.
张善芹．济南市出境旅游者行为研究[D]．山东师范大学，2007.
张涛．森林生态效益补偿机制研究[D]．中国林业科学研究院，2003.
张弦．生态旅游[M]．福建：厦门大学出版社，2006.
张晓秋．松山自然保护区生物多样性使用价值评估[D]．中国林业科学研究院，2004.
张星．秦皇岛国内旅游客源市场的系统研究[D]．燕山大学，2012.
张延毅，董观志．生态旅游及其可持续发展对策[J]．经济地理，1997，02：108－112.
张雁鸿．四川省生态旅游发展问题研究[D]．西南财经大学，2008.
张扬．黑龙江省生态旅游资源评价与产品开发[D]．东北林业大学，2007.
张瑛，王翔．若干旅游法律问题探析[J]．黑河学刊，2007，02：99－101.
张玉儿．论福建省森林旅游资源及环境保护[J]．林业勘察设计，2006，02：42－45.
张玉杰．我国生态旅游探析[D]．东北大学，2008.
张玉清．矿山技术经济学的基本原理和方法[J]．江西有色金属，1989，02：48－53.
张征珍．论我国的动物福利立法[D]．西南大学，2008.
张志涛．从系统论观点认识和思考现代林业[J]．中南林业科技大学学报(社会科学版)，2011，04：78－80.
张志宇，胡柏翠．中国旅游地理[M]．北京：电子工业出版社，2009.
章家恩．生态旅游的理论和实践[M]．广州：华南理工大学出版社，2004.
章永兴．基于绩效的人力资源管理信息系统研究[D]．合肥工业大学，2010.
赵飞，苏少敏．文化生态旅游开发初探——以广西都峤山为例[J]．商场现代化，2009，02：215－216.
赵红霞．森林旅游资源综合评价研究[D]．福建农林大学，2006.
赵怀琼，王明贤．“清洁旅游业”的构建与旅游业清洁生产研究[J]．皖西学院学报，2007，02：91－94.
赵峻岩．论构建生态型高等教育系统的策略[J]．煤炭高等教育，2006，06：35－36，39.
赵伟．山岳型风景区游客中心规划建筑设计研究[D]．西安建筑科技大学，2006.
赵妩，蒋海波．关于制定营销战略的几点思考[J]．企业研究，2007，04：20－21.
甄翌．关于建立我国生态旅游认证制度的思考[J]．世界标准化与质量管理，2006，07：41－43.
甄翌．国外生态旅游认证体系对我国的启示[J]．郑州航空工业管理学院学报(社会科学版)，2006，04：185－187.
郑昌盛．生态旅游呼唤生态文明建设[J]．兰州商学院学报，2006，06：45－48.
郑铁．生态旅游农业发展研究[J]．农业经济，2007，10：51－52.
郑向敏．中国旅游资源概论[M]．重庆：重庆大学出版社，2009：15.
钟林生，郑群明，石强．中国实施生态旅游认证的机遇与挑战[J]．中国人口·资源与环境，2005(2)：112－116.

钟学斌，郝汉舟，陈锐凯．滨江湖泊湿地生态旅游开发潜力与发展规划——以西凉湖为例[J]．资源开发与市场，2012，05：453－456.

仲明明，吴郭泉．国内旅游者不文明行为及其旅游生态意识研究[J]．旅游市场，2010(5)：61－63.

周俊满，岑建明．正本清源：生态旅游泛化的深度思考——旅游人类学的生态视角[J]．钦州学院学报，2007，05：125－128.

周立君，王金伟．佛教旅游资源及开发原则初探[J]．长春师范学院学报，2006，10：77－80.

周泉，黄国勤，赵其国．旅游生态学的现状及发展研究[J]．中国农学通报，2012，28(25)：289－293.

周淑贞．城市气候与城市规划[M]．上海：华东师范大学出版社，1985.

周兴民．生态系统的服务功能　I 生态系统服务的概念与特性[J]．青海环境，2009，01：26－28.

周永广，马燕红．基于携程网自由点评的游客满意度评价及游客管理研究——以黄山风景区为例[J]．地理与地理信息科学，2007，02：97－100.

周祖光．海南省热带天然林功能性利用价值评估[J]．环境与可持续发展，2013，01：85－87.

朱东国，阎友兵．循环经济理论在中国西部生态旅游发展中的运用[J]．前沿，2006，08：32－34.

朱孔来．对和谐社会统计监测问题的思考[J]．统计与决策，2007(5)：56－58.

朱同林．九华山旅游者人口学特征及其行为研究[J]．安徽师范大学学报，1999，18(4)：55－59.

朱伟，夏霆，姜谋余，等．城市河流水环境综合评价方法探讨[J]．水科学进展，2007，05：736－744.

朱小爱．精神的徜徉——庄子与屈原之“游”的比较[J]．长沙理工大学学报(社会科学版)，2006，02：100－101，119.

ELIZABETH B. Ecotourism：The Potentiais and Pitfails[J]. WWF，1990.

G·德朗舍尔．王金波，译．教育实验研究[M]．北京：光明日报出版社，1989.

HONEY M. Protecting Eden：Setting green standards for the tourism industry[J]. Environment，2003，45(6)：8－22.

HONEY M. Who owns paradise strong certification programs separate，genuine ecotourism from greenwashing fast-buck artists[J]. The Environmental Magazine 2002，13(4)：33.

HONEY M. An overview of certification[C]. PPT presented atwork-shop：Integrating sustainability into tourism policies：the role of certi-fication，In VthWorld Parks Congress，Durban，SouthAfrica，2003.

HUNTET C，GREEN H. Tourism and the environment：A sustainable relationship [M]. London：Routledge，1995.

JAMES R P，EDWARD N Z. Encyclopedia of Environmental Science and Engineering[M]. New York：CRC Press，2006.

KUTAY K. Ecotourism and Adventure Travel. In Tourism and Ecology：The Impact of Travel on a Fragile Earth [J]. North Ameirican Coordinating Center for Responsible Travel，1989：3－7.

LUTZH J. Soil condition ofpicnic grounds in public forestparks[J]. Journal of Forestry，1945，(43)：121－127.

ODUM E P. Fudamentals of Ecology[M]. 3rd ed. W. B. Saunders Company，Philadelphia. 1971.

ORAMS M B. Types of Ecotourism，in Encyclopedia of Ecotourism[M]. CABI Publishing，2001.

RALF B A. Framework of Ecotourism[J]. Annals of Tourism Research. 1994，21(3)：661－665.

U S Government. National Park Service The Visitor Experience and Resource Protection (VERP) Framework：A Handbook for Planners an Managers[M]. Washington，D. C：National Park Service，1997.